중학 **역사** ① -2

█ 이 책을 쓰신 선생님들

곽주현(엠베스트), 정선희(엠베스트), 김소망(평내중학교), 이나경(신목중학교), 이진영(연신중학교), 정희연(휘경중학교)

개념학습 정리책

중학 역사 ①-2

>> 동아출판 홈페이지에서 **무료 동영상 강의**를 이용해 보세요!

무료 동영상 강의로 핵심 내용을 한 번 더 학습하고
모르는 문제는 완벽하게 이해하기

동아출판 홈페이지 바로 가기
www.bookdonga.com

개념 학습 정리책

단원별 내용 학습으로 필수 개념 마스터하기

STEP 1-2-3의 단계별 문제로 실력 쌓기

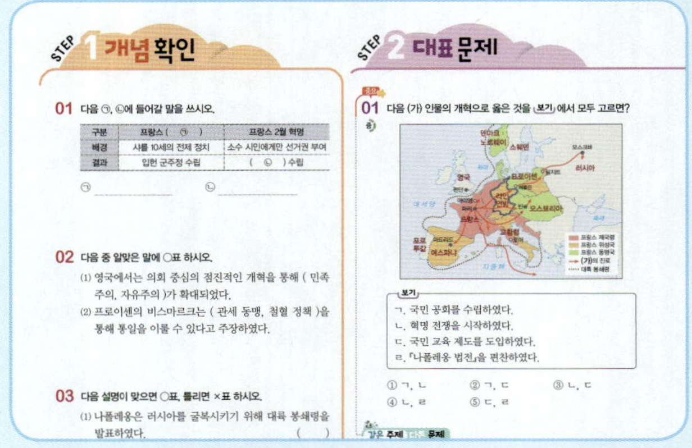

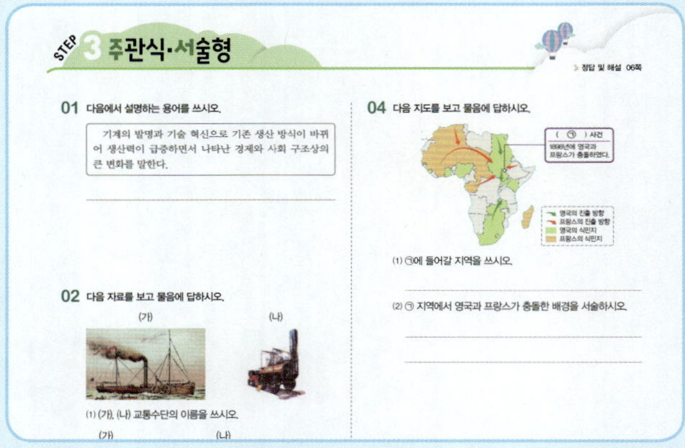

---

❶ 내용 정리

교과서의 핵심 개념을 꽉 채웠어요. 이것만은 꼭 알아 두세요.

❷ 핵심 자료와 개념

시험에 자주 출제되는 중요 자료만 모두 모았어요. 반드시 확인하세요.

❸ 용어 해설

교과서의 주요 용어를 이해하기 쉽게 풀이하였어요. 무조건 암기하지 말고 쉽게 이해하세요.

❶ 개념 확인

빈칸 채우기, 선 잇기 등 간단한 문제를 풀며 주요 개념을 내 것으로 만들어 보세요.

❷ 대표 문제

시험에 꼭 나오는 핵심 문제만을 엄선하였어요. 다양한 유형의 문제를 풀며 실력을 키워 보세요.

❸ 주관식 · 서술형

시험에 자주 출제되는 주관식 · 서술형 문제를 풀며 서술형 평가에도 대비해 보세요.

대단원 개념 정리와 실전 문제로 반복 학습하기

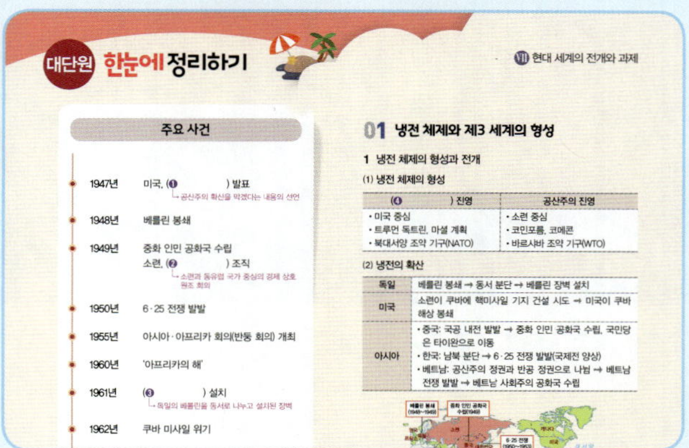

❶ 대단원 한눈에 정리하기

대단원 내용을 한눈에 파악할 수 있도록 연표, 도표, 자료 등을 구성하였어요. 꼭 확인하고 넘어가세요.

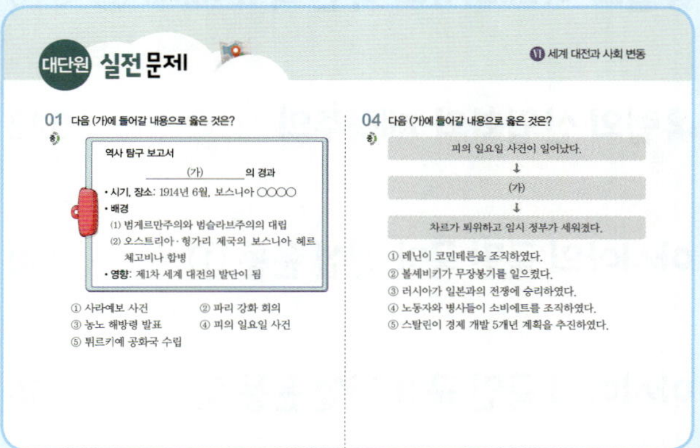

❷ 대단원 실전 문제

대단원을 정리할 수 있는 다양한 유형의 단원 통합형 문제로 구성하였어요. 문제를 풀며 실력을 점검해 보세요.

특별 자료

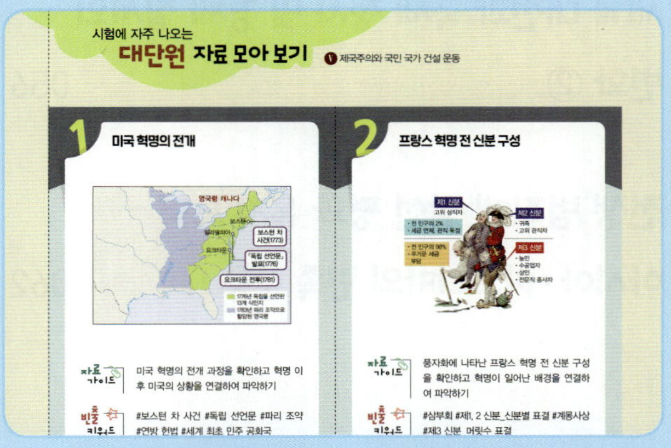

- 대단원별로 시험에 자주 나오는 핵심 자료들만 모아 구성하였어요. 자료로 간편하게 시험 대비를 완성해 보세요.

시험 대비 문제책

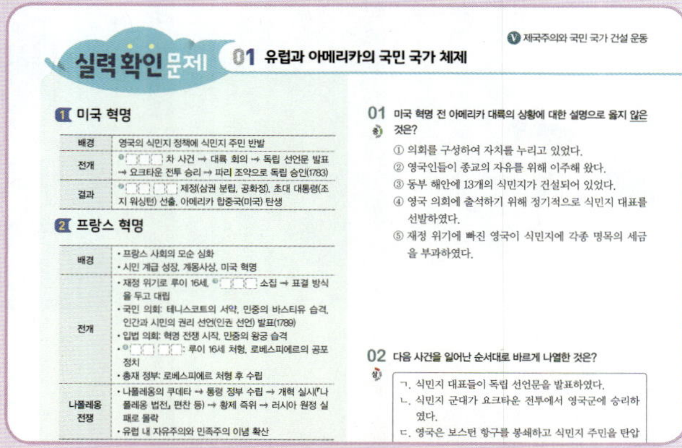

❶ 실력 확인 문제

문제를 풀며 정리책에서 학습한 내용을 복습해 보세요. 문제를 많이 틀렸거나, 개념이 명확하게 정립되지 않은 느낌이라면 정리책으로 돌아가 다시 한 번 학습하세요.

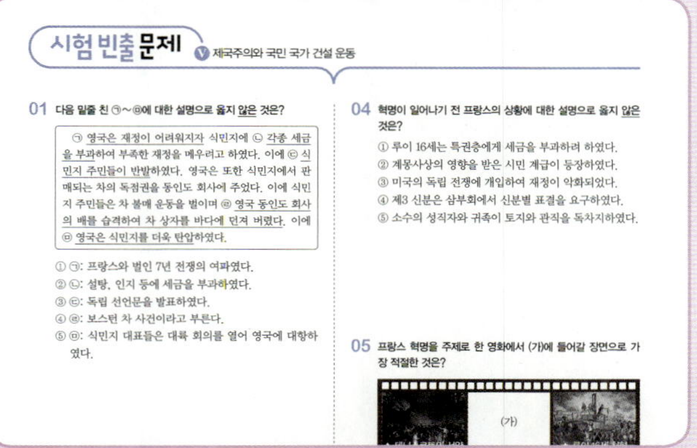

❷ 시험 빈출 문제

시험에 자주 출제되는 문제들만 뽑아 구성하였어요. 문제를 풀며 실전 경험을 쌓아 보세요.

정답 및 해설

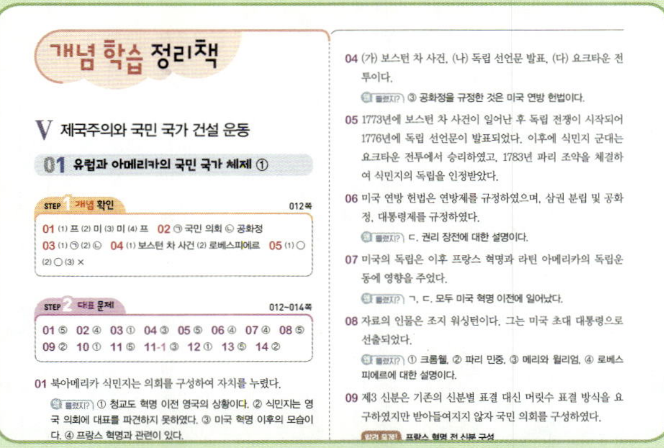

- 상세한 해설로 자료를 분석하고 정답을 찾는 방법을 익히도록 하였어요. 왜 틀렸지? 로 오답을 상세하게 설명하여 답이 아닌 까닭을 파악할 수 있고, 알려 줄게! 로 문제 풀이에 필요한 보충 자료를 제시하였어요.

차례

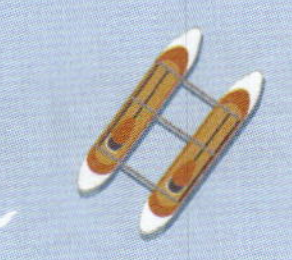

미래엔	비상	지학사	천재교과서	해냄에듀
138~141	145~150	137~141	145~148	142~145
142~150	151~157	142~147	149~155	146~159
152~160	159~167	149~155	157~165	160~169
162~168	172~178	157~164	172~179	178~185
169~174	169~171	165~169	167~171	170~177
180~188	185~190	177~185	185~191	192~201
190~194	191~194	186~189	192~197	208~211
196~210	197~211	191~207	199~215	202~207 212~217
216~226	217~225	213~223	221~227	224~233 238~239
228~242	227~241	227~243	229~243	234~237 240~249

V

제국주의와
국민 국가 건설 운동

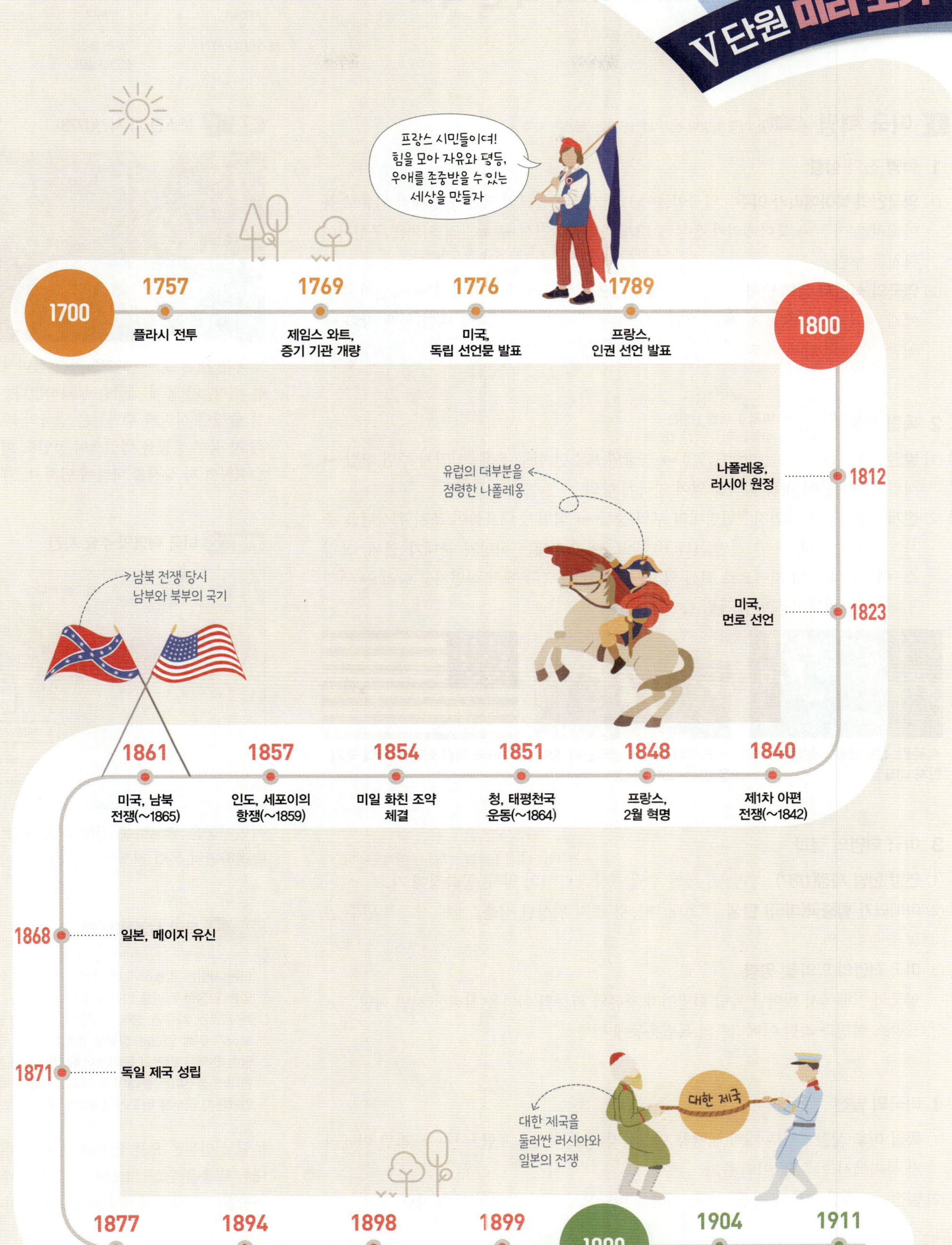
프랑스 시민들이여!
힘을 모아 자유와 평등,
우애를 존중받을 수 있는
세상을 만들자

1700

1757
플라시 전투

1769
제임스 와트,
증기 기관 개량

1776
미국,
독립 선언문 발표

1789
프랑스,
인권 선언 발표

1800

유럽의 대부분을
점령한 나폴레옹

나폴레옹,
러시아 원정
1812

미국,
먼로 선언
1823

남북 전쟁 당시
남부와 북부의 국기

1861
미국, 남북
전쟁(~1865)

1857
인도, 세포이의
항쟁(~1859)

1854
미일 화친 조약
체결

1851
청, 태평천국
운동(~1864)

1848
프랑스,
2월 혁명

1840
제1차 아편
전쟁(~1842)

1868
일본, 메이지 유신

1871
독일 제국 성립

대한 제국을
둘러싼 러시아와
일본의 전쟁

대한 제국

1877
영국령 인도
제국 수립

1894
청일 전쟁
(~1895)

1898
파쇼다 사건

1899
청, 의화단
운동(~1901)

1900

1904
러일 전쟁
(~1905)

1911
신해혁명

01 유럽과 아메리카의 국민 국가 체제 ①

1773년 — 보스턴 차 사건
1776년 — 미국, 독립 선언문 발표
1789년 — 프랑스 혁명 발발

1 미국 혁명

출제tip 미국 혁명의 전개 과정을 묻는 문제가 자주 출제

1 혁명 전의 상황

(1) **영국인의 북아메리카 이주** 영국인들이 17세기부터 종교의 자유와 경제적 이유로 북아메리카 이주 ➡ 북아메리카 동부에 13개 **①식민지** 건설 ➡ 독자적 의회를 구성하여 자치를 누림

┌─ 오스트리아의 왕위 계승 문제로 영국·프로이센과 프랑스·오스트리아가 전쟁을 벌였어.

(2) **영국의 식민지 정책 변화** 7년 전쟁의 영향으로 영국의 재정난 발생 ➡ 식민지 주민에게 세금 징수(설탕·차 세금 부과, **②인지세법** 제정), 식민지에 대한 통제 강화 ➡ 식민지인들의 납세 거부 ─ 식민지인들은 자신들의 대표가 없는 영국 의회는 세금을 부과할 수 없다고 반발하였어.

2 독립 전쟁

교과서 비교 독립 선언문
리베르, 비상은 미국 독립 선언문

(1) **발단** 보스턴 차 사건 발발(1773) ➡ 영국의 보스턴 항구 봉쇄, 식민지 주민 탄압 ➡ 식민지 대표들이 대륙 회의를 열어 영국에 항의 『자료 1』 『자료 2』

(2) **전개** 영국군과 식민지 **③민병대**의 무력 충돌 ➡ 식민지 대표들이 조지 워싱턴을 총사령관으로 임명, 독립 선언문(1776) 발표 ➡ 초기에는 식민지 군대가 열세, 프랑스·에스파냐 등의 지원으로 전세 역전 ➡ 요크타운 전투에서 식민지군 승리 ➡ 파리 조약 체결, 영국이 식민지 독립 승인(1783) 『자료 3』

┌─ 조지 워싱턴

▲ 독립 선언문을 제출하는 식민지 대표들

▲ 요크타운에서 영국군의 항복을 받는 조지 워싱턴

▲ 미국 독립 혁명 당시의 국기

3 미국 혁명의 결과

(1) **연방 헌법 제정(1787)** 연방제, 국민 주권, **④삼권 분립**의 원칙, 공화정에 기초
┌─ 권력의 집중과 남용을 방지하는 통치 원리야.

(2) **아메리카 합중국(미국) 탄생** **⑤초대** 대통령 조지 워싱턴 선출, 세계 최초의 민주 공화국 수립

(3) **미국 혁명의 의의 및 영향**
① 영국의 지배에서 벗어난 독립 혁명이자 자유와 평등의 이념을 실현한 시민 혁명
② 프랑스 혁명과 라틴 아메리카의 독립운동에 영향

4 미국의 발전

(1) **독립 이후 상황** 서부 개척(태평양 연안까지 영토 확장), 유럽·아시아·라틴 아메리카 등지에서 이주 및 이민 증가

(2) **발전** 거대한 영토와 자원, 인구, 시장을 바탕으로 국가 발전의 기초 마련

자료 1 보스턴 차 사건(1773)

영국은 재정 문제 해결을 위해 식민지로 들어오는 설탕, 차 등에 세금을 부과하였다. 원래 홍차를 즐겼던 식민지 주민들은 영국의 과세에 반대해 차 불매 운동을 벌였으며 동인도 회사의 배를 습격하여 차 상자를 바다에 던져 버렸다.

자료 2 미국 혁명의 주요 사건

식민지군은 요크타운 전투(1781)에서 영국군에 승리하면서 독립 전쟁에서 승리할 수 있었다.

자료 3 독립 선언문(1776)

모든 사람은 평등하게 태어났고, 창조주는 양도할 수 없는 일정한 권리를 인간에게 부여했는데, 그 권리에는 생명권, 자유권, 행복 추구권이 있다. 이 권리를 확보하기 위해 인민은 정부를 조직하고, 이 정부의 정당한 권력은 인민의 동의에서 유래한다. 또한 어떠한 형태의 정부이든 본래의 목적을 파괴했을 때, 인민은 언제든지 정부를 바꾸거나 폐지할 권리가 있다.

독립 선언문은 모든 인간의 평등과 천부 인권에 대한 내용을 담고 있으며 국민 주권(주권 재민), 저항권에 대해 말하고 있는 것이 특징이다.

1 프랑스 혁명 이전의 상황

자료 4 **(1) 사회의 ❶모순(구제도의 모순)**

제1, 2 신분	• 소수의 성직자(제1 신분) 및 귀족(제2 신분) • 토지·관직 독점, 세금 면제 등 봉건적 특권 유지
제3 신분	• 다수의 평민 • 무거운 세금 부담, 정치 참여 제한

(2) 시민 계급의 성장 상공업 발달로 시민 계급 성장 ➡ ❷계몽사상과 미국 혁명의 영향으로 자유롭고 평등한 새로운 사회 건설 추구

2 프랑스 혁명

(1) 발단 계속된 전쟁과 왕실의 사치로 재정 위기 ➡ 재정 문제 해결을 위해 루이 16세가 ❸삼부회(삼신분회) 소집(1789) ➡ 삼부회 표결 방식으로 신분 간 대립(제1, 2 신분은 기존의 신분별 표결 주장, 제3 신분은 머릿수 표결 주장)

자료 5 **자료 6** **(2) 전개**

국민 의회	제3 신분 대표들이 국민 의회 구성 ➡ 테니스코트의 서약 ─ 구제도의 상징으로 여겨졌어. ➡ 국왕의 국민 의회 무력 탄압 및 해산 시도 ➡ 분노한 파리 민중의 바스티유 습격 ➡ 봉건제 폐지 선언, 인간과 시민의 권리 선언(인권 선언) 발표 ➡ 헌법 제정(입헌 군주정, 재산에 따른 선거권 부여 등)
입법 의회	• 새로운 헌법에 따라 입법 의회 구성 • 오스트리아, 프로이센 등이 프랑스를 위협하자 전쟁 시작 ➡ 전쟁 패배와 물가 상승으로 파리 민중의 왕궁 습격 ➡ 왕권 정지, 입법 의회 대신 국민 공회 수립
국민 공회	로베스피에르는 혁명 재판소와 공안 위원회를 설치하여 반대파를 제거하였어. ─ 성인 남성의 보통 선거권이야. • 활동: 공화정 선포, 루이 16세 처형, 헌법 제정(공화정, 보통 선거권 규정 등) • 로베스피에르의 ❹공포 정치: 급진파 세력이 반대파 탄압·처형 ➡ 시민들의 불만 고조 ➡ 반대 세력에 의해 로베스피에르 처형
❺총재 정부	5명의 총재가 주도, 혼란 지속 ➡ 나폴레옹이 ❻쿠데타를 통해 정권 장악 후 통령 정부 수립(1799), 사실상 프랑스 혁명 종식 ─ 행정과 외교를 담당하였어.

▲ 삼부회 소집(1789. 5.)

▲ 테니스코트의 서약(1789. 6.)

▲ 바스티유 습격(1789. 7.)

▲ 루이 16세 처형(1793. 1.)

▲ 로베스피에르의 실각(1794. 7.)

▲ 나폴레옹의 쿠데타(1799. 11.)

자료 4 **혁명 전 프랑스 사회**

▲ 풍자화로 보는 프랑스 혁명 전 신분 구성

소수의 제1 신분(성직자)과 제2 신분(귀족)은 여러 특권을 누린 반면, 국민의 대부분을 차지하는 제3 신분은 무거운 세금을 부담하면서도 정치 참여에 제한을 받았다.

자료 5 **인간과 시민의 권리 선언(인권 선언)**

> 제1조 인간은 자유롭게, 그리고 평등한 권리를 가지고 태어났으며, 늘 그렇게 살아간다.
> 제2조 모든 정치적 결사의 목적은 인간의 천부적이고 소멸할 수 없는 권리를 보전하는 데 있다. 그 권리란 자유, 재산, 안전, 압제에 대한 저항이다.
> 제3조 모든 주권의 원천은 국민에게 있다. 어떤 단체와 개인도 국민으로부터 유래하지 않는 권리를 행사할 수 없다.
> 제17조 재산권은 침해될 수 없고 신성하다. …… 누구도 침탈당할 수 없다.

국민 의회가 발표한 인간과 시민의 권리 선언(인권 선언)은 자유와 평등, 자연권, 국민 주권, 소유권 등 프랑스 혁명의 기본 이념을 담고 있다.

자료 6 **삼색기와 「라 마르세예즈」**

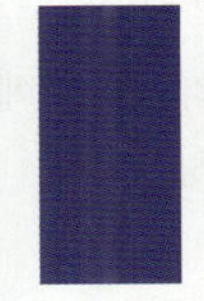   

▲ 삼색기

▶ 프리기아

▲ 「라 마르세예즈」

파랑, 하양, 빨강의 삼색기는 혁명에 참여한 사람들이 쓴 모자(프리기아) 장식의 색에서 유래하였으며 오늘날 프랑스 국기로 사용되고 있다. 혁명군이 행진하며 부르던 노래인 「라 마르세예즈」는 이후 프랑스 국가가 되었다.

 용어 풀이

❶ 모순(矛─창, 盾─방패): 어떤 사실의 이치상 어긋나서 서로 맞지 않음
❷ 계몽(啓─열다, 蒙─어리석다): 어리석음을 일깨운다는 뜻
❸ 삼부회(三─셋, 部─거느리다, 會─모이다): 성직자, 귀족, 평민 출신 의원으로 구성된 프랑스의 신분제 의회
❹ 공포 정치(恐─두려워하다, 怖─두려워하다, 政─정사, 治─다스리다): 가혹한 수단으로 반대파를 탄압하는 정치
❺ 총재(總─거느리다, 裁─결정하다): 정당이나 기관·단체 전체를 총괄하는 직책
❻ 쿠데타: 무력으로 정권을 무너뜨리거나 빼앗는 일

01 미국 혁명과 관련된 내용에는 '미', 프랑스 혁명과 관련된 내용에는 '프'를 쓰시오.

(1) 삼부회 ( )
(2) 파리 조약 ( )
(3) 보스턴 차 사건 ( )
(4) 테니스코트의 서약 ( )

02 다음 ㉠, ㉡에 들어갈 말을 쓰시오.

구분	(㉠)	국민 공회
정치 체제	입헌 군주정	(㉡)
선거 방식	재산에 따른 선거권 부여	보통 선거권 규정

㉠ ___________ ㉡ ___________

03 서로 관련 있는 것끼리 연결하시오.

(1) 미국 혁명 •　　　• ㉠ 독립 선언문
(2) 프랑스 혁명 •　　　• ㉡ 인간과 시민의 권리 선언

04 다음 중 알맞은 말에 ○표 하시오.

(1) 영국의 과세에 반대하여 식민지인은 (보스턴 차 사건, 바스티유 습격 사건)을 일으켰다.
(2) 국민 공회를 주도한 (나폴레옹, 로베스피에르)은/는 공포 정치로 반대파를 탄압하였다.

05 다음 설명이 맞으면 ○표, 틀리면 ×표 하시오.

(1) 영국은 7년 전쟁의 여파로 재정이 어려워지자 식민지에 각종 세금을 부과하였다. ( )
(2) 워싱턴이 이끄는 식민지군은 요크타운 전투에서 승리하였다. ( )
(3) 삼부회에서 제1, 2 신분은 기존의 신분별 표결 방식 대신 머릿수에 따른 표결 방식을 주장하였다. ( )

01 미국 혁명 이전 아메리카 대륙의 상황으로 옳은 것은?

① 의회가 권리 청원을 제출하였다.
② 영국 의회에 대표가 파견되었다.
③ 태평양 연안까지 영토를 확장하였다.
④ 특권층에게 세금을 부과하기 위해 삼부회가 소집되었다.
⑤ 영국의 별다른 간섭 없이 의회를 구성하여 자치를 누렸다.

02 다음 그림과 같은 상황이 나타나게 된 배경으로 옳은 것은?

이 그림은 식민지 주민들이 영국 동인도 회사의 배를 습격하여 차 상자를 바다에 던지고 있는 모습을 묘사하였다.

① 영국이 보스턴 항구를 봉쇄하였다.
② 식민지 대표들이 대륙 회의를 열었다.
③ 제3 신분이 무거운 세금을 부담하였다.
④ 영국이 식민지에 각종 세금을 부과하였다.
⑤ 식민지군의 총사령관으로 조지 워싱턴이 임명되었다.

03 다음 문서에 대한 설명으로 옳은 것을 보기 에서 모두 고르면?

모든 사람은 평등하게 태어났고, 창조주는 양도할 수 없는 일정한 권리를 인간에게 부여했는데, 그 권리에는 생명권, 자유권, 행복 추구권이 있다. 이 권리를 확보하기 위해 인민은 정부를 조직하고, 이 정부의 정당한 권력은 인민의 동의에서 유래한다. 또한 어떠한 형태의 정부이든 본래의 목적을 파괴했을 때, 인민은 언제든지 정부를 바꾸거나 폐지할 권리가 있다.

보기

ㄱ. 천부 인권을 주장하였다.
ㄴ. 식민지 대표들이 발표하였다.
ㄷ. 프랑스 혁명의 영향을 받았다.
ㄹ. 삼권 분립의 원칙을 강조하였다.

① ㄱ, ㄴ 　　② ㄱ, ㄷ 　　③ ㄴ, ㄷ
④ ㄴ, ㄹ 　　⑤ ㄷ, ㄹ

04 다음 미국 혁명과 관련된 (가)~(다) 사건에 대한 설명으로 옳지 <u>않은</u> 것은?

① (가): 보스턴 차 사건이다.
② (가): 영국은 보스턴 항구 봉쇄로 대응하였다.
③ (나): 공화정 체제를 규정하였다.
④ (나): 국민 주권과 저항권이 나타나 있다.
⑤ (다): 이후에 식민지 독립을 인정받았다.

05 다음 사건을 일어난 순서대로 바르게 나열한 것은?

　ㄱ. 파리 조약
　ㄴ. 요크타운 전투
　ㄷ. 보스턴 차 사건
　ㄹ. 독립 선언문 발표

① ㄱ—ㄴ—ㄷ—ㄹ　　　　② ㄱ—ㄴ—ㄹ—ㄷ
③ ㄴ—ㄹ—ㄱ—ㄷ　　　　④ ㄷ—ㄱ—ㄴ—ㄹ
⑤ ㄷ—ㄹ—ㄴ—ㄱ

06 다음 밑줄 친 '헌법'에 대한 설명으로 옳은 것을 보기 에서 모두 고르면?

　독립을 인정받은 13개 식민지의 대표들은 <u>헌법</u>을 제정하였다.

보기
　ㄱ. 연방제를 규정하였다.
　ㄴ. 대통령제를 규정하였다.
　ㄷ. 메리와 윌리엄이 승인하였다.
　ㄹ. 삼권 분립의 원칙을 규정하였다.

① ㄱ, ㄴ　　　② ㄱ, ㄷ　　　③ ㄴ, ㄷ
④ ㄱ, ㄴ, ㄹ　　　⑤ ㄱ, ㄷ, ㄹ

07 미국 혁명의 영향을 받은 사건으로 옳은 것을 보기 에서 모두 고르면?

보기
　ㄱ. 명예혁명
　ㄴ. 프랑스 혁명
　ㄷ. 청교도 혁명
　ㄹ. 라틴 아메리카의 독립운동

① ㄱ, ㄴ　　　　② ㄱ, ㄷ　　　　③ ㄴ, ㄷ
④ ㄴ, ㄹ　　　　⑤ ㄷ, ㄹ

08 다음 선생님의 질문에 대한 학생의 대답으로 옳은 것은?

① 항해법을 제정하였습니다.
② 바스티유를 습격하였습니다.
③ 권리 장전을 승인하였습니다.
④ 공포 정치를 실시하였습니다.
⑤ 미국 초대 대통령으로 선출되었습니다.

09 다음 ㉠, ㉡에 들어갈 말을 옳게 연결한 것은?

　루이 16세가 소집한 삼부회에서 제3 신분 대표들은 기존의 표결 방식 대신 (㉠) 표결 방식을 요구하였지만 받아들여지지 않았다. 그러자 이들은 (㉡)를 구성하고 새로운 헌법을 제정할 때까지 해산하지 않겠다고 선언하였다.

	㉠	㉡
①	머릿수	국민 공회
②	머릿수	국민 의회
③	머릿수	입법 의회
④	신분별	국민 의회
⑤	신분별	입법 의회

10 프랑스 혁명 이전 프랑스의 상황으로 옳은 것은?

① 계몽사상이 유행하였다.
② 농촌에서 젠트리 세력이 성장하였다.
③ 7월 혁명이 일어나 입헌 군주정이 수립되었다.
④ 청교도 윤리를 앞세운 독재 정치가 시행되었다.
⑤ 재정 문제를 해결하기 위해 북아메리카 식민지에 막대한 세금을 부과하였다.

11 다음을 주장한 문서로 옳은 것은?

> 제1조 인간은 자유롭게, 그리고 평등한 권리를 가지고 태어났으며, 늘 그렇게 살아간다.
> 제2조 모든 정치적 결사의 목적은 인간의 천부적이고 소멸할 수 없는 권리를 보전하는 데 있다. 그 권리란 자유, 재산, 안전, 압제에 대한 저항이다.
> 제3조 모든 주권의 원천은 국민에게 있다. 어떤 단체와 개인도 국민으로부터 유래하지 않는 권리를 행사할 수 없다.
> 제17조 재산권은 침해될 수 없고 신성하다. …… 누구도 침탈당할 수 없다.

① 권리 장전
② 권리 청원
③ 낭트 칙령
④ 독립 선언문
⑤ 인간과 시민의 권리 선언

같은 주제 다른 문제

11-1 위 문서에 대한 설명으로 옳은 것을 보기 에서 모두 고르면?

> **보기**
> ㄱ. 입법 의회가 발표하였다.
> ㄴ. 프랑스 혁명 시기에 발표되었다.
> ㄷ. 자유와 평등, 국민 주권에 대한 내용을 담고 있다.
> ㄹ. 이 문서를 발표한 의회는 이후 헌법에 공화정을 규정하였다.

① ㄱ, ㄴ
② ㄱ, ㄷ
③ ㄴ, ㄷ
④ ㄴ, ㄹ
⑤ ㄷ, ㄹ

12 다음 ㉠에 들어갈 정치 체제로 옳은 것은?

① 국민 의회
② 입법 의회
③ 국민 공회
④ 총재 정부
⑤ 통령 정부

13 다음 (가) 시기에 있었던 일로 옳은 것은?

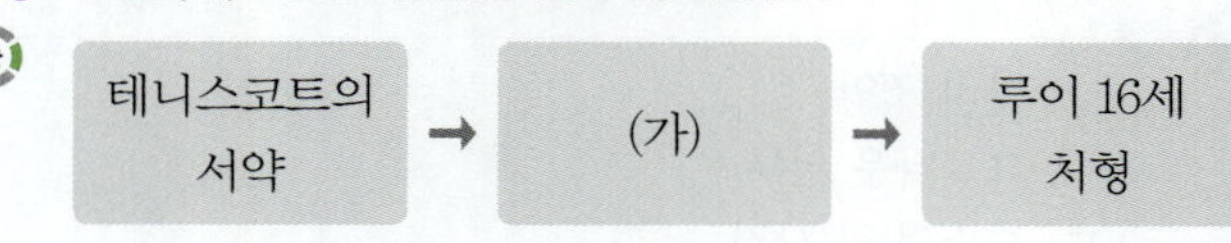

① 국민 의회가 구성되었다.
② 총재 정부가 수립되었다.
③ 로베스피에르가 처형되었다.
④ 나폴레옹이 쿠데타를 일으켰다.
⑤ 입법 의회가 혁명 전쟁을 시작하였다.

14 다음 밑줄 친 ㉠~㉢ 중 옳지 않은 것은?

> 국민 공회는 ㉠ 공화정을 선포하고 ㉡ 재산에 따른 선거권 부여 등을 규정한 헌법을 발표하였다. 한편 ㉢ 국민 공회를 주도한 로베스피에르는 ㉣ 공포 정치로 반대파를 탄압하였다. 그러나 계속된 공포 정치로 사람들의 불만이 커졌고, 결국 ㉤ 로베스피에르는 반대 세력에 의해 처형되었다.

① ㉠
② ㉡
③ ㉢
④ ㉣
⑤ ㉤

01 다음 ㉠에 들어갈 말을 쓰시오.

(㉠)은/는 아메리카 식민지 주민들이 과세에 반발하며 영국 동인도 회사의 배를 습격하여 차 상자를 바다에 던져 버린 사건이다.

02 다음 글을 읽고 물음에 답하시오.

모든 사람은 평등하게 태어났고, 창조주는 양도할 수 없는 일정한 권리를 인간에게 부여했는데, 그 권리에는 생명권, 자유권, 행복 추구권이 있다. 이 권리를 확보하기 위해 인민은 정부를 조직하고, 이 정부의 정당한 권력은 인민의 동의에서 유래한다. 또한 어떠한 형태의 정부이든 본래의 목적을 파괴했을 때, 인민은 언제든지 정부를 바꾸거나 폐지할 권리가 있다.

(1) 위 문서의 명칭을 쓰시오.

(2) 위 문서에 담긴 민주주의 원리를 <u>두 가지</u> 서술하시오.

03 다음 자료를 보고 물음에 답하시오.

제3 신분은 인구의 대부분을 차지하였는데 농민, 상인, 전문직 종사자 등 다양하였다. 교육 수준이 향상되고 상공업이 발달하면서 성장한 (㉠) 계급은 새로운 사회를 건설하고자 하였다.

(1) ㉠에 들어갈 말을 쓰시오.

(2) ㉠ 계급이 주도한 혁명의 배경인 구제도의 모순을 <u>두 가지</u> 서술하시오.

04 다음 글을 읽고 물음에 답하시오.

프랑스 혁명 과정 중에 헌법을 발표한 <u>2개의 의회</u>는 서로 다른 정치 체제와 선거 방식을 규정하였다.

(1) 밑줄 친 '2개의 의회'를 시기순으로 쓰시오.

(2) 밑줄 친 '2개의 의회'가 발표한 헌법의 특징을 다음 **조건**에 맞게 서술하시오.

> **조건**
> 정치 체제와 선거 방식을 비교하여 서술할 것

01 유럽과 아메리카의 국민 국가 체제 ②

1 유럽의 국민 국가 건설

출제tip 나폴레옹 전쟁의 영향을 묻는 문제가 자주 출제

1 나폴레옹 전쟁과 혁명 이념의 전파

(1) **나폴레옹의 집권** 은행 설립, 국민 교육 제도 도입, 『나폴레옹 법전』 편찬 등 개혁 ➡ 국민 투표를 거쳐 나폴레옹이 황제 즉위(1804)

└ 개인의 자유, 법 앞에서의 평등, 사유 재산 존중 등이 담겨 있어 근대 법전의 기초가 되었어.

자료 1 (2) **나폴레옹의 정복 전쟁과 몰락** 대프랑스 동맹 격파, 유럽 대부분 지역 침략 ➡ 영국의 저항 ➡ ❶대륙 봉쇄령 선포 ➡ 러시아의 대륙 봉쇄령 위반으로 나폴레옹이 러시아 원정 단행 ➡ 러시아 원정 실패, 대프랑스 동맹에 패배 ➡ 나폴레옹 몰락

(3) **나폴레옹 전쟁의 의의** 프랑스 혁명의 이념 전파 및 확산

❷자유주의	나폴레옹의 정복 전쟁으로 혁명 이념이 유럽 전 지역에 전파
❸민족주의	각국이 프랑스의 지배에 저항하는 과정에서 성장

2 빈 체제의 성립

자료 2 (1) **빈 회의(1814~1815)** 오스트리아의 메테르니히 주도로 빈에서 개최 ➡ 회의에 참석한 대표들이 유럽의 영토와 정체 체제를 프랑스 혁명 이전으로 되돌리는 데 합의

(2) **빈 체제** 자유주의와 민족주의 운동 확산 저지, 보수적인 질서 유지

└ 라틴 아메리카의 유럽 식민지들과 그리스 독립으로 빈 체제의 균열이 시작되었어.

3 프랑스의 자유주의 운동

출제tip 프랑스의 7월 혁명과 2월 혁명을 비교하여 묻는 문제가 자주 출제

자료 3 (1) **7월 혁명**

배경	빈 체제 성립으로 왕정 부활 ➡ 샤를 10세의 전제 정치(의회 해산, 언론의 자유 억압)
전개	파리 시민이 샤를 10세를 몰아내고 루이 필리프를 왕으로 추대
결과	입헌 군주정 수립

(2) **2월 혁명**

배경	7월 혁명 이후 들어선 왕정이 부유한 소수 시민에게만 선거권 부여
전개	중소 시민층, 노동자들이 선거권 확대를 요구하며 혁명을 일으킴
결과	왕정 폐지, 공화정 수립 ➡ 자유주의와 민족주의 운동 확산(빈 체제 붕괴)

4 영국의 자유주의 개혁

┌ 의회 중심의 점진적인 개혁을 통해 자유주의가 확대되었어.

교과서 비교 곡물법, 항해법 — 동아, 리베르, 천재, 해냄은 다루지 않음

(1) **점진적 개혁** 가톨릭교도 차별 폐지, 19세기 중반 ❹곡물법·❺항해법 폐지 등

자료 4 (2) **선거권 확대** 제1차 선거법 개정(1832)으로 부패 선거구 폐지, 도시 상공업자에게도 선거권 부여 ➡ 노동자들이 선거권을 요구하며 차티스트 운동 전개(인민헌장 발표)

5 러시아의 개혁 시도

교과서 비교 러시아의 개혁 시도 — 동아, 리베르, 미래엔, 지학만 다룸

(1) **데카브리스트의 봉기** 자유주의의 영향을 받은 청년 장교 주도, 전제 정치 타도·농노제 폐지 등을 주장하며 봉기(1825) ➡ 실패

(2) **알렉산드르 2세의 개혁** 농노 해방령 발표(1861) ➡ 알렉산드르 2세 암살, 지식인들이 농민 계몽 운동(브나로드 운동) 전개

└ 이후 러시아의 전제 정치가 강화되었고, 자유주의 운동이 탄압받았어.

용어 풀이

❶ 대륙 봉쇄령(大―크다, 陸―뭍, 封―봉하다, 鎖―쇠사슬, 令―영): 영국의 경제 고립을 목적으로 영국과 유럽 대륙의 무역을 금지한 정책

❷ 자유주의(自―스스로, 由―말미암다, 主―주인, 義―옳다): 개인의 자유와 평등을 이루고 이를 확대하려는 사상

❸ 민족주의(民―백성, 族―겨레, 主―주인, 義―옳다): 다른 민족의 지배와 간섭에서 벗어나 민족을 중심으로 통일 국가를 이루고자 하는 사상

❹ 곡물법(穀―곡식, 物―만물, 法―법): 국내 지주를 보호하기 위해 곡물 수입을 제한한 법

❺ 항해법(航―배, 海―바다, 法―법): 무역을 위한 선박을 제한하는 등의 보호 무역 법

자료 1 나폴레옹 시기의 유럽

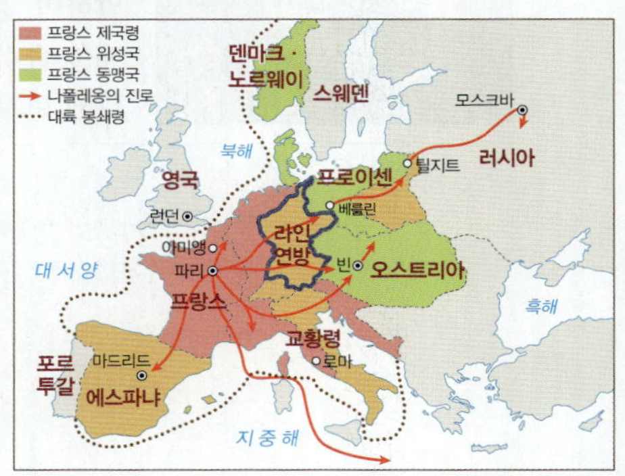

영국, 러시아를 제외한 거의 모든 유럽 국가가 프랑스에게 정복되었다.

자료 2 빈 회의 풍자화

빈 회의에 참여한 각국 대표들이 유럽의 국경을 제멋대로 정하고 있는 모습을 표현하였다.

자료 3 7월 혁명

들라크루아는 삼색기와 총을 든 자유의 여신이 민중을 이끄는 모습으로 7월 혁명을 표현하였다.

▲ 들라크루아, 「민중을 이끄는 자유의 여신」

자료 4 인민헌장

1. 21세 이상 모든 남자에게 선거권을 부여할 것
2. 유권자 보호를 위해 비밀 투표를 실시할 것
3. 하원 의원의 자격 중 재산 조항을 폐지할 것
4. 하원 의원에게 보수를 지급할 것
5. 인구 비례에 따라 선거구를 조정할 것
6. 매년 선거를 실시할 것

여러 차례의 선거법 개정으로 노동자와 농민도 선거권을 갖게 되었다.

6 이탈리아의 통일 ─ 이탈리아는 19세기까지 분열 상태였고 오스트리아 등 주변국의 간섭을 받았어.

교과서 비교 마치니 / 리베르, 해냄만 다룸

(1) **통일 과정** 프랑스 2월 혁명의 영향으로 통일 운동 촉진, 사르데냐 왕국 즈도

마치니	이탈리아 독립과 통일 운동 추진 ➡ 실패
카부르	• 사르데냐 왕국의 총리, 산업 발전 및 군대 개편 등 개혁 추진 • 오스트리아와의 전쟁에서 승리(1859) ➡ 이탈리아 중북부 지역 통합
가리발디	이탈리아 남부(나폴리, 시칠리아) 점령 ➡ 점령지를 사르데냐 국왕에 바침으로써 이탈리아 왕국 탄생(1861)

(2) **통일 완성** 베네치아와 교황령 통합으로 통일 완성(1870) ➡ 국민 국가의 기틀 마련

출제tip 비스마르크의 철혈 정책을 묻는 문제가 자주 출제

7 독일의 통일

이후 프랑스 2월 혁명의 영향으로 자유주의자들이 프랑크푸르트 의회를 열어 통일 방안을 논의하였으나 성과를 거두지 못하였어.

(1) **❶관세 동맹 체결** 프로이센 주도로 연방 내 동맹국 간 관세 폐지 ➡ 경제 통합

 (2) **철혈 정책** 프로이센의 재상 비스마르크의 군비 확장 정책 추진 ➡ 오스크리아와의 전쟁에서 승리 ➡ 북독일 연방 결성 ➡ 프랑스와의 전쟁에서 승리 ➡ 남독일 통합

(3) **독일 제국 수립** 프로이센의 빌헬름 1세가 황제 즉위(1871)
└ 비스마르크가 무력으로 독일을 통일하려 한 정책이야.

2 아메리카의 국민 국가 건설

1 라틴 아메리카의 독립
└ 16세기 이후 에스파냐, 포르투갈의 지배를 받았어.

(1) **독립운동의 배경** 미국·프랑스 혁명 영향, 나폴레옹 전쟁으로 본국의 간섭 약화

 (2) **독립운동의 전개** ❷크리오요가 독립운동 주도

투생 루베르튀르	아이티에서 노예 봉기 주도 ➡ 라틴 아메리카 최초의 공화국 수립(1804)
볼리바르	'해방자', 현재의 베네수엘라, 콜롬비아, 볼리비아 등 독립운동 주도
산마르틴	'페루의 보호자', 아르헨티나의 독립운동 주도
이달고 신부	멕시코에서 민중 봉기 주도 ➡ 공화국 수립

(3) **독립운동의 확산** 영국의 라틴 아메리카 독립 지지, 미국의 ❸먼로 선언(먼로주의)
➡ 라틴 아메리카의 독립 확산
└ 상품 시장 개척을 위해 지지하였어.

(4) **독립 이후 라틴 아메리카** 미국·영국의 간섭 지속, 지배층인 크리오요가 권력 독점, 빈부 격차 심화, 다양한 인종이 섞여 사회 분열 지속, 해외 의존적 무역 구조

2 미국의 통합과 발전 **출제tip** 남북 전쟁의 배경을 묻는 문제가 자주 출제

 (1) **❹남북 전쟁의 배경**

구분	경제	노예제	무역 정책	정치 형태
남부	대농장 발달	확대 찬성	자유 무역 지지	지방 분권 주장
북부	공업 발달	확대 반대	보호 무역 지지	연방 정부 강화

(2) **남북 전쟁의 전개** 노예제 확대에 반대한 링컨이 대통령 당선 ➡ 노예제 유지를 지지하는 남부의 주들이 연방 탈퇴 ➡ 남북 전쟁 발발(1861) ➡ 전쟁 초기 남부가 전세 유리 ➡ 링컨의 ❺노예 해방 선언(1863)으로 북부가 국제 여론 지지를 얻음 ➡ 북부의 전쟁 승리(1865)
└ 우세한 경제력을 바탕으로 승리하였어.

(3) **미국의 발전** 국민적 단합 강화, 대륙 횡단 철도 개통(1869)으로 대규모 시장 형성, 노동력 증가, 산업화 본격화 ➡ 19세기 말 세계 최대 공업국으로 성장

용어풀이

❶ 관세 동맹(關─빗장, 稅─구실, 同─한가지, 盟─맹세하다): 정치적·경제적으로 이해가 깊은 두 개 이상의 나라가 관세 제도 통일을 목적으로 맺는 동맹
❷ 크리오요: 라틴 아메리카에서 태어난 에스파냐인(백인)의 후손
❸ 먼로 선언: 아메리카에 대한 유럽의 간섭과 식민지화를 반대한 선언

❹ 남북 전쟁(南─남녘, 北─북녘, 戰─싸우다, 爭─다투다): 노예 제도의 폐지를 주장하는 북부와 존속을 주장하는 남부 사이에 일어난 미국의 내전
❺ 노예 해방 선언(奴─종, 隸─종, 解─풀다, 放─놓다, 宣─베풀다, 言─말씀): 노예제가 제도화된 국가에서 노예를 해방한 선언, 미국이 대표적임

 이탈리아의 통일

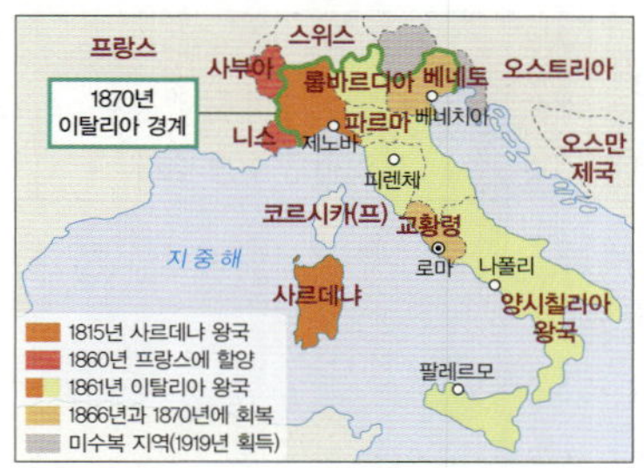

가리발디는 의용대(붉은 셔츠단)를 거느리고 이탈리아 통일 운동에 참여하였다.

 비스마르크의 철혈 정책

독일이 현재의 과제(독일 통일)를 수행하기 위해 눈여겨보아야 할 것은 프로이센의 자유주의가 아니라 군비입니다. …… 오늘날 중요한 문제들은 연설과 다수결로 결정되지 않습니다. …… 오로지 철과 피에 의해서만 문제가 해결될 수 있습니다.

 라틴 아메리카의 독립

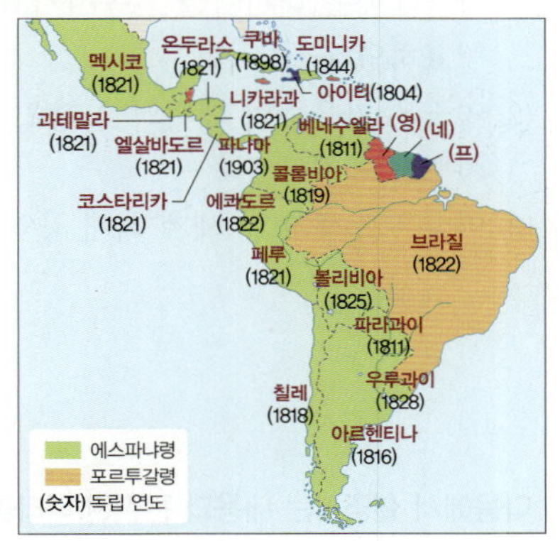

 남부와 북부의 산업 구조

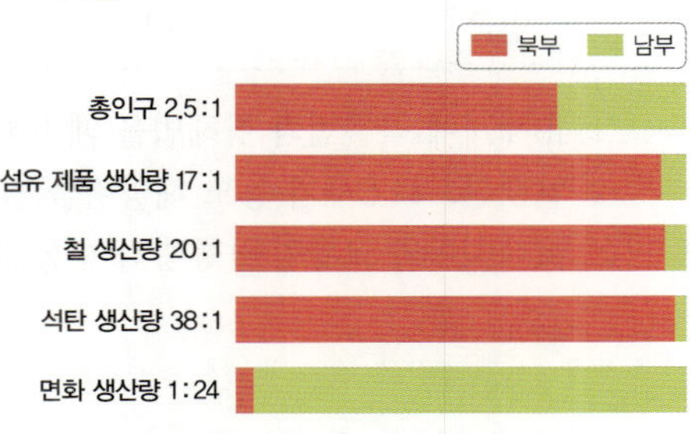

남부는 노예를 활용해 면화를 생산하여 수출하였으며 북부는 공장에서 생산한 상품을 영국과 경쟁하여 판매하였다.

01 다음 ㉠, ㉡에 들어갈 말을 쓰시오.

구분	프랑스 (㉠)	프랑스 2월 혁명
배경	샤를 10세의 전제 정치	소수 시민에게만 선거권 부여
결과	입헌 군주정 수립	(㉡) 수립

㉠ ＿＿＿＿＿＿＿＿＿＿ ㉡ ＿＿＿＿＿＿＿＿＿＿

02 다음 중 알맞은 말에 ○표 하시오.

(1) 영국에서는 의회 중심의 점진적인 개혁을 통해 (민족
주의, 자유주의)가 확대되었다.

(2) 프로이센의 비스마르크는 (관세 동맹, 철혈 정책)을
통해 통일을 이룰 수 있다고 주장하였다.

03 다음 설명이 맞으면 ○표, 틀리면 ×표 하시오.

(1) 나폴레옹은 러시아를 굴복시키기 위해 대륙 봉쇄령을
발표하였다. ( )

(2) 영국은 자유주의 개혁의 일환으로 가톨릭교도에 대한
차별을 폐지하였다. ( )

(3) 미국은 19세기 말 세계 최대 공업국으로 성장하였다.
( )

04 다음에서 설명하는 내용과 관련된 나라를 보기 에서 골라 기호
를 쓰시오.

> 보기
>
> ㄱ. 영국　　　ㄴ. 러시아　　　ㄷ. 이탈리아

(1) 19세기에 곡물법과 항해법을 폐지하였다. ( )

(2) 알렉산드르 2세가 농노 해방령을 발표하였다. ( )

(3) 베네치아와 교황령을 통합하여 통일을 완성하였다.
( )

05 서로 관련 있는 것끼리 연결하시오.

(1) 볼리바르　　　•　　　　　•　㉠ 멕시코

(2) 산마르틴　　　•　　　　　•　㉡ 베네수엘라

(3) 이달고 신부　•　　　　　•　㉢ 아르헨티나

01 다음 (가) 인물의 개혁으로 옳은 것을 보기 에서 모두 고르면?

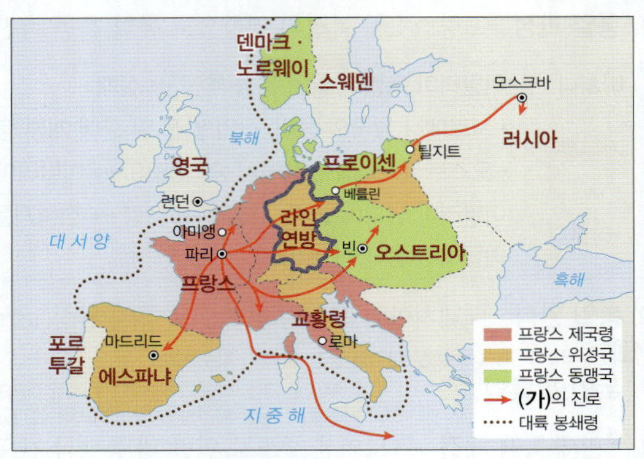

> 보기
>
> ㄱ. 국민 공회를 수립하였다.
> ㄴ. 혁명 전쟁을 시작하였다.
> ㄷ. 국민 교육 제도를 도입하였다.
> ㄹ. 『나폴레옹 법전』을 편찬하였다.

① ㄱ, ㄴ　　② ㄱ, ㄷ　　③ ㄴ, ㄷ
④ ㄴ, ㄹ　　⑤ ㄷ, ㄹ

같은 주제 다른 문제

01-1 위 지도에 나타난 전쟁의 영향으로 옳은 것은?

① 빈 체제가 붕괴되었다.

② 공포 정치가 시작되었다.

③ 사실상 프랑스 혁명이 종식되었다.

④ 북아메리카 13개 식민지가 독립하였다.

⑤ 자유주의와 민족주의 이념이 전파되었다.

02 다음 그림이 풍자하고 있는 회의에 대한 설명으로 옳은 것은?

이 그림은 회의에 참석한 유럽 여러 나라의 대표들이 유럽의 국경을 제멋대로 정하고 있는 모습을 표현하였다.

① 노예 해방 선언을 발표하였다.

② 각국의 왕정을 폐지하기로 하였다.

③ 자유주의와 민족주의를 확산시켰다.

④ 인간과 시민의 권리 선언을 발표하였다.

⑤ 유럽 영토와 정치 체제를 프랑스 혁명 이전으로 되돌
리기로 합의하였다.

03 다음 (가) 시기에 있었던 일로 옳은 것은?

상

샤를 10세의 전제 정치	→	(가)	→	2월 혁명 발발

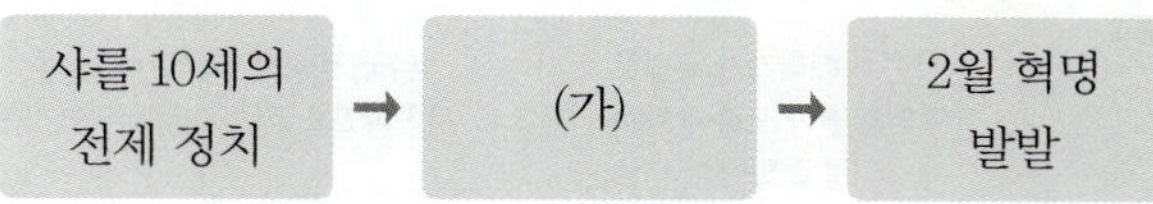

① 빈 회의가 개최되었다.
② 독일 제국이 수립되었다.
③ 입헌 군주정이 수립되었다.
④ 대륙 봉쇄령이 발표되었다.
⑤ 나폴레옹이 제정을 수립하였다.

04 프랑스의 2월 혁명에 대한 설명으로 옳은 것을 [보기]에서 모두 고르면?

중

┌ **보기** ┐
ㄱ. 선거권 확대가 요구되었다.
ㄴ. 중소 시민층과 노동자가 일으켰다.
ㄷ. 혁명이 성공하여 제정이 수립되었다.
ㄹ. 혁명의 영향으로 빈 체제가 붕괴되었다.

① ㄱ, ㄴ   ② ㄱ, ㄷ   ③ ㄴ, ㄷ
④ ㄱ, ㄴ, ㄹ   ⑤ ㄴ, ㄷ, ㄹ

05 다음 (가)에 들어갈 내용으로 옳은 것은?

중

> 영국은 선거법 개정을 통해 도시의 중산층에게 선거권을 주었다. 하지만 여전히 선거권을 얻지 못한 노동자들은 _________ (가) _________
> 이들의 요구가 바로 수용되지는 않지만 이후 여러 차례 선거법이 개정되면서 노동자와 농민도 선거권을 갖게 되었다.

① 2월 혁명을 일으켰다.
② 차티스트 운동을 벌였다.
③ 부패 선거구를 폐지하였다.
④ 농노제 폐지를 선언하였다.
⑤ 브나로드 운동을 전개하였다.

06 다음을 주장한 문서로 옳은 것은?

다

> 1. 21세 이상 모든 남자에게 선거권을 부여할 것
> 2. 유권자 보호를 위해 비밀 투표를 실시할 것
> 3. 하원 의원의 자격 중 재산 조항을 폐지할 것
> 4. 하원 의원에게 보수를 지급할 것
> 5. 인구 비례에 따라 선거구를 조정할 것
> 6. 매년 선거를 실시할 것

① 인민헌장   ② 권리 장전   ③ 권리 청원
④ 인권 선언   ⑤ 독립 선언문

07 다음 밑줄 친 ⊙~⊎ 중 옳지 않은 것은?

중

> 19세기 초반 러시아에서는 ⊙ 자유주의의 영향을 받은 청년 장교를 중심으로 ⓒ 왕정 부활과 신분제 강화를 요구하는 봉기가 일어났으나 실패하였다. 이후 러시아가 오스만 제국과의 크림 전쟁에서 패배하자, ⓒ 알렉산드르 2세는 농노 해방령을 발표하는 등 개혁 정치를 펼쳤다. 하지만 농민의 삶은 조금도 나아지지 않았으며 ⓔ 알렉산드르 2세마저 암살당하였다. 이후 러시아는 ⓜ 전제 정치를 강화하고 자유주의 운동을 탄압하였다.

① ⊙   ② ⓒ   ③ ⓒ   ④ ⓔ   ⑤ ⓜ

08 다음 (가)에 들어갈 내용으로 옳은 것은?

하

> 〈역사 탐구 보고서〉
> • 주제: _________ (가) _________
> • 내용
>   1. 사르데냐 왕국 카부르의 개혁
>   2. 가리발디의 시칠리아, 나폴리 점령

① 독일의 관세 동맹
② 빈 체제의 붕괴 과정
③ 이탈리아의 통일 과정
④ 크리오요 중심의 독립운동
⑤ 의회 중심의 자유주의 개혁

09 다음 사건을 일어난 순서대로 바르게 나열한 것은?

ㄱ. 독일 제국이 수립되었다.
ㄴ. 프로이센이 관세 동맹을 주도하였다.
ㄷ. 비스마르크가 군비를 확장하는 철혈 정책을 실시하였다.

① ㄱ-ㄴ-ㄷ
② ㄱ-ㄷ-ㄴ
③ ㄴ-ㄱ-ㄷ
④ ㄴ-ㄷ-ㄱ
⑤ ㄷ-ㄴ-ㄱ

10 다음 지도에 나타난 지역에서 독립운동이 일어난 배경으로 옳은 것을 보기 에서 모두 고르면?

보기
ㄱ. 대륙 횡단 철도가 개통되었다.
ㄴ. 미국 남북 전쟁의 영향을 받았다.
ㄷ. 나폴레옹 전쟁으로 본국의 간섭이 약해졌다.
ㄹ. 미국 혁명과 프랑스 혁명의 이념이 전파되었다.

① ㄱ, ㄴ
② ㄱ, ㄷ
③ ㄴ, ㄷ
④ ㄴ, ㄹ
⑤ ㄷ, ㄹ

11 다음 밑줄 친 '이 인물'로 옳은 것은?

이 인물은 아이티의 독립운동가로, 노예 봉기를 이끌었다. 그는 프랑스에 의해 감옥에 갇혔지만, 그의 동지들이 계속 투쟁하여 라틴 아메리카 최초의 공화국을 수립하였다.

① 볼리바르
② 산마르틴
③ 가리발디
④ 이달고 신부
⑤ 투생 루베르튀르

12 다음 (가)에 들어갈 내용으로 옳지 않은 것은?

① 빈부 격차가 심화되었어.
② 다양한 인종이 섞여 사회 분열이 계속되었어.
③ 지배층이 된 크리오요가 부와 권력을 독점하였어.
④ 해외 의존적 무역 구조로 경제적 어려움을 겪었어.
⑤ 노예제 유지를 바라는 남부의 주들이 연방을 탈퇴하였어.

13 다음 (가), (나)에 대한 설명으로 옳은 것은?

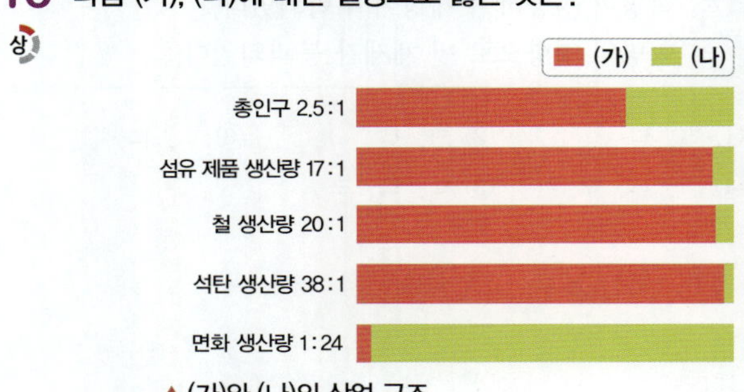

▲ (가)와 (나)의 산업 구조

① (가): 자유 무역을 옹호하였다.
② (가): 노예제 확대를 반대하였다.
③ (나): 링컨 대통령을 지지하였다.
④ (나): 남북 전쟁에서 승리하였다.
⑤ (나): 노예 해방 선언으로 국제 여론의 지지를 받았다.

14 링컨이 노예 해방을 선언한 시기를 연표에서 옳게 고르면?

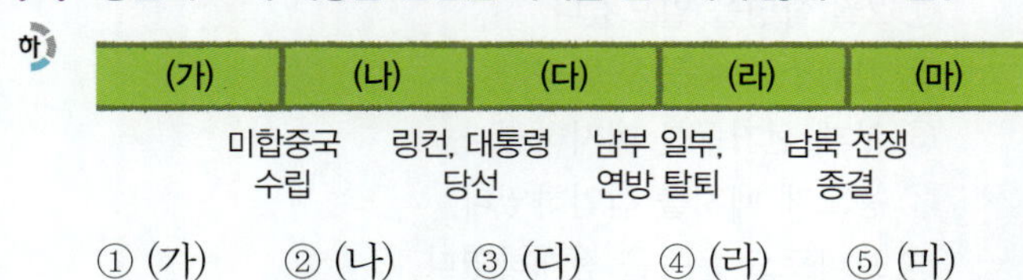

① (가)
② (나)
③ (다)
④ (라)
⑤ (마)

01 다음 ㉠에 들어갈 말을 쓰시오.

오늘의 인물 소개

국민 투표를 거쳐 황제가 된 나폴레옹은 전쟁을 계속하며 영국을 제외한 유럽의 대부분을 정복하였다. 그는 영국을 굴복시키기 위해 유럽 대륙과 영국과의 통상을 금지하는 (㉠)을/를 내렸다.

▲ 나폴레옹

03 다음 글을 읽고 물음에 답하시오.

(가) 영국의 노동자들이 요구 사항을 담은 인민헌장을 발표하며 벌인 운동이다.
(나) 프랑스의 중소 시민층과 노동자들이 7월 혁명으로 수립된 정부를 비판하며 일어난 혁명이다.

(1) (가), (나)의 명칭을 각각 쓰시오.

(가) ______________   (나) ______________

(2) (가), (나)의 공통된 요구 사항을 서술하시오.

02 다음 자료를 보고 물음에 답하시오.

▲ 들라크루아, 「민중을 이끄는 자유의 여신」

(1) 자료와 관련된 혁명의 명칭을 쓰시오.

(2) 자료와 관련된 혁명의 배경과 결과를 서술하시오.

04 다음 자료를 보고 물음에 답하시오.

▲ 독일 제국 수립 선포식

(1) 독일 제국 수립을 주도한 (가) 인물의 이름을 쓰시오.

(2) (가) 인물이 주장한 통일 정책의 명칭과 내용을 서술하시오.

02 유럽의 산업화와 제국주의

1769년 — 제임스 와트, 증기 기관 개량
1825년 — 영국, 증기 기관차 운행
1898년 — 파쇼다 사건

1 산업 혁명과 자본주의의 등장

1 산업 혁명의 시작

(1) **산업 혁명** 기계의 발명과 기술 혁신으로 생산력이 급증하며 나타난 경제와 사회 구조상의 큰 변화

(2) **영국에서 산업 혁명이 시작된 배경** *출제tip* 영국에서 산업 혁명이 시작된 배경을 묻는 문제가 자주 출제

① 정치적 안정: 명예혁명 이후 정치가 안정되며 경제 발달에 집중 가능

② 노동력 확보: ❶인클로저 운동 ➡ 토지를 잃은 농민들이 도시로 이동, 노동력 제공

③ 풍부한 지하자원: 공업 생산의 원료가 되는 석탄, 철 등의 지하자원 풍부

④ 축적된 자본: ❷모직물 공업 및 해외 시장 발달로 산업 자본 축적

⑤ 식민지 활용: 넓은 해외 식민지 확보 ➡ 원료 공급지와 상품 시장 활용

2 산업 혁명의 전개

(1) **면직물 공업** 싸고 가벼운 면직물 수요 증가 ➡ 필요한 실을 목화에서 뽑는 방적기, 옷감을 짜는 방직기 발명

[자료 1] [자료 2] (2) **공장제 기계 공업** 영국의 제임스 와트가 개량한 ❸증기 기관을 기계 동력으로 사용하며 발달 ➡ 가내 수공업에서 공장제 기계 공업으로 변화

(3) **교통과 통신의 발달**

[자료 3] ① 교통: 스티븐슨의 증기 기관차, 풀턴의 증기선 제작 ➡ 원료와 제품 대량 수송 가능

② 통신: ❹전신과 전화 발명 등 통신 수단 발달

▲ 스티븐슨의 증기 기관차

▲ 풀턴의 증기선

▲ 모스의 전신기

[자료 4] 3 산업 혁명의 확산

(1) **19세기 초·중반** 초반에는 벨기에·프랑스, 중반에는 미국이 산업 혁명 단계로 진입

(2) **19세기 후반** 독일, 러시아, 일본에서도 산업 혁명 진행

(3) **제2차 산업 혁명** 철강, 석유 화학 등 중공업 분야 중심 발달 ➡ 새로운 공업 강국으로 독일, 미국 성장
— 정부 주도의 산업화가 이루어졌어.

(4) **자본주의 경제 체제 확립**

① 자본가와 노동자 계층 형성

② 생산과 소비가 시장에 의해 결정되는 경제 체제 확립

③ 애덤 스미스의 ❺자유방임주의: 자본주의 체제를 이론적으로 뒷받침

▲ 산업 사회의 두 계층

[자료 1] 제임스 와트의 증기 기관

기존 증기 기관보다 석탄을 적게 쓰면서 더 강한 동력을 얻을 수 있도록 개량되었다.

[자료 2] 공업 형태의 변화

▲ 가내 수공업

▲ 공장제 기계 공업

대량 생산을 가능하게 하는 증기 기관을 사용하면서 기존의 가내 수공업에서 공장제 기계 공업으로 공업 형태의 변화가 일어났다.

[자료 3] 유럽 철도망 확산

산업 혁명 이후 유럽 각국은 상품의 생산비를 낮추고 상품 시장을 넓히는 데 철도를 이용하는 것이 유리하다고 판단하여 경쟁적으로 철도를 건설하였다.

[자료 4] 각국의 산업 혁명

프랑스	석탄이 생산되는 북동부 지역부터 산업화, 섬유 산업 발달
미국	남북 전쟁 이후 급속한 산업화, 19세기 말 세계적 공업국으로 성장
독일	통일 이후 정부 주도로 중화학 공업 중심 산업화 추진
러시아	시베리아 횡단 철도 완공 후 광업, 석유 산업 중심으로 발달
일본	메이지 유신 이후 정부 주도로 산업화 전개, 아시아 최초로 산업화 성공

용어 풀이

❶ 인클로저: 울타리 치기라는 뜻으로 지주들이 공유지와 황무지에 울타리를 쳐서 사유지로 만듦

❷ 모직물(毛-털, 織-짜다, 物-물건): 털실로 만든 물건을 통칭하는 말로 대표적으로 양의 털로 만든 천을 말함

❸ 증기 기관: 열을 가해 발생시킨 증기의 압력으로 동력을 얻는 기계 장치

❹ 전신(電-번개, 信-믿다): 전류나 전파를 이용한 통신

❺ 자유방임주의: 시장에 대한 국가의 간섭을 축소하고 개인과 기업의 자유로운 경제 활동을 보장해야 한다는 주장으로 자본가의 지지를 받음

2 산업 혁명 이후 사회 변화
출제 UP 산업 혁명 이후 사회 변화를 묻는 문제가 자주 출제

1 산업 혁명의 영향

(1) **생활 방식 변화** 대량 생산, 교통·통신 발달로 물질적 풍요와 생활의 편의를 누림

(2) **사회 구조 변화** 공업 도시 성장, 농촌 사람들이 공장 지대와 대도시로 이주(도시화 진행) ➡ 농업 중심 사회에서 산업 사회로 변화, ❶자본가가 새로운 사회 주도 세력이 됨, 노동자도 인구의 대다수를 차지하며 사회의 중요 집단으로 성장

(3) **사회 문제의 발생**

빈부 격차	산업화의 혜택이 골고루 돌아가지 못하여 빈부 격차 심화
노동 문제	열악한 노동 환경, 낮은 임금과 장시간 노동, 아동 노동
도시 문제	• 많은 사람이 도시로 몰려들어 주택·❷상하수도 등 부족 • 위험한 작업 환경과 비위생적인 주거 환경 ➡ 노동자들이 사고, 전염병에 노출

자료 5 (노동 문제)

2 사회 문제 해결을 위한 노력

(1) **기계 파괴 운동(러다이트 운동)** 일부 노동자들이 기계의 등장으로 일자리를 빼앗겨 비참한 생활을 하게 되었다고 여겨 기계를 파괴한 사건

(2) **노동조합** 노동자들이 노동에 대한 정당한 대가와 노동 조건의 개선을 요구하며 결성

(3) **공장법 제정** 영국에서 장시간 노동을 제한하고 아동을 보호하기 위한 법 제정

(4) **사회주의 사상의 등장**
오언은 '뉴 라나크'라는 작업 공동체를 조직하여 협동을 강조하였어.

배경	산업화가 진행되며 발생한 사회 문제 확산 ➡ 자본주의의 모순을 비판하며 등장
전개	• 초기 사회주의 사상가: 자본가와 노동자가 힘을 합쳐 이상적인 사회 건설 주장 • 마르크스: 노동자들이 단결하여 자본가들을 무너뜨리고 노동자가 주인이 되는 사회주의 사회 건설 주장

자료 6 (전개)

3 제국주의의 침략과 영향

1 제국주의의 등장

(1) **등장 배경** 산업화 진행에 따라 자본주의 발전 ➡ 값싼 원료와 노동력 공급지 및 상품 수출 시장, 국내 ❸잉여 자본을 투자할 시장 필요

(2) **제국주의** 서양 ❹열강이 군사력과 경제력을 앞세워 아시아와 아프리카의 약소국을 식민지로 삼아 지배한 팽창 정책

2 제국주의의 정당화 논리
자료 7 / 자료 8

사회 진화론	• 강한 나라만이 생존할 수 있고 약한 나라는 사라지거나 강한 나라의 지배를 받아야 한다는 주장 • ❺적자생존의 원칙에 따라 강대국의 약소국 지배를 정당화
인종주의	• 백인이 우월하며 인종 사이에 우열이 있다고 주장 • 인종적 박해나 차별을 정당하게 여기는 사고방식

자료 5 아동 노동 문제

> 문: 몇 살 때부터 공장 일을 시작했습니까?
> 답: 여섯 살 때부터입니다.
> 문: 작업 시간은 몇 시부터 몇 시까지였습니까?
> 답: 일이 밀릴 때는 새벽 다섯 시부터 저녁 아홉 시까지였습니다. 일이 밀리지 않을 때는 새벽 여섯 시부터 저녁 일곱 시까지였습니다.
> 문: 일을 잘못하거나 기한에 늦으면 어떻게 합니까?
> 답: 허리띠로 맞았습니다.
> ― 「새들러 위원회 보고서」

자료 6 마르크스의 사회주의

▶ 마르크스

자료 7 세실 로즈의 연설

> 나는 어제 런던 이스트엔드의 실업자 집회에 가서 "빵을 달라."라는 절절한 연설만을 듣고 문득 제국주의의 중요성을 깨달았다. 우리는 영국의 4천 만 국민을 피비린내 나는 내란으로부터 지키고, 과잉 인구를 수용하기 위해 새로운 영토를 개척해야만 한다. 그들이 공장이나 광산에서 생산하는 상품을 위해 새로운 판로를 만들어 내야만 한다. …… 당신이 내란을 피하려고 한다면 당신은 제국주의자가 되어야 한다. 나는 우리가 세계에서 가장 우수한 인종이며, 따라서 우리가 세계에 많이 거주할수록 인류에 좋다고 주장한다.
> ― 세실 로즈, 「유언집」

제국주의 열강의 국민은 식민지를 확보하는 것이 산업화에 따른 사회적 갈등을 해결할 수 있다고 여겨 제국주의 침략 정책을 지지하였다.

자료 8 백인의 짐

> 백인의 짐을 져라
> 그대가 키운 최정예를 보내라
> 그대의 아들들을 역경의 길로 보내라
> 그대가 잡은 원주민들의 욕구를 달래기 위해
> …… 절반은 악마 같고 절반은 어린이 같은 자들에게 아주 힘겹게 시중들기 위해 ― 키플링, 「백인의 짐」

제국주의 열강은 아시아 및 아프리카의 주민을 미개하다고 여겼으며 식민 지배를 통해 이들을 문명화할 수 있다고 주장하며 지배를 정당화하였다.

용어 풀이

❶ 자본가(資–재물, 本–밑, 家–집안): 생산에 따른 이윤을 생산 증대를 위해 재투자하는 사람들을 뜻함

❷ 상하수도(上–윗, 下–아래, 水–물, 道–길): 물을 공급하는 상수도와 사용하여 오염된 물을 폐수 처리장까지 이동시키는 체계를 합친 말임

❸ 잉여(剩–남다, 餘–남다): 쓰고 난 후 남은 것

❹ 열강(列–벌이다, 強–강하다): 여러 강한 나라

❺ 적자생존(適–맞다, 者–놈, 生–나다, 存–있다): 환경에 적응하는 생물만이 살아남고, 그러지 못하는 것은 도태되어 멸망하는 현상

3 제국주의 열강의 아프리카 분할 <출제tip> 제국주의 열강과 침략 지역을 연결하는 문제가 자주 출제

(1) **배경** 리빙스턴, 스탠리 등의 탐험가들에 의해 아프리카의 막대한 지하자원과 시장 잠재력이 알려지자 제국주의 열강이 앞다투어 아프리카 진출 ➡ 베를린 회의에서 아프리카 분할에 합의한 후 제국주의 열강의 식민지 획득 경쟁 가속화

(2) **전개** ✔ 교과서비교 3C, 3B 정책 / 비상만 다룸

영국	• 아프리카 북쪽 이집트의 카이로와 남쪽의 케이프타운을 잇는 아프리카 종단 정책 추진 • ❶3C 정책 추진: 아프리카, 인도 등으로 세력 확장
프랑스	아프리카 서쪽의 알제리와 동쪽의 마다가스카르섬을 잇는 횡단 정책 추진
독일	• 뒤늦게 식민지 경쟁에 뛰어들어 아프리카 진출 • ❷3B 정책 추진: 발칸 지역과 서아시아, 아프리카로 세력 확장

(3) **제국주의 열강의 충돌**

① 파쇼다 사건(1898): 영국의 종단 정책과 프랑스의 횡단 정책이 아프리카 수단의 파쇼다에서 충돌, 프랑스의 양보로 마무리됨

② 모로코 사건(1905, 1911): 독일과 프랑스가 모로코를 둘러싸고 두 차례 대립

(4) **결과** 라이베리아와 에티오피아를 제외한 아프리카 전역이 제국주의 열강의 식민지로 전락
  └ 라이베리아는 미국에서 귀환한 해방 노예들이 독립을 선포하여 아프리카 최초의 공화국이 되었어. 에티오피아는 이탈리아의 침입을 막고 독립을 유지하였지.

4 제국주의 열강의 아시아·태평양 분할

(1) **각국의 아시아 침략**

영국	• ❸동인도 회사를 앞세워 인도 진출 ➡ ❹플라시 전투에서 프랑스를 몰아내고 인도 대부분 지역 지배 • 동남아시아의 말레이반도와 미얀마 식민 지배
프랑스	베트남, 캄보디아 등 인도차이나반도 점령 ➡ 인도차이나 연방 건설
네덜란드	인도네시아 대부분을 식민 지배 ➡ 네덜란드령 동인도 건설
미국	에스파냐와의 전쟁에서 승리 후 필리핀 식민 지배

(2) **태평양 침략** 미국이 하와이, 영국이 오스트레일리아와 뉴질랜드 차지

(3) **열강의 수탈** 식민지에서 광산 개발 및 무역 독점, 사탕수수·목화·고무 등을 재배하는 ❺플랜테이션 농업으로 막대한 이익 획득 ➡ 원주민 동원하여 수탈, 자연 파괴

▲ 제국주의 열강의 아프리카·아시아 침략

❶ 3C: 카이로·케이프타운·콜카타 맨 앞에 알파벳 C가 들어간 데서 유래
❷ 3B: 베를린·비잔티움·바그다드 맨 앞에 알파벳 B가 들어간 데서 유래
❸ 동인도 회사: 17세기에 유럽 각국이 인도 및 동남아시아와 무역하기 위해 동인도에 세운 무역 독점 회사
❹ 플라시: 인도 서벵골주의 도시로 이곳에서 영국 동인도 회사의 군대와 프랑스가 전투를 벌임
❺ 플랜테이션 농업: 자본과 기술을 지닌 서양 열강이 현지인의 값싼 노동력을 이용하여 단일한 상품 작물을 대량으로 생산하는 경영 형태

더 알기 베를린 회의(1884)

제국주의 열강은 1884년 벨기에 국왕의 콩고 사유지 선언을 계기로 열린 베를린 회의에서 '먼저 점령하여 지배권을 획득한 나라'가 선점권을 갖는다는 아프리카 분할 원칙에 합의하였다. 이를 통해 열강의 아프리카 분할이 공식화되어 식민지 획득 경쟁이 더욱 치열해졌다.

자료 9 벨기에의 콩고 침략 풍자화

거대한 뱀으로 묘사된 벨기에의 레오폴드 2세가 콩고인을 휘감아 공격하고 있는 모습을 표현하였다.

자료 10 3C 정책과 3B 정책

영국은 3C 정책을 펼쳐 인도양을 중심으로 아프리카와 인도·동남아시아로 세력을 확장하였다. 뒤늦게 식민지 경쟁에 뛰어든 독일이 3B 정책을 추진하면서 열강의 대립은 심화되었다.

자료 11 파쇼다 사건 풍자화

할머니로 변장한 늑대(영국)가 소녀(프랑스)의 쿠키(파쇼다)를 노리는 모습을 표현하였다.

01 다음 중 알맞은 말에 ○표 하시오.

(1) 산업 혁명은 (면직물, 모직물) 공업에서 시작되어 방적기와 방직기가 발명되었다.

(2) 산업화가 진행되면서 자본을 소유한 자본가와 임금을 받는 노동자 간의 관계가 형성되고 생산과 소비가 시장에 의해 결정되는 (사회주의, 자본주의) 경제 체제가 확립되었다.

02 다음 설명이 맞으면 ○표, 틀리면 ✕표 하시오.

(1) 산업 혁명은 프랑스에서 가장 먼저 시작되었다. ( )

(2) 일부 노동자는 기계가 자신들의 일자리를 빼앗는다고 여겨 기계 파괴 운동을 벌였다. ( )

(3) 20세기 초 에티오피아는 아프리카의 유일한 독립국이었다. ( )

03 다음 ㉠, ㉡에 들어갈 말을 쓰시오.

구분	(㉠)	(㉡)
내용	강한 나라만이 생존할 수 있고, 약한 나라는 사라지거나 강한 나라의 지배를 받아야 한다는 주장	인종 사이에 우열이 있다고 주장하며 인종적 박해나 차별을 정당하게 여기는 사고 방식

㉠ ＿＿＿＿＿＿＿   ㉡ ＿＿＿＿＿＿＿

04 서로 관련 있는 것끼리 바르게 연결하시오.

(1) 영국   •   • ㉠ 3B 정책
(2) 프랑스 •   • ㉡ 종단 정책
(3) 독일   •   • ㉢ 횡단 정책

05 다음 제국주의 열강이 식민 지배한 지역을 보기 에서 골라 기호를 쓰시오.

> **보기**
> ㄱ. 인도   ㄴ. 필리핀
> ㄷ. 인도네시아   ㄹ. 인도차이나반도

(1) 영국 ( )
(2) 미국 ( )
(3) 프랑스 ( )
(4) 네덜란드 ( )

01 산업 혁명이 영국에서 시작된 배경으로 옳지 <u>않은</u> 것은?

① 석탄과 철 등의 지하자원이 풍부하였다.
② 명예혁명 이후 정치적 안정을 이루었다.
③ 인클로저 운동으로 값싼 노동력을 확보하였다.
④ 자본주의 경제 체제가 확립되어 산업 사회를 이루었다.
⑤ 해외 식민지를 통해 원료 공급지와 상품 시장을 확보하였다.

02 다음 ㉠에 들어갈 내용으로 옳은 것은?

① 증기 기관을 개량
② 증기 기관차를 개발
③ 증기선 운항에 성공
④ 실을 목화에서 뽑는 방적기를 발명
⑤ 전기로 신호를 보내는 전신을 발명

03 다음 자료에 나타난 변화의 배경으로 옳은 것은?

▲ 가내 수공업   ▲ 공장제 기계 공업

① 모직물 공업이 발달하였다.
② 일부 노동자들이 러다이트 운동을 벌였다.
③ 증기 기관을 각종 기계의 동력으로 사용하였다.
④ 대량 생산이 이루어지고 교통과 통신이 발달하였다.
⑤ 자본을 소유한 자본가와 임금을 받는 노동자가 성장하였다.

04 다음 자료와 관련된 탐구 주제로 가장 적절한 것은?

① 제국주의 열강의 침략
② 사회주의의 등장 배경
③ 영국에서 산업 혁명이 시작된 배경
④ 산업화의 긍정적 영향과 부정적 영향
⑤ 철도의 발달을 통해 본 산업 혁명의 확산

05 다음 ㉠, ㉡에 들어갈 말을 옳게 연결한 것은?

> 산업 혁명은 프랑스, 미국 등 주변 나라로 퍼져 나갔다. 19세기 후반에는 정부 주도의 산업화가 빠르게 이루어졌다. 이 과정에서 철강, 석유 화학 등 (㉠) 분야를 중심으로 제2차 산업 혁명이 전개되었고, (㉡)이/가 새로운 공업 강국으로 성장하였다.

	㉠	㉡
①	경공업	독일
②	경공업	미국
③	면직물	독일
④	중공업	미국
⑤	중공업	러시아

06 산업 혁명 이후 사회 변화로 옳은 것을 보기 에서 모두 고르면?

> 보기
> ㄱ. 인클로저 운동이 확산되었다.
> ㄴ. 산업화의 혜택이 골고루 분배되었다.
> ㄷ. 물질적 풍요와 생활의 편의를 누렸다.
> ㄹ. 자본주의 경제 체제가 자리 잡게 되었다.

① ㄱ, ㄴ   ② ㄱ, ㄷ   ③ ㄴ, ㄷ
④ ㄴ, ㄹ   ⑤ ㄷ, ㄹ

07 다음 ㉠, ㉡ 계층과 관련된 설명으로 옳은 것은?

▲ 산업 사회의 두 계층

> 19세기 중엽 영국 잡지에 실린 그림으로 (㉠)과/와 (㉡)의 서로 다른 생활을 보여 준다.

① ㉠은 인구의 대다수로 임금을 받는다.
② ㉠은 비위생적 주거 환경에 노출되었다.
③ 애덤 스미스는 ㉡ 계층의 지지를 받았다.
④ 마르크스는 ㉡의 계급 투쟁을 강조하였다.
⑤ ㉡은 ㉠에게 저임금을 주고 장시간 노동을 강요하였다.

08 다음 밑줄 친 '이 인물'에 대한 설명으로 옳은 것을 보기 에서 모두 고르면?

> 이 인물은 사회주의 사상을 주장한 인물로, 노동자의 단결을 강조하였고 노동자가 주인이 되는 새로운 사회를 건설해야 한다고 주장하였다.

> 보기
> ㄱ. 자본주의 경제 체제를 비판하였다.
> ㄴ. 노동자의 계급 투쟁을 주장하였다.
> ㄷ. 공동 생산, 공동 분배의 원칙을 주장하였다.
> ㄹ. 시장에 대한 국가의 간섭을 줄여야 한다고 주장하였다.

① ㄱ, ㄴ   ② ㄱ, ㄷ   ③ ㄱ, ㄴ, ㄷ
④ ㄱ, ㄴ, ㄹ   ⑤ ㄴ, ㄷ, ㄹ

09 산업 혁명으로 발생한 사회 문제의 사례로 옳지 **않은** 것은?

① 빈부 격차가 커졌다.
② 영국에서는 공장법을 제정하였다.
③ 아동과 여성이 저임금을 받으며 노동하였다.
④ 노동자들이 위험한 작업 환경에서 일하였다.
⑤ 인구가 도시로 몰리면서 주택과 상하수도를 비롯한 위생 시설이 부족해졌다.

10 다음 ㉠, ㉡에 들어갈 말을 옳게 연결한 것은?

> 산업화의 진행으로 발생한 사회 문제가 심각해지자, 이를 개선하려는 움직임이 일어났다. 일부 노동자는 기계가 자신들의 일자리를 빼앗는다고 여겨 (㉠) 운동을 벌였다. 또한 노동자들이 (㉡)을 결성하여 노동에 대한 정당한 대가와 노동 조건의 개선을 요구하기도 하였다.

	㉠	㉡
①	러다이트	노동조합
②	러다이트	협동조합
③	인클로저	노동조합
④	인클로저	협동조합
⑤	차티스트	노동조합

11 제국주의의 등장 배경으로 옳은 것을 보기 에서 모두 고르면?

보기
ㄱ. 자유주의 운동이 확산되었다.
ㄴ. 산업화 진행으로 자본주의가 발달하였다.
ㄷ. 관세 동맹을 통해 경제적 통합을 강화하였다.
ㄹ. 서양 열강은 값싼 노동력과 원료 공급지가 필요하였다.

① ㄱ, ㄴ 　② ㄱ, ㄷ 　③ ㄴ, ㄷ
④ ㄴ, ㄹ 　⑤ ㄷ, ㄹ

12 다음 ㉠에 대한 설명으로 옳지 **않은** 것은?

> 나는 어제 런던 이스트엔드의 실업자 집회에 가서 "빵을 달라."라는 절절한 연설만을 듣고 문득 (㉠)의 중요성을 깨달았다. 우리는 영국의 4천 만 국민을 피비린내 나는 내란으로부터 지키고, 과잉 인구를 수용하기 위해 새로운 영토를 개척해야만 한다. …… 나는 우리가 세계에서 가장 우수한 인종이며, 따라서 우리가 세계에 많이 거주할수록 인류에 좋다고 주장한다.   – 세실 로즈, 「유언집」

① 약소국을 침략하는 대외 정책이다.
② 빈 체제로 인해 확산이 저지되었다.
③ 주로 아시아·아프리카를 침략하였다.
④ 산업화로 인한 국가 내부의 갈등을 해결하기 위해 실시하였다.
⑤ 다른 나라와의 경쟁에서 국가의 위상을 높이기 위해 실시하였다.

13 다음 (가)에 들어갈 검색어로 옳은 것은?

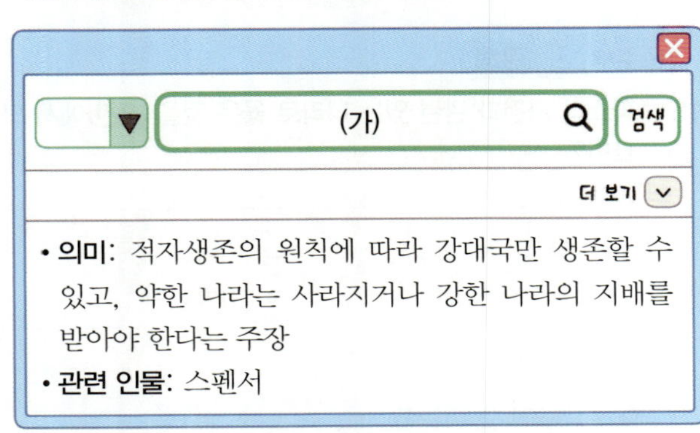

① 사회주의 　② 인종주의 　③ 자본주의
④ 자유주의 　⑤ 사회 진화론

14 다음 작품을 쓴 목적으로 가장 적절한 것은?

> 백인의 짐을 져라
> 그대가 키운 최정예를 보내라
> 그대의 아들들을 역경의 길로 보내라
> 그대가 잡은 원주민들의 욕구를 달래기 위해
> …… 절반은 악마 같고 절반은 어린이 같은 자들에게
> 아주 힘겹게 시중들기 위해   – 키플링, 「백인의 짐」

① 빈부 격차 해결
② 식민 지배 정당화
③ 노동자들의 처우 개선
④ 산업 혁명에 따른 사회 문제 해결
⑤ 천부 인권과 국민 주권 등 기본권 강조

15 다음 (가), (나) 나라에 대한 설명으로 옳은 것은?

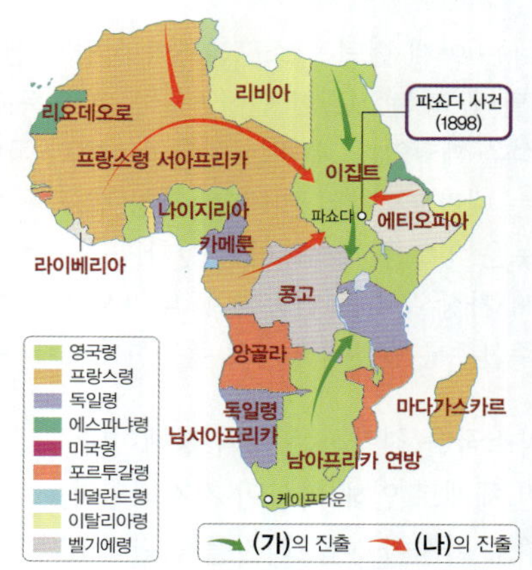

① (가): 국왕은 콩고를 사유지로 삼았다.
② (가): 동인도 회사를 앞세워 인도에 진출하였다.
③ (나): 인도네시아를 지배하였다.
④ (나): 아프리카 종단 정책을 추진하였다.
⑤ (가), (나): 제2차 산업 혁명을 통해 새로운 공업 강국으로 성장하였다.

같은 주제 다른 문제

15-1 파쇼다 사건과 관련 있는 나라로 옳은 것을 보기 에서 모두 고르면?

보기
ㄱ. 영국   ㄴ. 미국
ㄷ. 프랑스   ㄹ. 이탈리아

① ㄱ, ㄴ   ② ㄱ, ㄷ   ③ ㄴ, ㄷ
④ ㄴ, ㄹ   ⑤ ㄷ, ㄹ

16 다음 퀴즈의 정답으로 옳은 것은?

① 콩고   ② 알제리   ③ 이집트
④ 나이지리아   ⑤ 에티오피아

17 제국주의 열강의 침략에 대한 설명으로 옳은 것을 보기 에서 모두 고르면?

보기
ㄱ. 독일은 3B 정책을 추진하였다.
ㄴ. 프랑스는 인도차이나반도를 점령하였다.
ㄷ. 미국은 오스트레일리아와 뉴질랜드를 차지하였다.
ㄹ. 네덜란드는 말레이반도와 미얀마를 식민지로 삼았다.

① ㄱ, ㄴ   ② ㄱ, ㄷ   ③ ㄱ, ㄹ
④ ㄴ, ㄹ   ⑤ ㄷ, ㄹ

18 다음 ㉠에 들어갈 나라로 옳은 것은?

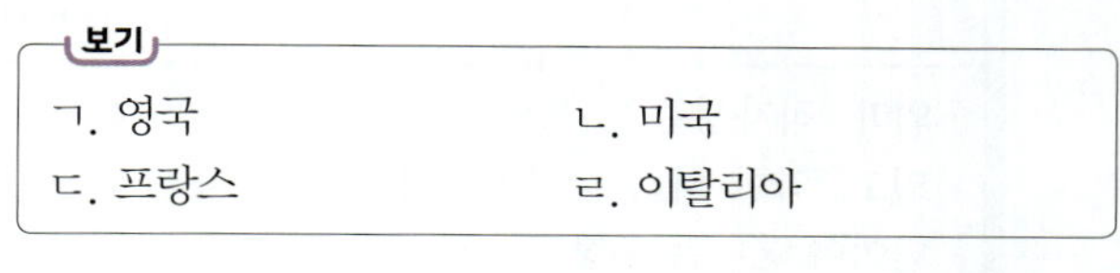

① 독일   ② 미국   ③ 영국
④ 프랑스   ⑤ 네덜란드

19 다음 (가)에 들어갈 내용으로 가장 적절한 것은?

제국주의 열강은 점령지에서 광산을 개발하고 무역을 독점하는 한편, _______________ (가)
이 과정에서 원주민을 동원하여 수탈하였고, 자연이 파괴되었다.

① 자유 무역을 실시하였다.
② 먼로 선언을 통해 간섭을 지속하였다.
③ 베를린 회의를 통해 분할 원칙에 합의하였다.
④ 플랜테이션 농업을 통해 막대한 이익을 얻었다.
⑤ 가내 수공업을 공장제 기계 공업으로 전환하였다.

01 다음에서 설명하는 용어를 쓰시오.

> 기계의 발명과 기술 혁신으로 기존 생산 방식이 바뀌어 생산력이 급증하면서 나타난 경제와 사회 구조상의 큰 변화를 말한다.

02 다음 자료를 보고 물음에 답하시오.

(가)　　　　　　　　(나)

⑴ (가), (나) 교통수단의 이름을 쓰시오.

(가)　　　　　　　(나)

⑵ (가), (나)의 등장 배경과 결과를 서술하시오.

03 산업 혁명 시기에 다음과 같은 사회 문제를 해결하기 위한 노력을 <u>두 가지</u> 서술하시오.

> 문: 몇 살 때부터 공장 일을 시작했습니까?
> 답: 여섯 살 때부터입니다.
> 문: 작업 시간은 몇 시부터 몇 시까지였습니까?
> 답: 일이 밀릴 때는 새벽 다섯 시부터 저녁 아홉 시까지였습니다. 일이 밀리지 않을 때는 새벽 여섯 시부터 저녁 일곱 시까지였습니다.
> 문: 일을 잘못하거나 기한에 늦으면 어떻게 합니까?
> 답: 허리띠로 맞았습니다.
>
> – 「새들러 위원회 보고서」

04 다음 지도를 보고 물음에 답하시오.

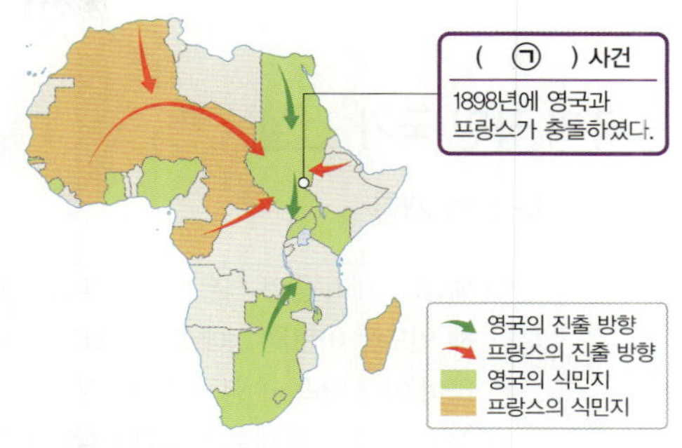

⑴ ㉠에 들어갈 지역을 쓰시오.

⑵ ㉠ 지역에서 영국과 프랑스가 충돌한 배경을 서술하시오.

05 다음 자료를 보고 물음에 답하시오.

▲ 키플링의 시 「백인의 짐」을 바탕으로 그린 그림

> (㉠) 열강을 상징하는 영국인과 미국인이 식민지인들을 짊어지고 산 정상의 '문명'을 향해 오르고 있는 모습을 표현하였다.

⑴ ㉠에 들어갈 말을 쓰시오.

⑵ ㉠의 정당화 논리를 <u>두 가지</u> 서술하시오.

03 아시아의 국민 국가 건설 운동 ①

1842년	1868년	1905년	1911년
난징 조약	메이지 유신	을사늑약	신해혁명

1 중국의 국민 국가 건설

1 아편 전쟁과 청의 개항

> 청에 아편 중독자가 늘어나고 많은 양의 은이 유출되었어.

제1차 아편 전쟁 (1840~1842)	• 배경: 18세기 중엽 청은 ❶공행 무역만 허용, 영국은 무역 적자를 줄이기 위해 인도산 아편을 청에 밀수출하는 삼각 무역 시행 → 청이 임칙서를 파견하여 아편 단속 → 영국이 재산권 침해를 구실로 전쟁 일으킴 • 결과: 난징 조약 체결 → 홍콩 ❷할양, 5개 항구 개항, 공행 폐지, 배상금 지불
제2차 아편 전쟁 (1856~1860)	• 배경: 영국이 애로호 사건을 구실로 프랑스와 연합하여 전쟁을 일으킴 • 결과: 톈진 조약·베이징 조약 체결 → 항구 추가 개항, 외국 공사의 베이징 주재와 크리스트교 포교 허용

> 청 관리가 밀수선으로 의심된 애로호를 검문하던 중 영국 국기를 강제로 내린 사건이야.

2 태평천국 운동(1851~1864)

> 만주족(청)을 몰아내고 한족의 국가를 세우자고 주장하였어.

배경	청 정부가 아편 전쟁 ❸배상금 마련으로 세금 부과 → 농민들의 불만 고조
전개	• 크리스트교 영향을 받은 홍수전이 청 왕조 타도(멸만흥한)를 내세우며 봉기 • 토지 균등 분배·남녀평등·❹전족 금지 등 주장(농민의 지지를 받음), 난징 점령
결과	지도층 분열로 세력 약화, 한인 신사층이 조직한 의용군과 서양 군대에 진압

3 양무운동(1861~1894) 출제tip 양무운동과 변법자강 운동을 비교하는 문제가 자주 출제

> 중국의 전통적인 체제는 유지하고 서양의 기술을 수용하자는 의미야.

배경	아편 전쟁과 태평천국 운동을 통해 서양 무기의 우수성 확인
전개	• 증국번, 이홍장 등 한인 관료들이 중체서용을 토대로 개혁 추진 • 군수 공장·신식 학교 설립, 근대식 해군과 육군 창설, 유학생 파견 등의 개혁 실시
결과	정부의 체계적인 계획 없이 정책 추진, 큰 성과를 거두지 못함

4 변법자강 운동(1898)

배경	청일 전쟁 패배 이후 열강의 이권 침탈 심화 → 중국인의 위기의식 고조
전개	• 캉유웨이, 량치차오 등이 메이지 유신을 모델로 입헌 군주제, 의회 제도 도입 주장 • 과거제 폐지, 서양식 교육 도입, 신식 군대 육성 등 개혁 시도(무술변법)
결과	❺서태후를 비롯한 보수파의 반발로 실패

5 의화단 운동(1899~1901)

> 비밀 결사였어.　　청을 도와 서양 세력을 몰아내자는 의미야.

배경	열강의 침탈 지속, 크리스트교 확산 → 반크리스트교 운동이 일어남
전개	산둥성을 중심으로 의화단 조직, 부청멸양을 구호로 철도와 교회, 외국 ❻공관 습격
결과	• 영국, 일본, 러시아 등 8개국 연합군이 의화단 진압 → 신축 조약 체결(베이징에 외국 군대의 주둔을 허용) • 청 황실 중심으로 근대적 개혁(신정) 추진 → 의회 설립과 헌법 제정 준비, 성과가 없었음

자료 1 청과 영국의 무역 변화

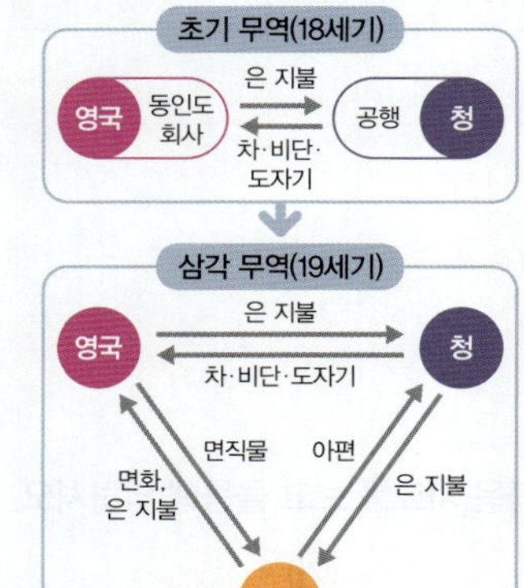

청의 차, 비단, 도자기 구입에 많은 은을 지출한 영국은 인도산 아편을 청에 밀수출하는 삼각 무역을 통해 무역 적자를 해결하려고 하였다.

자료 2 아편 전쟁으로 체결한 조약

난징 조약	톈진 조약·베이징 조약
• 5개 항구 개항 • 공행 폐지 • 홍콩 할양 • 영국에 배상금 지불	• 10개 항구 개항 • 크리스트교 포교의 자유 • 외국 공사의 베이징 주재 • 러시아에 연해주 할양

자료 3 이홍장

자료 4 캉유웨이

용어풀이

❶ 공행(公—공평하다, 行—행하다): 서양과 무역을 독점하는 광둥의 상인 조합
❷ 할양(割—베다, 讓—양보하다): 영토의 일부를 다른 나라에 넘겨주는 것
❸ 배상금(賠—물어 주다, 償—갚다, 金—쇠): 개인의 손해나 전쟁 피해에 대해 배상하는 돈
❹ 전족(纏—묶는다, 足—발): 어린 소녀나 여성의 발을 인위적으로 묶는 전통적 악습
❺ 서태후: 청 함풍제의 황후. 청 말기의 권력자로 함풍제 사후 섭정을 하였고, 캉유웨이 등이 추진한 개혁을 탄압함
❻ 공관(公—공평하다, 館—객사): 국가 혹은 국제기구가 외교 등을 위해 다른 국가에 설치하는 관공서

6 신해혁명(1911) 출제tip 쑨원의 삼민주의와 신해혁명의 의의를 묻는 문제가 자주 출제

└ 민족주의, 민권주의, 민생주의를 의미해.

자료 5 **배경**	**쑨원**이 중국 동맹회 결성(1905), **삼민주의**를 내세우며 혁명 운동 전개
전개	청 정부가 재정 위기를 해결하기 위해 민간 철도 국유화 추진 → 신식 군대가 우창에서 봉기 → 여러 성의 호응, 청으로부터 독립 선언(신해혁명) └ 중국 최초의 공화국이야.
결과	• 혁명파가 난징 점령, 쑨원을 임시 대총통으로 추대하여 중화민국 수립(1912) • 위안스카이가 혁명파와 손잡고 청 황제 퇴위, 임시 대총통의 지위를 넘겨받음 • 위안스카이가 혁명파 탄압, 황제 즉위 시도 → 이후 지방 ❶군벌 등장

2 일본의 국민 국가 건설과 제국주의화

1 일본의 개항과 메이지 유신

┌ • 시모다, 하코다테 개항
└ • 최혜국 대우 인정

(1) **개항** 미국의 페리 제독 함대가 개항 요구 → 에도 막부가 **미일 화친 조약**과 **미일 수호 통상 조약** 체결

┌ • 4개 항구 추가 개항
│ • 미국과 관세 협의하여 결정
└ • 영사 재판권 인정

자료 6 (2) **메이지 유신**

① 배경: 개항 이후 막부의 외교 정책에 대한 비판, 물가가 오르며 생활이 어려워짐

② 전개: 일부 다이묘와 하급 무사들이 에도 막부 타도, 천황 중심의 새로운 정부 수립

③ 개혁: 현을 설치, 지방 직접 통치, 서양에 유학생과 사절단 파견 등

(3) **자유 민권 운동** 일부 지식인이 정부의 독재 비판 → 헌법 제정·의회 개설 요구

자료 7 (4) **일본 제국 헌법 제정(1889)** 정부가 입헌 요구 수용 → 헌법 제정, 의회 개설

2 일본의 제국주의화 ─ 메이지 유신 이후 일본은 대외 팽창에 나서면서 류큐를 합병하고 오키나와현을 설치하였지.

자료 8 **청일 전쟁** (1894~1895)	일본과 청이 조선 지배권을 두고 대립, 동학 농민 운동을 구실로 한반도에 군대 파견 → 청일 전쟁 발발 → **시모노세키 조약** 체결
러일 전쟁 (1904~1905)	❷삼국 간섭(1895) 이후 러시아가 한반도·만주 일대에 영향력 확대, 일본이 영국과 동맹 체결 → 러일 전쟁 발발 → **포츠머스 조약** 체결로 한반도·만주에서 우월한 지위 인정 → 대한 제국 강제 병합

3 조선의 국민 국가 건설 운동

1 조선의 개항과 근대화 운동

┌ 해안 측량권, 치외 법권을
│ 규정한 불평등 조약이야.

┌ 위정척사 운동과 임오
│ 군란이 발생하였어.

개항	운요호 사건을 계기로 일본과 **강화도 조약**을 체결하여 개항
근대화 운동	• 정부가 개화 정책 추진(사절단, 유학생 파견 등) → 개화 정책에 대한 반발 • 갑신정변: 급진 개화파가 근대적 개혁 추진 → 청의 개입으로 실패 • 동학 농민 운동: 정치 개혁 및 외세 배격을 요구 → 관군·일본군에 진압 • 갑오개혁: 청일 전쟁 이후 정부 주도 개혁 추진(신분제 폐지, 과거제 폐지 등) → ❸을미사변 → ❹아관 파천 이후 개혁 중단

2 국민 국가 건설 운동과 국권 침탈

국민 국가 건설 운동	• 독립 협회: 만민 공동회 개최 등 자주 국권 운동, 의회 설립 운동 전개 • 고종이 대한 제국 수립 선포, 황제 즉위 → 광무개혁 추진, 대한국 국제 반포
국권 침탈	일본이 **을사늑약** 등 여러 조약을 강제 체결, 한국의 권리 박탈 → **의병 운동, 애국 계몽** 운동으로 국권 수호 노력 → 대한 제국 강제 병합(1910)

└ 일본이 대한 제국의 외교권을 빼앗았어.

용어 풀이

❶ 군벌(軍–군사, 閥–문벌): 군사력을 기반으로 특정 지역을 지배하는 세력, 집단 등을 말함

❷ 삼국 간섭(三–셋, 國–나라, 干–방패, 涉–건너다): 러시아, 프랑스, 독일이 일본을 압박하여 시모노세키 조약으로 획득한 랴오둥반도 등 이권을 청에 반환하게 한 사건

❸ 을미사변(事–일, 變–변하다): 을미년(1895)에 일어난 사건으로, 명성 황후가 일본에 의해 시해된 사건을 말함

❹ 아관 파천(俄–러시아, 館–객사, 播–뿌리다, 遷–옮기다): 친러 세력에 의하여 고종이 러시아 공사관으로 거처를 옮긴 사건

자료 5 **쑨원의 삼민주의**

자료 6 **메이지 유신의 주요 개혁**

행정	에도의 이름을 도쿄로 개편, 폐번치현, 지방관 파견	**경제**	토지·조세 제도 개혁, 우편·철도·은행 제도 및 상공업 육성
사회	신분제 개혁, 서양식 교육, 유학생 및 사절단 파견	**군사**	징병제 시행

┌ 이 헌법에 따라 의회를 세우면서 일본은
│ 입헌 군주국의 모습을 갖추었어.

자료 7 **일본 제국 헌법**

제1조 일본 제국은 대대로 이어 온 천황이 통치한다.
제3조 천황은 신성하여 침범할 수 없다.
제4조 천황은 국가의 원수로서 통치권을 총괄하며, 이 헌법 조항에 따라 통치권을 행사한다.
제7조 천황은 제국 의회를 소집하고 그 개회, 폐회, 정회 및 의회 해산을 명할 수 있다.

이 헌법은 천황을 신성한 존재로 규정하고 **천황에게 절대적인 권한을 부여**하였다.

자료 8 **청일 전쟁 배상금 사용 내역**

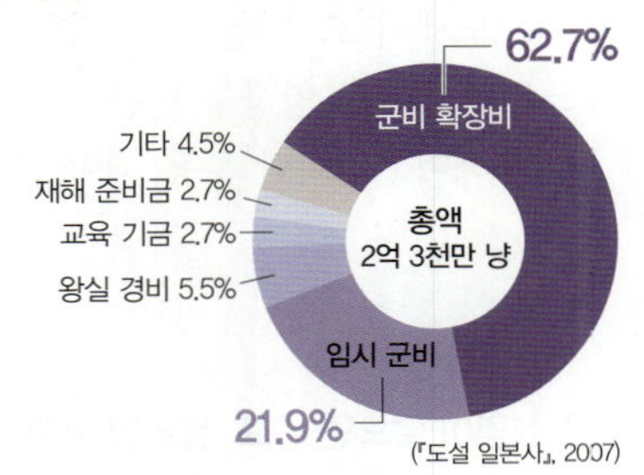

일본은 청과 시모노세키 조약을 맺어 타이완과 랴오둥반도를 넘겨받고 막대한 배상금을 받았다. **배상금을 군비 확장에 주로 사용**하였다.

01 다음 설명과 관련된 사건을 보기에서 골라 기호를 쓰시오.

보기
ㄱ. 양무운동　　　　　　ㄴ. 러일 전쟁
ㄷ. 의화단 운동　　　　　ㄹ. 태평천국 운동

(1) 부청멸양 주장　　　　　　　　　　　(　　)
(2) 중체서용 주장　　　　　　　　　　　(　　)
(3) 멸만흥한 주장　　　　　　　　　　　(　　)
(4) 포츠머스 조약 체결　　　　　　　　　(　　)

02 다음 ㉠, ㉡에 들어갈 말을 쓰시오.

구분	제1차 아편 전쟁	제2차 아편 전쟁
전개	청의 아편 단속 ➡ 영국이 재산권 침해 구실로 전쟁	(　㉡　) 사건 ➡ 영국·프랑스가 연합하여 전쟁
결과	(　㉠　) 체결	톈진·베이징 조약 체결

㉠ ____________　　　㉡ ____________

03 서로 관련 있는 것끼리 바르게 연결하시오.

(1) 삼민주의　　•　　　　　•㉠ 쑨원
(2) 양무운동　　•　　　　　•㉡ 이홍장
(3) 변법자강 운동 •　　　　•㉢ 캉유웨이

04 다음 중 알맞은 말에 ○표 하시오.
(1) 조선은 운요호 사건을 계기로 일본과 (강화도 조약, 시모노세키 조약)을 맺어 개항하였다.
(2) 크리스트교의 영향을 받은 홍수전이 청을 몰아내자고 주장하며 (의화단 운동, 태평천국 운동)을 일으켰다.

05 다음 설명이 맞으면 ○표, 틀리면 ×표 하시오.
(1) 대한국 국제는 대한 제국이 입헌 군주국임을 밝혔다.　(　　)
(2) 제1차 아편 전쟁에서 패배한 청은 영국과 난징 조약을 맺어 항구를 개항하였다.　(　　)
(3) 캉유웨이 등은 일본의 메이지 유신을 본보기로 삼아 입헌 군주제와 의회 제도 도입을 추진하였다.　(　　)

01  다음 밑줄 친 '조약'으로 옳은 것은?

> 아편 중독자가 늘어나고 많은 은이 유출되자, 청은 임칙서를 광저우에 파견하여 아편을 단속하였다. 그러자 영국은 재산권 침해를 구실로 군함을 보내 전쟁을 일으켰다. 전쟁에서 패한 청은 영국과 불평등 조약을 맺었다.

① 톈진 조약　　　　② 난징 조약
③ 신축 조약　　　　④ 베이징 조약
⑤ 시모노세키 조약

같은 주제 다른 문제

01-1 밑줄 친 '조약'의 내용으로 옳은 것을 보기에서 모두 고르면?

보기
ㄱ. 공행 폐지
ㄴ. 홍콩 할양
ㄷ. 크리스트교 포교의 자유 허용
ㄹ. 외국 공사의 베이징 주재 허용

① ㄱ, ㄴ　　　② ㄱ, ㄷ　　　③ ㄴ, ㄷ
④ ㄴ, ㄹ　　　⑤ ㄷ, ㄹ

02 제2차 아편 전쟁에 대한 설명으로 옳은 것은?
① 8개국 연합군이 참전하였다.
② 애로호 사건을 구실로 발발하였다.
③ 전쟁의 결과 포츠머스 조약을 체결하였다.
④ 영국이 독일과 연합하여 일으킨 전쟁이다.
⑤ 한인 신사층이 조직한 의용군과 서양 군대에 의해 진압되었다.

03 다음을 주장한 중국 근대화 운동에 대한 설명으로 옳은 것은?

> 모든 토지는 남녀 구분 없이 각 가정의 호구 수에 비례하여 분배한다. …… 어디에도 배부르고 따뜻하지 않은 자가 없게 하라.
> — 「천조 전무 제도」

① 의회 설치를 추진하였다.
② 부청멸양을 구호로 내세웠다.
③ 청일 전쟁의 패배로 한계가 드러났다.
④ 크리스트교의 영향을 받은 세력이 일으켰다.
⑤ 서양 무기를 제작하는 군수 공장을 설치하였다.

05 다음과 같이 주장한 인물로 옳은 것은?

① 쑨원   ② 이홍장   ③ 홍수전
④ 캉유웨이   ⑤ 위안스카이

04 다음 밑줄 친 ㉠의 배경으로 옳은 것은?

> 청의 한인 관료들은 중국 전통 체제는 유지하면서 서양 기술을 수용하자는 '중체서용'을 내세우며 ㉠ 근대화 개혁을 추진하였다. 이들은 민간 기업을 육성하고 근대식 해군 창설, 신식 학교 설립, 유학생 파견 등의 개혁을 단행하였다.

① 크리스트교가 널리 퍼졌다.
② 청 정부가 민간 철도를 국유화하였다.
③ 영국이 청에 인도산 아편을 밀수출하였다.
④ 청 정부가 전쟁 배상금 마련을 위해 세금을 늘렸다.
⑤ 아편 전쟁과 태평천국 운동을 겪으며 서양 무기의 우수성을 확인하였다.

같은 주제 다른 문제

04-1 밑줄 친 ㉠에 대한 설명으로 옳은 것을 보기 에서 모두 고르면?

보기
ㄱ. 이홍장이 주도하였다.
ㄴ. 입헌 군주제 확립을 추진하였다.
ㄷ. 청일 전쟁에서 패배하며 한계가 드러났다.
ㄹ. 서태후 등 보수파의 반발로 100여일 만에 실패로 끝났다.

① ㄱ, ㄴ   ② ㄱ, ㄷ   ③ ㄴ, ㄷ
④ ㄴ, ㄹ   ⑤ ㄷ, ㄹ

06 다음 밑줄 친 '반외세 운동'의 결과로 옳은 것은?

> 일정 기간 무술을 익히고 주문을 외우면 총에 맞아도 죽지 않는다고 믿는 단체가 청 말기에 일어나 청을 도와 서양 세력을 몰아내자고 주장하며 반외세 운동을 펼쳤다.

① 중화민국을 수립하였다.
② 태평천국 운동이 일어났다.
③ 제2차 아편 전쟁이 발발하였다.
④ 한인 신사층이 조직한 의용군과 서양 군대에 진압되었다.
⑤ 베이징에 외국 군대의 주둔을 허용하는 조약을 체결하였다.

07 다음 사건을 일어난 순서대로 바르게 나열한 것은?

> ㄱ. 신식 군대가 우창에서 봉기를 일으켰다.
> ㄴ. 혁명파가 쑨원을 임시 대총통으로 추대하였다.
> ㄷ. 청 정부가 '신정'이라 불리는 근대적 개혁을 추진하였다.

① ㄱ-ㄴ-ㄷ   ② ㄱ-ㄷ-ㄴ
③ ㄴ-ㄷ-ㄱ   ④ ㄷ-ㄱ-ㄴ
⑤ ㄷ-ㄴ-ㄱ

08 다음 ㉠~㉢에 들어갈 말을 옳게 연결한 것은?

	㉠	㉡	㉢
①	민권	민생	민족
②	민권	민족	민생
③	민족	민권	민생
④	민족	민생	민권
⑤	민생	민권	민족

09 다음 (가)에 들어갈 내용으로 옳은 것은?

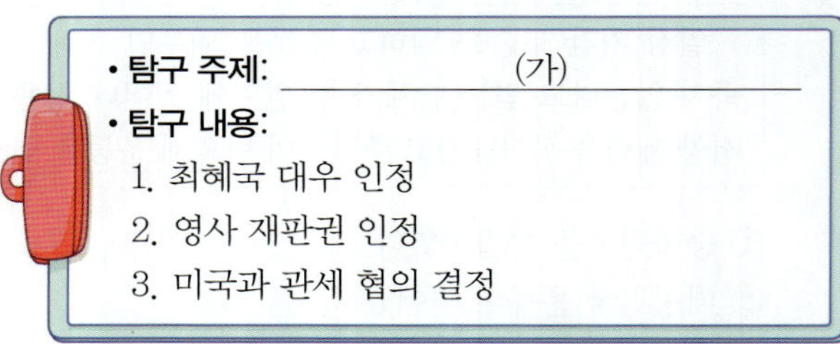

- 탐구 주제: __________ (가)
- 탐구 내용:
  1. 최혜국 대우 인정
  2. 영사 재판권 인정
  3. 미국과 관세 협의 결정

① 일본의 제국주의화
② 일본의 산업화 과정
③ 대한 제국의 국권 피탈
④ 일본의 개항과 불평등 조약
⑤ 일본의 자유 민권 운동 전개

10 다음 밑줄 친 ㉠의 내용으로 옳지 <u>않은</u> 것은?

일부 다이묘와 하급 무사들은 메이지 천황 중심의 새로운 정부를 세웠다. 새로 들어선 메이지 정부는 ㉠ <u>근대화 개혁</u>을 추진하였다.

① 징병제를 시행하였다.
② 이와쿠라 사절단을 파견하였다.
③ 에도의 이름을 도쿄로 개편하였다.
④ 다이묘의 번을 없애고 현을 설치하였다.
⑤ 미일 화친 조약을 체결하여 개항하였다.

11 다음 헌법이 발표된 시기로 옳은 것은?

일본 제국 헌법

제1조 일본 제국은 대대로 이어 온 천황이 통치한다.
제3조 천황은 신성하여 침범할 수 없다.
제4조 천황은 국가의 원수로서 통치권을 총괄하며, 이 헌법 조항에 따라 통치권을 행사한다.
제7조 천황은 제국 의회를 소집하고 그 개회, 폐회, 정회 및 의회 해산을 명할 수 있다.

(가)	(나)	(다)	(라)	(마)
미일 수호 통상 조약 체결	메이지 정부 수립	자유 민권 운동 전개	청일 전쟁 발발	

① (가) ② (나) ③ (다) ④ (라) ⑤ (마)

12 다음 정책을 추진한 조선의 근대화 운동으로 옳은 것은?

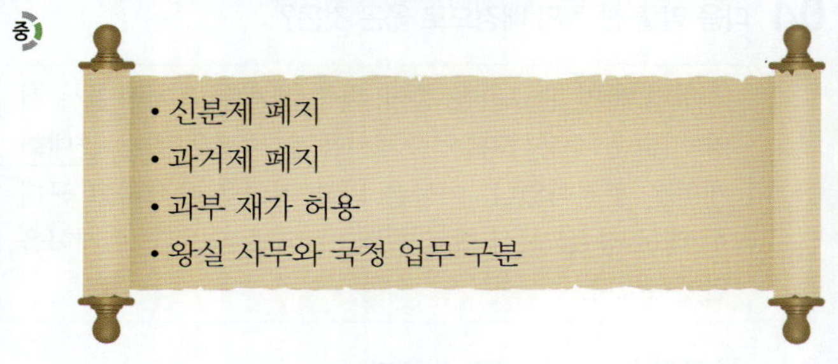

① 갑신정변   ② 갑오개혁   ③ 광무개혁
④ 의병 운동   ⑤ 애국 계몽 운동

13 다음 ㉠에 대한 설명으로 옳은 것은?

㉠ 독립 협회는 서재필이 조직한 단체로, 『독립신문』을 발간하고, 만민 공동회를 여는 등의 활동을 하였다.

① 개화 정책에 반발하였다.
② 대한국 국제를 반포하였다.
③ 외국과의 통상을 거부하였다.
④ 위정척사 운동을 전개하였다.
⑤ 자주 국권 운동과 의회 설립 운동을 펼쳤다.

01 다음 자료를 보고 물음에 답하시오.

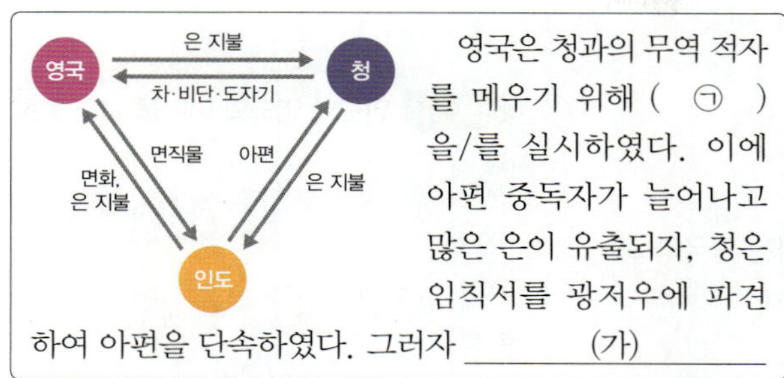

영국은 청과의 무역 적자를 메우기 위해 (㉠)을/를 실시하였다. 이에 아편 중독자가 늘어나고 많은 은이 유출되자, 청은 임칙서를 광저우에 파견하여 아편을 단속하였다. 그러자 ______(가)______

(1) ㉠에 들어갈 말을 쓰시오.

(2) (가)에 들어갈 영국의 대응을 서술하시오.

02 다음 글을 읽고 물음에 답하시오.

(가) 중국의 제도는 이미 서양보다 우수하지만 기술은 서양에 못 미칩니다. 만약 무기가 서양과 비슷해진다면 그들과 맞서 싸울 수 있습니다.
(나) 서양의 의회 제도를 받아들여 군주와 백성이 하나가 될 때 중국은 부강한 나라가 될 수 있습니다. 또한 현명한 인재를 모으고 헌법을 정해야 합니다.

(1) (가), (나) 주장과 관련된 근대화 운동의 명칭을 쓰시오.

(가) ____________ (나) ____________

(2) (가), (나) 근대화 운동의 주장을 다음 **조건** 에 맞게 서술하시오.

> **조건**
> 전통 체제와 서양의 기술 및 제도를 바라보는 관점을 비교하여 서술할 것

03 다음 자료를 보고 물음에 답하시오.

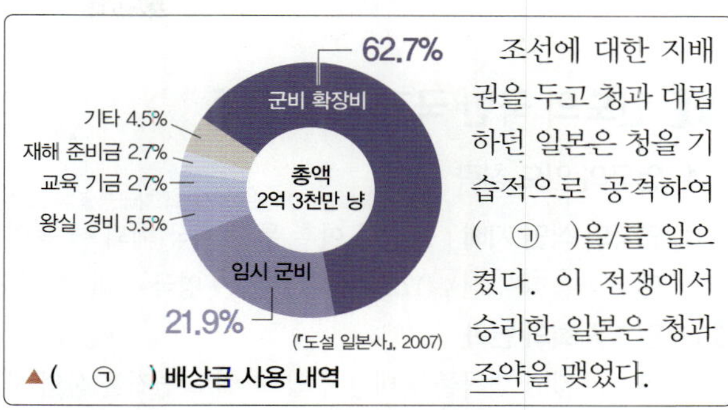

▲ (㉠) 배상금 사용 내역

조선에 대한 지배권을 두고 청과 대립하던 일본은 청을 기습적으로 공격하여 (㉠)을/를 일으켰다. 이 전쟁에서 승리한 일본은 청과 조약을 맺었다.

(1) ㉠에 공통으로 들어갈 사건을 쓰시오.

(2) 밑줄 친 '조약'의 명칭과 내용을 서술하시오.

04 다음 글을 읽고 물음에 답하시오.

일본은 러일 전쟁 이후 한반도에서 영향력을 확대하였고 이 과정에서 (㉠)을/를 강제로 체결하여 대한 제국의 외교권을 빼앗았다. (㉠) 체결 전후로 ㉡ 학교를 세우거나 신문, 잡지를 발간하는 등의 활동을 통해 국권을 수호하려는 움직임도 있었다. 그러나 대한 제국은 1910년에 일본에 강제 병합되었고, 자주적인 국민 국가를 건설하려던 노력은 좌절되었다.

(1) ㉠에 공통으로 들어갈 조약의 명칭을 쓰시오.

(2) 밑줄 친 ㉡에 해당하는 운동의 명칭과 주장을 서술하시오.

03 아시아의 국민 국가 건설 운동 ②

1 인도의 국민 국가 건설 운동

1 영국의 인도 침략

(1) **영국의 식민 지배** 영국과 프랑스가 벵골 지방의 지배권을 두고 충돌하였어. 18세기 이후 무굴 제국 쇠퇴 ➡ 동인도 회사를 앞세운 영국과 프랑스가 플라시 전투(1757)에서 충돌 ➡ 영국 승리 후 인도 식민 지배 확대

자료 1 (2) **인도 사회의 변화**
① 영국이 값싼 면직물을 대량 수입 ➡ 인도 면직물 산업 붕괴
② 영국으로의 수출을 위해 면화·차·아편 등 재배 강요 ➡ 인도가 식량 부족에 시달림
③ 영국이 인도에 토지세 등 무거운 세금 부과 ➡ 농촌 경제가 어려움을 겪음
④ 영국이 힌두교도와 이슬람교도의 종교적 갈등 조장, 인도의 전통문화와 종교 파괴 ➡ 인도인의 불만 심화

(3) **❶세포이의 항쟁**(1857~1859)

전개	영국의 지배 방식에 인도인이 분노 ➡ 세포이의 무장봉기 ➡ 다양한 계층의 인도인이 참여하는 민족 운동으로 확대 ➡ 내부 분열, 영국군의 진압으로 실패
결과	영국이 무굴 제국의 황제 폐위, 동인도 회사 해체, 영국령 인도 제국 수립(1877)

└ 영국 왕이 인도를 직접 통치하였어.

자료 2 ### 2 인도 국민 회의의 민족 운동 출제 tip 인도 국민 회의의 반영 운동을 묻는 문제가 자주 출제

(1) **배경** 영국의 식민 지배 강화, 서양식 교육을 받은 지식인 계층의 성장
(2) **인도 국민 회의 결성(1885)** 지식인과 종교 지도자들이 영국에 저항하는 독립운동, 근대화 운동 추진 ➡ 영국이 식민 지배에 대한 불만을 잠재우기 위해 인도 국민 회의 결성 지원
(3) **인도 국민 회의의 반영 운동**

✔ 교과서 비교 민족 교육
미래엔, 비상, 지학, 천재는 국민 교육

자료 3

배경	인도인을 분열시킬 목적으로 영국이 벵골 분할령 발표(1905)
전개	영국 상품 불매, 자치 획득(스와라지), 국산품 사용(스와데시), 민족 교육의 4대 ❷강령을 채택해 영국에 저항 ➡ 전국으로 확산
결과	벵골 분할령 ❸철회(1911), 형식적으로 인도인의 자치 인정

2 동남아시아의 국민 국가 건설 운동

✔ 교과서 비교 동남아시아의 민족 운동
| 비상 | Ⅵ-03에서 다룸 |
| 지학, 천재 | 다루지 않음 |

「나의 마지막 작별」이라는 시를 썼어.

베트남	판보이쩌우가 베트남 유신회 결성, ❹동유 운동 추진
필리핀	• 호세 리살이 에스파냐의 식민 지배를 비판하는 글 발표, 필리핀 민족 동맹 결성 • 아기날도가 필리핀 혁명군 조직, 미국·에스파냐 전쟁 때 독립 선언
인도네시아	• 네덜란드의 지배에 맞서 이슬람 동맹 결성 • 카르티니가 민족 교육 실시
타이	라마 5세가 근대적 개혁 추진, 영국·프랑스의 이해관계가 충돌하는 완충 지대에 자리한 이점 이용 ➡ 동남아시아 국가 중 유일하게 독립 유지

용어 풀이

❶ 세포이: 19세기 영국 동인도 회사가 고용한 인도인 용병으로 이슬람을 믿는 무슬림과 힌두교도가 뒤섞여 있었음
❷ 강령(綱―벼리, 領―다스리다): 정당이나 사회단체 등의 기본 입장이나 방침, 운동 규범 등을 말함
❸ 철회(撤―거두다. 回―돌아오다): 이미 제출했거나 주장했던 것을 거두어들이거나 취소한다는 의미
❹ 동유(東―동녘, 遊―여행): 동쪽을 여행한다는 뜻으로 베트남 청년들을 일본에 유학시키려는 운동이었음

자료 1 인도와 영국의 면직물 교역 변화

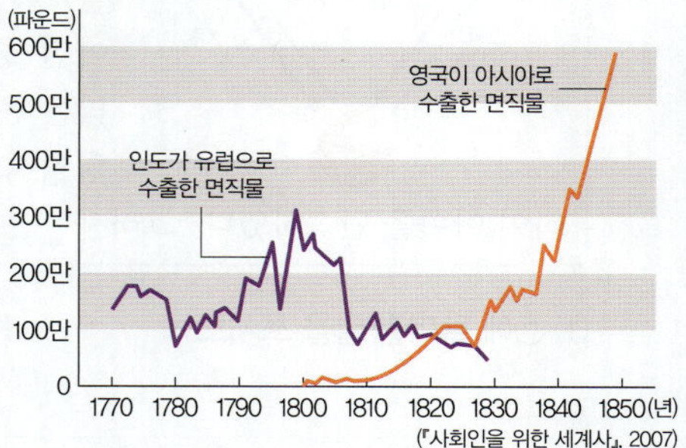

인도는 산업 혁명 이전까지 세계 최대의 면직물 수출 국가였다. 산업 혁명 이후 영국에서 값싼 면직물이 대량 수입되자 면직물 산업이 몰락하였다.

더 알기 세포이의 항쟁 원인

동인도 회사가 세포이에게 지급한 탄약 주머니에 소나 돼지의 기름이 발려 있다고 잘못 알려졌다. 세포이들은 소를 신성시하는 힌두교를 믿거나 돼지를 부정하게 여기는 이슬람교를 믿었기 때문에 이 문제가 항쟁으로 이어지게 되었다.

자료 2 인도 국민 회의

창립 초기에는 영국의 통치에 협조적이었으나 점차 인도인의 이익을 대변하는 단체로 변모하였다.

▲ 인도 국민 회의 창립 대회

자료 3 벵골 분할령

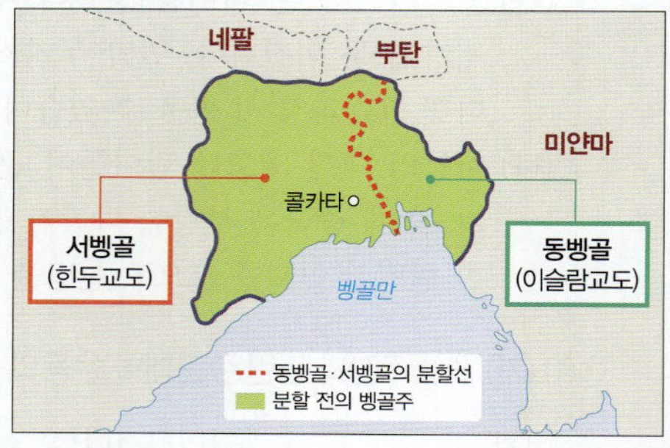

영국은 반영 운동이 활발하던 인도의 벵골 지역을 서벵골과 동벵골로 나누어 통치하려고 하였다. 이는 종교 갈등을 통해 민족 운동의 힘을 분산하려는 속셈이었다.

3 서아시아의 국민 국가 건설 운동

1 오스만 제국의 개혁

자료 4 (1) **19세기의 상황** 오스만 제국이 유럽 지역의 영토 대부분을 상실, 영국·러시아 등 열강의 압박을 받음

─ 그리스가 독립하고 이집트가 자치를 시작하였으며 발칸반도의 국가들도 독립하였어.

(2) **❶탄지마트** **교과서 비교** 미드하트 파샤
동아, 비상만 다룸

배경	위기 극복을 위해 1839년부터 '탄지마트'라고 불리는 근대적 개혁 추진
전개	• 유럽 제도를 수용하여 행정 및 조세 제도 개편, 서양식 군대 양성 • 탄지마트의 성과가 미흡하자 미드하트 ❷파샤 등의 급진 세력이 근대식 헌법 제정(1876), 의회 설립(입헌 정치 실시)
결과	보수 세력의 반발과 유럽 열강의 간섭으로 성과를 거두지 못함, ❸술탄의 전제 정치 강화(헌법 정지, 의회 해산)

(3) **청년 튀르크당의 혁명**

─ 여성 차별을 금지하고 보통 선거를 실시하였어.
언론의 자유를 보장하고 산업을 육성하였지.

배경	술탄의 전제 정치 강화
전개	• 술탄의 전제 정치에 반발한 청년 장교와 지식인 등이 청년 튀르크당을 결성 ➡ 무장봉기를 일으킴 • 헌법과 의회를 부활시키고 근대적 개혁 추진 • 극단적 튀르크 민족주의 정책 시행(아랍어 사용 금지 등)
결과	다른 민족의 반발과 서양 열강의 침략 등으로 실패

▲ 시가행진 중인 청년 튀르크당

2 아랍의 민족 운동

교과서 비교 아랍, 이란, 이집트의 근대화 운동

비상	다루지 않음
지학	Ⅵ-03에서 다룸

자료 6 (1) **와하브 운동** 18세기 후반 아라비아반도에서 이븐 압둘 와하브의 주도, 이슬람교 경전인 『쿠란』의 가르침으로 돌아가자는 운동

─ 오스만 제국에 저항하는 민족 운동으로 발전하였고, 사우디아라비아 왕국이 건설되는 계기가 되었어.

(2) **아랍 문화 부흥 운동** 19세기 초 아랍의 고전을 연구함으로써 아랍 세계의 단결과 통일을 고취하려는 움직임 전개 ➡ 아랍 여러 나라의 독립운동에 영향

3 이란의 근대화 운동

(1) **담배 불매 운동** 카자르 왕조가 근대화 개혁 자금 마련을 위해 영국에 담배 독점 판매권을 넘김 ➡ 아프가니 등 반영 운동 세력, 종교 지도자를 중심으로 담배 불매 운동 전개 ➡ 담배 이권 회수, 막대한 배상금 지급으로 영국에 경제적으로 종속됨

(2) **입헌 혁명** 반영 운동 세력이 정치 개혁 요구하며 헌법 제정 및 의회 설립 ➡ 영국·러시아의 간섭으로 실패, 영국·러시아에 의해 분할 통치

4 이집트의 근대화 운동

(1) **근대화 개혁** 오스만 제국의 지배를 받는 상황에서 총독 무함마드 알리가 학교·군대 개혁과 산업 장려 등 근대화 정책 추진 ➡ 자치권 획득

자료 7 (2) **수에즈 운하와 민족 운동**

① 배경: 19세기 중반 철도·전신 시설과 수에즈 ❹운하 건설 과정에서 많은 빚을 지게 됨 ➡ 영국·프랑스의 재정 관리를 받게 됨

② 전개: **아라비 파샤** 중심의 군부 세력이 혁명 ➡ 영국군에 진압 ➡ 영국의 ❺보호국이 됨
└ '이집트인을 위한 이집트 건설'을 구호로 외치며 봉기하였어.

용어 풀이

❶ 탄지마트: 튀르크어로 개혁을 뜻하는 말이며 근대화를 목표로 유럽식 문물뿐만 아니라 제도까지 수용하려던 개혁

❷ 파샤: 오스만 제국에서 신분이 높은 사람에게 주던 칭호

❸ 술탄: 이슬람 세계의 정치적 지배자에게 주던 칭호

❹ 운하(運─돌다, 河─강): 선박 항해 등의 목적으로 육지를 파서 인공적으로 만든 수로로 호수나 강, 바다 등을 연결함

❺ 보호국(保─지키다, 護─보호하다, 國─나라): 완전한 주권을 갖지 못하고 외교권 등 통치권의 일부가 타국에 의해 행사되는 국가

자료 4 오스만 제국의 쇠퇴

자료 5 미드하트 헌법(1876)

• 제국 내 모든 국민에게 종교의 자유와 표현의 자유, 법 앞에서의 평등을 보장한다.
• 입법부, 사법부, 행정부의 삼권을 분립한다.
• 상원 의원(원로원)은 술탄이 임명하고 하원 의원(대의원)은 국민이 직접 선출한다.

헌법은 초안자인 미드하트 파샤의 이름을 따서 '미드하트 헌법'이라고 불린다. 개인의 자유, 출판의 자유, 재산권 보장, 의회 설치 등 서양의 헌법과 유사한 내용을 담았다.

자료 6 19세기 아라비아반도와 이란

자료 7 수에즈 운하 개통 전후 무역로 비교

1869년 개통한 운하는 지중해와 홍해를 연결하여 아프리카 대륙을 거치지 않고도 유럽과 아시아를 오갈 수 있게 되었다.

01 다음 설명에 해당하는 내용과 관련된 말을 보기 에서 골라 기호를 쓰시오.

> 보기
> ㄱ. 탄지마트　　　ㄴ. 입헌 혁명　　　ㄷ. 세포이의 항쟁

(1) 인도의 반영 운동　　　　　　　　　　　　(　　　)
(2) 오스만 제국의 개혁　　　　　　　　　　　(　　　)
(3) 이란의 근대화 운동　　　　　　　　　　　(　　　)

02 다음 빈칸에 들어갈 말을 쓰시오.

(1) 인도 벵골 지방의 지배권을 두고 영국과 프랑스가 충돌하여 (　　　　) 전투가 발생하였다.
(2) 이집트는 19세기 중반부터 철도와 전신 시설을 마련하고 (　　　　) 운하를 건설하였다.
(3) (　　　　)은/는 영국 상품 불매, 자치 획득, 국산품 사용, 민족 교육의 4대 강령을 채택하여 영국에 저항하였다.

03 서로 관련 있는 것끼리 연결하시오.

(1) 이집트　　•　　　　　•　㉠ 카르티니
(2) 베트남　　•　　　　　•　㉡ 판보이쩌우
(3) 인도네시아　•　　　　•　㉢ 아라비 파샤

04 다음 중 알맞은 말에 ○표 하시오.

(1) 아라비아반도에서는 이슬람교의 경전인 『쿠란』의 가르침으로 돌아가자는 (와하브, 담배 불매) 운동이 전개되었다.
(2) 이집트는 무함마드 알리의 개혁으로 (영국, 오스만 제국)으로부터 자치권을 획득하였다.

05 다음 설명이 맞으면 ○표, 틀리면 ×표 하시오.

(1) 인도에서는 청년 튀르크당이 전제 정치에 반발하여 혁명을 일으켰다.　　　　　　　　　　　　(　　　)
(2) 라마 5세가 베트남 유신회를 조직하고 동유 운동을 추진하였다.　　　　　　　　　　　　　　(　　　)
(3) 오스만 제국은 탄지마트에 성공하여 적극적인 대외 팽창 정책을 추진하였다.　　　　　　　　(　　　)

01 다음 밑줄 친 '전투' 이후 인도 사회의 모습으로 옳지 않은 것은?

> 1757년 동인도 회사를 앞세워 침략 경쟁을 벌이던 영국과 프랑스는 벵골 지방의 지배권을 두고 전투를 벌였다.

① 인도 면직물 산업이 붕괴되었다.
② 영국과 러시아에 의해 분할 통치를 받게 되었다.
③ 영국이 인도의 전통문화와 종교를 파괴하려 하였다.
④ 토지세 등의 무거운 세금으로 농촌 경제가 어려움을 겪었다.
⑤ 인도 농민은 수출을 위한 면화, 차, 아편 등의 재배를 강요당하였다.

02 다음 밑줄 친 '이 사건'으로 옳은 것은?

① 탄지마트　　　　　　　② 벵골 분할령
③ 와하브 운동　　　　　　④ 세포이의 항쟁
⑤ 아랍 문화 부흥 운동

 같은 주제 다른 문제

02-1 밑줄 친 '이 사건'의 결과로 옳은 것을 보기 에서 모두 고르면?

> 보기
> ㄱ. 동인도 회사가 해체되었다.
> ㄴ. 무굴 제국 황제가 폐위되었다.
> ㄷ. 영국령 인도 제국이 수립되었다.
> ㄹ. 영국이 인도인의 자치를 인정하였다.

① ㄱ, ㄴ　　　　② ㄱ, ㄷ　　　　③ ㄱ, ㄴ, ㄷ
④ ㄱ, ㄷ, ㄹ　　　⑤ ㄴ, ㄷ, ㄹ

03 다음 ㉠에 들어갈 인도의 단체에 대한 설명으로 옳은 것은?
중

▲ (㉠) 창립 대회

① 미드하트 파샤를 중심으로 결성되었다.
② 아랍 세계의 단결과 통일을 도모하였다.
③ 무굴 제국 황제의 지원을 받아 결성되었다.
④ 창립 초기부터 적극적인 반영 운동을 펼쳤다.
⑤ 서양식 교육을 받은 지식인이 주축이 되어 결성하였다.

중요
04 다음 (가)에 들어갈 내용으로 옳은 것은?
중

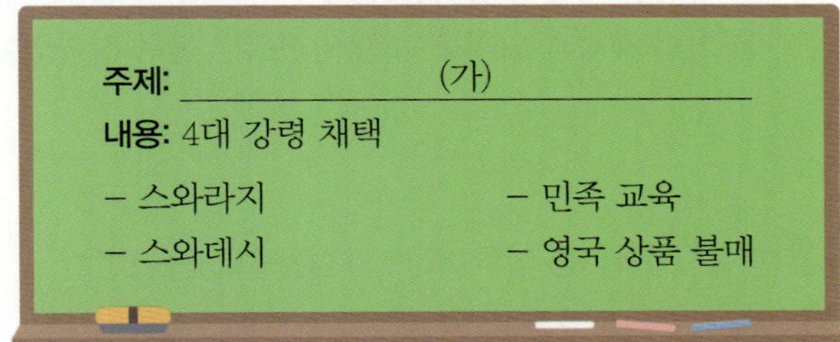

① 세포이의 항쟁
② 동인도 회사의 해체
③ 와하브 운동의 전개
④ 제국주의 국가의 침략 경쟁
⑤ 인도 국민 회의의 반영 운동

같은 **주제** **다른 문제**

04-1 위 (가)의 성과로 옳은 것은?
중
① 무굴 제국이 부활하였다.
② 근대식 헌법을 제정하였다.
③ 술탄의 전제 정치가 강화되었다.
④ 영국이 벵골 분할령을 취소하였다.
⑤ 발칸반도 국가의 독립이 계속되었다.

05 동남아시아 국가와 국민 국가 건설 운동을 추진한 인물을 옳게 연결한 것은?
중

① 타이 – 아기날도
② 베트남 – 카르티니
③ 필리핀 – 호세 리살
④ 필리핀 – 판보이쩌우
⑤ 인도네시아 – 라마 5세

06 다음 (가)에서 추진한 근대적 개혁으로 옳은 것은?
하

① 탄지마트   ② 입헌 혁명
③ 와하브 운동   ④ 세포이의 항쟁
⑤ 담배 불매 운동

07 다음 (가) 시기에 오스만 제국에서 일어난 일로 옳은 것은?
중

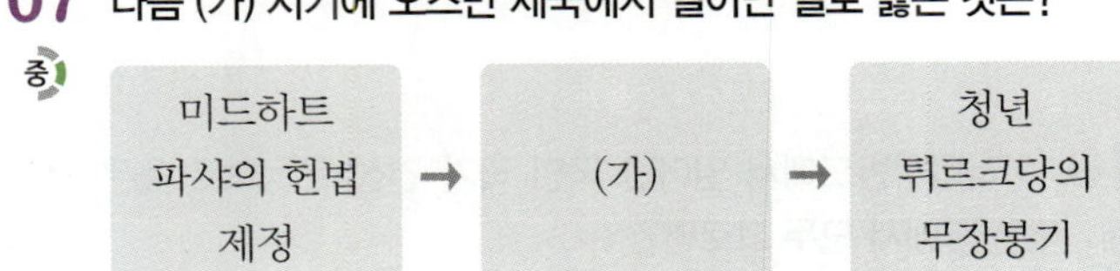

① 그리스가 독립하였다.
② 영국의 보호국이 되었다.
③ 술탄이 전제 정치를 강화하였다.
④ 이집트가 자치권을 얻게 되었다.
⑤ 콘스탄티노폴리스를 수도로 삼았다.

08 다음 밑줄 친 '이 단체'의 주장으로 옳지 <u>않은</u> 것은?

사진은 오스만 제국의 청년 장교, 지식인들이 결성한 <u>이 단체</u>가 구호를 외치며 시가행진을 하는 모습이다.

① 여성 차별을 금지하자!
② 민족 차별을 철폐하자!
③ 언론의 자유를 보장하자!
④ 보통 선거를 실시해야 한다!
⑤ 산업을 육성하고 국민의 세금 부담을 줄이자!

09 다음 (가), (나) 지역에서 전개된 민족 운동에 대한 설명으로 옳은 것은?

① (가): 담배 불매 운동이 일어났다.
② (가): 아라비 파샤 등의 군부 세력을 중심으로 혁명이 일어났다.
③ (나): 반영 운동 세력이 입헌 혁명을 일으켰다.
④ (나): 사우디아라비아 왕국이 세워지는 데 영향을 끼쳤다.
⑤ (가), (나): 와하브 운동이 일어났다.

10 아라비아반도에서 일어난 국민 국가 건설 운동으로 옳은 것을 **보기**에서 모두 고르면?

> **보기**
> ㄱ. 탄지마트   ㄴ. 와하브 운동
> ㄷ. 세포이의 항쟁   ㄹ. 아랍 문화 부흥 운동

① ㄱ, ㄴ   ② ㄱ, ㄷ   ③ ㄴ, ㄷ
④ ㄴ, ㄹ   ⑤ ㄷ, ㄹ

11 다음 ㉠, ㉡에 들어갈 말을 옳게 연결한 것은?

(㉠)의 카자르 왕조가 근대화 개혁 자금을 마련하기 위해 담배 독점 판매권을 영국에 넘기자, 국민들 사이에서 반영 감정이 높아지고 담배 불매 운동이 일어났다. 이후 반영 운동 세력은 의회를 설립하려는 (㉡)을 일으켰다(1906).

	㉠	㉡
①	이란	입헌 혁명
②	이란	와하브 운동
③	오스만	입헌 혁명
④	오스만	와하브 운동
⑤	이집트	와하브 운동

12 다음 사건의 공통점으로 옳은 것은?

(가) 탄지마트
(나) 입헌 혁명
(다) 청년 튀르크당의 혁명

① 전제 군주국을 지향하였다.
② 군부가 주도하여 진행되었다.
③ 오스만 제국에서 일어난 사건이다.
④ 다양한 계층이 참여한 민족 운동으로 확대되었다.
⑤ 헌법 제정과 의회를 통한 입헌 정치를 주장하였다.

13 다음 (가)의 개통 이후 이집트의 상황으로 옳은 것은?

① 경제적 자립에 성공하였다.
② 영국과 러시아가 영토를 분할하였다.
③ 영국과 프랑스의 재정 관리를 받게 되었다.
④ 오스만 제국으로부터 자치권을 획득하였다.
⑤ 총독 무함마드 알리가 근대화 정책을 추진하였다.

▶ 정답 및 해설 08쪽

01 다음에서 설명하는 단체의 명칭을 쓰시오.

> • 영국의 지원을 받아 결성하였다.
> • 서양식 교육을 받은 지식인 계층과 종교 지도자들이 인도 사회를 개혁하기 위해 설립하였다.

____

02 다음 지도를 보고 물음에 답하시오.

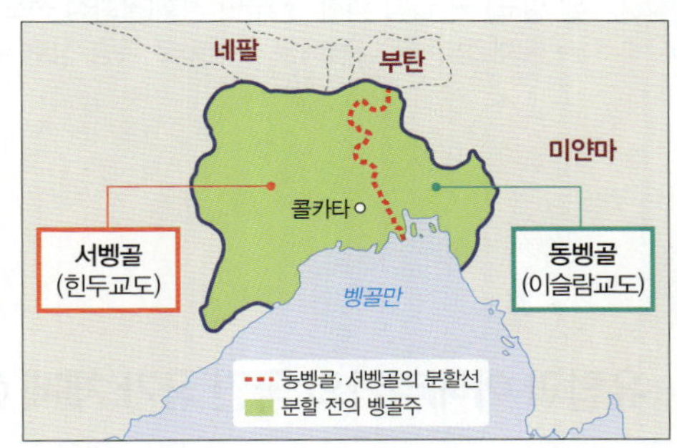

(1) 지도에 나타난 영국의 정책을 쓰시오.

____

(2) 영국이 위와 같은 정책을 발표한 목적을 서술하시오.

____

____

03 다음 글을 읽고 물음에 답하시오.

> • 이슬람교도와 크리스트교도도 동등하게 개인의 자유와 재산권을 보장한다.
> • 소득에 따라 공정하게 세금을 징수한다.
> • 공개 재판을 통해 형벌을 집행한다.
> (㉠)을/를 위한 '장미의 방 칙령(1839)'

(1) ㉠에 들어갈 오스만 제국의 근대적 개혁을 쓰시오.

____

(2) 위 개혁을 실시하게 된 배경을 서술하시오.

____

____

04 다음 글을 읽고 물음에 답하시오.

> 이란의 카자르 왕조가 담배 독점 판매권을 영국에 넘기자 이란인들 사이에서 반영 감정이 높아져 (㉠)이/가 일어났다. 이후 반영 운동 세력은 헌법을 제정하고 의회를 설립하려는 (㉡)을/를 일으켰다(1906).

(1) ㉠, ㉡에 들어갈 말을 쓰시오.

㉠ _____________   ㉡ _____________

(2) ㉡의 결과를 서양 열강과 연결하여 서술하시오.

____

____

05 다음 지도를 보고 물음에 답하시오.

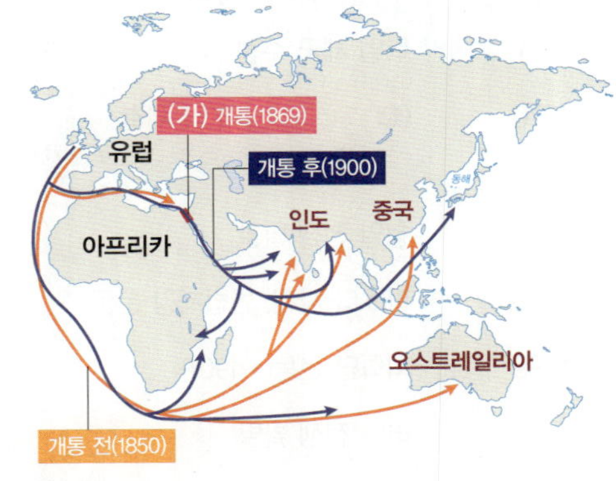

(1) (가)의 명칭을 쓰시오.

____

(2) (가) 개통 이후 무역로의 변화를 서술하시오.

____

____

대단원 한눈에 정리하기

주요 사건

1757	플라시 전투
1769	제임스 와트, 증기 기관 개량
1773	보스턴 차 사건
1776	미국, 독립 선언문 발표
1783	파리 조약 체결
1787	미국, 연방 헌법 제정
1789	프랑스 혁명 발발, 인간과 시민의 권리 선언(인권 선언) 발표
1804	아이티 공화국 수립
1823	미국, 먼로 선언
1830	프랑스, 7월 혁명
1839	오스만 제국, (❶　　　) 추진 ↳ 오스만 제국의 근대적 개혁 명칭
1840	제1차 아편 전쟁(~1842)
1848	프랑스, 2월 혁명
1851	태평천국 운동(~1864)
1854	미일 화친 조약 체결
1858	미일 수호 통상 조약 체결
1861	양무운동 시작, 미국 남북 전쟁 발발
1868	(❷　　　) ↳ 일본에서 실시된 근대화 개혁
1871	독일 제국 수립
1876	(❸　　　) 조약 체결 ↳ 운요호 사건을 계기로 조선이 일본에 개항하게 된 불평등 조약
1894	청일 전쟁 발발
1898	파쇼다 사건, 변법자강 운동
1899	의화단 운동(~1901)
1904	러일 전쟁 발발
1905	벵골 분할령 발표
1908	청년 튀르크당의 혁명
1910	대한 제국, 국권 피탈
1912	중화민국 수립

01 유럽과 아메리카의 국민 국가 체제 ①

1 미국 혁명

배경	영국, 자치를 누리던 아메리카 식민지에 각종 세금 부과
전개	• 발단: 보스턴 차 사건 • 독립 선언문 발표 → 식민지 군대가 요크타운 전투 승리
결과	파리 조약으로 독립 승인 → 최초의 민주 공화국 미국 탄생

2 프랑스 혁명

배경	사회의 모순(구제도의 모순), 시민 계급의 성장 등
전개	• 발단: 루이 16세의 삼부회 소집 • (❹　　　)(테니스코트의 서약, 인간과 시민의 권리 선언 발표) → 입법 의회 → 국민 공회(공화정 선포, 공포 정치) → 총재 정부 → 나폴레옹 쿠데타로 통령 정부 수립

01 유럽과 아메리카의 국민 국가 체제 ②

1 유럽의 국민 국가 건설

(1) 나폴레옹의 집권과 몰락

내용	• 은행 설립, 국민 교육 제도 도입, 『나폴레옹 법전』 편찬 등 국내 개혁 → 제정 수립 → 유럽 정복 • 대륙 봉쇄령 → 러시아 원정 → 나폴레옹의 몰락
결과	• 자유주의, 민족주의 이념 확산 • 빈 체제 수립(오스트리아의 메테르니히 주도, 보수적 질서)

(2) 자유주의·민족주의 확산

자유주의	• 프랑스: 7월 혁명(입헌 군주정 수립), 2월 혁명(공화정 수립, 빈 체제 붕괴) • 영국: 가톨릭교도 차별 폐지, 곡물법·항해법 폐지, 제1차 선거법 개정, 차티스트 운동 • 러시아: 알렉산드르 2세가 농노 해방령 등 개혁 시도
민족주의	• 이탈리아: 마치니, 카부르(중북부 통합), 가리발디의 통일 운동 전개(나폴리와 시칠리아 점령, 사르데냐 왕국에 바침) → 이탈리아 왕국 수립 • 독일: 프로이센 주도, 관세 동맹 및 (❺　　　)의 철혈 정책 → 독일 제국 수립

2 아메리카의 국민 국가 건설

라틴 아메리카	• 배경: 미국 독립 및 프랑스 혁명 이념 영향, 먼로 선언 • 각국의 독립운동(크리오요 주도): 투생 루베르튀르(아이티), 볼리바르, 산마르틴, 이달고 신부 활약
미국	• 남부와 북부, 경제적 차이·노예제에 대한 입장 차이로 갈등 → 연방 탈퇴한 남부의 북부 공격으로 (❻　　　) 발발 → 링컨, 노예 해방 선언 → 북부의 승리 • 남북 전쟁 이후 대륙 횡단 철도 개통, 이민 증가 등으로 국가 발전

02 유럽의 산업화와 제국주의

1 산업 혁명과 자본주의의 등장

시작	정치적 안정, 인클로저 운동으로 값싼 노동력 확보, 풍부한 지하자원, 넓은 해외 식민지 ➡ 영국에서 시작
전개	• 면직물 공업 발달: 방적기, 방직기 발명 • 제임스 와트, 증기 기관 개량 ➡ 가내 수공업에서 공장제 기계 공업으로 전환 • 교통·통신 발달: 증기 기관차 개발로 철도 부설, 증기선, 전신 및 전화 발명 • 제2차 산업 혁명: 19세기 후반부터 중공업 분야 중심 발달 ➡ 미국, 독일 성장
영향	• 사회 변화: 물질적 풍요, 편의 증가, 산업 사회로 전환, 자본주의 경제 체제 확립 • 사회 문제 발생: 빈부 격차 심화, 노동자의 장시간·저임금 노동, 비위생적 주거 환경
해결 노력	기계 파괴 운동, 노동조합 결성, 공장법 제정, (❼) 사상 등장(오언, 마르크스 등)

2 제국주의

등장 배경	산업화에 따른 자본주의 발전 ➡ 값싼 원료와 노동력 및 상품 수출 시장, 잉여 자본 투자 시장 필요 ➡ 서양 열강이 군사력·경제력 앞세워 아시아·아프리카의 약소국을 침략하여 식민 지배
지배 논리	사회 진화론, 인종주의를 통해 지배 정당화
아프리카 침략	• 영국: 아프리카 종단 정책(카이로−케이프타운, 3C 정책) • 프랑스: 아프리카 횡단 정책(알제리−마다가스카르) • (❽) 사건: 영국·프랑스가 수단에서 충돌 • 모로코 사건: 프랑스·독일의 갈등
아시아· 태평양 침략	• 영국: 인도, 말레이반도, 미얀마, 오스트레일리아 및 뉴질랜드 차지 • 프랑스: 인도차이나 연방 건설 • 네덜란드: 인도네시아 식민 지배 • 미국: 필리핀, 하와이 차지

03 아시아의 국민 국가 건설 운동 ①

1 중국의 국민 국가 건설

개항	• 영국, 은 유출 심화 ➡ 청에 아편 밀수출 • 제1차 아편 전쟁 ➡ 난징 조약 체결 • 제2차 아편 전쟁 ➡ 톈진·베이징 조약 체결
근대화 운동	• 태평천국 운동: 크리스트교의 영향을 받은 홍수전이 청 왕조 타도를 주장하며 토지 균등 분배, 남녀평등 등 개혁 • (❾)운동: 한인 관료들 주도, 서양의 기술을 도입하자는 중체서용의 근대화 개혁 • 변법자강 운동: 메이지 유신을 모델로 근본적인 개혁 추진 • 의화단 운동: 부청멸양의 반외세 운동 • 신해혁명: 쑨원이 공화정 수립을 목표로 중국 동맹회 결성, 삼민주의 제창 ➡ 신식 군대의 우창 봉기 ➡ 중화민국 수립

2 일본의 국민 국가 건설과 제국주의화

개항	미국의 개항 요구 ➡ 미일 화친 조약, 미일 수호 통상 조약 체결
근대화 정책	• 막부 타도 후 천황 중심의 정부 수립 • 메이지 유신: 정부 주도로 행정, 경제, 사회, 군사 등 다방면의 근대화 개혁 추진 • 일본 제국 헌법: 천황에 절대적 권한을 부여하는 헌법 제정, 제국 의회를 개설하여 입헌 군주국 표방
침략	청일 전쟁, 러일 전쟁, 대한 제국 강제 병합

3 조선의 국민 국가 건설 운동

개항	운요호 사건을 계기로 강화도 조약 체결
근대화 운동	• 개항 후 개화 정책 추진 • 갑신정변: 급진 개화파 주도, 메이지 유신을 모델로 적극적 개혁 추진 • 동학 농민 운동: 정치 개혁, 외세 배격 요구 • 갑오개혁: 정부 주도 근대화 개혁
국민 국가 건설 운동	• 독립 협회(만민 공동회, 의회 설립 운동), 대한 제국(광무개혁, 대한국 국제 발표) • 국권 침탈: 을사늑약 체결 ➡ 의병 운동 및 애국 계몽 운동 등 국권 수호 노력 ➡ 일본에 강제 병합

03 아시아의 국민 국가 건설 운동 ②

1 인도의 국민 국가 건설 운동

플라시 전투	영국이 프랑스를 물리치고 벵골 지역의 통치권 차지
세포이의 항쟁	세포이가 영국의 지배 방식에 분노하여 항쟁 ➡ 항쟁 실패 후 영국령 인도 제국 수립
인도 국민 회의	초기에는 영국에 협조적인 관리와 지식인들을 모아 결성 ➡ (❿)을 계기로 반영 운동 주도(4대 강령)

2 동남아시아의 국민 국가 건설 운동

베트남	판보이쩌우가 베트남 유신회 결성, 동유 운동
필리핀	• 호세 리살: 필리핀 민족 동맹 결성 • 아기날도: 미국·에스파냐 전쟁 때 독립 선언
인도네시아	카르티니가 민족 교육 실시
타이	라마 5세가 근대적 개혁 추진

3 서아시아의 국민 국가 건설 운동

오스만 제국	• 대내외적 위기 극복 위해 탄지마트 추진 • 청년 튀르크당의 혁명(입헌 정치 주장)
아랍, 이란, 이집트	• 아랍: 와하브 운동, 아랍 문화 부흥 운동 • 이란: 담배 불매 운동, 입헌 혁명 • 이집트: 무함마드 알리의 근대화 개혁, 수에즈 운하 건설 후 재정 위기 ➡ 아라비 파샤의 혁명

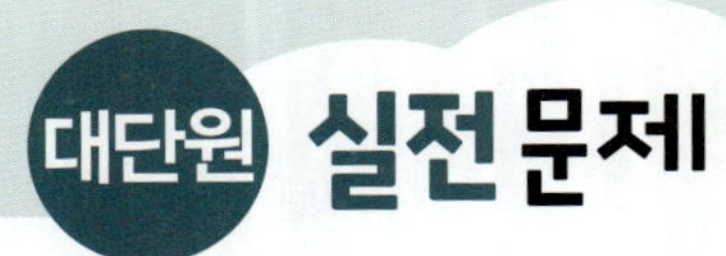

대단원 실전 문제

01 다음 (가)에 들어갈 내용으로 옳은 것은?

> 영국은 7년 전쟁의 여파로 재정이 어려워지자 북아메리카 식민지에 각종 세금을 부과하여 부족한 재정을 메우려고 하였다. 이에 식민지인들은 자신들의 대표가 없는 영국 의회는 세금을 부과할 수 없다고 반발하였다. 그 과정에서 _______________ (가)

① 파리 조약이 체결되었다.
② 연방 헌법을 제정하였다.
③ 독립 선언문이 발표되었다.
④ 보스턴 차 사건이 일어났다.
⑤ 요크타운 전투가 발생하였다.

02 다음 인물에 대한 설명으로 옳은 것은?

① 삼부회를 소집하였다.
② 노예 해방 선언을 발표하였다.
③ 국민 투표로 황제의 자리에 올랐다.
④ 미국의 초대 대통령으로 선출되었다.
⑤ 아메리카 대륙에 대한 유럽의 간섭을 반대한다고 선언하였다.

03 다음 (가)~(다) 신분에 대한 설명으로 옳은 것은?

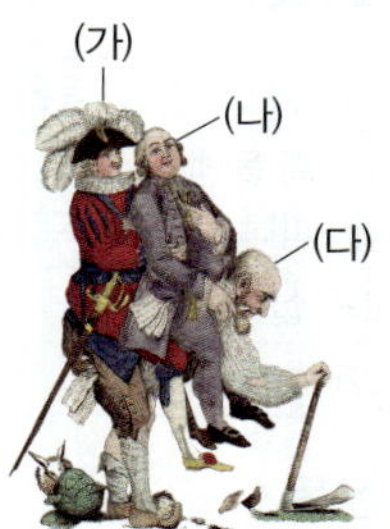

▲ 구제도의 모순 풍자화

① (가): 무거운 세금을 부담하였다.
② (나): 정치 참여가 제한되었다.
③ (나): 테니스코트의 서약을 발표하였다.
④ (다): 토지와 관직을 독차지하였다.
⑤ (다): 머릿수에 따른 표결 방식을 요구하였다.

04 다음 (가)~(마) 중 옳지 않은 것은?

탐구 주제: 프랑스 혁명이 발발하다	
탐구 내용	
(가)	시민 계급은 계몽사상의 영향을 받아 새로운 사회를 건설하고자 하였다.
(나)	국민 의회는 봉건제 폐지를 선언하고 인권 선언을 발표하였다.
(다)	입법 의회는 입헌 군주정과 재산에 따른 선거권을 부여하는 헌법을 제정하였다.
(라)	국민 공회는 공화정을 선포하고 루이 16세를 처형하였다.
(마)	로베스피에르가 처형되고 총재 정부가 수립되었다.

① (가) ② (나) ③ (다) ④ (라) ⑤ (마)

05 다음 (가) 인물이 시행한 정책으로 옳은 것은?

① 항해법을 폐지하였다.
② 빈 회의를 주도하였다.
③ 공포 정치를 시행하였다.
④ 농노 해방령을 발표하였다.
⑤ 국민 교육 제도를 도입하였다.

06 다음 그림과 관련된 혁명의 배경으로 옳은 것은?

▲ 들라크루아, 「민중을 이끄는 자유의 여신」

① 공화정이 수립되었다.
② 빈 체제가 붕괴되었다.
③ 나폴레옹이 쿠데타를 일으켰다.
④ 샤를 10세가 전제 정치를 펼쳤다.
⑤ 루이 필리프의 입헌 군주정이 수립되었다.

07 다음 밑줄 친 ㉠~㉤ 중 옳지 <u>않은</u> 것은?

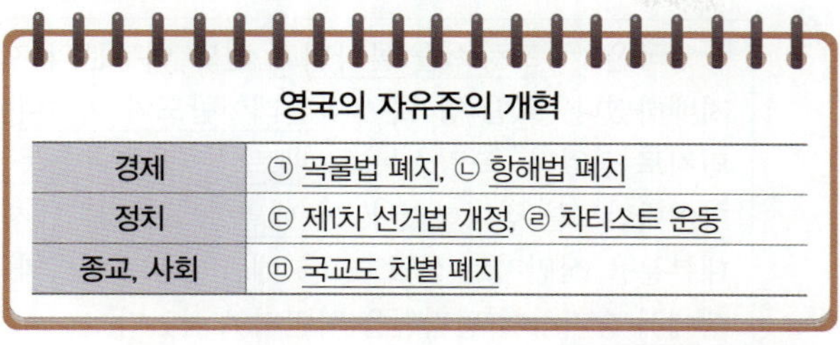

① ㉠ ② ㉡ ③ ㉢ ④ ㉣ ⑤ ㉤

08 다음 ㉠, ㉡에 들어갈 인물을 옳게 연결한 것은?

이탈리아는 19세기 전반까지 여러 나라로 분열되어 있었는데, 사르데냐 왕국의 총리 (㉠)가 국력을 강화하여 오스트리아와의 전쟁에서 승리함으로써 이탈리아 중북부 지역을 통합하였다. 한편 남부에서는 (㉡)가 의용군을 이끌고 시칠리아와 나폴리를 점령하였다. 그가 이 지역을 사르데냐 국왕에게 바침으로써 이탈리아 왕국이 세워졌다.

	㉠	㉡
①	마치니	카부르
②	마치니	가리발디
③	카부르	마치니
④	카부르	가리발디
⑤	가리발디	마치니

09 다음 (가) 시기에 일어난 일로 옳은 것을 보기 에서 모두 고르면?

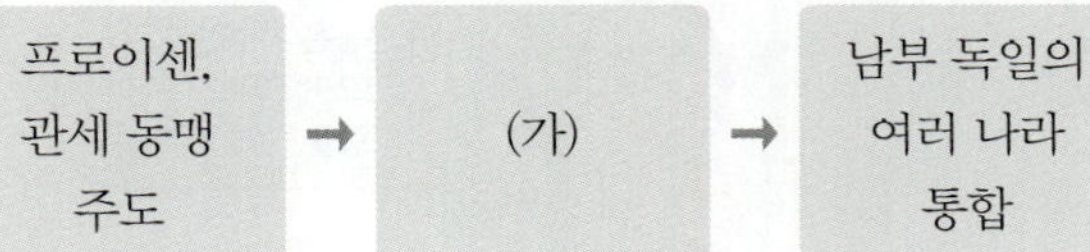

보기

ㄱ. 독일 제국이 수립되었다.
ㄴ. 비스마르크가 철혈 정책을 실시하였다.
ㄷ. 2월 혁명의 영향으로 의회 중심의 통일 방안이 논의되었다.
ㄹ. 오스트리아와의 전쟁에서 승리하여 북독일 연방을 결성하였다.

① ㄱ, ㄴ ② ㄱ, ㄷ ③ ㄴ, ㄹ
④ ㄱ, ㄴ, ㄹ ⑤ ㄴ, ㄷ, ㄹ

10 다음 (가)에 들어갈 내용으로 옳은 것은?

① 미국의 통합과 발전
② 미국 독립 전쟁의 전개
③ 프랑스 혁명의 발발 배경
④ 라틴 아메리카의 독립운동
⑤ 서부 개척과 원주민의 역사

11 다음 (가)에 들어갈 내용으로 옳지 <u>않은</u> 것은?

제임스 와트의 증기 기관은 기존의 증기 기관보다 석탄을 적게 쓰면서 더 강한 동력을 얻을 수 있도록 개량되었다. 증기 기관을 각종 기계에 사용하면서 _______ (가) _______

① 대량 생산이 이루어졌다.
② 인클로저 운동이 일어났다.
③ 교통과 통신이 발달하였다.
④ 공장제 기계 공업이 발달하였다.
⑤ 산업화가 더욱 빠르게 진행되었다.

12 다음 ㉠~㉤에 들어갈 내용으로 옳은 것은?

산업 혁명은 (㉠)에서 가장 먼저 시작되었는데, 값싸고 가벼운 (㉡)의 수요가 증가하자 이를 대량으로 생산하는 데 필요한 방적기와 (㉢)이/가 발명되었다. 이후 교통·통신 분야도 발달하였는데 (㉣)의 증기 기관차의 개발로 철도가 부설되었고 모스가 발명한 (㉤)이/가 사용되는 등 통신도 발달하였다.

① ㉠: 미국
② ㉡: 면직물
③ ㉢: 증기선
④ ㉣: 제임스 와트
⑤ ㉤: 전화

13 다음 그림이 풍자하는 내용으로 옳은 것은?

이 그림은 자본가가 기계에 묶인 원주민의 입에 술을 붓고 군인이 쥐어 짜자 동전이 쌓이는 모습을 표현하고 있다.

① 빈부 격차의 심화
② 아동 노동의 실태
③ 비위생적인 주거 환경
④ 제국주의 열강의 식민지 수탈
⑤ 급격한 산업화에 따른 계급 분화

14 다음 ㉠을 정당화하는 논리로 옳은 것을 보기 에서 모두 고르면?

나는 어제 런던 이스트엔드의 실업자 집회에 가서 "빵을 달라."라는 절절한 연설만을 듣고 문득 (㉠)의 중요성을 깨달았다. 우리는 …… 과잉 인구를 수용하기 위해 새로운 영토를 개척해야만 한다. 그들이 공장이나 광산에서 생산하는 상품을 위해 새로운 판로를 만들어 내야만 한다. …… 당신이 내란을 피하려고 한다면 당신은 (㉠)자가 되어야 한다. – 세실 로즈, 「유언집」

보기
ㄱ. 사회주의   ㄴ. 인종주의
ㄷ. 자유주의   ㄹ. 사회 진화론

① ㄱ, ㄴ   ② ㄱ, ㄷ   ③ ㄴ, ㄷ
④ ㄴ, ㄹ   ⑤ ㄷ, ㄹ

15 다음 밑줄 친 '두 나라'를 바르게 나열한 것은?

○○ 신문

제국주의 열강이 아프리카를 침략하다!

제국주의 열강이 치열하게 식민지를 획득하기 위해 경쟁한 결과 20세기 초에는 두 나라를 제외한 아프리카 전 지역이 식민지가 되었다.

① 콩고, 에티오피아
② 모로코, 라이베리아
③ 라이베리아, 에티오피아
④ 마다가스카르, 라이베리아
⑤ 마다가스카르, 에티오피아

16 다음 밑줄 친 ㉠~㉤ 중 옳지 않은 것은?

영국은 ㉠ 프랑스를 몰아내고 인도 대부분의 지역을 지배하였다. 또한 영국은 ㉡ 말레이반도와 미얀마를 식민지로 삼았다. 프랑스는 ㉢ 베트남, 캄보디아 등 인도차이나반도를 점령하였다. ㉣ 네덜란드는 인도네시아의 대부분을 식민지로 삼았고, ㉤ 에스파냐는 미국과의 전쟁에서 승리하여 필리핀을 식민지로 삼았다.

① ㉠   ② ㉡   ③ ㉢   ④ ㉣   ⑤ ㉤

17 다음 (가), (나) 시기 사이에 일어난 일로 옳은 것은?

(가) 청이 임칙서를 광저우에 파견하여 아편을 단속하였다.
(나) 청의 관리가 광저우에 정박해 있던 애로호의 선원을 밀수 혐의로 체포하고 배에 걸려 있던 영국 국기를 내렸다.

① 공행이 폐지되었다.
② 제2차 아편 전쟁이 발발하였다.
③ 청이 크리스트교 포교를 허용하였다.
④ 청이 러시아에 연해주를 할양하였다.
⑤ 외국 공사의 베이징 주재가 허용되었다.

18 다음 밑줄 친 '이 운동'의 주장으로 옳은 것은?

① 토지를 균등 분배하라!
② 입헌 군주제를 도입하라!
③ 민간 철도 국유화를 반대한다!
④ 근대화 개혁을 통한 부국강병을 이룩하자!
⑤ 민족, 민권, 민생의 삼민주의에 따라 새로운 사회를 만들자!

19 일본 제국 헌법이 제정된 시기를 연표에서 옳게 고르면?

(가)	(나)	(다)	(라)	(마)
일본의 개항	메이지 정부 수립	청일 전쟁 발발	러일 전쟁 발발	

① (가) ② (나) ③ (다) ④ (라) ⑤ (마)

20 다음 (가), (나)에 들어갈 내용으로 옳은 것은?

① (가): 미국과 조약을 체결해 개항하였어요.
② (가): 베이징 조약을 통해 5개 항구를 개항하였어요.
③ (나): 톈진 조약을 통해 10개 항구를 추가로 개항하였어요.
④ (나): 운요호 사건을 계기로 일본과 강화도 조약을 체결하여 개항하였어요.
⑤ (가), (나): 영국에 의해 처음 개항하였어요.

21 인도의 민족 운동에 대한 설명으로 옳은 것은?

① 청년 튀르크당이 무장봉기를 일으켰다.
② 세포이의 항쟁으로 민족의식이 성장하였다.
③ 을사늑약이 체결되자 의병 운동이 일어났다.
④ 네덜란드의 식민 지배에 맞서 이슬람 동맹이 결성되었다.
⑤ 담배 독점 판매권을 영국에 넘기자 불매 운동이 전개되었다.

22 다음에서 설명하는 개혁의 명칭을 쓰시오.

- 막부 타도 후 이루어진 일본의 근대화 개혁이다.
- 행정·경제·사회 등 여러 측면에서 개혁이 이루어졌다.

23 다음 글을 읽고 물음에 답하시오.

(㉠) 이후 빈부 격차가 커지거나 노동자가 열악한 환경에서 저임금을 받으며 장시간 노동하는 문제 등 사회 문제가 심각해지자, 이를 ㉡ 개선하려는 움직임이 일어났다.

(1) ㉠에 들어갈 말을 쓰시오.

(2) 밑줄 친 ㉡의 사례를 <u>두 가지</u> 서술하시오.

24 다음 글을 읽고 물음에 답하시오.

영국의 지배 방식에 대한 인도인의 분노는 1857년 (㉠)의 항쟁으로 터져 나왔다. (㉠)의 항쟁은 다양한 계층의 인도인이 참여하는 민족 운동으로 확대되었으나 영국군에 진압되었다.

(1) ㉠에 공통으로 들어갈 말을 쓰시오.

(2) 위 사건의 결과를 <u>두 가지</u> 서술하시오.

VI 세계 대전과 사회 변동

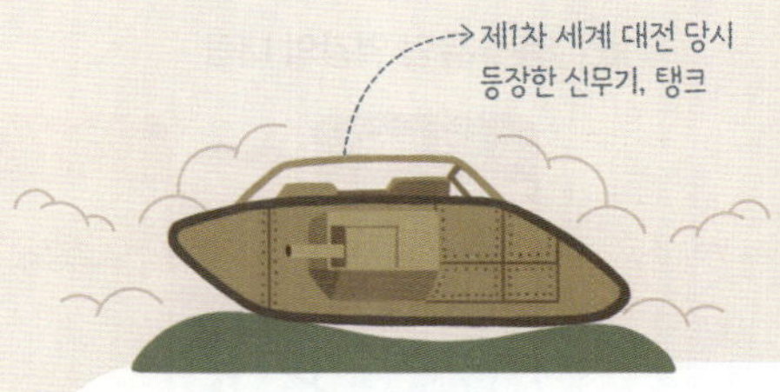

1914
제1차 세계
대전(~1918)

1917
러시아 혁명

1919
베르사유 조약 체결,
3·1 운동, 5·4 운동

1920
국제 연맹 성립

1923
튀르키예 공화국
수립

1936
시안 사건

1930
간디,
소금 행진

1929
대공황 시작

1928
인도네시아
국민당 결성

1937
중일 전쟁(~1945),
난징 대학살(~1938)

1939
제2차 세계
대전(~1945)

1941
아시아·태평양
전쟁(~1945)

1945
일본 항복,
국제 연합(UN) 창설

1951
샌프란시스코
강화 조약 체결

01 세계 대전과 국제 정치 및 경제 질서의 변화 ①

1914년 — 제1차 세계 대전 발발
1917년 — 2월 혁명, 10월 혁명 발발
1919년 — 베르사유 조약 체결
1922년 — 소비에트 사회주의 공화국 연방(소련) 결성

1 제1차 세계 대전

1 전쟁의 발발

(1) 제국주의 열강의 경쟁 19세기 후반 유럽 열강의 식민지 쟁탈전

자료 1 **(2) 3국 동맹과 3국 협상의 대립**

3국 동맹	뒤늦게 제국주의 경쟁에 뛰어든 독일, 오스트리아·헝가리 제국, 이탈리아 등이 결성
3국 협상	3국 동맹에 대응하여 영국, 프랑스, 러시아 등이 참여

(3) 발칸반도의 상황 오스만 제국의 영향력 약화 ➡ 여러 민족의 독립운동이 활발하게 일어나며 갈등 심화 ➡ 범게르만주의(독일, 오스트리아·헝가리 제국)와 범슬라브주의(러시아, 세르비아)가 대립

└ 범게르만주의를 내세운 오스트리아·헝가리 제국이 슬라브족 국가인 보스니아 헤르체고비나를 병합하면서 대립이 심화되었어.

└ 긴장이 고조되며 발칸반도는 '유럽의 화약고'라고 불렸어.

출제tip 제1차 세계 대전의 전개 과정을 묻는 문제가 자주 출제

2 전쟁의 전개

└ 오스트리아·헝가리 제국의 황태자 부부가 보스니아의 사라예보에서 세르비아계 청년에게 암살된 사건이야.

(1) 전쟁의 시작 사라예보 사건(1914) ➡ 오스트리아·헝가리 제국이 세르비아에 ❶선전 포고 ➡ 3국 동맹과 3국 협상으로 얽힌 독일, 러시아, 프랑스, 영국이 참전

자료 2 **(2) 전쟁의 확산**

① 세계 대전으로 확대: 동맹국, 연합국, 각국의 식민지까지 가담

동맹국	독일, 오스트리아·헝가리 제국, 불가리아, 오스만 제국 등
연합국	영국, 프랑스, 러시아, 이탈리아(동맹국에서 이탈), 일본 등

② ❷서부 전선: 전쟁 초반 독일이 빠르게 서쪽으로 진격 ➡ 프랑스의 저지 ➡ 땅을 파고 대치하는 ❸참호전 형태로 전쟁이 장기화됨

③ 동부 전선: 독일이 러시아를 공격

자료 3 ④ 미국의 참전: 영국이 독일로 향하는 해상 봉쇄 ➡ 독일의 ❹무제한 잠수함 작전, 치머만 전보 사건 ➡ 미국이 연합국 측으로 참전(1917)

└ 1917년 독일 외무 장관 치머만이 멕시코에 비밀 전보를 보내 미국에 함께 대항하자고 한 내용이 밝혀진 사건으로 미국이 참전하는 데 영향을 끼쳤어.

3 전쟁의 결과

(1) 러시아의 이탈 러시아는 자국에서 혁명이 일어나 독일과 단독 ❺강화를 맺고 전선 이탈

(2) 전쟁의 종결 독일의 마지막 대공세에도 불구하고 전세가 연합국에 유리하게 전개됨 ➡ 동맹국 항복, 독일에서 혁명이 일어나 공화국 선포 ➡ 공화국 정부와 연합국의 휴전 조약 체결(1918)

└ 민주적인 바이마르 공화국이 들어섰어.

4 전쟁의 특징

(1) 신무기 등장 탱크, 잠수함, 기관총, 독가스 등이 등장하여 대량 살상 발생

(2) 참호전 참호를 파고 장기간 대치하는 참호전 진행 ➡ 전쟁 장기화

(3) 총력전 자국과 식민지의 모든 인적·물적 자원 총동원

└ 여성 참정권이 확대되는 계기가 되었어.

용어풀이

❶ 선전 포고(宣—베풀다, 戰—싸우다, 布—펴다, 告—알리다): 한 나라가 다른 나라에 대하여 전쟁을 시작한다는 것을 공식적으로 알리는 일
❷ 서부 전선(西—서녘, 部—거느리다, 戰—싸우다, 線—줄): 독일군과 프랑스·영국 연합군이 격돌한 유럽의 서부 전선에 해당함
❸ 참호(塹—구덩이, 壕—해자): 적의 공격을 방어하는 시설로, 보통 땅을 파서 만듦
❹ 무제한(無—없다, 制—마르다, 限—한계): 제한이 없다는 뜻으로 무제한 잠수함 작전은 공격 대상을 제한하지 않는다는 뜻임
❺ 강화(講—익히다, 和—화합하다): 싸움을 멈추고 평화로운 상태가 된다는 의미

자료 1 유럽 열강의 대립

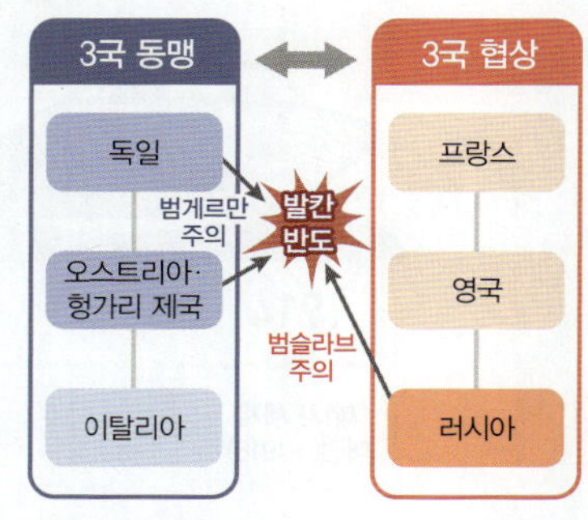

19세기 후반 유럽에서는 3국 동맹을 맺은 국가들과 3국 협상을 맺은 국가들이 대립하였다. 한편 독일과 오스트리아·헝가리 제국, 러시아는 발칸반도에서 대립하였다.

자료 2 제1차 세계 대전의 전개

독일은 서부 전선에서 프랑스를 상대로 승리한 뒤 동부 전선에서 러시아를 물리치려는 계획을 세웠다. 그러나 프랑스군과 영국군의 강력한 저항으로 전선이 굳어졌다.

자료 3 침몰하는 루시타니아호

독일의 무제한 잠수함 작전으로 영국의 배가 침몰하였다. 이때 미국인 사상자가 발생하면서 독일에 대한 미국 내 여론이 악화되었다.

2 러시아 혁명

1 러시아 혁명의 배경

▼ 교과서비교 2월 혁명, 10월 혁명

미래엔, 비상, 해냄	3월 혁명, 11월 혁명
동아, 리베르, 지학, 천재	2월 혁명, 10월 혁명

(1) **19세기 말 러시아의 상황** 19세기 말 산업화의 진행으로 노동자 계층 증가, 자유주의·사회주의 사상 확산 ➡ 차르(황제)의 ❶전제 정치로 불만이 높아짐

(2) **피의 일요일 사건(1905)** 러일 전쟁으로 노동자와 농민의 생활 악화 ➡ 상트페테르부르크에서 개혁을 요구하는 대규모 시위 발생 ➡ 시위의 진압 과정에서 많은 사상자 발생 ➡ 차르 정부의 개혁(헌법 제정, 의회 설치) 약속, 성과는 미미했음

(3) **2월 혁명과 10월 혁명**

구분	2월 혁명	10월 혁명
배경	제1차 세계 대전에서 거듭된 패전 ➡ 정부에 대한 원성이 높아짐	2월 혁명으로 수립된 임시 정부의 개혁 부진 ➡ 민중의 불만 고조
전개	노동자, 병사들이 ❷소비에트(평의회)를 조직하고 ❸봉기	레닌이 이끄는 **볼셰비키**가 무장봉기 └주로 사회주의 급진파 세력을 의미해.
결과	차르 퇴위, 임시 정부 수립	임시 정부 붕괴, 소비에트 정부 수립

2 소련의 등장 출제tip 레닌과 스탈린의 정책을 비교하는 문제가 자주 출제

자료 4	레닌의 정책	독일과 단독 강화 조약 체결, 토지와 산업을 ❹국유화하는 등 사회주의 개혁 추진, **신경제 정책(NEP)** 시행, **코민테른** 조직, 소비에트 **사회주의 공화국 연방(소련)** 수립(1922) └1919년 각국의 사회주의 정당과 단체가 참여하여 세워진 국제 공산당이야.
	스탈린의 정책	농업 집단화, 경제 개발 5개년 계획 추진, 독재 체제 강화

└레닌은 공산주의 경제 정책을 일시적으로 포기하고 농업 등 소규모 산업에서 개인의 소유를 일부 허용한 정책을 실시하였어.

3 민주주의의 확산

1 베르사유 체제의 성립

(1) **파리 강화 회의**

① 개최 목적: 제1차 세계 대전 전후 혼란 수습, 새로운 국제 질서 ❺모색

② 14개조 평화 원칙: 미국 대통령 윌슨이 제안, 민족 자결주의와 국제기구 창설 등을 담음

자료 5 (2) **베르사유 조약** 독일이 일부 영토와 식민지 상실, 막대한 배상금 지불 ➡ 베르사유 체제 형성
└승전국과 독일 사이에 체결한 조약이야. 승전국은 다른 패전국들과도 개별적으로 강화 조약을 맺었어.

2 민주주의 체제의 확산

자료 6 (1) **민주주의 국가 등장**
└보통 선거를 규정한 바이마르 헌법을 제정하였어. 현대 민주주의 국가의 헌법에 많은 영향을 끼쳤지.

① 독일에서 제정이 무너지고 **바이마르 공화국** 수립

② 오스트리아·헝가리 제국, 오스만 제국, 러시아에서도 공화정 수립

③ 민족 자결주의의 원칙에 따라 패전국의 지배를 받던 많은 민족 독립

(2) **시민의 지위 향상** 재산에 따른 선거권 폐지, 남녀 보통 선거의 확대

(3) **여성 참정권의 확대** 여성 운동가들이 다양한 방법으로 참정권 요구 ➡ 여성 참정권이 뉴질랜드에서 인정된(1893) 이후 다른 나라로 확대됨, 특히 제1차 세계 대전에 여성들이 기여한 역할이 인정되며 더 많은 나라가 참정권 허용
└팽크허스트 등의 여성 운동가, 서프러제트 등의 집단이 대표적이야.

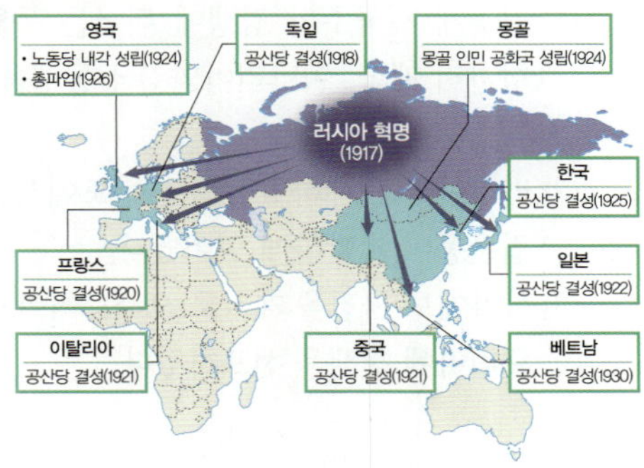

자료 4 러시아 혁명의 확산

코민테른의 지원으로 유럽과 아시아의 여러 나라에 사회주의가 확산되었다.

자료 5 베르사유 조약

· 독일은 해외 식민지에 관한 모든 권한을 연합국의 주요 국가에게 넘긴다.
· 독일은 알자스·로렌 지방을 프랑스에 반환한다.
· 독일은 중국에 관한 모든 특권을 일본에 넘긴다.
· 독일 육군은 지원병 제도로만 유지한다.
· 독일은 200억 마르크 금화에 해당하는 배상금을 우선 지불한다.

베르사유 조약은 제1차 세계 대전의 승전국과 독일 사이에 맺어진 조약으로, 독일에 대한 보복적 성격이 강하였다.

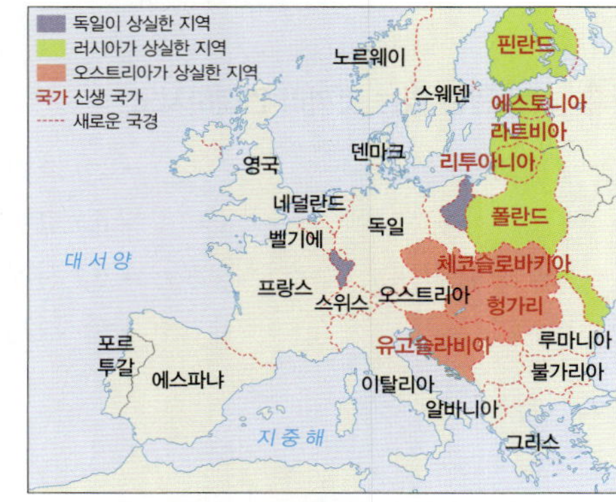

자료 6 제1차 세계 대전 이후의 유럽

제1차 세계 대전이 연합국의 승리로 끝난 후 민족 자결주의의 원칙에 따라 유럽의 여러 민족이 독립 국가를 수립하였다.

용어 풀이

❶ 전제 정치(專-오로지, 制-마르다, 政-정사, 治-다스리다): 국가 권력이 특정인에게 집중되어 국민의 의사나 법률의 제한을 받지 않는 정치 형태

❷ 소비에트: 러시아어로 대표자 회의라는 뜻. 러시아 혁명 당시 노동자, 병사, 농민이 소비에트를 구성함

❸ 봉기(蜂-벌, 起-일어나다): 벌떼처럼 세차게 일어난다는 뜻. 불특정 다수의 사람이 항의하기 위하여 집단으로 실력 행사를 하는 행위

❹ 국유(國-나라, 有-있다): 나라의 소유라는 뜻

❺ 모색(摸-찾다, 索-찾다): 사건 따위를 해결할 수 있는 방법을 더듬어 찾는다는 뜻

01 다음 설명이 맞으면 ○표, 틀리면 ×표 하시오.

(1) 뒤늦게 제국주의 경쟁에 뛰어든 독일은 오스트리아·헝가리 제국, 이탈리아와 3국 동맹을 결성하였다. ( )

(2) 러시아가 지배하였던 발칸반도에서는 여러 민족의 독립운동이 활발하게 일어났다. ( )

(3) 사라예보 사건을 계기로 오스트리아·헝가리 제국은 세르비아에 전쟁을 선포하였다. ( )

02 다음 중 알맞은 말에 ○표 하시오.

(1) 제1차 세계 대전 당시 (영국, 독일)은 무제한 잠수함 작전을 펼쳤고, 이 과정에서 미국이 피해를 보았다.

(2) (러시아, 이탈리아)는 자국에서 혁명이 일어나자 독일과 단독 강화를 맺고 전선에서 이탈하였다.

03 다음 ㉠~㉢에 들어갈 말을 쓰시오.

구분	(㉠)	10월 혁명
배경	제1차 세계 대전에서 거듭된 패전	임시 정부의 개혁 부진
전개	노동자, 병사들이 (㉡)을/를 조직하고 봉기	레닌이 이끄는 (㉢)이/가 무장봉기
결과	차르 퇴위, 임시 정부 수립	소비에트 정부 수립

㉠ _________ ㉡ _________ ㉢ _________

04 서로 관련 있는 것끼리 연결하시오.

(1) 레닌 •
(2) 스탈린 •

• ㉠ 소련 수립
• ㉡ 코민테른 조직
• ㉢ 신경제 정책 실시
• ㉣ 경제 개발 5개년 계획

05 다음 빈칸에 들어갈 말을 쓰시오.

(1) 제1차 세계 대전이 끝난 후 열린 ( )에서 민족 자결주의와 국제기구 창설 등을 담은 14개조 평화 원칙이 받아들여졌다.

(2) 제1차 세계 대전의 승전국을 중심으로 성립된 국제 질서를 ( )(이)라고 한다.

01 다음 3국 협상에 참여한 나라로 옳은 것을 보기 에서 모두 고르면?

보기
ㄱ. 영국
ㄴ. 독일
ㄷ. 러시아
ㄹ. 프랑스
ㅁ. 이탈리아
ㅂ. 오스트리아·헝가리 제국

① ㄱ, ㄴ, ㄷ
② ㄱ, ㄷ, ㄹ
③ ㄴ, ㄹ, ㅁ
④ ㄴ, ㅁ, ㅂ
⑤ ㄹ, ㅁ, ㅂ

02 다음 ㉠에 들어갈 내용으로 가장 적절한 것은?

○○ 신문

속보! 사라예보에서 황태자 부부 암살당해

보스니아의 사라예보를 방문했던 오스트리아·헝가리 제국의 황태자 부부가 암살되었다. 황태자 부부를 저격한 범인은 세르비아계 청년으로 밝혀졌다. 이에 오스트리아·헝가리 제국은 세르비아에 전쟁을 선포하였다. 범슬라브주의의 영향에 따라 (㉠)으로 예상된다.

① 러시아가 전쟁에 가담할 것
② 발칸반도에서 독립운동이 일어날 것
③ 영국, 프랑스가 3국 동맹을 체결할 것
④ 독일이 오스트리아·헝가리 제국과 동맹을 맺을 것
⑤ 영국이 오스트리아·헝가리 제국에게 선전 포고할 것

같은 주제 다른 문제

02-1 위 사건을 계기로 발생한 전쟁에 대한 설명으로 옳지 <u>않은</u> 것은?

① 기관총, 독가스 등 신무기가 등장하였다.
② 전쟁 초반 독일이 서쪽으로 빠르게 진격하였다.
③ 독일의 동맹국이었던 이탈리아는 연합국 측에 가담하였다.
④ 영국의 해상 봉쇄에 맞서 독일이 무제한 잠수함 작전을 펼쳤다.
⑤ 이탈리아는 자국에서 혁명이 일어나자 독일과 단독 강화를 맺고 전쟁에서 이탈하였다.

03 다음 사건을 일어난 순서대로 바르게 나열한 것은?

> ㄱ. 3국 동맹 결성
> ㄴ. 3국 협상 결성
> ㄷ. 사라예보 사건
> ㄹ. 영국이 독일로 향하는 해상 봉쇄

① ㄱ－ㄴ－ㄷ－ㄹ
② ㄴ－ㄱ－ㄹ－ㄷ
③ ㄴ－ㄹ－ㄱ－ㄷ
④ ㄷ－ㄹ－ㄱ－ㄴ
⑤ ㄹ－ㄱ－ㄷ－ㄴ

05 다음 사건이 일어난 이후의 일로 옳은 것은?

> 독일은 무제한 잠수함 작전을 펼쳤다. 이에 영국의 배가 침몰하는 사건이 발생하였다.

① 사라예보 사건이 발생하였다.
② 두 차례 모로코 사건이 일어났다.
③ 미국이 연합국 측으로 참전을 결정하였다.
④ 영국, 프랑스, 러시아가 3국 협상을 체결하였다.
⑤ 독일, 오스트리아·헝가리 제국, 이탈리아가 3국 동맹을 맺었다.

06 다음 밑줄 친 '이 사건'으로 옳은 것은?

오른쪽 그림은 이 사건을 묘사하였다. 러일 전쟁으로 노동자와 농민의 생활이 더욱 어려워지자 상트페테르부르크에서 개혁을 요구하는 대규모 시위가 일어났다. 이를 진압하는 과정에서 이 사건이 발생하였다.

① 2월 혁명
② 7월 혁명
③ 10월 혁명
④ 사라예보 사건
⑤ 피의 일요일 사건

06-1 위 사건의 결과로 가장 적절한 것은?

① 임시 정부가 수립되었다.
② 제1차 세계 대전에서 패전을 거듭하였다.
③ 산업화가 진행되면서 노동자 계층이 늘었다.
④ 자유주의 사상과 사회주의 사상이 확산되었다.
⑤ 차르 정부가 헌법 제정, 의회 설치 등 개혁을 약속하였으나 성과를 내지 못하였다.

04 다음은 어떤 학생이 작성한 수행 평가 답안지이다. 이 학생이 받게 될 점수로 옳은 것은?

> ※ 제1차 세계 대전에 대한 설명이 맞으면 ○표, 틀리면 ×표 하시오(각 1점).
>
> | 문항 | 내용 | 답 |
> | --- | --- | --- |
> | 1 | 연합국이 전쟁에서 승리하였다. | ○ |
> | 2 | 기관총, 탱크, 독가스 등 신무기가 등장하였다. | ○ |
> | 3 | 기관총의 도입으로 땅을 파고 대치하는 참호전이 전개되었다. | ○ |
> | 4 | 참전국은 전쟁에 자국과 식민지의 물자를 총동원하는 총력전을 펼쳤다. | × |

① 0점
② 1점
③ 2점
④ 3점
⑤ 4점

07 다음 (가)에 들어갈 내용으로 옳은 것은?

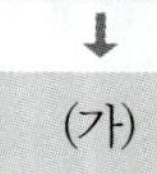

> 러시아가 제1차 세계 대전에 참전하였다.
>
> ↓
>
> (가)
>
> ↓
>
> 러시아는 독일과 강화 조약을 맺고 전쟁을 중단하였다.

① 국제 연맹이 창설되었다.
② 스탈린이 독재 체제를 강화하였다.
③ 러일 전쟁에서 러시아가 패배하였다.
④ 차르가 퇴위하고 임시 정부가 세워졌다.
⑤ 소비에트 사회주의 공화국 연방이 결성되었다.

08 레닌에 대한 설명으로 옳은 것을 보기 에서 모두 고르면?

> **보기**
> ㄱ. 2월 혁명을 주도하였다.
> ㄴ. 신경제 정책을 시행하였다.
> ㄷ. 소비에트 정부를 수립하였다.
> ㄹ. 경제 개발 5개년 계획을 추진하였다.

① ㄱ, ㄴ ② ㄱ, ㄷ ③ ㄴ, ㄷ
④ ㄴ, ㄹ ⑤ ㄷ, ㄹ

09 다음 지도를 활용한 탐구 활동으로 가장 적절한 것은?

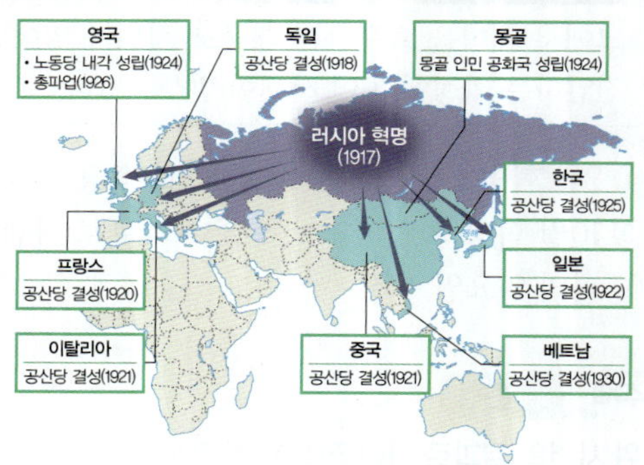

① 제1차 세계 대전의 배경을 알아본다.
② 3국 동맹과 3국 협상이 대립한 배경을 조사한다.
③ 베르사유 체제가 성립된 배경과 과정을 살펴본다.
④ 러일 전쟁이 피의 일요일 사건에 끼친 영향을 탐구한다.
⑤ 코민테른이 유럽과 아시아의 반제국주의 운동을 지원한 배경을 조사한다.

10 다음 밑줄 친 ㉠~㉤ 중 옳지 않은 것은?

> 제1차 세계 대전에서 패한 ㉠ 독일은 승전국과 독소 불가침 조약을 체결하였다. 이에 따라 ㉡ 독일은 전쟁의 모든 책임을 지고 막대한 배상금을 지불하게 되었으며, 일부 영토와 식민지를 잃었고 ㉢ 병력은 축소되었다. 그 외에도 승전국은 패전국과 개별적으로 강화 조약을 체결하여 ㉣ 패전국이 가지고 있던 식민지와 각종 이권을 차지하였다. 이렇게 ㉤ 승전국을 중심으로 성립된 국제 질서는 향후 독일 국민의 불만을 불러일으켰다.

① ㉠ ② ㉡ ③ ㉢ ④ ㉣ ⑤ ㉤

11 다음 지도의 주제로 가장 적절한 것은?

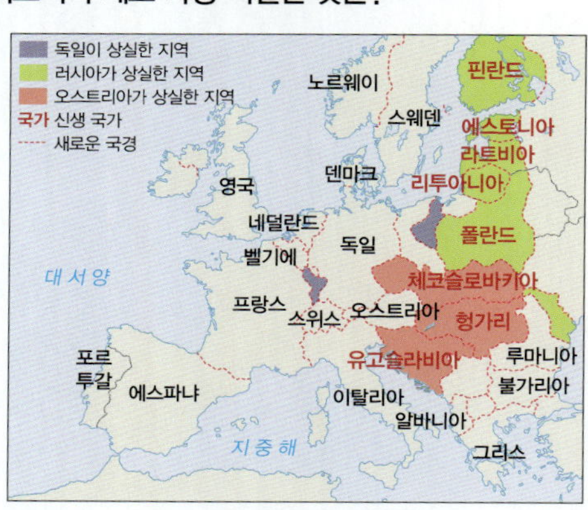

① 참호전으로 전개된 제1차 세계 대전
② 승전국 중심의 베르사유 체제의 한계
③ 범게르만주의와 범슬라브주의의 대립
④ 민족 자결주의와 민주주의 체제의 확산
⑤ 소비에트 사회주의 공화국 연방의 성립과 사회주의의 확산

12 제1차 세계 대전 이후 민주주의 확산의 사례로 옳지 않은 것은?

① 러시아에서 전제 군주정이 무너졌다.
② 독일에서 바이마르 공화국이 들어섰다.
③ 여성의 참정권을 허용하는 나라가 늘어났다.
④ 승전국, 패전국의 식민지가 모두 독립하였다.
⑤ 보통 선거를 규정한 바이마르 헌법이 제정되었다.

01 다음에서 설명하는 용어를 쓰시오.

> 제1차 세계 대전이 끝난 후 승전국을 중심으로 성립된 국제 질서를 말한다.

02 다음 글을 읽고 물음에 답하시오.

> 19세기 후반 오스만 제국이 지배하였던 발칸반도에서는 여러 민족의 독립운동이 활발히 일어나면서 갈등이 심화되었다. 러시아, 세르비아를 중심으로 한 (㉠)과/와 독일, 오스트리아·헝가리 제국을 중심으로 한 (㉡)이/가 대립하였다.

(1) ㉠, ㉡에 들어갈 용어를 쓰시오.

㉠ ____________ ㉡ ____________

(2) ㉠과 ㉡의 대립으로 보스니아에서 발생한 사건을 서술하시오.

03 다음 글을 읽고 물음에 답하시오.

> 객관적인 상황은 전쟁이 자본주의의 발전을 촉진시켰고 그것은 자본주의에서 제국주의로, 독점에서 국가 통제로 나아가고 있음을 보여 주었다. …… 이렇게 <u>사회주의 혁명</u>은 전쟁이 진행되면서 앞당겨졌다.
>
> – 러시아 사회 민주 노동당 협의회

(1) 위 연설을 한 인물을 쓰시오.

(2) 밑줄 친 '사회주의 혁명'의 전개와 결과를 서술하시오.

04 제1차 세계 대전이 이전의 전쟁들과 구별되는 특징을 세 가지 서술하시오.

05 다음 글을 읽고 물음에 답하시오.

> **베르사유 조약(1919)**
> - (㉠)은/는 해외 식민지에 관한 모든 권한을 연합국의 주요 국가에게 넘긴다.
> - (㉠)은/는 알자스·로렌 지방을 프랑스에 반환한다.
> - (㉠)은/는 중국에 관한 모든 특권을 일본에 넘긴다.
> - (㉠) 육군은 지원병 제도로만 유지한다.
> - (㉠)은/는 200억 마르크 금화에 해당하는 배상금을 우선 지불한다.

(1) ㉠에 공통으로 들어갈 나라를 쓰시오.

(2) 위의 자료를 바탕으로 베르사유 조약의 특징을 서술하고, 이것이 ㉠ 나라에 끼친 영향을 서술하시오.

01 세계 대전과 국제 정치 및 경제 질서의 변화 ②

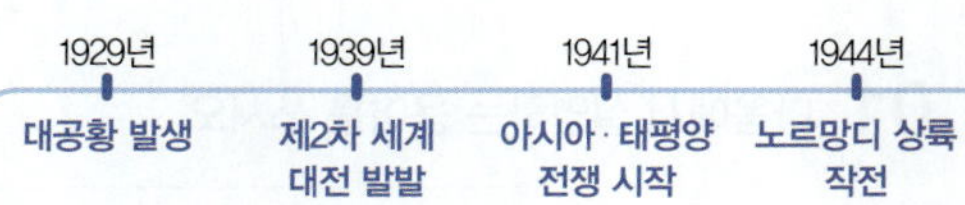

1 대공황과 전체주의

1 대공황의 발생 [자료 1]

(1) **발생** 제1차 세계 대전 이후 미국이 세계 경제 주도 ➡ 미국의 경제 ❶호황과 과잉 생산 ➡ 소비 정체, 상품 재고 증가

(2) **전개** 미국 주가 ❷폭락 ➡ 많은 은행과 기업이 파산, 실업자 급증 ➡ 미국 경제에 의존하던 여러 나라로 대공황 확산

(3) **대공황 극복 노력** —— 미국 루스벨트 대통령이 시행하였어.

> **출제tip** 각국의 대공황 극복 노력을 묻는 문제가 자주 출제

구분	정책	내용
미국	뉴딜 정책	• 국가가 경제에 적극적으로 개입 • 대규모 공공사업을 추진하여 실업자 구제 • 노동자의 권리 보장 • 사회 보장 제도를 시행하여 구매력 향상 노력
영국, 프랑스 [자료 2]	블록 경제	• 본국과 식민지를 하나로 묶는 경제 정책 • 보호 무역 체제 강화: 과잉 생산 상품은 식민지에 판매, 수입품에 높은 관세를 매겨 수입 억제

2 전체주의의 등장

(1) **배경** 제1차 세계 대전 직후 경제적 어려움과 정치적 혼란 속에서 전체주의 등장

(2) **전체주의** 통치자의 권위적인 지도력 강조, 민족이나 국가 전체의 이익을 강조하고 개인의 희생을 강요 [자료 3]

(3) **전체주의의 확산** — 제1차 세계 대전의 승전국이었음에도 전후 처리에 불만이 많았어.

> **교과서 비교** 나치당
> 리베르, 비상은 나치스

이탈리아	무솔리니가 이끄는 파시스트당의 정권 장악(1922)
독일	• 히틀러의 나치당이 선거에서 승리(1932), 독재 체제 수립 • 나치당은 독일 민족의 우월성을 강조, 유대인을 탄압하는 극단적인 인종주의 정책을 내세움
에스파냐	프랑코가 공화 정부를 무너뜨리고 독재 정권 수립
일본	군부 세력이 정권을 장악하고 ❸군국주의 강화

— 베르사유 조약으로 많은 배상금을 부담하여 대공황 이후 큰 경제 위기를 맞았어.

> **교과서 비교** 에스파냐
> 동아만 다룸

3 추축국의 성립

(1) **배경** 식민지가 없거나 적었던 독일, 이탈리아, 일본은 군비를 ❹증강하고 해외 침략으로 대공황을 극복하려고 함

(2) **전개** — 추축국은 대외 침략이나 이를 위한 군비 증강 과정에서 국제 연맹을 탈퇴하였어.

일본	만주 사변(1931)과 중일 전쟁(1937)을 일으킴
이탈리아	에티오피아 침략
독일	오스트리아와 체코슬로바키아 ❺병합

(3) **성립** 독일과 이탈리아가 추축 동맹 결성, 독일과 일본이 ❻방공 협정 체결 ➡ 독일, 이탈리아, 일본의 추축국 성립

자료 1 대공황의 발생

▲ 일자리를 구하는 노동자

대공황 이후 많은 회사와 은행이 파산하면서 실업자가 크게 늘어났다. 대량 실업과 빈곤으로 사회가 불안해졌다.

자료 2 대공황 시기의 블록 경제

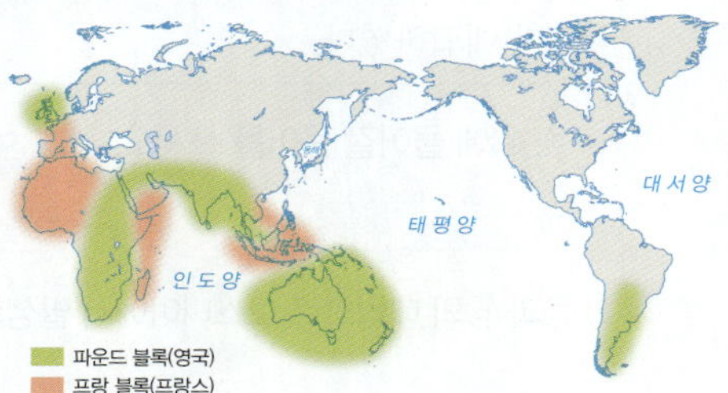

영국, 프랑스는 각각 파운드 블록과 프랑 블록을 만들어 본국과 식민지를 하나의 경제권으로 묶는 블록 경제를 실시하였다.

> **교과서 비교** 블록 경제
>
> | 동아, 리베르, 미래엔, 지학 | 블록 경제 |
> |---|---|
> | 비상 | 보호 무역 정책 |
> | 천재, 해냄 | 경제 블록 |

자료 3 전체주의의 특징

> 파시스트의 국가 개념은 모든 것을 포괄하며, 국가를 떠나서는 인간과 영혼의 가치도 존재하지 않는다. …… 국민이 국가를 발생시키는 것이 아니라 국가가 국민을 창조한다. …… 오직 전쟁만이 인간의 힘을 최고조에 이르게 하고 이에 직면할 용기를 가진 국민에게 고귀함을 부여한다.
> — 무솔리니, 『파시즘 독트린』

> 민족 국가는 인종을 모든 생활의 중심에 두어야 한다. 국가는 인종의 순수한 유지를 추구해야 한다. …… 독일 민족에 상응하는 영토를 이 지상에서 확보해야 할 것이다. — 히틀러, 『나의 투쟁』

---

2 제2차 세계 대전

1 전쟁의 발발

 (1) **유럽의 상황** 독일과 소련이 독소 **❶**불가침 조약 체결 ➡ 독일의 폴란드 침공 ➡ 프랑스와 영국이 독일에 선전 포고 ➡ 제2차 세계 대전 시작 ┌당시 일본은 중일 전쟁 중이었어.

(2) **아시아 · 태평양 지역의 상황** 물자 확보를 위한 일본의 동남아시아 침략 ➡ 미국이 일본에 석유 수출을 금지하는 등 **❷**제재를 가함 ➡ 일본, 하와이 진주만의 미군 기지 습격 ➡ 미국이 **❸**연합국으로 참전

♥ 교과서 비교 **아시아 · 태평양 전쟁**

| 지학, 천재, 해냄 | 태평양 전쟁 |
| 동아, 리베르, 미래엔, 비상 | 아시아 · 태평양 전쟁 |

2 전쟁의 전개

출제tip 제2차 세계 대전의 전개 과정과 전선 확대에 대한 문제가 자주 출제

1939. 9.	독일의 폴란드 침공
1940. 4.	독일의 덴마크, 노르웨이 침공
1940. 6.	독일의 파리 점령 — 프랑스의 드골은 영국에 임시 정부를 세우고 독일에 대한 항전을 계속하였어.
1941. 6.	독일, 독소 불가침 조약 **❹**파기, 소련 침공
1941. 12.	일본, 미국의 하와이 진주만 기습 ➡ 아시아 · 태평양 전쟁 시작, 미국 참전
1942. 6.	미국, 미드웨이 해전에서 일본에 승리
1942~1943	소련, 스탈린그라드 전투에서 독일에 승리
1943. 9.	이탈리아 항복
1944. 6.	연합국, **❺**노르망디 상륙 작전 ➡ 프랑스 **❻**해방
1945. 5.	독일 항복
1945. 8.	미국, 일본에 두 차례 원자 폭탄 투하 ➡ 일본 항복

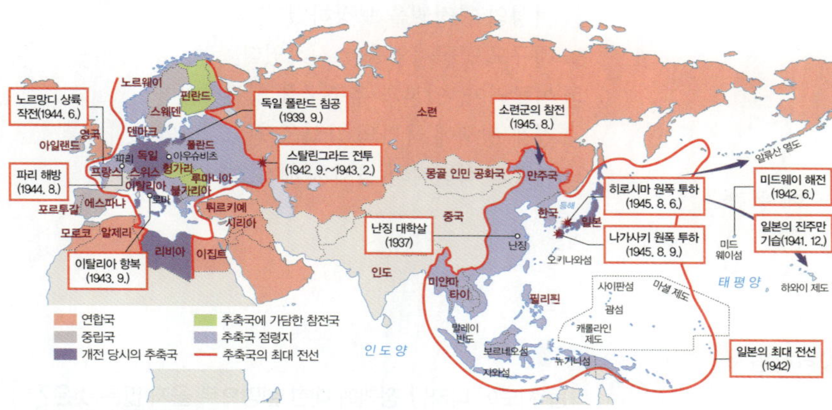

▲ 제2차 세계 대전의 전개

3 전쟁의 종결

(1) **전세의 변화** 전쟁 초기에는 추축국이 우세 ➡ 미드웨이 해전 승리, 스탈린그라드 전투 승리, 노르망디 상륙 작전 성공 등으로 전세 역전

 (2) **동맹국의 항복** 이탈리아, 독일, 일본이 차례로 항복 선언 ➡ 연합국의 승리로 제2차 세계 대전 종결

용어 풀이

❶ 불가침(不–아니다, 可–옳다, 侵–침략하다): 침범하지 않는다는 뜻
❷ 제재(制–억제하다, 裁–마르다): 일정한 규칙 위반에 대해 처벌한다는 뜻
❸ 연합국(聯–연결하다, 合–합하다, 國–나라): 제2차 세계 대전에서 추축국에 대항한 나라들로 미국, 영국, 소련 등이 속하였음
❹ 파기(破–깨트리다, 棄–버리다): 깨트리거나 찢어서 내버린다는 뜻으로 약속이나 조약 등을 깨뜨리는 것을 의미
❺ 노르망디: 영국에서 가까운 프랑스 북서부 해안
❻ 해방(解–풀다, 放–놓다): 구속이나 억압, 속박을 풀어 자유롭게 한다는 뜻

 독소 불가침 조약 풍자화

반공을 강조하던 독일 나치당과 이를 비난하던 소련 공산당이 비밀리에 불가침 조약을 체결한 사실을 풍자한 그림이다. 왼쪽에는 히틀러, 오른쪽에는 스탈린이 그려져 있다.

 일본의 진주만 공습과 미국의 참전

> 치욕스러운 날로 기억될 어제, 일본의 해군과 공군은 미합중국을 용의주도하게 기습 공격하였습니다. …… 오늘 아침에 일본군은 미드웨이 제도를 공격하였습니다. — 루스벨트의 의회 연설(1941. 12. 8.)

일본이 미국의 하와이 진주만을 기습하자 미국 대통령 루스벨트가 의회에서 한 연설이다. 연설 직후 미국의 제2차 세계 대전 참전이 결정되었다.

 노르망디 상륙 작전

연합군은 노르망디 상륙 작전을 성공시켜 프랑스를 해방시키고 독일로 진격하였다.

 항복 문서에 서명하는 일본

일본이 무조건 항복을 선언하면서 제2차 세계 대전은 연합국의 승리로 끝났다.

01 다음 중 알맞은 말에 ○표 하시오.

(1) 1929년 (미국, 영국)의 주가가 대폭락하면서 경제가 급격히 나빠지는 대공황이 발생하였다.

(2) 영국은 (프랑 블록, 파운드 블록)을 만들어 본국과 식민지를 하나의 경제권으로 묶는 블록 경제를 실시하였다.

02 서로 관련 있는 것끼리 연결하시오.

(1) 독일 • • ㉠ 나치당
(2) 일본 • • ㉡ 파시스트당
(3) 이탈리아 • • ㉢ 군국주의 강화

03 다음 빈칸에 들어갈 말을 쓰시오.

(1) 식민지가 없거나 적었던 독일, 이탈리아, 일본은 군비를 증강하고 다른 나라를 침략함으로써 (　　　　)을/를 극복하려고 하였다.

(2) 일본은 1931년 (　　　　)과/와 1937년 중일 전쟁을 일으켜 대륙을 침략하였다.

(3) 소련에 대항하여 독일, 이탈리아, 일본은 (　　　　)국을 결성하였다.

04 다음 설명이 맞으면 ○표, 틀리면 ×표 하시오.

(1) 독일은 소련과 독소 불가침 조약을 체결한 후에 폴란드를 침공하였다. (　　　)

(2) 미국이 스탈린그라드 전투에서 승리하면서 연합군은 승기를 잡게 되었다. (　　　)

(3) 일본이 하와이 진주만의 미군 기지를 기습 공격하면서 아시아·태평양 전쟁이 시작되었다. (　　　)

05 다음 설명에 해당하는 인물을 [보기]에서 골라 기호를 쓰시오.

보기	
ㄱ. 드골	ㄴ. 히틀러
ㄷ. 무솔리니	ㄹ. 루스벨트

(1) 뉴딜 정책 시행 (　　　)
(2) 영국에 임시 정부 수립 (　　　)
(3) 나치당 주도, 독재 체제 수립 (　　　)
(4) 파시스트당 주도, 독재 체제 확립 (　　　)

01 대공황에 대한 설명으로 옳은 것은?

（하）

① 독일에서 시작되었다.
② 과잉 소비 때문에 발생하였다.
③ 제2차 세계 대전 직후 발생하였다.
④ 미국과 유럽에서만 문제가 되었다.
⑤ 은행과 기업이 문을 닫고 실업자가 급증하였다.

02 다음 밑줄 친 '정책'의 내용으로 옳은 것은?

（중）

① 여성의 참정권을 보장하였다.
② 대규모 공공사업을 추진하였다.
③ 이탈리아, 일본과 추축국을 성립하였다.
④ 경제 정책에 국가의 간섭을 최소화하였다.
⑤ 본국과 식민지의 경제 체제를 하나로 묶었다.

03 다음 지도에 나타난 정책에 대한 설명으로 옳지 <u>않은</u> 것은?

（중）

① 보호 무역 체제를 강화하였다.
② 대공황을 극복하기 위해 실시하였다.
③ 본국과 식민지를 하나의 경제권으로 묶었다.
④ 수입품에 낮은 관세를 매겨 수입량을 늘렸다.
⑤ 본국에서 과잉 생산된 상품을 식민지에 팔았다.

04 다음 밑줄 친 '경제 위기'를 극복하기 위한 각 나라의 노력으로 옳은 것은?

> 1929년 주가가 폭락하면서 미국 경제는 급격히 나빠졌다. 경제 위기는 미국 경제에 의존하던 유럽을 비롯한 여러 나라로 퍼져 나갔다.

① 미국: 전체주의를 강화하였다.
② 프랑스: 파운드 블록을 형성하였다.
③ 영국: 보호 무역 체제를 강화하였다.
④ 독일: 프랑코가 독재 정권을 수립하였다.
⑤ 이탈리아: 노동자의 권리를 보장하고 사회 보장 제도를 시행하였다.

05 다음에서 설명하는 사상으로 옳은 것은?

> 통치자의 권위적인 지도력을 강조하고 민족이나 국가 전체의 이익을 강조하는 대신 개인의 희생을 강요하는 사상이다.

① 계몽주의
② 사회주의
③ 자본주의
④ 전체주의
⑤ 민주주의

06 다음 선생님의 질문에 대한 학생의 대답으로 옳지 <u>않은</u> 것은?

① 개인의 희생을 강요하였어요.
② 민족이나 국가의 이익을 강조하였어요.
③ 일본의 군국주의가 대표적인 사례예요.
④ 제1차 세계 대전 직후 처음 등장하였어요.
⑤ 식민지가 많은 나라에서 주로 확산되었어요.

07 다음 국가에서 대공황을 전후하여 나타난 공통점으로 옳은 것은?

> • 독일　　　• 일본　　　• 이탈리아

① 개인의 이익을 강조하였다.
② 공산주의 정부가 수립되었다.
③ 보호 무역 체제를 강화하였다.
④ 식민지를 이용하여 대공황을 극복하였다.
⑤ 군비를 증강하고 다른 나라를 침략하였다.

08 다음 사건을 일어난 순서대로 바르게 나열한 것은?

> ㄱ. 독일이 프랑스 파리를 점령하였다.
> ㄴ. 일본이 하와이 진주만을 공격하였다.
> ㄷ. 연합군이 노르망디 상륙 작전에 성공하였다.
> ㄹ. 스탈린그라드 전투에서 연합군이 승기를 잡았다.

① ㄱ-ㄴ-ㄷ-ㄹ
② ㄱ-ㄴ-ㄹ-ㄷ
③ ㄴ-ㄹ-ㄱ-ㄷ
④ ㄷ-ㄹ-ㄱ-ㄴ
⑤ ㄹ-ㄱ-ㄷ-ㄴ

09 다음 편지가 작성된 직후 일어난 사건으로 옳은 것은?

> 소련을 제거하면 동아시아의 일본에도 위안이 될 것이고, 일본의 간섭을 통해 미국의 움직임에 위협을 가할 수 있습니다. …… 저는 화해를 이루기 위해 노력하였지만, 그럼에도 소련과의 협력이 종종 불편했습니다.
> – 히틀러가 무솔리니에게 보낸 편지(1941. 6. 21.)

① 미드웨이 해전
② 노르망디 상륙 작전
③ 독소 불가침 조약 파기
④ 히로시마 원자 폭탄 투하
⑤ 아시아·태평양 전쟁 발발

10 다음 연설 이후에 전개된 상황으로 옳은 것은?

> 치욕스러운 날로 기억될 어제, 일본의 해군과 공군은 미합중국을 용의주도하게 기습 공격하였습니다. ……
> 오늘 아침에 일본군은 미드웨이 제도를 공격하였습니다.
>
> – 루스벨트가 선전 포고를 요청하며 한 연설(1941. 12. 8.)

① 일본이 만주 사변을 일으켰다.
② 미국이 연합국으로 참전하였다.
③ 일본과 중국의 전쟁이 장기화되었다.
④ 독일이 무제한 잠수함 작전을 전개하였다.
⑤ 독일과 소련이 불가침 조약을 체결하였다.

11 제2차 세계 대전 시기에 발행된 신문의 제목으로 적절하지 <u>않은</u> 것은?

① '일본은 왜 하와이를 공격하였나.'
② '영국에 프랑스 임시 정부가 수립되다.'
③ '지옥 같던 스탈린그라드 전투, 승자는 소련'
④ '디데이! 노르망디 상륙 작전이 성공하였습니다.'
⑤ '루시타니아호 침몰하다! 미국, 참전을 결정할 것인가.'

같은 주제 다른 문제

11-1 제2차 세계 대전의 전개 과정으로 옳지 <u>않은</u> 것은?

① 독일이 폴란드를 침공하며 시작되었다.
② 미국이 미드웨이 해전에서 일본에 승리하였다.
③ 소련이 스탈린그라드 전투에서 독일에 승리하였다.
④ 전쟁 중에 독일과 소련이 불가침 조약을 체결하였다.
⑤ 연합국의 노르망디 상륙 작전이 성공하면서 프랑스가 해방되었다.

12 다음 (가)에 들어갈 내용으로 옳은 것은?

① 이탈리아가 항복하였어요.
② 독일이 소련을 공격하였어요.
③ 미국이 연합국으로 참전하였어요.
④ 프랑스가 독일의 점령에서 해방되었어요.
⑤ 소련이 스탈린그라드에서 독일을 물리쳤어요.

13 제2차 세계 대전의 추축국이 항복한 순서를 바르게 나열한 것은?

① 독일 – 일본 – 이탈리아
② 독일 – 이탈리아 – 일본
③ 일본 – 이탈리아 – 독일
④ 이탈리아 – 일본 – 독일
⑤ 이탈리아 – 독일 – 일본

14 다음 (가)에 들어갈 내용으로 옳은 것을 **보기** 에서 모두 고르면?

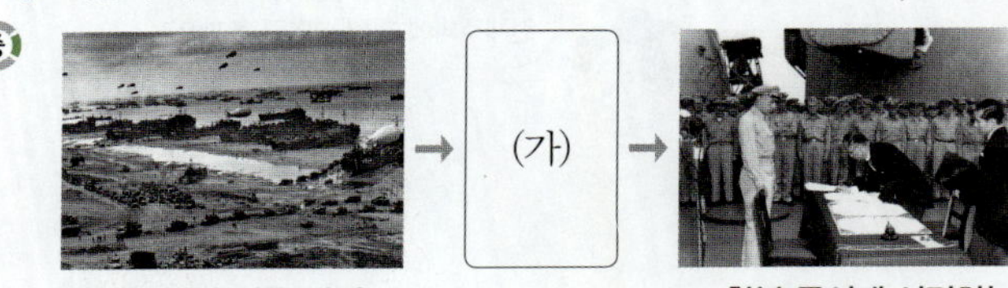

▲ 노르망디 상륙 작전　　　(가)　　　▲ 항복 문서에 서명하는 일본

보기
ㄱ. 독일의 항복
ㄴ. 미드웨이 해전
ㄷ. 이탈리아의 항복
ㄹ. 일본에 두 차례 원자 폭탄 투하

① ㄱ, ㄴ　　② ㄱ, ㄹ　　③ ㄴ, ㄷ
④ ㄴ, ㄹ　　⑤ ㄷ, ㄹ

01 다음 글을 읽고 물음에 답하시오.

> (㉠)은/는 제1차 세계 대전 이후 세계 경제를 주도하던 미국의 주가가 폭락하며 경제가 급격하게 나빠진 현상을 말한다.

(1) 다음 ㉠에 들어갈 용어를 쓰시오.

____

(2) 위 현상을 극복하기 위해 미국이 펼친 정책의 명칭과 정책 내용을 <u>두 가지</u> 서술하시오.

____

____

02 다음 지도를 보고 물음에 답하시오.

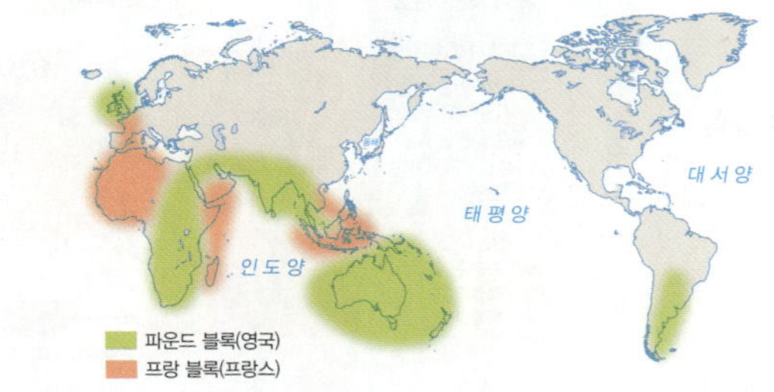

(1) 지도와 관련된 경제 정책을 쓰시오.

____

(2) 위 정책의 내용을 서술하시오.

____

____

03 다음 글을 읽고 물음에 답하시오.

> 파시스트의 국가 개념은 모든 것을 포괄하며, 국가를 떠나서는 인간과 영혼의 가치도 존재하지 않는다. …… 국민이 국가를 발생시키는 것이 아니라 국가가 국민을 창조한다. …… 오직 전쟁만이 인간의 힘을 최고조에 이르게 하고 이에 직면할 용기를 가진 국민에게 고귀함을 부여한다. ─(㉠), 「파시즘 독트린」

(1) ㉠에 들어갈 인물을 쓰시오.

____

(2) 자료에 나타난 전체주의의 특징을 서술하시오.

____

____

04 다음 자료를 보고 물음에 답하시오.

(1) ㉠에 들어갈 국가를 쓰시오.

____

(2) 위 사건 이후 제2차 세계 대전의 상황이 어떻게 변화하였는지 서술하시오.

____

____

02~03 전쟁 범죄에 맞선 평화 유지 노력 / 아시아·아프리카의 민족 운동

1 국제 연맹과 국제 분쟁 해결 노력

1 국제 연맹

(1) **창설** 제1차 세계 대전이 끝난 후 국제 평화와 안전 확보를 목표로 창설됨

(2) **내용** 군비 축소·국제 분쟁의 평화적 해결 등을 협의, 창설 초반 승전국인 프랑스·영국·이탈리아·일본이 [1]상임 이사국으로 참여

(3) **한계** 창설을 제안한 미국의 미가입, 일본·독일·이탈리아 등의 침략 행위를 저지할 군사력 부재 ➡ 제2차 세계 대전 이후 해체

2 국제 평화를 위한 노력

교과서 비교 워싱턴 회의 동아, 리베르, 지학만 다룸

교과서 비교 로카르노 조약 동아, 비상만 다룸

(1) **워싱턴 회의(1921)** 군비 축소를 논의

(2) **로카르노 조약(1925)** 독일의 국제 연맹 가입을 약속, 유럽의 국경선 문제 처리

(3) **켈로그·브리앙 조약(부전 조약, 1928)** 프랑스와 미국이 전쟁을 국가 정책 수단으로 삼지 않겠다는 내용 제안, 여러 나라가 호응

└ 프랑스의 정치가 아리스티드 브리앙이 주도하였어.

교과서 비교 켈로그·브리앙 조약 동아, 리베르, 비상, 지학만 다룸

2 전쟁 범죄와 인권 회복을 위한 노력

교과서 비교 카틴 숲 학살 사건 동아만 다룸

1 전쟁 범죄와 국제 군사 재판

자료 1 (1) **대량 학살과 인권 [2]유린**

└ 소련이 폴란드 영토를 독일과 나누어 점령하고 포로로 잡은 폴란드 군인과 사회 지도층을 학살한 사건이야.

① 배경: 신무기의 사용과 극단적인 민족(인종)주의 정책

② 사례: 홀로코스트, [3]난징 대학살, 카틴 숲 학살 사건, 일본군 '위안부' 등

자료 2 (2) **전쟁 범죄 처벌을 위한 노력** 국제 군사 재판을 열어 인도에 관한 죄와 평화에 관한 죄를 추궁함(뉘른베르크 재판, 도쿄 재판)

2 인권 회복을 위한 노력
서독 총리의 홀로코스트에 대한 사죄, 난징 대학살 진상 [4]규명, 일본군 '위안부' 생존자의 최초 증언 등

3 국제 연합의 탄생

교과서 비교 포츠담 회담 동아는 포츠담 선언

1 전후 처리를 위한 연합국의 노력

└ 합의에 따라 미국, 영국, 프랑스, 소련은 독일을 분할 점령하였고 이후 동독과 서독이 들어섰어.

대서양 헌장	전후 평화 수립의 원칙 합의 ➡ 국제 연합의 이념적 바탕
카이로 회담	일본 문제 처리와 한국의 독립 문제 합의
얄타 회담	전후 독일 영토 분할 점령과 국제 연합 창설 합의, 소련의 대일전 참전 결정
포츠담 회담	일본에 무조건 항복 권유, 카이로 선언의 이행 재확인

└ 일본은 항복 이후 미국의 통치를 받다가 샌프란시스코 강화 회의(1951)로 주권을 다시 가졌어.

2 국제 연합(UN)의 창설

(1) **배경** 제2차 세계 대전 이후 세계 평화에 대한 염원이 높아짐

자료 3 (2) **창설** 국제 평화, 안전 보장, 국제 [5]우호 [6]증진을 목표로 창설 ➡ 안전 보장 이사회 설립, 국제 연합군과 평화 유지군 설치

교과서 비교 세계 인권 선언 동아, 리베르, 지학, 해냄만 다룸

(3) **인권과 자유 [7]신장을 위한 노력** 국제 연합 총회에서 세계 인권 선언 채택

└ 국가와 국민이 성취해야 할 기본적인 인권, 인간의 존엄성과 가치, 남녀의 동등한 권리를 제시하였어.

용어풀이
[1] 상임 이사국: 국제기구의 이사회에서 일정한 업무를 계속해서 맡는 주요 국가
[2] 유린(蹂-밟다, 躪-짓밟다): 남의 권리나 인격을 짓밟는다는 뜻
[3] 난징 대학살: 1937년 12월부터 1938년 2월까지 약 6주간 난징을 점령한 일본군이 벌인 중국인 학살
[4] 규명(糾-끌어모으다, 明-밝다): 어떤 사실을 자세히 따져서 바로 밝힌다는 의미
[5] 우호(友-벗, 好-좋다): 개인 혹은 나라끼리 서로 사이가 좋다는 뜻
[6] 증진(增-더하다, 進-나아가다): 기운이나 세력이 점점 늘어 가고 나아감
[7] 신장(伸-펴다, 張-베풀다): 세력이나 권리 따위가 늘어났거나 늘어나게 한다는 의미

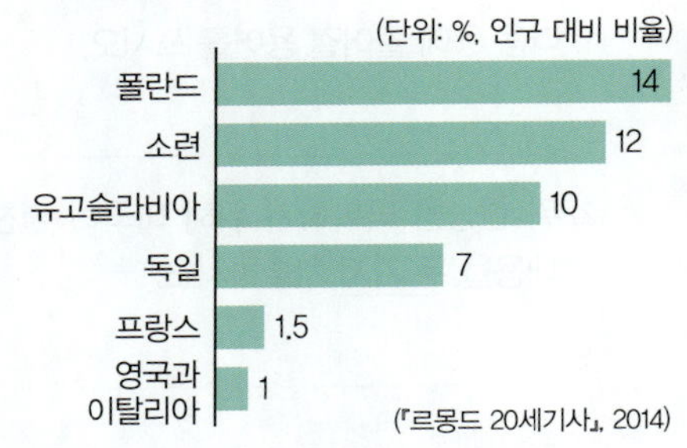

자료 1 제2차 세계 대전 당시 인구 대비 사망자 비율(유대인 포함)

독일이 자행한 홀로코스트로 폴란드에서 유대인이 많이 사망하여 인구 대비 사망자 비율이 높다.

자료 2 뉘른베르크 재판과 도쿄 재판

구분	뉘른베르크 재판	도쿄 재판
장소	독일 뉘른베르크	일본 도쿄
내용	최초로 전쟁을 일으킨 개인에게 형사 책임을 물은 재판	일본의 비인도적 행위가 밝혀짐
한계	연합국의 범죄, 홀로코스트의 참상이 제대로 다루어지지 않음	• 일본 천황, 관료, 기업인에게 책임을 묻지 않음 • 식민지 문제, 일본군 '위안부' 문제가 다루어지지 않음

자료 3 국제 연합의 조직도

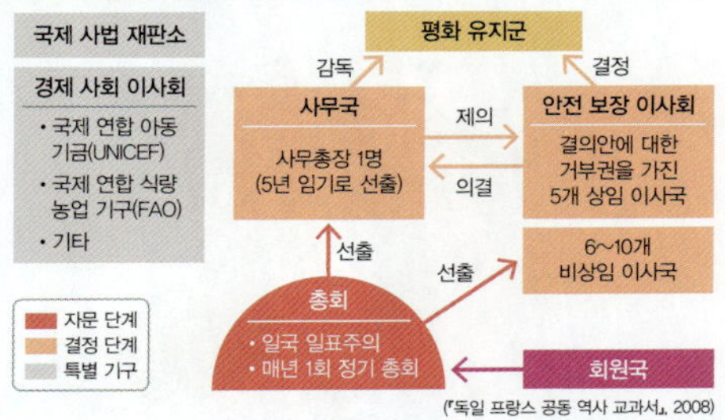

국제 연합은 국제 평화와 안전 보장, 국제 우호 증진을 목표로 설립되었다. 또한 평화 유지군을 두어 국제 분쟁을 억제할 군사적 수단을 갖추었다.

4 한국·중국의 민족 운동 ♥ 교과서비교 실력 양성 운동, 사회 운동
비상만 다룸

1 한국

(1) **3·1 운동(1919)** 일제의 식민 지배에 저항하는 대규모 만세 시위 ➡ 중국, 인도 등 다른 나라의 민족 운동에 영향
└ 5·4 운동에 영향을 주었어.

(2) **대한민국 임시 정부 수립** 항일 민족 운동 지속

(3) **실력 양성 운동** 민족주의 진영이 경제적·문화적으로 민족의 힘을 키우기 위한 목적으로 전개

(4) **사회 운동** 사회주의 진영이 농민과 노동자를 중심으로 사회 운동 전개

2 중국

(1) **❶신문화 운동** 지식인들이 유교를 비판하고 과학과 민주주의를 수용하여 중국을 개혁하자고 주장
┌ 산둥반도에 대한 독일의 이권을 일본이 넘겨받는다는 조항이 담긴 요구안이야.

자료 4 (2) **5·4 운동(1919)** 베이징의 학생들이 일본의 21개조 요구 철폐, 일본 등 외세 배척, 군벌 타도 등을 요구하며 대규모 시위 전개

(3) **제1차 국공 합작(1924)** 쑨원이 이끄는 중국 국민당과 중국 공산당이 ❷군벌과 제국주의 ❸타도를 목표로 연합

(4) **대장정** 장제스가 군벌 제압 후 중국 통일(1928) ➡ 제1차 국공 합작 결렬 ➡ 공산당을 이끈 마오쩌둥이 대장정을 단행하여 국민당 정부에 대항

(5) **제2차 국공 합작(1937)** 일본이 중일 전쟁을 일으키며 대륙 침략 본격화 ➡ 국민당과 공산당이 대일 항전을 목표로 재연합

5 인도·동남아시아의 민족 운동

자료 5 인도	• 간디의 비폭력·불복종 운동: 영국 상품 ❹불매, 납세 거부 등의 운동 전개, 소금 행진 주도 • 네루는 ❺급진적인 방식으로 민족 운동 전개 • 영국이 인도의 ❻자치권 인정 ➡ 인도의 완전한 독립을 요구하는 반영 운동 지속 • 이슬람교도들이 인도 국민 회의가 힌두교의 중심이라 여겨 힌두교와 분리된 독립 국가 수립을 주장
동남아시아	• 베트남: 호찌민이 베트남 공산당 조직, 프랑스에 맞서 독립 전쟁 주도 • 인도네시아: 인도네시아 국민당의 수카르노가 네덜란드에 맞서 독립 투쟁 주장 • 필리핀: 민족 운동을 통해 미국으로부터 자치를 인정받음

└ 인도는 자치를 약속받고 제1차 세계 대전 때 영국을 지원하였으나 전쟁 이후 영국은 오히려 식민 통치를 강화하였어.

6 서아시아·아프리카의 민족 운동

서아시아	오스만 제국	• 배경: 제1차 세계 대전 패배 ➡ 영토 상실, 연합국의 내정 간섭 • 튀르키예 공화국 수립: 무스타파 케말이 초대 대통령으로 선출 ➡ 정치와 종교 분리, 여성의 참정권 도입, 문자 개혁 등 추진
		• 대부분 지역은 분할되어 영국의 위임 통치를 받음 ➡ 아랍인의 민족 운동 전개 ➡ 이라크 독립, 사우디아라비아 왕국 수립 • 페르시아: 팔레비 왕조 수립, 국호를 이란으로 바꿈
자료 6 아프리카		• 이집트: 수에즈 운하 관리와 군대 주둔 유지를 조건으로 영국으로부터 독립(1922) • 범아프리카 운동: 사하라 사막 이남 지역에서 아프리카의 통일을 위해 전개

자료 4 5·4 운동

자료 4 5·4 운동

> 베르사유 평화 회담이 열렸을 때 우리가 희망하고 경축한 것은 …… 칭다오를 돌려주고 중국과 일본 사이의 밀약이나 군사 협정뿐만 아니라 기타 불평등 조약까지 취소한 것이 바로 공리이고 정의입니다. …… 조선에서는 독립을 꾀하면서 "독립이 아니면 차라리 죽음을 달라."라고 외쳤습니다.
> ─ 베이징 학생계 선언(1919)

제1차 세계 대전이 끝나고 파리 강화 회의에 참석한 승전국은 일본의 21개조 요구를 인정하였다. 이 소식이 알려지자 베이징 학생들이 대규모 시위를 벌였다.

자료 5 간디의 비폭력·불복종 운동

> • 다른 사람을 해치지 말 것
> • 몽둥이를 쓰거나 욕설과 폭력을 사용하지 말 것
> • 시장이나 상점을 약탈하지 말 것
> • 적에게 친절함으로써 영향을 줄 것
> • 물리력을 사용하거나 물 공급을 중단하지 말 것
> • 각자가 물레를 돌리고 외국산 옷감을 입지 말 것
> ─ 간디의 행동 강령(1921)

자료 6 아프리카의 민족 운동

> 우리 대표들은 평화를 믿는다. 아프리카 민족들이 수백 년 동안 폭력과 노예 제도에 희생된 이 마당에 어떻게 다른 것이 있을 수 있겠는가? 하지만 서방 세계가 아직도 인류를 폭력으로 통치하려고 결심하고 있다면, 아프리카 사람들도 자유를 쟁취할 수단으로 폭력을 사용하는 수밖에 다른 도리가 없는 경우도 있을 수 있다. ─ 제5회 범아프리카 회의 선언문(1945)

아프리카에서는 다양한 지역과 종족을 넘어 '하나의 아프리카'를 세우자는 범아프리카 운동이 전개되었다. 이를 계기로 여러 차례 범아프리카 회의를 개최하여 독립을 위해 함께 싸울 것을 결의하였다.

더 알기 맥마흔 선언과 밸푸어 선언

영국은 제1차 세계 대전 중 도움을 받는 조건으로 아랍인에게는 맥마흔 선언, 유대인에게는 밸푸어 선언으로 각각 민족 독립과 국가 건설을 약속하였다. 이는 훗날 아랍인과 유대인이 팔레스타인 지역에서 갈등을 겪는 원인이 되었다.

용어 풀이

❶ 신문화 운동: 유교적이고 봉건적인 제도와 전통을 타파하고자 일어난 문화 운동으로 천두슈 등이 주도

❷ 군벌(軍–군사, 閥–공훈): 군사력을 배경으로 정치적 특권을 장악한 군인 집단

❸ 타도(打–치다, 倒–넘어지다): 어떤 대상이나 세력을 쳐서 무너뜨림

❹ 불매(不–아니다, 買–사다): 상품의 구매를 중단한다는 뜻

❺ 급진(急–급하다, 進–나아가다): 급하게 나아간다는 뜻으로 이상이나 목표를 달성하기 위해 빠르게 진행한다는 의미

❻ 자치(自–스스로, 治–다스리다): 식민지가 일부 행정 업무를 직접 담당하는 일

01 다음 빈칸에 알맞은 말을 쓰시오.

(1) 제1차 세계 대전이 끝나고 국제 평화와 안전 확보를 목표로 한 국제기구인 (　　　　)이/가 창설되었다.

(2) 프랑스와 (　　　　)은/는 전쟁을 국가 정책 수단으로 삼지 않겠다는 켈로그·브리앙 조약을 제안하였다.

02 다음 설명에 해당하는 사건을 보기 에서 골라 기호를 쓰시오.

보기
ㄱ. 홀로코스트　ㄴ. 난징 대학살　ㄷ. 카틴 숲 학살 사건

(1) 독일이 자행한 유대인 대학살　　　　　　　(　　　)

(2) 일본이 난징을 점령하고 중국군 포로와 민간인을 학살한 사건　　　　　　　　　　　　　　　(　　　)

(3) 소련이 폴란드 영토를 독일과 분할하여 점령하고 폴란드 군인과 사회 지도층을 학살한 사건　　　(　　　)

03 다음 ㉠~㉢에 들어갈 국제 회의를 쓰시오.

(㉠)(1943)	일본 문제 처리와 한국의 독립 문제 합의
(㉡)(1945)	국제 연합 창설 합의, 소련의 대일전 참전 결정
(㉢)(1945)	일본에 무조건 항복 권유, 카이로 선언의 이행 재확인

㉠ ＿＿＿＿＿　㉡ ＿＿＿＿＿　㉢ ＿＿＿＿＿

04 다음 중 알맞은 말에 ○표 하시오.

(1) 한국에서는 일제의 식민 지배에 저항하는 (3·1 운동, 5·4 운동)이 일어났다.

(2) (제1차 국공 합작, 제2차 국공 합작)은 중국 국민당과 공산당이 군벌 타도를 목적으로 힘을 합친 사건이다.

(3) 중국 공산당을 이끈 (장제스, 마오쩌둥)은/는 대장정을 단행하여 국민당 정부에 대항하였다.

05 다음 설명이 맞으면 ○표, 틀리면 ×표 하시오.

(1) 인도의 간디는 무력 투쟁으로 영국에 저항하였다.　　　　　　　　　　　　　　　　　　　(　　　)

(2) 호찌민은 베트남 공산당을 조직하여 프랑스에 맞선 독립 전쟁을 준비하였다.　　　　　　　　(　　　)

(3) 이집트는 제1차 세계 대전 이후 반영 운동이 전국으로 확산되었음에도 독립하지 못하였다.　　(　　　)

01 국제 연맹에 대한 설명으로 옳은 것은?

하
① 미국과 소련이 중심이 되었다.
② 제2차 세계 대전이 끝나고 창설되었다.
③ 총회에서 세계 인권 선언을 채택하였다.
④ 대서양 헌장의 내용이 이념적 바탕이 되었다.
⑤ 침략을 저지르는 국가를 제지할 군사력이 없었다.

02 다음 (가)에 들어갈 내용으로 옳지 않은 것은?

하

제1차 세계 대전 종전	→	(가)	→	제2차 세계 대전 발발

① 얄타 회담　　　　　② 워싱턴 회의
③ 로카르노 조약　　　④ 국제 연맹 창설
⑤ 켈로그·브리앙 조약

03 다음 (가)에 들어갈 내용으로 적절하지 않은 것은?

하

• **주제**: 20세기에 발생한 전쟁 범죄와 인권 유린
• **사례**: ＿＿＿＿＿＿(가)＿＿＿＿＿＿

① 홀로코스트　　　　② 난징 대학살
③ 일본군 '위안부'　　④ 카틴 숲 학살 사건
⑤ 피의 일요일 사건

04 다음에서 설명하는 나라로 옳은 것은?

> • 군부 세력이 정권을 장악하고 군국주의를 강화하였다.
> • 중화민국의 수도인 난징을 점령하고 민간인을 학살하였다.
> • 아시아 곳곳의 점령지 여성들을 강제로 '군위안소'로 끌고 가 인권을 유린하였다.

① 독일 ② 미국
③ 일본 ④ 베트남
⑤ 이탈리아

05 밑줄 친 '이 재판'에 대한 설명으로 옳지 <u>않은</u> 것은?

> 뉘른베르크에서 열린 이 재판에서 주요 나치 전범이 기소되어 괴링 등 12명이 사형, 헤스 등 3명이 종신형을 받았다. 이 재판 이후에도 나치 전범을 법정에 세우고 전쟁 피해자에게 배상하는 노력이 계속되었다.

① 독일에서 개최되었다.
② 연합국의 주도로 개최되었다.
③ 인도와 평화에 관한 죄를 추궁하였다.
④ 소련을 비롯한 연합국의 범죄에 대해서도 다루었다.
⑤ 역사상 최초로 전쟁을 일으킨 개인에게 형사 책임을 물었다.

05-1 다음 재판의 공통점으로 옳은 것은?

> • 도쿄 재판 • 뉘른베르크 재판

① 제2차 세계 대전 이후 개최되었다.
② 독일의 국제 연맹 가입을 약속하였다.
③ 일본 패전 후 영토 문제를 논의하였다.
④ 아시아의 반제국주의 운동을 지원하였다.
⑤ 독일 영토의 분할 점령에 대해 논의하였다.

06 다음 (가), (나)에 들어갈 내용을 옳게 연결한 것은?

전후 처리를 위한 연합국의 노력		
시기	연합국의 노력	내용
1941년 8월	(가)	전후 평화 수립의 원칙에 합의하였다.
1943년 11월	(나)	일본 패전 뒤의 영토 문제를 논의하였고 한국의 독립을 최초로 약속하였다.

	(가)	(나)
①	얄타 회담	포츠담 회담
②	대서양 헌장	카이로 회담
③	대서양 헌장	포츠담 회담
④	포츠담 회담	대서양 헌장
⑤	대서양 헌장	샌프란시스코 강화 회의

07 국제 연합에 대한 설명으로 옳은 것을 보기 에서 모두 고르면?

> **보기**
> ㄱ. 제1차 세계 대전 이후 창설되었다.
> ㄴ. 전쟁에서 이긴 승전국의 이익을 추구한다.
> ㄷ. 대서양 헌장의 원칙을 이념적 바탕으로 한다.
> ㄹ. 국제 분쟁을 억제할 군사적 능력을 갖추었다.

① ㄱ, ㄴ ② ㄱ, ㄷ ③ ㄴ, ㄷ
④ ㄴ, ㄹ ⑤ ㄷ, ㄹ

07-1 다음에서 설명하는 국제기구로 옳은 것은?

> 제2차 세계 대전 이후 창설된 국제기구로, 국제 평화와 안전 보장, 국제 우호 증진을 목표로 한다. 평화 유지를 위해 안전 보장 이사회와 평화 유지군을 설치하였다.

① 코민테른 ② 국제 연맹
③ 국제 연합 ④ 유럽 연합
⑤ 세계 보건 기구

08 3·1 운동에 대한 설명으로 옳은 것을 보기 에서 모두 고르면?

보기
ㄱ. 한국에서 일어난 민족 운동이다.
ㄴ. 신문화 운동을 배경으로 전개되었다.
ㄷ. 군벌 타도 등을 외치며 대규모 시위를 벌였다.
ㄹ. 5·4 운동 등 다른 나라의 민족 운동에 영향을 끼쳤다.

① ㄱ, ㄴ ② ㄱ, ㄹ ③ ㄴ, ㄷ
④ ㄴ, ㄹ ⑤ ㄷ, ㄹ

09 다음 (가)에 들어갈 내용으로 옳지 않은 것은?

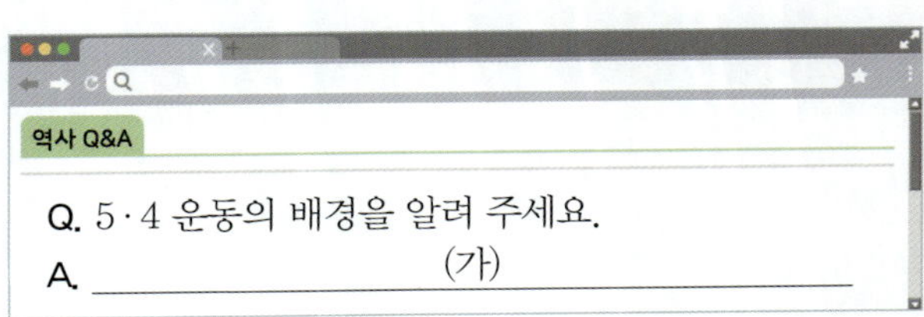

① 제1차 국공 합작이 이루어졌다.
② 한국에서 3·1 운동이 일어났다.
③ 일본 등 외세의 침탈이 계속되었다.
④ 군벌이 난립하여 혼란한 상황이 지속되었다.
⑤ 일본의 21개조 요구가 파리 강화 회의에서 인정받았다.

10 다음 (가)~(다) 민족 운동을 전개한 나라를 옳게 연결한 것은?

(가) 호찌민이 공산당을 조직하여 민족 운동을 이끌었다.
(나) 민족 운동이 일어나 미국으로부터 자치를 획득하였다.
(다) 수카르노가 이끄는 국민당을 중심으로 네덜란드의 지배에 맞섰다.

	(가)	(나)	(다)
①	베트남	필리핀	인도네시아
②	베트남	인도네시아	필리핀
③	필리핀	베트남	인도네시아
④	필리핀	인도네시아	베트남
⑤	인도네시아	베트남	필리핀

11 다음 밑줄 친 '이 나라'로 옳은 것은?

제2차 세계 대전에서 패배한 오스만 제국은 많은 영토를 잃고 연합국의 내정 간섭을 받았다. 이에 반발한 무스타파 케말은 술탄 정부를 타도하고 이 나라를 수립하였다(1923). 이후 무스타파 케말은 정치와 종교의 분리, 여성의 참정권 도입, 문자 개혁 등 근대화 정책을 추진하였다.

▲ 문자 개혁을 설명하는 무스타파 케말

① 이란 ② 이라크
③ 팔레스타인 ④ 사우디아라비아
⑤ 튀르키예 공화국

12 아프리카의 민족 운동에 대한 설명으로 옳은 것을 보기 에서 모두 고르면?

보기
ㄱ. 이라크가 독립하였다.
ㄴ. 사우드 가문이 왕국을 세웠다.
ㄷ. 튀르키예 공화국이 수립되었다.
ㄹ. 제1차 세계 대전 이후 이집트에서 반영 운동이 일어나 전국으로 확산되었다.

① ㄱ ② ㄹ ③ ㄴ, ㄷ
④ ㄴ, ㄹ ⑤ ㄷ, ㄹ

01 다음 글을 읽고 물음에 답하시오.

> (가) 제1차 세계 대전이 끝나고 창설된 국제기구이다. 군비 축소, 국제 분쟁의 평화적 해결 등을 협의하였다.
> (나) 대서양 헌장의 이념을 바탕으로 제2차 세계 대전 이후 창설된 국제기구이다. 국제 평화와 안전 보장, 국제 우호 증진 등을 목표로 하고 있다.

(1) (가), (나)에 해당하는 국제기구를 쓰시오.

(가) ______________　　　(나) ______________

(2) 다음 조건 에 맞게 (가), (나)의 차이점을 서술하시오.

> **조건**
> 참여 국가와 평화 유지 수단을 중심으로 서술할 것

____

____

02 다음에서 설명하는 재판의 이름을 쓰고, 한계점을 서술하시오.

> 독일에서 개최된 군사 재판으로, 역사상 최초로 전쟁을 일으킨 개인에게 형사 책임을 물어 그 뒤의 전범 재판에 큰 영향을 주었다.

____

____

03 다음 글을 읽고 물음에 답하시오.

> 　베르사유 평화 회담이 열렸을 때 우리가 희망하고 경축한 것은 세계에 정의가 있고 인도가 있고 공리가 있다고 한 것이 어찌 아니었겠습니까? 칭다오를 돌려주고 중국과 일본 사이의 밀약이나 군사 협정뿐만 아니라 기타 불평등 조약까지 취소한 것이 바로 공리이고 정의입니다. …… 조선에서는 독립을 꾀하면서 "독립이 아니면 차라리 죽음을 달라."라고 외쳤습니다.

(1) 위 내용과 관련된 중국의 민족 운동을 쓰시오.

____

(2) 위 민족 운동이 일어난 배경을 서술하시오.

____

____

04 다음 ㉠에 들어갈 인물을 쓰고, 밑줄 친 ㉡의 내용을 한 가지 서술하시오.

> 　인도는 자치를 약속받고 제1차 세계 대전 때 영국을 지원하였다. 그러나 전쟁이 끝난 후 영국은 오히려 식민 통치를 강화하였다. 이에 인도 국민 회의를 이끌던 (㉠)은/는 ㉡비폭력·불복종 운동을 전개하였다.

____

____

대단원 한눈에 정리하기

주요 사건

1905	피의 일요일 사건
1914	(❶) 사건, └ 오스트리아·헝가리 제국 황태자 부부가 세르비아계 청년에게 암살된 사건 제1차 세계 대전 발발
1917	러시아 혁명(2월, 10월)
1919	파리 강화 회의, 베르사유 조약 체결, 3·1 운동, 5·4 운동
1920	국제 연맹 창설
1921	워싱턴 회의
1922	소련 수립, 무솔리니의 파시스트당 집권
1923	튀르키예 공화국 수립
1929	(❷) 발생 └ 미국의 주가가 폭락하며 세계 경제에 영향을 끼친 사건
1931	만주 사변
1937	중일 전쟁, 제2차 국공 합작
1939	독소 불가침 조약, 제2차 세계 대전 발발
1941	아시아·태평양 전쟁 발발, 대서양 헌장 발표
1942	미국, 미드웨이 해전 승리 소련, 스탈린그라드 전투 승리
1943	이탈리아 항복, 카이로 회담
1944	노르망디 상륙 작전 성공
1945	독일 항복, 일본 항복, (❸) 창설 └ 국제 평화와 우호 증진을 목표로 제2차 세계 대전 이후 창설된 국제기구

01 세계 대전과 국제 정치 및 경제 질서의 변화 ①

1 제1차 세계 대전

배경	• 유럽 열강들의 식민지 쟁탈전(3국 동맹과 3국 협상의 대립) • 발칸반도에서 범게르만주의와 범슬라브주의의 대립
특징	참호전, 총력전, 신무기 사용
전개	사라예보 사건 ➡ 오스트리아·헝가리 제국 선전 포고 ➡ 독일, 러시아, 프랑스, 영국 참전 ➡ 이탈리아 동맹국 탈퇴 ➡ (❹)의 무제한 잠수함 작전 ➡ 미국, 연합국 측으로 참전 ➡ 러시아, 10월 혁명으로 전쟁 이탈 ➡ 바이마르 공화국 수립, 정전 조약 체결

2 러시아 혁명

배경	제1차 세계 대전 참전으로 경제난 심화
2월 혁명	• 전개: 노동자와 병사들이 (❺)를 조직하고 봉기 • 결과: 차르 퇴위, 임시 정부 수립
10월 혁명	• 전개: 레닌이 이끄는 볼셰비키가 무장봉기 • 결과: 임시 정부 붕괴, 소비에트 정부 수립
레닌	소비에트 사회주의 공화국 연방(소련) 수립, 신경제 정책 실시, 코민테른 조직
스탈린	독재 체제 강화, 경제 개발 5개년 계획 추진

3 민주주의의 확산

베르사유 체제	• 파리 강화 회의에서 14개조 평화 원칙 채택(민족 자결주의, 국제기구 창설) • 승전국과 독일 사이에 (❻) 조약 체결(독일 영토 축소, 식민지 상실, 막대한 배상금)
민주주의 체제	바이마르 공화국 수립, 민족 자결주의의 원칙에 따라 패전국의 지배를 받은 많은 민족 독립(대부분 공화정에 입각한 민주주의 채택)
여성 참정권	19세기 후반부터 여성 운동가들이 참정권 요구 운동 전개 ➡ 제1차 세계 대전 이후 더 많은 나라가 여성 참정권 허용

01 세계 대전과 국제 정치 및 경제 질서의 변화 ②

1 대공황과 전체주의

대공황	• 발생: 제1차 세계 대전 이후 미국의 주가가 폭락하며 발생 ➡ 미국 경제에 의존하던 여러 나라로 확산 • 극복 노력: 미국의 뉴딜 정책, 영국·프랑스의 블록 경제 시행	
(❼) 의 등장	• 특징: 민족과 국가 전체의 이익 강조 • 이탈리아: 무솔리니의 파시스트당 집권 • 독일: 히틀러의 나치당 집권 • 일본: 군국주의 강화 • 에스파냐: 공화 정부 붕괴 후 독재 정권 수립	추축국 형성

2 제2차 세계 대전

발발	독소 불가침 조약 → 독일의 폴란드 침공 → 영국·프랑스가 독일에 선전 포고
전개	독일, 서유럽 장악 → 일본, 진주만 기습(아시아·태평양 전쟁) → 미드웨이 해전 → 스탈린그라드 전투 → 이탈리아 항복 → 노르망디 상륙 작전, 파리 해방 → 독일 항복 → 미국, 일본에 원자 폭탄 투하 → 일본 항복

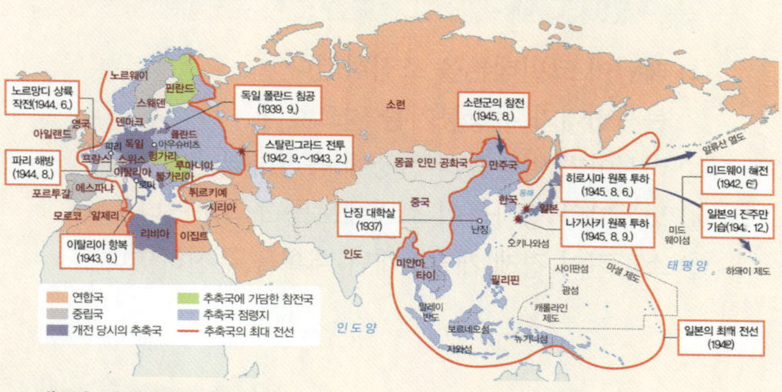

▲ 제2차 세계 대전의 전개

3 국제 연합의 탄생

(1) 전후 처리를 위한 연합국의 노력

(**⑨**)	• 미국(루스벨트), 영국(처칠) 참가 • 전후 평화 수립의 원칙 합의
카이로 회담	• 미국(루스벨트), 영국(처칠), 중국(장제스) 참가 • 일본 문제 처리, 한국의 독립 문제 합의
얄타 회담	• 미국(루스벨트), 영국(처칠), 소련(스탈린) 참가 • 전후 독일 문제 처리, 소련의 대일전 참전 결정
포츠담 회담	• 미국(트루먼), 영국(처칠), 소련(스탈린) 발표 • 독일을 비롯한 유럽의 전후 문제 논의 • 일본에 무조건 항복 권유, 카이로 선언 이행 재확인

(2) 국제 연합의 창설

창설	• 제2차 세계 대전 이후 창설 • 국제 평화, 안전 보장, 국제 우호 증진 등의 목표
조직	안전 보장 이사회 설치: 국제 연합군, 평화 유지군 등 군사적 능력을 갖춤

02 전쟁 범죄에 맞선 평화 유지 노력

1 국제 연맹과 국제 분쟁 해결 노력

국제 연맹	• 제1차 세계 대전 이후 창설 • 군비 축소 등을 협의 • 미국의 불참과 군사력 부재
국제 평화를 위한 노력	• 워싱턴 회의: 군비 축소 논의 • 로카르노 조약: 독일의 국제 연맹 가입 약속 • 켈로그·브리앙 조약(부전 조약): 국제 분쟁을 전쟁으로 해결하지 않음을 규정

2 전쟁 범죄와 인권 회복을 위한 노력

(1) 전쟁 범죄

대량 학살	• (**⑧**): 독일의 유대인 대학살 • 난징 대학살: 중일 전쟁 시기 일본이 중국군 포로와 민간인 학살 • 카틴 숲 학살 사건: 소련이 폴란드 군인과 사회 지도층 학살
인권 유린	• 일본군 '위안부': 일본이 아시아의 점령지 여성들을 강제로 끌고 가 인권 유린 • 독일: 폴란드 점령 후 폴란드인 추방 • 미국: 진주만 공습 후 일본계 미국인 수용소 감금

(2) 국제 군사 재판   뉘른베르크 군사 재판, 도쿄 재판

(3) 인권 회복을 위한 노력   서독 총리의 홀로코스트에 대한 공식 사죄, 난징 대학살 기념관, 베를린 유대인 학살 경계비, 전쟁과 여성 인권 박물관 등

03 아시아·아프리카의 민족 운동

한국	• 3·1 운동: 일제의 식민 지배에 저항한 대규모 만세 시위 • 대한민국 임시 정부 수립
중국	• 신문화 운동 • 5·4 운동: 21개조 요구 철폐, 일본 등 외세 배척 요구하며 시위 전개 • 제1, 2차 국공 합작
인도	• 간디의 (**⑩**) 운동: 영국 상품 불매 등의 운동 전개 • 네루: 급진적인 방식으로 민족 운동 전개
동남 아시아	• 베트남: 호찌민의 베트남 공산당 조직, 프랑스로부터 독립 전쟁 준비 • 인도네시아: 수카르노의 인도네시아 국민당이 네덜란드로부터 독립 투쟁 • 필리핀: 미국으로부터 자치 획득
서아시아	• 튀르키예 공화국 수립: 무스타파 케말이 근대화 정책 추진 • 이라크 독립 • 사우디아라비아 왕국 수립
아프리카	• 이집트 독립 • 사하라 사막 이남 지역: 범아프리카 운동 전개

대단원 실전 문제

01 다음 (가)에 들어갈 내용으로 옳은 것은?

역사 탐구 보고서

______________(가)______________ 의 경과

- **시기, 장소**: 1914년 6월, 보스니아 ○○○○
- **배경**
  (1) 범게르만주의와 범슬라브주의의 대립
  (2) 오스트리아·헝가리 제국의 보스니아 헤르체고비나 합병
- **영향**: 제1차 세계 대전의 발단이 됨

① 사라예보 사건
② 파리 강화 회의
③ 농노 해방령 발표
④ 피의 일요일 사건
⑤ 튀르키예 공화국 수립

02 제1차 세계 대전에 대한 설명으로 옳은 것을 보기 에서 모두 고르면?

보기
ㄱ. 독가스와 잠수함이 사용되었다.
ㄴ. 참호전으로 전쟁이 장기화되었다.
ㄷ. 3국 동맹과 3국 협상의 대립으로 발생하였다.
ㄹ. 러시아는 제1차 세계 대전의 승전국이 되었다.

① ㄱ, ㄴ
② ㄴ, ㄷ
③ ㄷ, ㄹ
④ ㄱ, ㄴ, ㄷ
⑤ ㄴ, ㄷ, ㄹ

03 다음 사건을 일어난 순서대로 바르게 나열한 것은?

ㄱ. 독일은 무제한 잠수함 작전을 펼쳤다.
ㄴ. 미국이 연합국 측으로 참전을 결정하였다.
ㄷ. 독일에서 제정이 무너지고 공화국이 선포되었다.
ㄹ. 오스트리아·헝가리 제국의 황태자 부부가 사라예보에서 암살되었다.

① ㄷ-ㄱ-ㄹ-ㄴ
② ㄷ-ㄹ-ㄱ-ㄴ
③ ㄹ-ㄱ-ㄴ-ㄷ
④ ㄹ-ㄴ-ㄷ-ㄱ
⑤ ㄹ-ㄷ-ㄴ-ㄱ

04 다음 (가)에 들어갈 내용으로 옳은 것은?

피의 일요일 사건이 일어났다.
↓
(가)
↓
차르가 퇴위하고 임시 정부가 세워졌다.

① 레닌이 코민테른을 조직하였다.
② 볼셰비키가 무장봉기를 일으켰다.
③ 러시아가 일본과의 전쟁에 승리하였다.
④ 노동자와 병사들이 소비에트를 조직하였다.
⑤ 스탈린이 경제 개발 5개년 계획을 추진하였다.

05 스탈린에 대한 설명으로 옳은 것은?

① 10월 혁명을 주도하였다.
② 신경제 정책을 시행하였다.
③ 14개조 평화 원칙을 제안하였다.
④ 독소 불가침 조약을 체결하였다.
⑤ 독일과 강화 조약을 맺고 제1차 세계 대전을 중단하였다.

06 다음 조약에 대한 설명으로 옳지 <u>않은</u> 것은?

- 독일은 해외 식민지에 관한 모든 권한을 연합국의 주요 국가에게 넘긴다.
- 독일은 알자스·로렌 지방을 프랑스에 반환한다.
- 독일은 200억 마르크 금화에 해당하는 배상금을 우선 지불한다.

① 베르사유 조약의 내용이다.
② 독일의 군대가 축소되었다.
③ 승전국과 독일이 체결하였다.
④ 독일 국민의 불만을 불러일으켰다.
⑤ 제2차 세계 대전 이후 체결되었다.

07 다음 자료를 통해 알 수 있는 사실로 옳은 것은?

> 동료들이여, …… 여성 사회 정치 연맹의 모든 회원은 개정안 통과에 실패했을 때 우리의 공격적 행동이 이전의 어느 때보다 강력한 도덕적 의무가 될 것이며, 정치적으로 더욱 필요해질 것임을 알고 있습니다.
> — 팽크허스트의 편지(1913)

① 제1차 세계 대전이 종결되었다.
② 재산에 따른 선거권을 폐지하였다.
③ 민족 자결주의의 원칙이 확산되었다.
④ 여성의 참정권을 요구하는 운동이 활발하였다.
⑤ 독일에서 민주적인 바이마르 공화국이 등장하였다.

중요 ✦

08 다음에서 설명하고 있는 정책으로 옳은 것은?

> 미국 대통령 루스벨트는 대공황 이후 경제 위기를 극복하기 위해 생산량을 조절하고 대규모 공공사업을 추진하는 등 시장에 적극적으로 개입하였다.

① 중상주의
② 전체주의
③ 뉴딜 정책
④ 블록 경제
⑤ 신경제 정책(NEP)

09 다음 (가)에 들어갈 정치 체제로 옳은 것은?

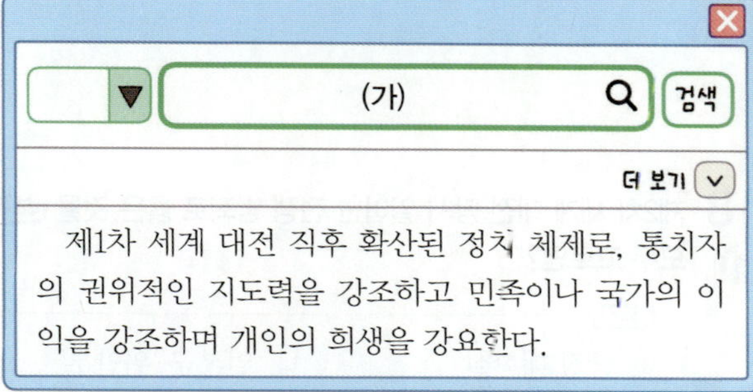

① 사회주의
② 자유주의
③ 전체주의
④ 인종주의
⑤ 사회 진화론

10 전체주의 국가에 대한 설명으로 옳지 <u>않은</u> 것은?

① 독일: 폴란드를 침공하였다.
② 독일: 히틀러의 나치당이 집권하였다.
③ 일본: 군부 세력이 정권을 장악하였다.
④ 이탈리아: 무솔리니의 파시스트당이 집권하였다.
⑤ 에스파냐: 에티오피아를 침략하고 국제 연맹을 탈퇴하였다.

중요 ✦

11 제2차 세계 대전 이전의 상황으로 옳지 <u>않은</u> 것은?

① 일본이 진주만을 기습하였다.
② 독일과 소련이 불가침 조약을 맺었다.
③ 독일, 일본, 이탈리아가 추축국을 성립하였다.
④ 에스파냐에서 프랑코가 독재 정권을 수립하였다.
⑤ 일본에서 군부가 정권을 잡고 군국주의가 강화되었다.

12 다음 밑줄 친 '이 조약'에 대한 설명으로 옳지 <u>않은</u> 것은?

① 독소 불가침 조약이다.
② 독일과 소련이 비밀리에 체결한 조약이다.
③ 독일은 조약을 체결한 후 폴란드를 침공하였다.
④ 조약이 체결되면서 베르사유 체제가 성립되었다.
⑤ 제2차 세계 대전 중에 독일은 조약을 깨뜨리고 소련을 침공하였다.

13 제2차 세계 대전에 대한 설명으로 옳은 것을 보기 에서 모두 고르면?

> **보기**
> ㄱ. 역사상 최초로 원자 폭탄이 사용되었다.
> ㄴ. 무제한 잠수함 작전 이후 미국이 참전하였다.
> ㄷ. 탱크, 독가스 등의 신무기가 처음으로 등장하였다.
> ㄹ. 소련이 스탈린그라드 전투에서 독일을 물리쳤다.

① ㄱ, ㄷ 　② ㄱ, ㄹ 　③ ㄴ, ㄹ
④ ㄴ, ㄷ, ㄹ 　⑤ ㄱ, ㄴ, ㄷ, ㄹ

[14-15] 다음 자료를 보고 물음에 답하시오.

(가)	(나)	(다)	(라)	(마)
만주 사변	미드웨이 해전	이탈리아 항복	히로시마 원자 폭탄 투하	

14 다음 사건이 일어난 시기를 연표에서 옳게 고르면?

① (가) 　② (나) 　③ (다) 　④ (라) 　⑤ (마)

15 (다) 시기에 일어난 일로 옳은 것은?
① 독일이 폴란드를 침공하였다.
② 일본이 무조건 항복을 선언하였다.
③ 독일이 점령하고 있던 파리가 해방되었다.
④ 소련이 스탈린그라드 전투에서 승리하였다.
⑤ 독일이 불가침 조약을 어기고 소련을 공격하였다.

16 다음 (가), (나) 국제기구에 대한 설명으로 옳은 것은?

> (가) 미국 대통령 윌슨이 제안한 14개조 평화 원칙의 결과로 창설되었다. 프랑스, 영국, 이탈리아, 일본 등이 상임 이사국으로 참여하였다.
> (나) 국제 평화 유지 기능을 안전 보장 이사회가 가지게 하였다. 강대국의 영향력이 지나치게 크다는 문제가 있다.

① (가): 대서양 헌장을 이념적 바탕으로 한다.
② (가): 평화 유지군을 두어 군사력을 갖추었다.
③ (나): 제2차 세계 대전 이후 창설되었다.
④ (나): 독일, 일본, 이탈리아가 중도 탈퇴하였다.
⑤ (가), (나): 미국이 의회의 반대로 참여하지 못하였다.

17 다음 ㉠에 들어갈 내용으로 옳은 것은?

> 제1차 세계 대전 이후 각국은 평화 유지를 위한 노력을 계속하였다. 특히 프랑스와 미국이 중심이 되어 전쟁을 국가 정책 수단으로 삼지 않겠다는 (㉠)을/를 제안하였다.

① 얄타 회담 　② 워싱턴 회의
③ 포츠담 회담 　④ 로카르노 조약
⑤ 켈로그·브리앙 조약

18 제2차 세계 대전 당시 일어난 전쟁 범죄로 옳은 것을 보기 에서 모두 고르면?

> **보기**
> ㄱ. 난징 대학살 　ㄴ. 일본군 '위안부'
> ㄷ. 피의 일요일 사건 　ㄹ. 카틴 숲 학살 사건

① ㄱ, ㄴ 　② ㄱ, ㄷ 　③ ㄴ, ㄷ
④ ㄴ, ㄹ 　⑤ ㄷ, ㄹ

19 다음 밑줄 친 ㉠에 해당하는 운동으로 옳은 것은?

하

> 칭다오를 돌려주고 중국과 일본 사이의 밀약이나 군사 협정뿐만 아니라 기타 불평등 조약까지 취소한 것이 바로 공리이고 정의입니다. …… ㉠ 조선에서는 독립을 꾀하면서 "독립이 아니면 차라리 죽음을 달라."라고 외쳤습니다.
>
> – 베이징 학생계 선언(1919)

① 3·1 운동
② 5·4 운동
③ 신문화 운동
④ 제2차 국공 합작
⑤ 비폭력·불복종 운동

20 인도의 민족 운동에 대한 설명으로 옳은 것을 보기 에서 모두 고르면?

중

> 보기
> ㄱ. 간디와 네루 등이 주도하였다.
> ㄴ. 식민 통치를 강화한 영국에 저항하였다.
> ㄷ. 자치권을 인정받은 후에는 반영 운동이 지속되지 않았다.
> ㄹ. 간디는 국산품을 애용하고 외국 상품을 불매하는 등 비폭력·불복종 운동을 전개하였다.

① ㄱ, ㄴ
② ㄴ, ㄷ
③ ㄴ, ㄹ
④ ㄱ, ㄴ, ㄷ
⑤ ㄱ, ㄴ, ㄹ

21 다음 밑줄 친 ㉠~㉤ 중 옳지 않은 것은?

중

> 제1차 세계 대전 이후 동남아시아에서도 민족 운동이 확산되었다. ㉠ 프랑스의 지배를 받던 베트남에서는 ㉡ 호찌민이 이끄는 공산당이 대대적인 독립 전쟁을 준비하였다. ㉢ 네덜란드의 지배를 받던 인도네시아는 ㉣ 수카르노의 국민당을 중심으로 민족 운동을 전개하였다. 필리핀은 지속적인 민족 운동을 전개하여 ㉤ 에스파냐로부터 자치를 인정받았다.

① ㉠
② ㉡
③ ㉢
④ ㉣
⑤ ㉤

22 다음에서 설명하는 회의를 쓰시오.

> • 제1차 세계 대전 이후 혼란을 수습하기 위해 개최하였다.
> • 미국 대통령 윌슨이 제안한 14개조 평화 원칙을 채택하였다.

23 다음 자료와 관련된 국제기구를 쓰시오.

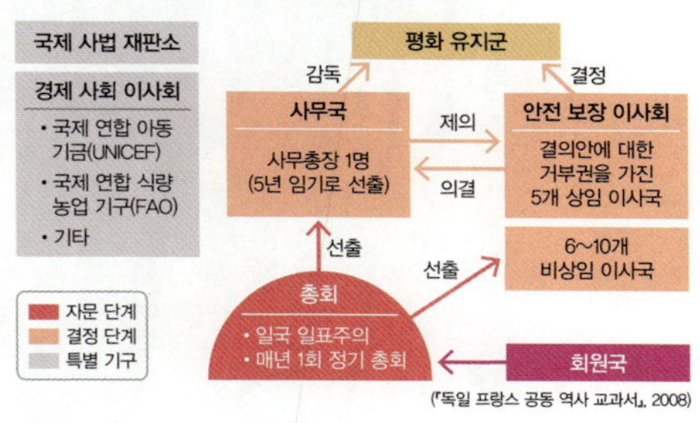

24 다음 글을 읽고 물음에 답하시오.

> • 다른 사람을 해치지 말 것
> • 몽둥이를 쓰거나 욕설과 폭력을 사용하지 말 것
> • 시장이나 상점을 약탈하지 말 것
> • 적에게 친절함으로써 영향을 줄 것
> • 물리력을 사용하거나 물 공급을 중단하지 말 것
> • 각자가 물레를 돌리고 외국산 옷감을 입지 말 것
>
> – (㉠)의 행동 강령(1921)

(1) ㉠에 들어갈 인물을 쓰시오.

(2) ㉠ 인물이 전개한 민족 운동의 내용을 한 가지 서술하시오.

VII

현대 세계의 전개와 과제

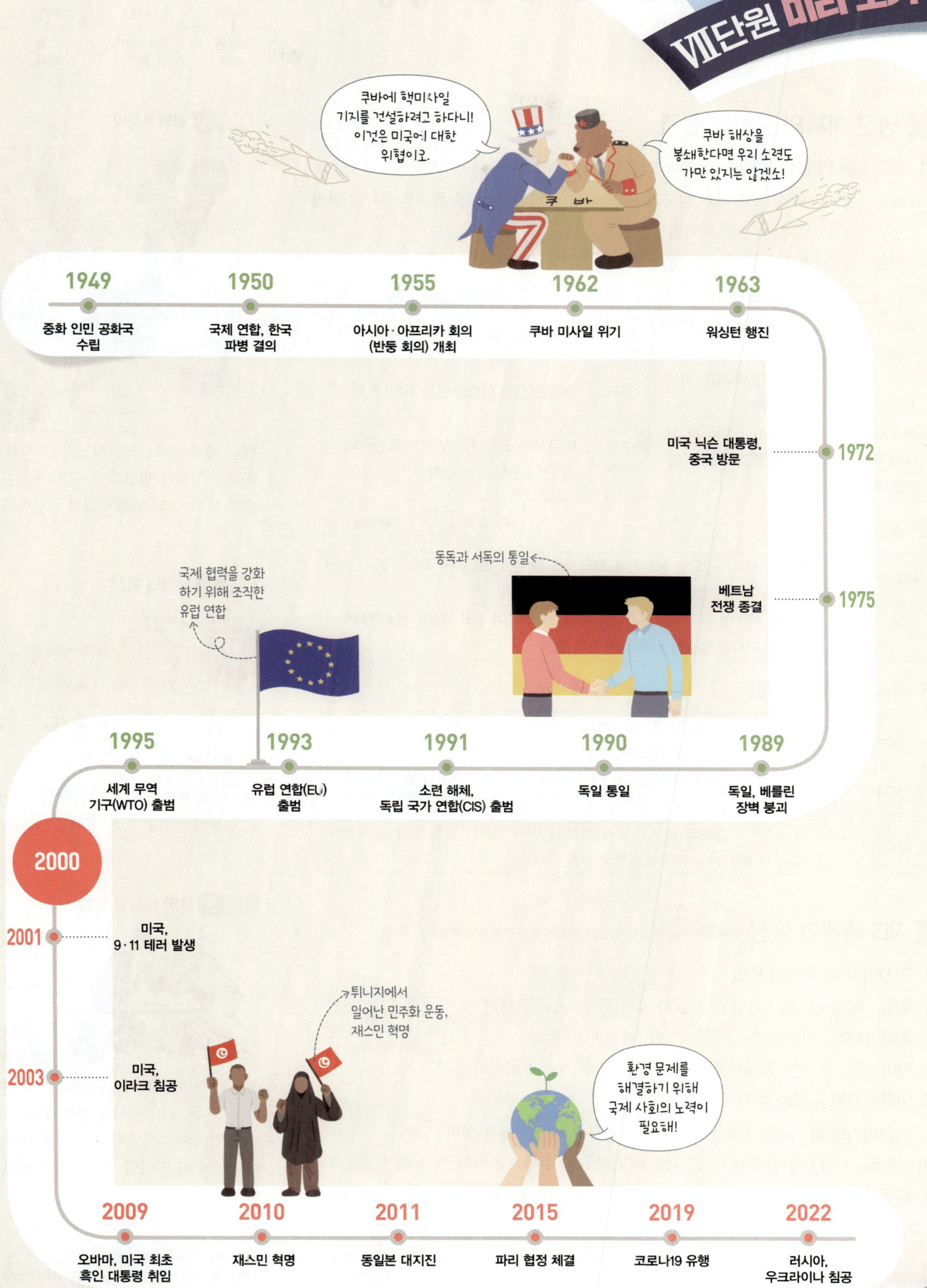
쿠바에 핵미사일 기지를 건설하려고 하다니! 이것은 미국에 대한 위협이고.
쿠바 해상을 봉쇄한다면 우리 소련도 가만 있지는 않겠소!
쿠 바
1949
중화 인민 공화국 수립
1950
국제 연합, 한국 파병 결의
1955
아시아·아프리카 회의 (반둥 회의) 개최
1962
쿠바 미사일 위기
1963
워싱턴 행진
미국 닉슨 대통령, 중국 방문
1972
동독과 서독의 통일
베트남 전쟁 종결
1975
국제 협력을 강화하기 위해 조직한 유럽 연합
1995
세계 무역 기구(WTO) 출범
1993
유럽 연합(EU) 출범
1991
소련 해체, 독립 국가 연합(CIS) 출범
1990
독일 통일
1989
독일, 베를린 장벽 붕괴
2000
2001
미국, 9·11 테러 발생
2003
미국, 이라크 침공
튀니지에서 일어난 민주화 운동, 재스민 혁명
환경 문제를 해결하기 위해 국제 사회의 노력이 필요해!
2009
오바마, 미국 최초 흑인 대통령 취임
2010
재스민 혁명
2011
동일본 대지진
2015
파리 협정 체결
2019
코로나19 유행
2022
러시아, 우크라이나 침공

01 냉전 체제와 제3 세계의 형성

1948년	1962년	1991년	1993년
베를린 봉쇄	쿠바 미사일 위기	소련 해체	유럽 연합(EU) 출범

1 냉전 체제의 형성과 전개

자료 1 **1 냉전 체제의 형성** **출제tip** 자본주의 진영과 공산주의 진영을 비교하는 문제가 자주 출제

(1) **배경** 제2차 세계 대전 이후 미국과 소련의 영향력 확대, 동유럽 지역에서 소련의 영향으로 공산주의 정권이 세워짐

(2) **형성** 자본주의 ❶진영(미국 중심)과 공산주의 진영(소련 중심)이 대립

자본주의 진영(미국)	구분	공산주의 진영(소련)
트루먼 독트린(공산주의의 확대를 막겠다는 선언)	정치	코민포름(공산당 정보국) 결성
마셜 계획(공산주의 확대 저지를 위해 서유럽의 경제를 지원) 수립	경제	코메콘(경제 상호 ❷원조 회의) 조직
북대서양 조약 기구(NATO): 미국과 서유럽 국가가 상호 군사 원조와 집단 방어를 위해 결성	군사 기구	바르샤바 조약 기구(WTO): 공산주의 국가 간의 군사 동맹 강화

자료 2 **2 냉전의 확산** **♥ 교과서 비교** 쿠바 미사일 위기 해냄은 다루지 않음

베를린 ❸봉쇄	소련이 서베를린으로 통하는 도로와 철도를 봉쇄(1948) ➡ 독일의 동서 분단 ➡ 베를린 장벽 설치(1961)
자료 3 쿠바 미사일 위기	소련이 쿠바에 핵미사일 기지 건설 시도 ➡ 미국이 쿠바 해상을 봉쇄(1962) ➡ 소련이 미사일 철수를 약속하며 위기 해소

3 아시아로 확산된 냉전

중국	국민당과 공산당의 내전 발생(국공 내전) ➡ 공산당 승리 ➡ 중화 인민 공화국 수립 ➡ 중국 국민당 정부는 타이완으로 이동
한국	남북 분단 ➡ 북한의 기습 남침으로 6·25 전쟁 발발 ➡ 유엔군과 중국군이 개입하며 국제전의 양상을 보임
베트남	프랑스로부터 독립한 후 호찌민이 이끄는 북부의 공산주의 정권과 남부의 반공 정권으로 분열되었어. 북부의 공산주의 정권과 남부의 반공 정권 대립 ➡ 베트남 전쟁 발발 ➡ 북베트남의 승리 ➡ 베트남 사회주의 공화국 수립

2 제3 세계의 등장 **출제tip** 인도가 분리 독립한 배경을 묻는 문제가 자주 출제

1 아시아 여러 국가의 독립

(1) **인도** 영국으로부터 독립 ➡ 종교적 차이로 파키스탄과 분리 — 힌두교도가 많은 인도와 이슬람교도가 많은 파키스탄으로 분리되었어.

(2) **동남아시아** 인도네시아, 말레이시아, 필리핀 등 독립

(3) **서아시아** 시리아·요르단 등 독립, 팔레스타인 지역에 이스라엘 건국 — 이스라엘이 건국되면서 아랍인과 유대인 간의 분쟁이 심화되었고, 중동 전쟁이 발발하였어.

2 아프리카의 새로운 국가 건설 — 리비아의 독립(1951) 이후 아프리카의 많은 국가가 독립하였어.

(1) **'아프리카의 해'** 1960년에 아프리카의 17개국이 독립한 해를 의미

(2) **이집트** 나세르가 왕정 폐지, 공화정 수립(1952) ➡ 수에즈 운하의 ❹국유화 선포(1956)

(3) **알제리** 8년에 걸친 전쟁 끝에 프랑스로부터 독립(1962) **♥ 교과서 비교** 이집트의 독립 리베르, 천재, 해냄은 다루지 않음

용어풀이

❶ 진영(陣─늘어놓다, 營─만들다): 정치적·사회적·경제적으로 구분된 서로 대립하는 세력의 어느 한쪽

❷ 원조(援─돕다, 助─돕다): 물품이나 돈 등으로 도와줌

❸ 봉쇄(封─봉하다, 鎖─잠그다): 굳게 막아 버리거나 잠금

❹ 국유화(國─나라, 有─소유, 化─되다): 나라의 소유가 됨

❺ 장막(帳─천막, 幕─막): 어떠한 사실이나 현상을 보이지 않게 가리는 사물을 비유적으로 이르는 말

❻ 배타(排─물리치다, 他─다른 사람): 남을 배척함

자료 1 철의 ❺장막

냉전 체제가 확산되면서 소련은 폐쇄적이고 ❻배타적인 정책을 펼쳤다. 영국의 처칠은 이러한 모습을 보고 '철의 장막'이라고 표현하였다.

자료 2 냉전의 확산

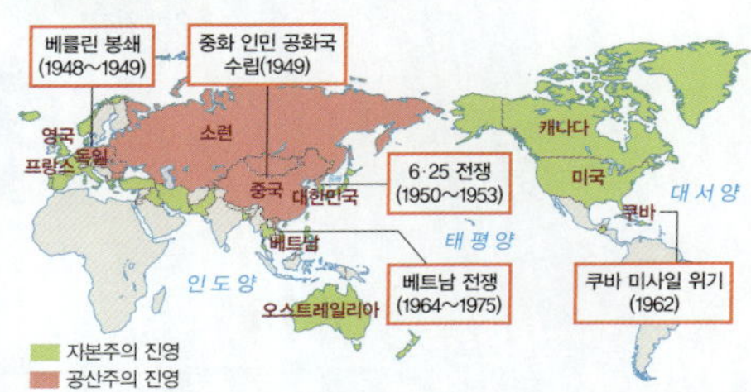

냉전이 확산되면서 아시아에서는 냉전이 무력으로 충돌하는 열전으로 나타나기도 하였다.

자료 3 쿠바 미사일 위기

◀ 쿠바 미사일 위기 상황 풍자화

소련이 쿠바에 핵미사일 기지를 건설하려고 하자, 미국은 쿠바 해상을 봉쇄하였다. 이에 미국과 소련이 대치하면서 국제적 긴장이 높아졌다. 이후 소련이 미사일 철수를 약속하면서 위기가 해소되었다.

3 제3 세계의 등장과 비동맹 중립 ❶노선 출제tip 제3 세계와 관련된 문제가 자주 출제

(1) 형성 자본주의 진영과 공산주의 진영 모두에 속하지 않는 비동맹 ❷중립주의를 내세운 국가들이 제3 세계 형성

(2) 형성 과정

♥ 교과서 비교 | 제1차 비동맹 회의
미래엔, 비상, 해냄 지학 | 다루지 않음
 | 제1차 비동맹 정상 회담

자료 4 평화 5원칙	아시아·아프리카 회의 (반둥 회의)	제1차 비동맹 회의
인도의 네루와 중국의 저우언라이가 발표	29개국 대표가 모여 **평화 10원칙** 발표	미국 및 소련과 동맹을 맺지 않은 국가 간 결속 강화

3 냉전 체제의 완화와 사회주의 체제의 변화

1 냉전 체제의 완화 출제tip 냉전 체제가 완화된 배경을 묻는 문제가 자주 출제

(1) 배경 ─ 제3 세계의 등장, 서독과 일본의 경제 성장 등으로 미국과 소련 중심의 양극 체제에서 다극 체제로 변해 갔어.

자본주의 진영	• 프랑스: 북대서양 조약 기구(NATO) 탈퇴 • 미국: 베트남 전쟁에서 어려움을 겪음
공산주의 진영	• 중국: 소련과 이념 논쟁, 국경 분쟁 등으로 독자 노선 추구 • 동유럽 일부 국가: 독자 노선 추구

자료 5 **(2) 전개** 미국의 닉슨 독트린 발표(1969), 베트남 전쟁에서 미군 철수, 중국과 ❸국교 정상화, 소련과 전략 무기 제한 협정(SALT) 체결 ➡ 냉전 체제 완화
└ 유럽에서는 동독과 서독이 국제 연합에 동시 가입하였고, 소련과 서독이 불가침 협정을 맺었어.

자료 6 **2 소련의 해체** ♥ 교과서 비교 | 몰타 회담
리베르, 미래엔, 비상만 다룸

배경	• 고르바초프의 정책: 개혁(페레스트로이카)과 개방(글라스노스트) 주장 • 몰타 회담(1989): 냉전 종식 선언 └ 시장 원리를 수용하고 정치 민주화를 추진하였어.
전개	소련 내 각 공화국에서 독립 추진 ➡ **독립 국가 연합**(CIS) 결성(1991), 소련 해체

3 동유럽 사회주의 정권의 붕괴 ♥ 교과서 비교 | 폴란드의 자유 노조
동아, 리베르, 지학, 해냄만 다룸

폴란드	바웬사가 이끄는 자유 노조가 선거를 통해 정권을 잡고 개혁 실시
독일	베를린 장벽 붕괴, 동독과 서독 통일(1990)

4 중국의 변화 ─ 인민공사를 설립하여 농촌 집단화를 추진하였어. ─ 마오쩌둥의 사상을 강조하고 중국의 전통문화와 자본주의를 부정하던 운동이야.

(1) 마오쩌둥 ❹대약진 운동 실패 ➡ **문화 대혁명**으로 정치적 위기 극복 시도

(2) 덩샤오핑 개혁·개방 정책 실시 ➡ 급속한 경제 성장 이룩

(3) 톈안먼 사건 정치 민주화를 요구하는 시위 발생 ➡ 중국 정부의 무력 진압
"검은 고양이든 흰 고양이든 쥐만 잘 잡으면 된다(흑묘백묘)."라고 주장하였어.

♥ 교과서 비교 | 톈안먼 사건
비상 | VII-02에서 다룸
동아 | 다루지 않음

4 유럽 연합과 경제 통합

1 유럽 연합의 성립 ─ 1952년 프랑스의 제의로 창립된 유럽 석탄 철강 공동체(ECSC)가 유럽 연합의 토대가 되었어.

♥ 교과서 비교 | 유럽 연합 성립
해냄만 VI-03에서 다룸

배경	제2차 세계 대전 이후 유럽의 경제 협력과 평화를 위해 국가 간 통합 추진
전개	• 유럽 연합에 관한 조약(마스트리흐트 조약)을 바탕으로 출범 • 단일 ❺통화(유로화) 사용, 유럽 의회를 중심으로 경제·정치 통합 추구

자료 7 **2 경제 통합의 움직임** 냉전 체제 완화 이후 지역별 경제 협력체를 구성하여 상호 국제 협력 강화

자료 4 **평화 10원칙**

1. 기본적 인권과 국제 연합 헌장 존중
2. 주권과 영토 보전 존중
4. 내정 불간섭
6. 강대국에 유리한 집단 방위 배제
8. 국제 분쟁의 평화적 해결
10. 정의와 국제 의무 존중

자료 5 **닉슨 독트린**

• 미국은 앞으로 베트남 전쟁과 같은 군사적 개입을 피한다.
• 미국은 강대국의 핵 위협을 제외한 내란이나 침략인 경우 아시아 각국이 스스로 협력하여 그에 대처하기를 바란다.
• 미국은 '태평양 국가'로서 그 지역에서 중요한 역할을 계속하지만 직접적·군사적·정치적 과잉은 개입하지 않는다.

미국의 닉슨 대통령은 앞으로 베트남 전쟁과 같이 아시아에서 일어나는 전쟁에 군사 개입을 자제하겠다고 선언하였다(닉슨 독트린).

자료 6 **소련의 해체와 동유럽의 변화**

소련의 영향력이 약해지자 동유럽 국가에서는 민주화 운동이 활발히 전개되었고, 1989년부터 사회주의 정권이 붕괴되기 시작하였다. 한편 소련 내 공화국에서는 개혁·개방 정책에 자극을 받아 독립의 움직임이 일어났다. 결국 1991년 소련이 해체되고 독립 국가 연합이 결성되었다.

자료 7 **지역별 경제 협력체**

용어 풀이

❶ 노선(路─길, 線─줄): 개인이나 조직이 일정한 목표를 실현하기 위해 지향하는 견해의 방향이나 행동 방침

❷ 중립(中─가운데, 立─서다)주의: 대립하는 국가의 어느 쪽에도 가담하지 않을 것을 원칙으로 하는 외교 정책

❸ 국교(國─나라, 交─사귀다): 국가 간에 맺는 외교 관례

❹ 대약진(大─크다, 躍─뛰다, 進─나아가다): 중국이 경제 고도성장을 목표로 전개한 대중 운동

❺ 통화(通─통하다, 貨─재화): 유통 수단이나 지불 수단으로서 기능하는 화폐

01 다음 ㉠, ㉡에 들어갈 말을 쓰시오.

구분	자본주의 진영	(㉠) 진영
국가	미국 중심	소련 중심
경제	마셜 계획 수립	코메콘 조직
군사	(㉡)	바르샤바 조약 기구(WTO)

㉠ ____________________　　㉡ ____________________

02 다음 빈칸에 들어갈 말을 쓰시오.

(1) 미국은 (　　　　　　)을/를 발표하여 공산주의 세력의 팽창을 막겠다고 선언하였다.

(2) 1961년 베를린을 동서로 나누는 (　　　　　　)이/가 설치되었다.

(3) (　　　　　　)은/는 소련이 쿠바에 핵미사일 기지를 건설하려고 하자, 미국이 쿠바 해상을 봉쇄하면서 국제적 긴장이 높아진 사건을 말한다.

03 다음 설명이 맞으면 ○표, 틀리면 ×표 하시오.

(1) 미국이 지원한 남베트남 정부가 베트남 전쟁에서 승리하였다. (　　)

(2) 중국에서는 공산당이 국민당과의 내전에서 승리하여 중화 인민 공화국을 수립하였다. (　　)

(3) 한국은 냉전의 영향으로 남과 북으로 분단되었고, 북한의 기습 남침으로 6·25 전쟁이 발발하였다. (　　)

04 다음 중 알맞은 말에 ○표 하시오.

(1) 미국은 아시아의 전쟁에 개입하지 않겠다는 외교 원칙을 담은 (닉슨 독트린, 트루먼 독트린)을 발표하였다.

(2) (제3 세계, 유럽 연합)은/는 자본주의 진영과 공산주의 진영 어디에도 속하지 않고 비동맹 중립주의 노선을 표방한 국가들을 말한다.

05 다음 설명에 해당하는 인물을 보기 에서 골라 기호를 쓰시오.

> **보기**
> ㄱ. 마오쩌둥　　ㄴ. 덩샤오핑　　ㄷ. 고르바초프

(1) 중국의 개혁·개방 정책 (　　)
(2) 대약진 운동, 문화 대혁명 (　　)
(3) 개혁(페레스트로이카)과 개방(글라스노스트) (　　)

01 냉전 체제에 대한 설명으로 옳은 것을 보기 에서 모두 고르면?

중

> **보기**
> ㄱ. 제2차 세계 대전 이후 형성되었다.
> ㄴ. 아시아에서는 냉전으로 군사적 충돌이 발생하였다.
> ㄷ. 중화 인민 공화국이 수립되면서 냉전 체제가 완화되었다.
> ㄹ. 미국 중심의 자본주의 진영과 소련 중심의 공산주의 진영이 대립하는 경쟁 체제이다.

① ㄱ, ㄴ　　② ㄴ, ㄷ　　③ ㄴ, ㄹ
④ ㄱ, ㄴ, ㄹ　　⑤ ㄱ, ㄷ, ㄹ

중요

02 다음 (가), (나)에 들어갈 나라에 대한 설명으로 가장 적절한 것은?

상

① (가): 코메콘을 조직하였다.
② (가): 공산주의 진영에 해당한다.
③ (나): 트루먼 독트린을 발표하였다.
④ (나): 서베를린으로 통하는 도로와 철도를 봉쇄하였다.
⑤ (가), (나): 동유럽의 공산주의 정권 수립에 영향을 끼쳤다.

같은 주제 다른 문제

02-1 (나)와 관련 있는 기구로 옳은 것을 보기 에서 모두 고르면?

하

> **보기**
> ㄱ. 코메콘　　　　　　ㄴ. 북미 자유 무역 협정
> ㄷ. 바르샤바 조약 기구　　ㄹ. 북대서양 조약 기구

① ㄱ, ㄴ　　② ㄱ, ㄷ　　③ ㄴ, ㄷ
④ ㄴ, ㄹ　　⑤ ㄷ, ㄹ

03 다음 연설과 관련된 미국의 정책에 대한 설명으로 옳은 것은?

① 개혁 · 개방 정책을 펼쳤다.
② 닉슨 독트린을 발표하였다.
③ 베를린 장벽을 설치하였다.
④ 서유럽에 경제 원조를 제공하였다.
⑤ 경제 상호 원조 회의인 코메콘을 조직하였다.

04 다음에서 설명하는 사건이 일어난 배경으로 가장 적절한 것은?

1961년 베를린을 동서로 나누는 베를린 장벽이 설치되었다. 이 장벽은 냉전의 상징이 되었다.

① 베를린이 봉쇄되었다.
② 소련이 코민테른을 조직하였다.
③ 중국이 독자 노선을 추구하였다.
④ 미국이 쿠바 해상을 봉쇄하였다.
⑤ 미국과 소련이 전략 무기 제한 협정을 체결하였다.

05 다음 밑줄 친 ㉠에 해당하는 사례로 옳지 <u>않은</u> 것은?

① 베트남 전쟁에 미국이 참전하였다.
② 유엔군과 중국군이 6 · 25 전쟁에 참전하였다.
③ 중국에서 국민당과 공산당의 내전이 일어났다.
④ 소련의 지원을 받은 북한이 기습 남침을 하였다.
⑤ 소련이 공산주의 국가의 경제 상호 원조 회의를 조직하였다.

06 다음 (가)~(마)에 들어갈 사건에 대한 설명으로 옳지 <u>않은</u> 것은?

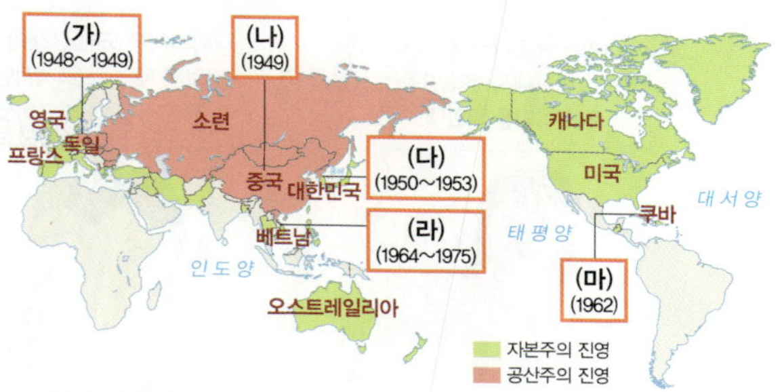

▲ 냉전 체제의 확산

① (가): 소련이 서베를린으로 통하는 도로와 철도를 봉쇄하였다.
② (나): 국공 내전에서 공산당이 승리하였고, 이후 중화 인민 공화국이 수립되었다.
③ (다): 북한의 기습 남침으로 전쟁이 발발하였다.
④ (라): 미국이 남베트남 정부를 지원하면서 국제전으로 확대되었다.
⑤ (마): 미국이 쿠바 해상을 봉쇄하였고, 이를 계기로 전쟁이 발발하였다.

07 다음 밑줄 친 ㉠~㉤ 중 옳지 <u>않은</u> 것은?

역사 필기 노트

아시아 · 아프리카 여러 나라의 독립

1. **인도**: ㉠ 종교 차이로 파키스탄과 분리 독립
2. **팔레스타인 지역**: ㉡ 이스라엘 건국으로 아랍인과 유대인 간 분쟁 심화
3. **'아프리카의 해'**: ㉢ 1960년 아프리카 17개국이 독립한 해
4. **이집트**: ㉣ 나세르가 왕정 수립
5. **알제리**: ㉤ 프랑스로부터 독립

① ㉠   ② ㉡   ③ ㉢   ④ ㉣   ⑤ ㉤

08 다음 ㉠에 들어갈 말로 옳은 것은?

미국 중심의 자본주의 진영과 소련 중심의 공산주의 진영 어디에도 가담하지 않은 비동맹 중립주의를 내세운 국가를 (㉠)(이)라 한다.

① 제3 세계   ② 유럽 연합
③ 독립 국가 연합   ④ 북대서양 조약 기구
⑤ 아시아 · 태평양 경제 협력체

09 다음 ㉠에 들어갈 원칙에 대한 설명으로 옳은 것은?

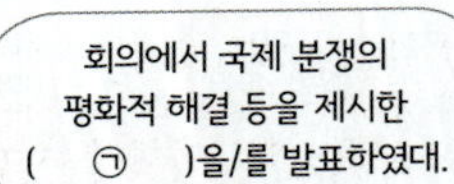

① 베르사유 체제를 비판하였다.
② 국제 연맹 탈퇴를 주장하였다.
③ 냉전 체제가 완화되는 과정에 영향을 주었다.
④ 민족 자결주의, 국제기구 창설 등의 내용을 담은 원칙이다.
⑤ 인도의 네루, 중국의 저우언라이가 발표한 평화 5원칙이다.

10 다음 선언이 발표된 시기를 연표에서 옳게 고르면?

- 미국은 앞으로 베트남 전쟁과 같은 군사적 개입을 피한다.
- 미국은 강대국의 핵 위협을 제외한 내란이나 침략인 경우 아시아 각국이 스스로 협력하여 그에 대처하기를 바란다.

(가)	(나)	(다)	(라)	(마)
마셜 계획 수립	베를린 장벽 설치	소련 해체	유럽 연합 출범	

① (가)　② (나)　③ (다)　④ (라)　⑤ (마)

10-1 위 선언 이후 변화된 미국의 정책으로 옳지 <u>않은</u> 것은?

① 6·25 전쟁에 참전하였다.
② 중국과 국교를 정상화하였다.
③ 베트남 전쟁에서 군대를 철수하였다.
④ 소련과 전략 무기 제한 협상을 벌였다.
⑤ 미국의 닉슨 대통령이 중국을 방문하였다.

11 다음 주장을 한 인물에 대한 설명으로 옳은 것은?

　페레스트로이카 정책은 소련과 같은 국가가 새로운 질적 상태로의 전환, 즉 권위주의적이고 관료주의적인 체제에서 벗어나 인간적이고 민주적인 사회로 평화롭게 이행하는 유일한 길이라고 생각합니다.

① 문화 대혁명을 일으켰다.
② 대약진 운동을 전개하였다.
③ 닉슨 독트린을 발표하였다.
④ 몰타 회담을 열어 냉전 종식을 공식 선언하였다.
⑤ 흑묘백묘론을 내세워 자본주의 시장 경제 원리의 도입을 주장하였다.

12 다음 지도를 통해 알 수 있는 내용으로 옳은 것을 보기 에서 모두 고르면?

보기

ㄱ. 냉전 체제가 심화되었다.
ㄴ. 베를린 장벽이 붕괴되었다.
ㄷ. 동유럽 사회주의 정권이 붕괴되었다.
ㄹ. 소련이 해체되고 독립 국가 연합이 결성되었다.

① ㄱ, ㄴ　② ㄴ, ㄷ　③ ㄴ, ㄹ
④ ㄱ, ㄴ, ㄹ　⑤ ㄴ, ㄷ, ㄹ

13 다음 조약에 따라 출범한 지역별 경제 협력체로 옳은 것은?

1. 역내에 장벽이 없는 영역을 창조하고 경제 및 사회의 일체성을 강화하고 궁극적으로는 단일 통화를 포함하여 경제 통화 연합을 달성할 것
2. 최종적으로 공통 방위 정책을 형성하는 것을 포함하여 공통 대외 정책·안전 보장 정책을 특별히 실시함으로써 국제 무대에서 스스로의 정체성을 주장할 것

① 유럽 연합
② 아프리카 연합
③ 북미 자유 무역 협정
④ 동남아시아 국가 연합
⑤ 아시아·태평양 경제 협력체

01 다음에서 설명하는 용어를 쓰시오.

> 제2차 세계 대전 이후 자본주의 진영과 공산주의 진영이 직접적인 무력 사용을 피하고, 경제·외교·정보 등의 분야에서 대립하였던 경쟁 체제를 말한다.

---

02 다음 ㉠, ㉡에 들어갈 사건을 쓰시오.

> - (㉠): 1948년 미국, 영국, 프랑스가 독일의 서베를린 지역을 통합하자, 동베를린을 점령하고 있던 소련이 서베를린으로 통하는 도로와 철도를 봉쇄한 사건이다.
> - (㉡): 소련이 쿠바에 핵미사일 기지를 건설하려고 하자, 미국이 쿠바 해상을 봉쇄하면서 미국과 소련이 대치한 사건이다.

㉠ _______________ ㉡ _______________

03 다음 밑줄 친 '열전'에 해당하는 사례를 **세 가지** 서술하시오.

> 냉전의 대결 구도가 세계 곳곳으로 확산되면서 아시아에서는 냉전이 무력으로 충돌하는 <u>열전</u>으로 나타나기도 하였다.

---

04 다음 글을 읽고 물음에 답하시오.

> **〈미국의 대표적인 외교 선언〉**
>
> (가) 오늘날 전 세계의 거의 모든 나라는 자본주의 방식과 공산주의 방식 중 하나를 선택해야 합니다. 모든 민족이 자유로운 상황에서 스스로 결정할 수 있도록 미국이 도울 것입니다.
> (나) 미국은 '태평양 국가'로서 그 지역에서 중요한 역할을 계속하지만 직접적·군사적·정치적 과잉 개입은 하지 않는다.

(1) (가), (나)에 해당하는 외교 정책의 명칭을 쓰시오.

(가) _______________ (나) _______________

(2) (나)의 발표로 냉전 체제가 어떻게 변화하였는지 서술하시오.

---

05 다음 글을 읽고 물음에 답하시오.

> **(㉠)의 연설**
>
> 페레스트로이카 정책은 소련과 같은 국가가 새로운 질적 상태로의 전환, 즉 권위주의적이고 관료주의적인 체제에서 벗어나 인간적이고 민주적인 사회로 평화롭게 이행하는 유일한 길이라고 생각합니다.

(1) ㉠에 들어갈 인물을 쓰시오.

---

(2) 위 연설에 나타난 정책을 실시한 목적을 서술하시오.

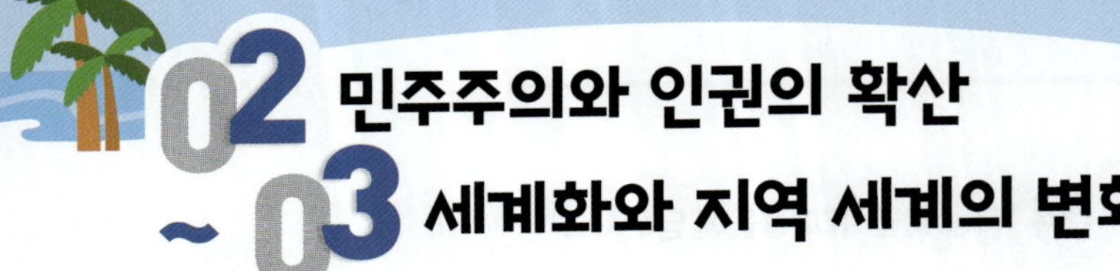

02~03 민주주의와 인권의 확산 / 세계화와 지역 세계의 변화

1 민권의 신장과 여성 운동

— 기존 체제에서 벗어나 자유를 추구하는 운동을 '탈권위주의 운동'이라고 해. 탈권위주의 운동은 민권 운동, 여성 운동, 반전 평화 운동 등 다양한 형태로 나타났어.

1 민권의 신장

(1) **배경** 대중 교육의 확산에 따른 시민 의식의 성장, 자본주의 체제에 대한 반감 ➡ 자유와 평등을 추구하는 다양한 사회 운동 전개

(2) **흑인 민권 운동**

— 로자 파크스라는 흑인 여성이 시내 버스에서 백인 승객에게 자리를 양보하지 않았다는 이유로 체포된 사건을 계기로 시작되었어.

— 미국에는 흑인 차별을 규정한 법인 '짐 크로법'(1876~1965)이 있었어.

미국	• 전개: 몽고메리시 버스 보이콧 운동, **마틴 루서 킹**이 흑인에 대한 인종 차별에 맞서 저항 운동 주도 • 영향: 인종 차별을 불법으로 규정하는 「민권법」 제정(1964), 모든 흑인에게 완전한 참정권 보장(1965)
남아프리카 공화국	• 전개: 넬슨 만델라가 ❶아파르트헤이트 정책에 맞서 흑인 민권 운동 주도 • 영향: 흑인에 대한 인종 차별을 금지하는 법률 제정

(자료 1)

교과서 비교 넬슨 만델라 / 천재만 다루지 않음

2 여성 운동의 전개

(1) **배경** 두 차례 세계 대전 전후 여성들의 노력으로 남성과 동등한 참정권 획득 ➡ 20세기 후반 여전히 사회 곳곳에 성차별, 성 역할 분리 존재

(2) **전개** 남성 중심 사회 체제에 대한 인식 전환과 현실적 변화를 추구하는 운동 전개

(3) **영향** 영국에서 차별 금지법 통과, 미국에서 여성 평등권 명시한 헌법 개정

2 노동 운동과 노동자의 권리 보호

교과서 비교 노동자의 권리 보호

국제 노동 기구	미래엔, 해냄은 다루지 않음
필라델피아 선언, 와그너법	동아만 다룸
노동 기본 원칙과 권리선언	비상만 다룸

1 노동 운동

(1) **배경** 제2차 세계 대전 이후 노동자들이 경제적·사회적 지위에 대한 인정과 향상 요구 ➡ 다양한 방식으로 노동 운동 전개

(2) **전개** 노동조합 구성, ❷단체 교섭권 등을 이용하여 자신들의 권익 보호를 위해 노력

— 노동 3권(단결권, 단체 교섭권, 단체 행동권)이란 노동자의 인간다운 생활을 보장하기 위해 헌법에 보장된 기본권을 말해.

2 노동자의 권리 보호

국제 노동 기구 (ILO, 1919)	• 베르사유 조약에 근거하여 노동 조건을 개선하기 위한 목적으로 설립 • 필라델피아 선언(1944): 노동 조건 개선과 지위 향상 명시 • 노동 기본 원칙과 권리선언(1998): 노동 기본권 명시
와그너법(1935)	노동자의 ❸단결권, 단체 교섭권 및 단체 협약 인정, 부당 노동 행위 금지

3 반전 평화 운동과 환경 운동

출제 tip 환경 문제 해결을 위한 국제 사회의 노력을 묻는 문제가 자주 출제

반전 평화 운동	• 배경: 제2차 세계 대전 이전부터 전쟁 반대와 평화 수호를 위한 움직임 전개 • 전쟁 반대 운동: 1960년대 후반 베트남 전쟁 반대 시위 등 • 국제 협약 체결: 핵 확산 금지 조약(NPT) 등
환경 운동	• 배경: 산업화와 인구 증가로 전 세계 자원 소비량 및 폐기물 급증 ➡ 생태계 균형 파괴, 지구의 ❹자정 능력 약화 등으로 환경 문제 발생 • 국제 협약 체결: 환경과 개발에 관한 공동 선언(리우 선언), 교토 의정서, 파리 협정 등 • 비정부 기구(NGO)의 활동: 그린피스 등이 다양한 환경 운동 주도

— 미군이 베트남에서 철수하는 데 영향을 끼쳤어.

(자료 2)

용어 풀이

❶ 아파르트헤이트: 인종 분리 정책 실시, 흑인의 참정권 부정 등 남아프리카 공화국의 극단적인 인종 차별 정책

❷ 단체 교섭권(交-서로, 涉-건너다, 權-권리): 노동조합 대표자가 노동 조건의 유지, 개선 또는 노동 협약의 체결에 관하여 직접 교섭할 수 있는 권리

❸ 단결권(團-단체, 結-맺다, 權-권리): 노동자가 노동 조건을 유지 및 개선하기 위하여 단체를 결성하고 이에 가입할 수 있는 권리

❹ 자정(自-스스로, 淨-깨끗하다): 오염된 물이나 땅이 물리적, 화학적, 생물학적 작용으로 저절로 깨끗해짐

자료 1 마틴 루서 킹

나에게는 꿈이 있습니다. 언젠가 이 나라가 모든 인간은 평등하게 태어났다는 것을 자명한 진실로 받아들이고, 그 진정한 의미를 신조로 살아가게 되는 날이 오리라는 꿈입니다.

1963년 워싱턴에서 마틴 루서 킹이 대규모 행진을 이끌며 한 연설이다.

더 알기 다양한 민권 운동

68 운동	프랑스에서 일어난 학생 운동으로, 학생의 자유 제한과 사회 모순에 저항
민주화 운동	한국의 4·19 혁명, 프라하의 봄, 중국의 톈안먼 사건, 튀니지 혁명 등 독재에 맞서 인권을 수호하는 운동 전개

더 알기 베티 프리단

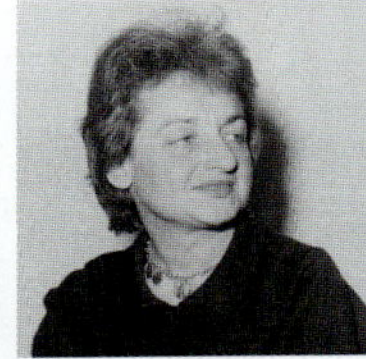

미국의 여성 운동가이다. 여성들이 고정된 성 역할에서 벗어나 사회 활동에 활발하게 참여해야 한다고 주장하였다.

교과서 비교 환경과 개발에 관한 공동 선언(리우 선언)

동아, 지학	환경과 개발에 관한 공동 선언
리베르, 미래엔, 비상	환경과 개발에 관한 리우 선언
해냄	기후 변화 협약
천재	다루지 않음

교과서 비교 파리 협정 / 천재는 파리 기후 협약, 지학은 파리 기후 협정

자료 2 기후 협약 체결

리우 선언 (1992)	지속가능한 발전을 실현하기 위한 협력 방안 협의
교토 의정서 (1997)	산업 국가들의 온실가스 배출량 감축 최초로 협의
파리 협정 (2015)	선진국과 개발 도상국 모두 온실가스 감축 의무 규정

4 세계화의 확산

1 세계화의 전개

(1) **배경**   교통과 통신의 발달 ➡ [1]재화와 서비스, 자본, 노동 등의 이동이 자우로워지는 세계화 확산

(2) **전개**

자유 무역 체제의 확산	• [2]관세 무역 일반 협정(GATT, 1947) 체결: 관세 장벽을 낮춤 • 세계 무역 기구(WTO, 1995) 출범 • 세계 여러 나라가 자유 무역 협정(FTA)을 체결하여 무역 장벽을 낮추었음
신자유주의 정책	• 1970년대 두 차례 석유 파동으로 인한 경제 [3]불황으로 정부의 규제 완화와 자유로운 시장 활동을 내세운 정책 펼침 — 미국의 레이건 대통령과 영국의 대처 총리를 중심으로 추진되었어. • 정책 내용: 공공 지출과 복지비 삭감, 국영 기업 [4]민영화, 기업에 대한 각종 규제 완화 • 영향: 신자유주의적 양상을 띤 세계화가 널리 확산

2 세계화에 따른 변화

(1) **다국적 기업 성장**   개발 도상국의 풍부한 노동력과 선진국의 자본 투자·기술 협력을 바탕으로 세계 여러 나라에서 상품을 생산·판매하는 기업 성장

(2) **문화 발전**   다양한 매체를 통해 여러 지역의 문화 공유

(3) **경제 문제**   선진국과 개발 도상국 간의 빈부 격차, 경제의 상호 의존도가 높아짐에 따라 한 나라의 위기가 빠르게 확산

(4) **문화 [5]획일화 현상**   전 세계가 비슷한 생활 양식을 따르며 전통적 가치관과 충돌
└ 대중문화의 발달로 특정 문화가 전 세계에 퍼지면서 문화 획일화 현상이 나타나기도 하였어.

5 세계화에 따른 과제 — 세계화로 경제적 불평등, 문화 획일화 현상 등이 나타나면서 세계화에 반대하는 움직임이 일어나고 있어.

1 빈곤과 질병 문제 — 빈곤과 질병 문제를 해결하기 위해 국제기구인 세계 보건 기구(WHO)를 비롯하여 비정부 기구인 국경 없는 의사회 등이 활발하게 활동하고 있어.

배경	국제 교류의 증가와 세계화의 확산으로 국가 간 빈부 격차 심화
전개	• 선진국이 몰려 있는 북반구와 개발 도상국이 몰려 있는 남반구 간의 경제적 격차 발생(남북문제) • 아프리카와 아시아의 개발 도상국에서 내전, 장기 독재 등 사회 혼란 지속 ➡ 빈곤과 기아, 질병 등의 문제 발생

2 이주민의 증가와 다문화 사회

♥ 교과서비교   남북문제
리베르는 남북 격차, 미래엔은 다루지 않음

배경	종교 갈등이나 내전 등으로 다른 나라로 이동하는 난민 증가
전개	정착한 국가에서 차별이나 인권 침해, 부적응 등의 문제 발생 ➡ 다문화 사회에서의 갈등을 극복하기 위해 개방적 태도와 차별 금지가 필요

3 세계화에 따른 과제 해결을 위한 노력

(1) **지속가능한 발전**   미래 세대의 자원을 낭비하지 않으면서 현재의 필요를 충족하는 발전 방향을 모색해야 함

(2) **적극적 참여**   현대 사회의 과제를 자신의 생활과 관련된 문제로 인식하고 이를 해결하기 위해 적극적으로 참여하는 자세가 필요함

자료 3 세계 무역 기구

현재 세계 무역 기구(WTO) 회원국은 총 164개국이다.

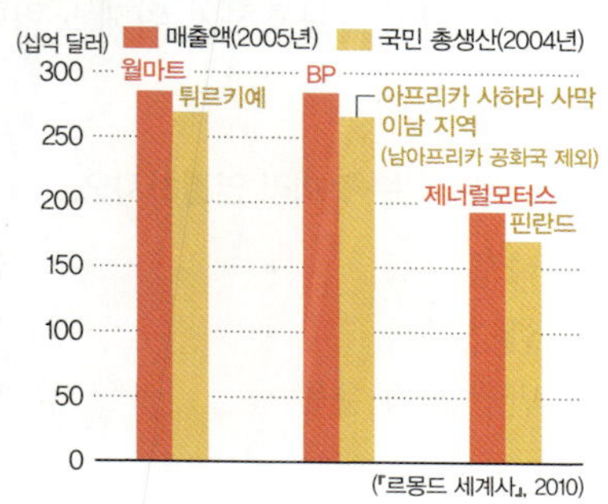

자료 4 다국적 기업의 매출 규모

다국적 기업이란 세계 여러 나라에서 상품을 생산하고 판매하는 기업을 말한다. 다국적 기업의 매출액은 한 국가의 국민 총생산과 비슷하거나 이를 넘어서기도 한다.

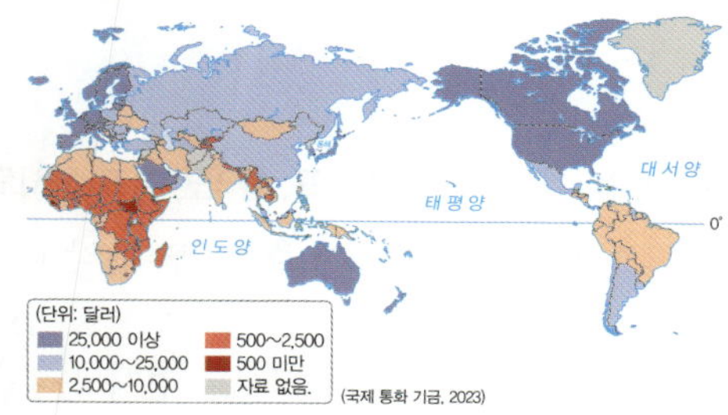

자료 5 남북문제

1인당 국내 총생산이 높은 국가들은 주로 북반구에 몰려 있다.

용어풀이

❶ 재화(財−재물, 貨−재물): 사람이 바라는 바를 만족시키는 형체가 있는 물건. 서비스(용역)에 대비되는 개념

❷ 관세(關−관계하다, 稅−세금): 국내로 들어오는 물건에 매기는 세금. 공항, 항구 등에서 볼 수 있음

❸ 불황(不−아니하다, 況−상황): 경제 활동이 침체되는 상태

❹ 민영화(民−사람, 營−경영하다, 化−되다): 국가에서 운영하던 기업 등을 민간인이 경영하게 함

❺ 획일화(劃−긋다, 一−하나, 化−되다): 모두가 한결같아서 다름이 없게 됨

01 다음 빈칸에 들어갈 말을 쓰시오.

(1) 미국의 (　　　　　)은/는 흑인 차별에 반대하는 운동을 주도하였고, 워싱턴 행진을 이끌었다.

(2) 남아프리카 공화국의 (　　　　　)은/는 아파르트헤이트 정책에 맞서 흑인 민권 운동을 주도하였다.

(3) 미국의 여성 운동가 (　　　　　)은/는 여성들이 고정된 성 역할에서 벗어나야 한다고 주장하였다.

02 다음 중 알맞은 말에 ○표 하시오.

(1) 1919년 베르사유 조약에 근거하여 국제 연맹의 하위 기구로 (국제 노동 기구, 세계 무역 기구)가 설립되었다.

(2) 노동자들은 (단체 교섭권, 재산권) 등을 이용해 자신들의 권익을 보호하기 위해 노력하고 있다.

03 서로 관련 있는 것끼리 연결하시오.

(1) 학생 운동　　　　•　　　　• ㉠ 68 운동
(2) 환경 운동　　　　•　　　　• ㉡ 그린피스
(3) 반전 평화 운동　•　　　　• ㉢ 베트남 전쟁 반대 시위

04 다음 설명과 관련된 용어를 보기 에서 골라 기호를 쓰시오.

보기
ㄱ. 리우 선언　　ㄴ. 교토 의정서　　ㄷ. 파리 협정

(1) 1992년 지속가능한 발전을 위한 협력 방안 논의
(　　　)

(2) 1997년 산업 국가들의 온실가스 배출량 감축 협의
(　　　)

(3) 선진국과 개발 도상국 모두 온실가스 감축 의무 규정
(　　　)

05 다음 설명이 맞으면 ○표, 틀리면 ×표 하시오.

(1) 세계 무역 기구가 출범하면서 각 나라의 시장이 폭넓게 개방되었다.　(　　　)

(2) 1970년대 각 나라에서는 경제 불황을 극복하기 위해 정부의 규제 완화와 자유로운 시장 활동을 내세운 신자유주의 경제 정책을 펼쳤다.　(　　　)

(3) 선진국이 몰려 있는 북반구와 개발 도상국이 몰려 있는 남반구의 경제적 격차는 '동서문제'라고 불리며 국제적 문제로 떠올랐다.　(　　　)

01 다음 (가)에 들어갈 내용으로 옳은 것을 보기 에서 모두 고르면?

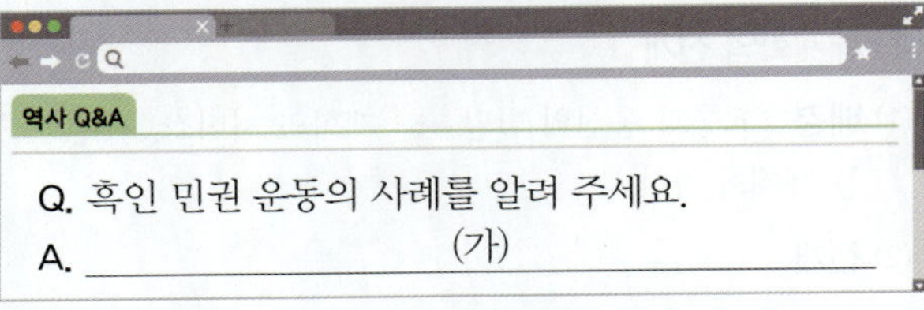

보기
ㄱ. 몽고메리시 버스 승차 거부 운동이 일어났다.
ㄴ. 넬슨 만델라는 아파르트헤이트 정책에 맞섰다.
ㄷ. 인종 차별에 반대하는 워싱턴 행진이 전개되었다.
ㄹ. 베트남 전쟁에 반대하는 시위가 전 세계적으로 일어났다.

① ㄱ, ㄴ　　　② ㄴ, ㄷ　　　③ ㄷ, ㄹ
④ ㄱ, ㄴ, ㄷ　　⑤ ㄴ, ㄷ, ㄹ

같은 주제 다른 문제

01-1 (가)에 들어갈 흑인 민권 운동에 대한 탐구 활동으로 가장 적절한 것은?

① 베티 프리단의 활동을 조사한다.
② 파리 협정의 주요 내용을 찾아본다.
③ 짐 크로 법에 대한 저항 운동을 살펴본다.
④ 국제 노동 기구가 설립된 배경을 알아본다.
⑤ 이라크 전쟁 반대 운동이 일어난 배경을 검색한다.

02 다음 밑줄 친 '나'가 주도한 운동으로 옳은 것은?

　백 년 전, 한 위대한 미국인이 노예 해방령에 서명을 하였습니다. …… 나에게는 꿈이 있습니다. 언젠가 이 나라가 모든 인간은 평등하게 태어났다는 것을 자명한 진실로 받아들이고, 그 진정한 의미를 신조로 살아가게 되는 날이 오리라는 꿈입니다.

① 노동 운동　　　　② 여성 운동
③ 환경 운동　　　　④ 흑인 민권 운동
⑤ 범아프리카 운동

03 다음 (가)에 들어갈 내용으로 옳은 것은?

- **주제:** ＿＿＿＿＿＿＿＿＿ (가) ＿＿＿＿＿＿＿＿＿
- **사례:** 사우디아라비아에서는 여성 운전이 금지되어 있었다. 1990년경부터 사우디아라비아 여성들은 기습적으로 운전하는 등 항의를 하며 여성 운전 허용을 요구해 왔다. 이러한 노력으로 2018년 6월 24일부터 여성 운전이 허용되었다.

① 학생 운동의 전개
② 반전 평화 운동의 전개
③ 노동 운동의 배경과 전개
④ 여성 운동의 전개와 영향
⑤ 환경 문제 해결을 위한 국제 사회의 노력

04 다음에서 설명하는 국제기구로 옳은 것은?

1919년 베르사유 조약에 근거하여 설립된 국제기구이다. 이 단체는 노동 조건을 개선하기 위한 목적으로 세워졌고, 1일 8시간, 1주 48시간 노동을 국제 표준으로 확립하였다.

① 메이데이
② 국제 노동 기구
③ 세계 무역 기구
④ 세계 보건 기구
⑤ 국제 자유 노동조합 연맹

05 다음 밑줄 친 ㉠~㉤ 중 옳지 않은 것은?

역사 필기 노트

20세기 후반 노동 운동의 전개

1. **목적:** ㉠ 노동자의 경제적·사회적 지위 향상
2. **전개:** ㉡ 노동조합 구성, ㉢ 단체 교섭권 등을 이용하여 권익 보호 추구
3. **성과:** ㉣ 파리 협정 체결, 한국에서 ㉤ 근로자의 날 지정

① ㉠　　② ㉡　　③ ㉢　　④ ㉣　　⑤ ㉤

06 다음 ㉠에 들어갈 내용으로 가장 적절한 것은?

1960년대 후반에는 베트남 전쟁에 반대하는 움직임이 세계 곳곳에서 일어났다. 이러한 전 세계적인 반전 평화 운동은 (㉠) 데 영향을 끼쳤다.

① 파리 협정이 체결되는
② 국제 노동 기구가 설립되는
③ 미군이 베트남에서 철수하는
④ 중국의 5·4 운동이 일어나는
⑤ 쿠바 미사일 위기가 해소되는

07 다음 선생님의 질문에 대한 학생의 대답으로 옳은 것은?

① 파리 협정입니다.
② 교토 의정서입니다.
③ 자유 무역 협정입니다.
④ 핵 확산 금지 조약입니다.
⑤ 관세 무역 일반 협정입니다.

08 다음에서 설명하는 현대 세계의 문제로 옳은 것은?

① 남북문제　　　　② 난민 문제
③ 빈곤 문제　　　　④ 질병 문제
⑤ 환경 문제

09 다음 밑줄 친 ㉠, ㉡에 대한 설명으로 옳은 것은?

> 국제 사회는 ㉠ 교토 의정서, ㉡ 파리 협정 등을 체결하며 환경 문제를 해결하기 위해 협력하고 있다.

① ㉠: 한국도 감축 의무에 포함되었다.
② ㉠: 최초로 온실가스 감축 비율을 제시하였다.
③ ㉠: 선진국과 개발 도상국의 구분 없이 의무 감축 대상국을 확대하였다.
④ ㉡: 선진국에만 온실가스 감축 의무를 부여하였다.
⑤ ㉡: 1992년 국제 연합 환경 개발 회의에서 발표되었다.

같은 주제 다른 문제

09-1 다음에서 설명하는 국제 환경 협약으로 옳은 것은?

> • 온실가스 감축의 구체적인 수치 제시
> • 선진국이 개발 도상국의 기후 변화 대처 사업에 지원
> • 한국도 37% 감축안 제시(2030년 전망치 대비)

① 파리 협정
② 교토 의정서
③ 핵 확산 금지 조약
④ 마스트리흐트 조약
⑤ 환경과 개발에 관한 공동 선언(리우 선언)

10 신자유주의 경제 정책에 대한 설명으로 옳지 <u>않은</u> 것은?

① 국영 기업을 민영화하였다.
② 공공 지출과 복지비를 삭감하였다.
③ 기업에 대한 각종 규제를 강화하였다.
④ 미국의 레이건 대통령과 영국의 대처 총리를 중심으로 추진되었다.
⑤ 1970년대 경제 불황에 따른 위기를 극복하기 위해 펼친 정책이다.

11 세계화에 따른 변화 모습으로 옳지 <u>않은</u> 것은?

① 다국적 기업이 등장하였다.
② 경제 상호 의존도가 높아졌다.
③ 문화 획일화 현상이 일어났다.
④ 국가 간 경제적 격차가 줄어들었다.
⑤ 국가 간 장벽이 낮아지면서 세계 시장이 통합되고 있다.

12 다음 지도를 통해 알 수 있는 내용으로 가장 적절한 것은?

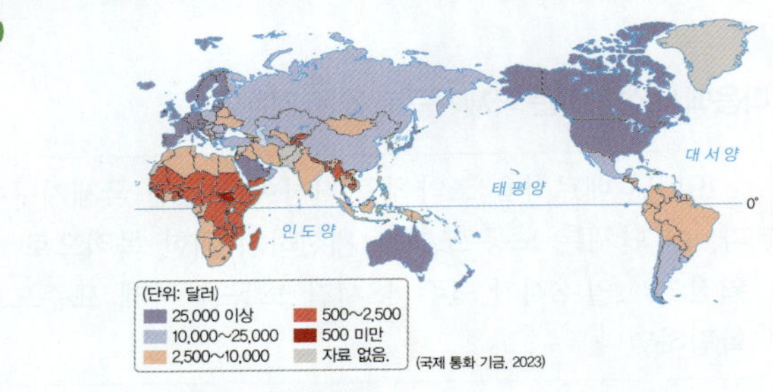

▲ 1인당 국내 총생산

① 핵무기 보유 국가 현황
② 다국적 기업의 분포 현황
③ 지구 온난화 현상의 진행 정도
④ 남반구와 북반구의 경제적 격차
⑤ 세계화로 인한 국가 간 경제 의존도

13 현대 세계의 문제를 해결하기 위한 노력으로 적절하지 <u>않은</u> 것은?

① 자원을 낭비하지 않는다.
② 공동체 의식을 확립한다.
③ 지속가능한 발전을 추구해야 한다.
④ 국가 간 긴밀한 협조 체제를 갖춘다.
⑤ 이념에 따라 진영을 나누는 국제 질서를 확립한다.

▶ 정답 및 해설 17쪽

01 다음 ㉠, ㉡에 들어갈 인물을 쓰시오.

> • (㉠): 미국의 민권 운동가로 백인과 흑인 사이의 차별을 없애기 위해 저항 운동을 이끌었다. 흑인의 권리를 보호하기 위해 워싱턴 행진을 주도하였다.
> • (㉡): 남아프리카 공화국에서 아파르트헤이트 정책에 저항하는 운동을 전개하였다. 이후 대통령으로 선출되기도 하였다.

㉠ _______________   ㉡ _______________

02 다음 (가)에 들어갈 사례를 <u>두 가지</u> 서술하시오.

> 산업화와 인구 증가로 전 세계의 자원 소비량과 폐기물의 양이 급증하였다. 그 결과 생태계의 균형이 깨지고, 지구의 자정 능력이 약해지면서 인류의 생존을 위협하는 환경 문제가 심각해졌다. 대표적인 환경 문제로는
> (가)

03 다음 자료를 보고 물음에 답하시오.

(㉠)(1997)	(㉡)(2015)
• 최초로 온실가스 감축 비율 제시 • 선진국만 감축 의무가 있음 • 한국은 개발 도상국으로 감축 의무에서 제외	• 온실가스 감축의 구체적인 수치 제시 • 선진국이 개발 도상국의 기후 변화 대처 사업에 지원 • 한국도 37% 감축안 제시

(1) ㉠, ㉡에 들어갈 국제 환경 협약을 쓰시오.

㉠ _______________   ㉡ _______________

(2) 위 국제 환경 협약의 내용을 비교하여 서술하시오.

04 다음 (가)에 들어갈 국제기구를 쓰시오.

> ▼   (가)   🔍 검색
> 더 보기 ⌄
> • 1995년에 출범하였다.
> • 각 나라의 시장을 폭넓게 개방하여 자유 무역 체제의 확산을 이끌었다.

05 다음 자료를 보고 물음에 답하시오.

(1) ㉠에 들어갈 정책을 쓰시오.

(2) ㉠ 정책의 내용을 <u>두 가지</u> 서술하시오.

대단원 한눈에 정리하기

주요 사건

1947년	미국, (❶) 발표 └ 공산주의 확산을 막겠다는 내용의 선언
1948년	베를린 봉쇄
1949년	중화 인민 공화국 수립 소련, (❷) 조직 └ 소련과 동유럽 국가 중심의 경제 상호 원조 회의
1950년	6·25 전쟁 발발
1955년	아시아·아프리카 회의(반둥 회의) 개최
1960년	'아프리카의 해'
1961년	(❸) 설치 └ 독일의 베를린을 동서로 나누고 설치된 장벽
1962년	쿠바 미사일 위기
1964년	미국, 「민권법」 제정 베트남 전쟁 발발
1969년	닉슨 독트린 발표
1972년	닉슨 대통령, 중국 방문
1975년	베트남 전쟁 종결
1989년	독일, 베를린 장벽 붕괴
1990년	독일 통일
1991년	소련 해체, 독립 국가 연합(CIS) 출범
1992년	리우 선언 발표
1993년	유럽 연합(EU) 출범
1995년	세계 무역 기구(WTO) 출범
1997년	교토 의정서 체택
2003년	미국, 이라크 침공
2015년	파리 협정 체결
2022년	러시아, 우크라이나 침공

01 냉전 체제와 제3 세계의 형성

1 냉전 체제의 형성과 전개

(1) 냉전 체제의 형성

(❹) 진영	공산주의 진영
• 미국 중심 • 트루먼 독트린, 마셜 계획 • 북대서양 조약 기구(NATO)	• 소련 중심 • 코민포름, 코메콘 • 바르샤바 조약 기구(WTO)

(2) 냉전의 확산

독일	베를린 봉쇄 → 동서 분단 → 베를린 장벽 설치
미국	소련이 쿠바에 핵미사일 기지 건설 시도 → 미국이 쿠바 해상 봉쇄
아시아	• 중국: 국공 내전 발발 → 중화 인민 공화국 수립, 국민당은 타이완으로 이동 • 한국: 남북 분단 → 6·25 전쟁 발발(국제전 양상) • 베트남: 공산주의 정권과 반공 정권으로 나뉨 → 베트남 전쟁 발발 → 베트남 사회주의 공화국 수립

▲ 냉전의 확산

2 제3 세계의 등장

(1) 아시아와 아프리카의 독립과 새로운 국가 건설

아시아	• 인도: 영국으로부터 독립 → 종교적 차이로 인도(힌두교)와 파키스탄(이슬람교)으로 분리 • 동남아시아: 인도네시아, 말레이시아, 필리핀 등 독립 • 서아시아: 시리아·요르단 등 독립, 팔레스타인 지역에서 (❺) 건국(아랍인과 유대인 간 갈등 심화)
아프리카	• '아프리카의 해'(1960): 17개국 독립 • 이집트: 나세르가 공화정 수립, 수에즈 운하 국유화 • 알제리: 8년간의 전쟁 끝에 프랑스로부터 독립

(2) 제3 세계의 등장과 비동맹 중립 노선

성립	어느 진영에도 속하지 않고 비동맹 중립주의를 내세운 독자 세력 형성
성립 과정	• 평화 5원칙: 인도의 네루와 저우언라이가 합의 • 아시아·아프리카 회의(반둥 회의): 평화 10원칙 채택 • 제1차 비동맹 회의: 미국, 소련과 동맹을 맺지 않은 국가 간 결속 다짐

3 냉전 체제의 완화와 사회주의 체제의 변화

(1) 냉전 체제의 완화

자본주의 진영	• 미국: 닉슨 독트린 발표(1969) ➡ 베트남에서 군대 철수, 중국과 국교 정상화, 전략 무기 제한 협정(SALT) 체결 • 프랑스: 북대서양 조약 기구 탈퇴
공산주의 진영	• 중국: 소련과 이념·국경 문제로 독자 노선 추구 • 동유럽 국가: 독자 노선 추구

(2) 소련의 해체

배경	• 고르바초프: 개혁(페레스트로이카), 개방(글라스노스트) 정책 • 몰타 회담: 냉전 종식 선언
전개	소련 내 각 공화국에서 독립 추진 ➡ (❻)(CIS) 결성, 소련 해체

(3) 동유럽 사회주의 정권과 중국의 변화

동유럽	• 폴란드: 공산 정권 붕괴 • 독일: 베를린 장벽 붕괴, 통일(1990)
중국	• 마오쩌둥: 대약진 운동 실패, 문화 대혁명 추진 • 덩샤오핑: 개혁·개방 정책 추진 ➡ 급속한 경제 성장

▲ 소련의 해체와 동유럽 사회주의 정권의 붕괴

4 유럽 연합과 경제 통합

(1) 유럽 연합의 성립

형성 과정	유럽 석탄 철강 공동체(ECSC, 1952) ➡ 마스트리흐트 조약으로 유럽 연합(EU) 출범
특징	단일 통화 사용, 유럽 의회 중심으로 통합 노력

(2) 경제 통합의 움직임

성립	상호 국제 협력 강화와 공동의 이익 추구 ➡ 지역별 경제 협력체 구성
지역화 움직임	유럽 연합(EU), 북미 자유 무역 협정(NAFTA), 아시아·태평양 경제 협력체(APEC) 등

02 민주주의와 인권의 확산

1 민권의 신장

미국	마틴 루서 킹 등이 흑인 민권 운동 주도(워싱턴 행진)
남아프리카 공화국	넬슨 만델라가 (❼) 정책에 저항하는 흑인 민권 운동 주도

2 여성 운동의 전개

배경	두 차례 세계 대전 전후 참정권 획득 ➡ 여전히 성차별, 성 역할 분리 존재
전개	남성 중심 사회 체제에 대한 인식의 전환과 현실 변화 추구

3 노동 운동과 노동자의 권리 보호

배경	제2차 세계 대전 이후 노동자들이 권리 향상 요구
전개	• 노동조합 결성, 단체 교섭권 등을 이용 • 국제 노동 기구(ILO) 설립: 필라델피아 선언

4 반전 평화 운동

배경	제2차 세계 대전 이전부터 전쟁 반대 움직임
전개	• 베트남 전쟁, 이라크 전쟁 등에 반대하는 운동 전개 • 핵 확산 금지 조약(NPT) 체결

5 환경 운동

배경	산업화와 인구 증가 등으로 환경 문제 발생
전개	• 국제 협약: 리우 선언, 교토 의정서, 파리 협정 등 • 그린피스 등 비정부 기구(NGO)의 환경 운동

03 세계화와 지역 세계의 변화

1 세계화의 확산

자유 무역 체제 확산	• 관세 무역 일반 협정(GATT, 1947) 체결 • 세계 무역 기구(WTO, 1995) 출범 • 자유 무역 협정(FTA) 체결
신자유주의 정책	• 배경: 1970년대 경제 불황 극복 과정에서 등장 ➡ 정부 규제 완화, 자유로운 시장 활동 보장 • 내용: 공공 지출과 복지비 삭감 등
세계화에 따른 변화	• 다국적 기업의 성장, 지역 간 교류를 통한 문화 발전 • 문화 획일화 현상, 경제 상호 의존도 심화, 선진국·개발 도상국 간 경제 격차

2 세계화에 따른 과제

빈곤과 질병 문제	국제 교류의 증가와 세계화의 확산 ➡ 국가 간 빈부 격차(남북문제) 심화, 개발 도상국의 내전과 장기 독재 등으로 빈곤·기아·질병 발생	지속 가능한 발전을 위한 노력 필요
이주민 증가와 다문화 사회	• 종교 갈등, 내전 등의 이유로 난민 증가 • 난민이 정착한 국가에서 차별, 인권 침해 등의 문제를 겪음	➡

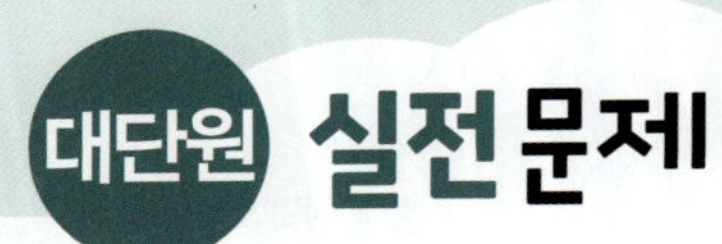

01

다음 선언 직후 미국이 추진한 정책으로 가장 적절한 것은?

> 오늘날 전 세계의 거의 모든 나라는 자본주의 방식과 공산주의 방식 중 하나를 선택해야 합니다. 모든 민족이 자유로운 상황에서 스스로 결정할 수 있도록 미국이 도울 것입니다.
>
> — 트루먼 독트린

① 코메콘을 조직하였다.
② 코민포름을 조직하였다.
③ 바르샤바 조약 기구를 조직하였다.
④ 베트남 전쟁에서 군대를 철수하였다.
⑤ 서유럽의 경제를 지원하기 위해 마셜 계획을 수립하였다.

02

냉전 시기 공산주의 진영과 관련 있는 내용으로 옳은 것을 보기 에서 모두 고르면?

보기

ㄱ. 코민포름
ㄴ. 마셜 계획 수립
ㄷ. 바르샤바 조약 기구
ㄹ. 트루먼 독트린 발표

① ㄱ, ㄴ　　②ㄱ, ㄷ　　③ ㄴ, ㄷ
④ ㄴ, ㄹ　　⑤ ㄷ, ㄹ

03

다음 사건을 일어난 순서대로 바르게 나열한 것은?

ㄱ. 베를린 봉쇄
ㄴ. 트루먼 독트린
ㄷ. 쿠바 미사일 위기
ㄹ. 베를린 장벽 설치

① ㄱ－ㄴ－ㄷ－ㄹ　　② ㄴ－ㄱ－ㄹ－ㄷ
③ ㄴ－ㄹ－ㄱ－ㄷ　　④ ㄷ－ㄹ－ㄱ－ㄴ
⑤ ㄹ－ㄱ－ㄷ－ㄴ

04

다음은 어떤 학생이 작성한 수행 평가 답안지이다. 이 학생이 받게 될 점수로 옳은 것은?

※ 냉전의 확산에 대한 설명이 맞으면 ○표, 틀리면 × 표 하시오(각 1점).

문항	내용	답
1	독일의 베를린을 동서로 나누는 베를린 장벽이 설치되었다.	○
2	중국에서는 마오쩌둥을 중심으로 중화 인민 공화국이 수립되었다.	○
3	소련이 쿠바에 핵미사일 기지를 건설하려고 하자 미국이 쿠바 해상을 봉쇄하였다.	○
4	서베를린을 점령하고 있던 소련이 동베를린으로 통하는 도로와 철도를 봉쇄하였다.	×

① 0점　　② 1점　　③ 2점
④ 3점　　⑤ 4점

05

다음 지도를 통해 알 수 있는 내용으로 가장 적절한 것은?

① 소련이 해체되었다.
② 베를린 장벽이 붕괴되었다.
③ 독립 국가 연합이 결성되었다.
④ 아시아에서는 냉전이 열전으로 나타나기도 하였다.
⑤ 공산주의 진영에서 중국은 소련을 벗어나 독자 노선을 추구하였다.

06 다음 (가)에 들어갈 내용으로 가장 적절한 것은?

조사 보고서

• 연구 주제: ____________ (가)

• 조사 자료
– 국공 내전의 배경과 전개
– 6·25 전쟁의 배경과 전개
– 베트남 전쟁의 배경과 전개

① 베를린 봉쇄의 영향
② 냉전 시기 우주 경쟁
③ 아시아로 확산된 냉전
④ 마셜 계획에 따른 유럽의 변화
⑤ 닉슨 독트린 이후 미국의 외교 정책 변화

07 다음 밑줄 친 ㉠, ㉡에 대한 설명으로 옳지 않은 것은?

제2차 세계 대전 이후 아시아에서는 반제국주의 투쟁이 일어났다. 그 결과 ㉠ 인도가 독립하였다. 한편 팔레스타인 지역에는 ㉡ 이스라엘이 건국되었다.

① ㉠: 영국으로부터 독립하였다.
② ㉠: 종교적 차이로 파키스탄과 분리되었다.
③ ㉡: 프랑스부터 독립하였다.
④ ㉡: 유대인이 세운 국가이다.
⑤ ㉡: 중동 전쟁이 일어나는 데 영향을 끼쳤다.

08 다음 밑줄 친 '이 나라'로 옳은 것은?

이 나라에서는 나세르가 왕정을 폐지하고 공화정을 수립하였다. 이후 영국의 영향 아래에 있던 수에즈 운하의 국유화를 선포하였다.

① 가나　　② 리비아　　③ 알제리
④ 이집트　　⑤ 남아프리카 공화국

[09-10] 다음 자료를 보고 물음에 답하시오.

평화 10원칙

1. 기본적 인권과 국제 연합 헌장 존중
2. 주권과 영토 보전 존중
3. 인류와 국가 간의 평등
4. 내정 불간섭
6. 강대국에 유리한 집단 방위 배제

09 자료와 같은 원칙이 발표된 국제 회의로 옳은 것은?

① 빈 회의　　　　② 반둥 회의
③ 워싱턴 회의　　④ 카이로 회담
⑤ 파리 강화 회의

10 자료와 같은 원칙을 발표한 세력에 대한 설명으로 옳은 것을 보기 에서 모두 고르면?

보기
ㄱ. 자본주의 진영을 지지하였다.
ㄴ. 비동맹 중립주의를 내세웠다.
ㄷ. 독립 국가 연합을 결성하였다.
ㄹ. 제2차 세계 대전 이후 독립한 아시아, 아프리카의 일부 국가들이 해당된다.

① ㄱ, ㄴ　　② ㄱ, ㄷ　　③ ㄴ, ㄷ
④ ㄴ, ㄹ　　⑤ ㄷ, ㄹ

11 다음 (가)에 들어갈 내용으로 가장 적절한 것은?

역사 탐구 계획서

• 주제: 냉전 체제의 완화

• 사례: ____________ (가)

① 닉슨 독트린
② 베를린 봉쇄
③ 베트남 전쟁
④ 중화 인민 공화국 수립
⑤ 덩샤오핑의 개혁·개방 정책

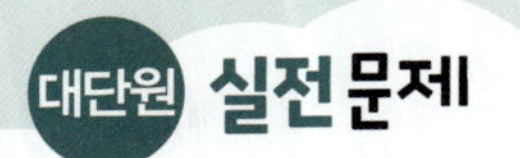

12 다음 선생님의 질문에 대한 학생의 대답으로 옳지 <u>않은</u> 것은?

① 핵무기 개발에 매진하였어요.
② 중국과 국교를 정상화하였어요.
③ 베트남에서 군대를 철수하였어요.
④ 닉슨 대통령이 중국을 방문하였어요.
⑤ 소련과 전략 무기 제한 협정을 체결하였어요.

13 다음 (가), (나) 시기 사이에 일어난 사건으로 옳은 것을 보기 에서 모두 고르면?

> (가) 미국은 군사 개입을 피하고 아시아의 방위는 아시아의 힘으로 한다는 원칙을 담은 외교 정책을 발표하였다.
> (나) 독립 국가 연합(CIS)이 결성되었다.

보기
ㄱ. 베를린 장벽이 붕괴되었다.
ㄴ. 몰타 회담에서 냉전 종식을 선언하였다.
ㄷ. 프랑스가 북대서양 조약 기구를 탈퇴하였다.
ㄹ. 고르바초프가 개혁과 개방을 내세우며 시장 원리를 받아들였다.

① ㄱ, ㄴ   ② ㄱ, ㄷ   ③ ㄴ, ㄷ
④ ㄱ, ㄴ, ㄹ   ⑤ ㄴ, ㄷ, ㄹ

14 지역별 경제 협력체로 옳지 <u>않은</u> 것은?

① 유럽 연합(EU)
② 국제 연합(UN)
③ 아프리카 연합(AU)
④ 동남아시아 국가 연합(ASEAN)
⑤ 아시아·태평양 경제 협력체(APEC)

15 다음 (가), (나) 인물에 대한 설명으로 옳지 <u>않은</u> 것은?

(가)　　　　　　　(나)

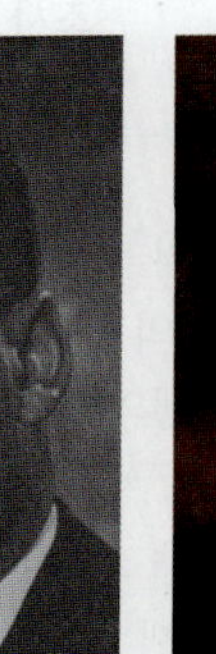

▲ 마틴 루서 킹　　　▲ 넬슨 만델라

① (가): 워싱턴 행진을 이끌었다.
② (가): 「민권법」이 제정되는 데 영향을 끼쳤다.
③ (나): 68 운동을 이끌었다.
④ (나): 아파르트헤이트 정책에 저항하였다.
⑤ (가), (나): 백인과 흑인 사이의 차별을 없애고자 하였다.

16 다음 밑줄 친 ㉠에 대한 설명으로 옳은 것은?

> 1967년, 보스턴 마라톤 대회에 ㉠ <u>최초의 여성 주자가 참가하였다.</u> 당시에는 남성들만 참가하는 것이 당연하게 여겨졌기 때문에 마라톤 참가자 신청서에는 성별이 표시되어 있지 않았다. 이 여성 주자는 감독관의 저지에도 마라톤 코스를 완주하였고, 1972년부터는 보스턴 마라톤 대회에서 여성 선수 참여가 공식적으로 허용되었다.

① 흑인에 대한 인종 차별에 저항하였다.
② 노동 조건의 개선을 위해 노력하였다.
③ 성차별이나 성 역할 분리에 저항하였다.
④ 남성과 동등한 참정권을 얻기 위해 저항하였다.
⑤ 개인의 재산과 안전을 지키기 위해 노력하였다.

17 다음 (가)에 들어갈 내용으로 가장 적절한 것은?

> • **주제**: 노동 운동과 노동자의 권리 보호
> • **모둠별 탐구 내용**
> 　　　　　　(가)

① 그린피스의 활동을 조사한다.
② 교토 의정서의 내용을 찾아본다.
③ 국제 노동 기구가 설립된 배경을 알아본다.
④ 베트남 전쟁 반대 시위의 영향을 토론한다.
⑤ 핵 확산 금지 조약이 체결된 배경을 살펴본다.

18 다음 (가)에 들어갈 내용으로 옳은 것은?

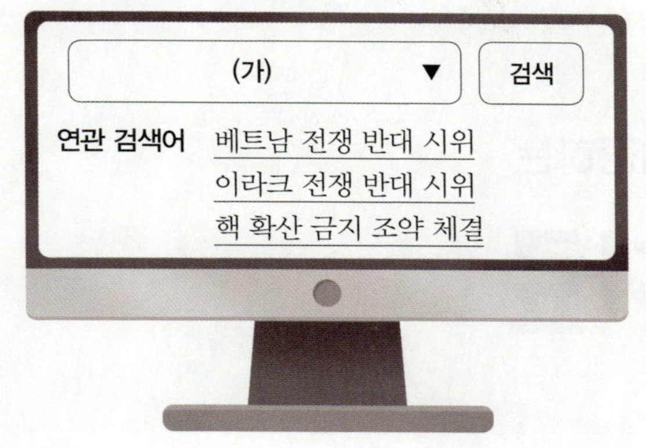

① 노동 운동
② 여성 운동
③ 환경 운동
④ 반전 평화 운동
⑤ 흑인 민권 운동

19 다음 국제 협약과 관련된 주제로 가장 적절한 것은?

> • 리우 선언   • 교토 의정서   • 파리 협정

① 노동 조건의 개선을 위한 노력
② 인종 차별을 없애기 위한 노력
③ 남북문제 해결을 위한 국제 협약
④ 환경 문제를 해결하기 위한 노력
⑤ 대량 살상 무기의 확산을 막기 위한 국제 협약

20 다음 밑줄 친 '경제 정책'에 대한 설명으로 옳지 <u>않은</u> 것은?

> 1970년대 경제 불황을 극복하기 위해 미국의 레이건 대통령과 영국의 대처 총리가 펼친 <u>경제 정책</u>이다.

① 공공 지출을 삭감하였다.
② 사회 복지 혜택을 줄였다.
③ 국영 기업을 민영화하였다.
④ 정부의 규제를 강화하였다.
⑤ 자유로운 시장 활동을 보장하였다.

21 세계화에 따른 변화 모습으로 옳은 것을 보기 에서 모두 고르면?

> **보기**
> ㄱ. 남북문제가 발생하였다.
> ㄴ. 다국적 기업이 성장하였다.
> ㄷ. 세계 각지에서 난민이 증가하고 있다.
> ㄹ. 냉전이 종식되면서 갈등과 분쟁이 사라졌다.

① ㄱ, ㄴ
② ㄱ, ㄷ
③ ㄴ, ㄷ
④ ㄱ, ㄴ, ㄷ
⑤ ㄴ, ㄷ, ㄹ

22 다음 자료를 보고 물음에 답하시오.

미국 대통령 케네디와 소련 공산당 서기장인 흐루쇼프가 무기 위에 앉아 팔씨름하는 모습이다.

◀ (㉠) 풍자화

(1) ㉠에 들어갈 사건을 쓰시오.

____

(2) ㉠이 일어난 배경을 서술하시오.

____

____

23 다음 ㉠, ㉡에 들어갈 인물을 쓰시오.

> • 1950년대 말 (㉠)은/는 농촌의 집단화를 꾀하는 대약진 운동을 펼쳤다.
> • 1970년대 말 실권을 잡은 (㉡)은/는 개혁·개방 정책을 내걸고 자본주의 시장 경제 원리를 도입하였다.

㉠ _______________   ㉡ _______________

24 다음 글을 읽고 물음에 답하시오.

> 선진국이 몰려 있는 북반구와 개발 도상국이 몰려 있는 남반구 간의 경제적 격차는 (㉠)(이)라고 불리며 국제적 문제로 떠올랐다.

(1) ㉠에 들어갈 말을 쓰시오.

____

(2) ㉠이 발생한 배경을 서술하시오.

____

____

특별 자료

자료 소개 시험에 자주 출제되는 핵심 자료의 키워드를 담은 카드예요.

활용 TIP 시험 직전에 카드에 있는 자료와 키워드를 중심으로 내용을 복습해 보아요!

차례

1 미국 혁명의 전개

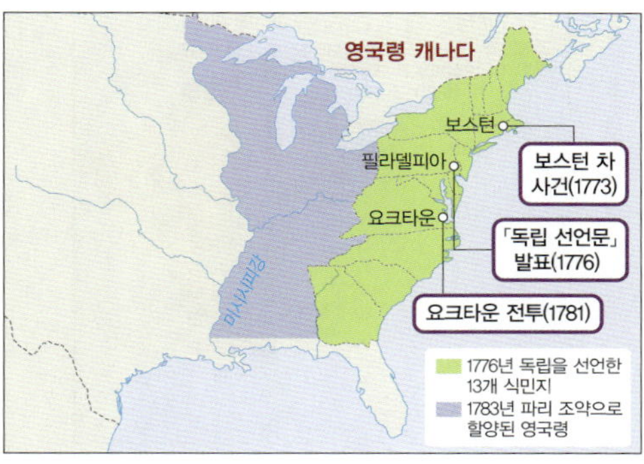

자료 가이드 미국 혁명의 전개 과정을 확인하고 혁명 이후 미국의 상황을 연결하여 파악하기

빈출 키워드 #보스턴 차 사건 #독립 선언문 #파리 조약 #연방 헌법 #세계 최초 민주 공화국

2 프랑스 혁명 전 신분 구성

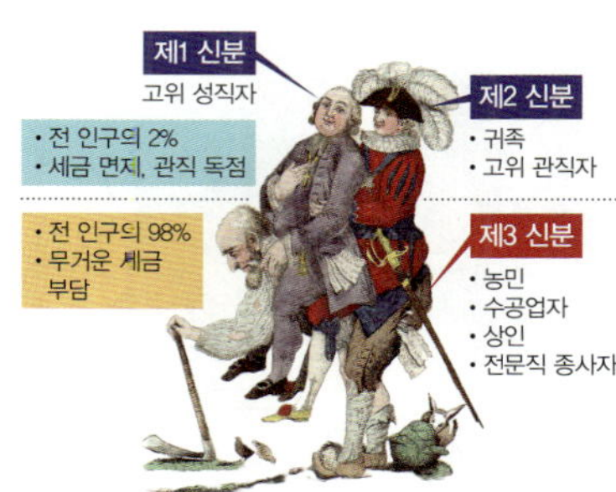

자료 가이드 풍자화에 나타난 프랑스 혁명 전 신분 구성을 확인하고 혁명이 일어난 배경을 연결하여 파악하기

빈출 키워드 #삼부회 #제1, 2 신분_신분별 표결 #계몽사상 #제3 신분_머릿수 표결

3 나폴레옹 시기 유럽

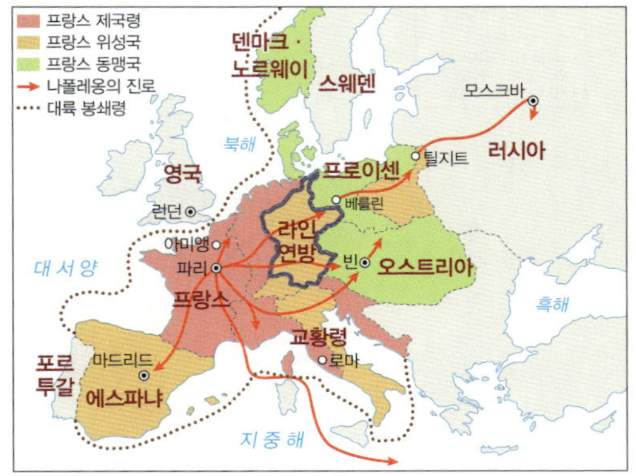

자료 가이드 나폴레옹 시기 프랑스 영역을 확인하고 나폴레옹의 정책과 정복 전쟁이 유럽에 끼친 영향을 연결하여 파악하기

빈출 키워드 #나폴레옹_『나폴레옹 법전』_대륙 봉쇄령 #자유주의 #민족주의

4 이탈리아의 통일

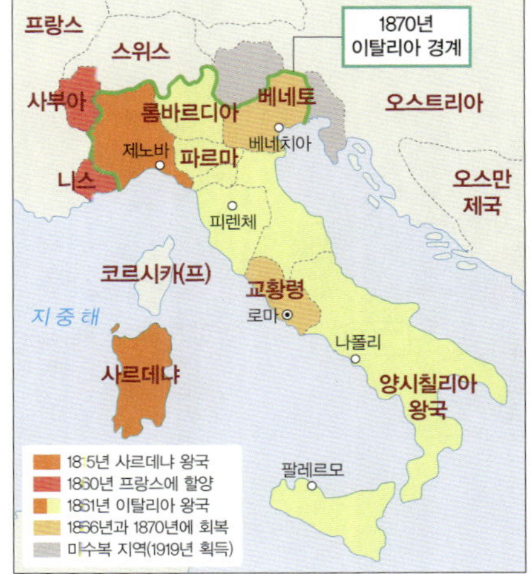

자료 가이드 이탈리아의 영역 변화를 확인하고 이탈리아의 통일 과정을 연결하여 파악하기

빈출 키워드 #민족주의 #사르데냐 왕국_카부르_이탈리아 중북부 #가리발디_이탈리아 남부

5 독일의 통일

자료 가이드 독일의 영역 변화를 확인하고 독일의 통일 과정을 연결하여 파악하기

빈출 키워드 #민족주의 #관세 동맹 #비스마르크_철혈 정책 #독일 제국 수립

6 라틴 아메리카의 독립

자료 가이드 라틴 아메리카를 식민지로 삼은 나라와 독립 연도를 확인하고 라틴 아메리카의 독립 과정을 연결하여 파악하기

빈출 키워드 #크리오요 #투생 루베르튀르_아이티 #볼리바르_볼리비아 #산마르틴_아르헨티나 #이달고 신부_멕시코

7 제국주의 열강의 침략

자료 가이드 제국주의 열강의 식민지를 확인하고 식민지를 확보한 과정을 연결하여 파악하기

빈출 키워드 #영국_종단 정책 #프랑스_횡단 정책 #파쇼다 사건 #동인도 회사 #플랜테이션 농업

8 아편 전쟁의 전개

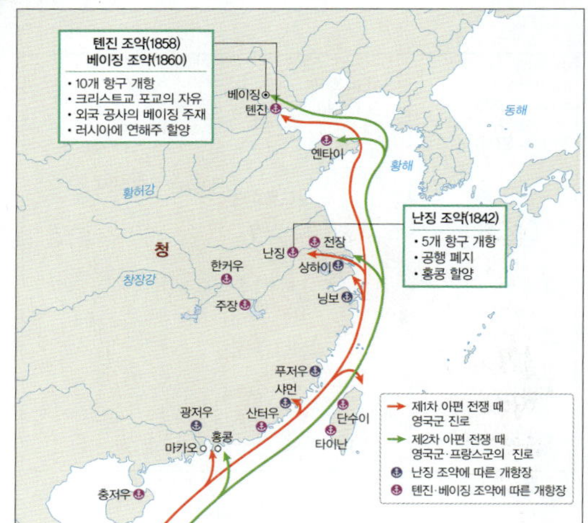

자료 가이드 아편 전쟁 당시 영국군, 프랑스군의 경로와 전쟁 이후 체결된 조약 내용을 확인하고 전쟁 과정과 영향 파악하기

빈출 키워드 #제1차 아편 전쟁_난징 조약_불평등 조약 #제2차 아편 전쟁_톈진 조약_베이징 조약

9 신해혁명

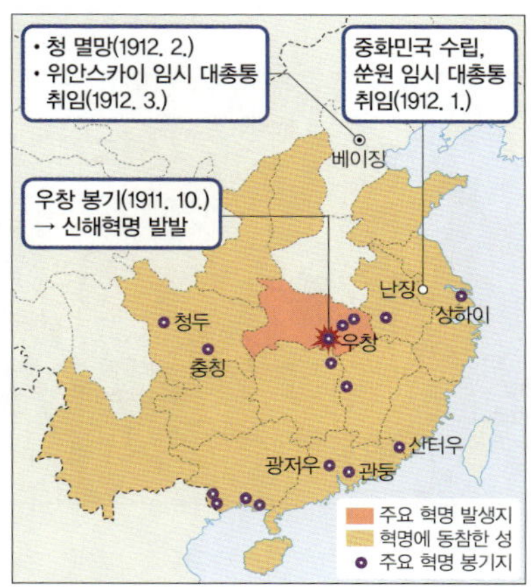

자료 가이드 신해혁명 발생 지역과 혁명에 동참한 지역을 확인하고 신해혁명의 배경과 과정을 연결하여 파악하기

빈출 키워드 #쑨원_삼민주의 #신해혁명 #중화민국_중국 최초 공화국 #위안스카이

10 벵골 분할령

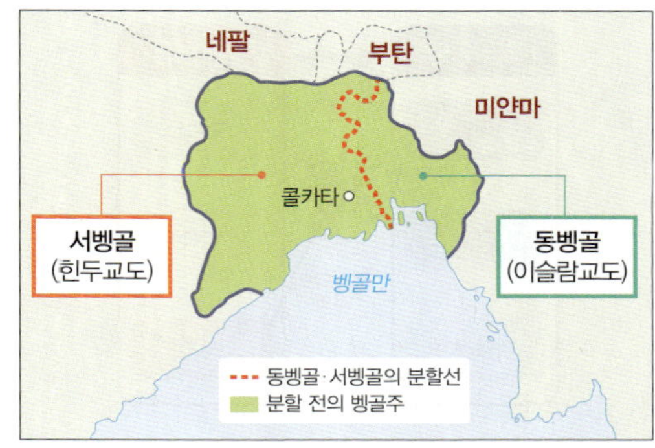

자료 가이드 벵골 분할선을 확인하고 영국이 벵골 분할령을 발표한 배경과 영향을 연결하여 파악하기

빈출 키워드 #벵골 분할령_인도인 분열 목적 #인도 국민 회의_반영 운동_4대 강령 #벵골 분할령 취소

11 오스만 제국의 쇠퇴

자료 가이드 오스만 제국의 영역을 확인하고 개혁과 쇠퇴 과정을 연결하여 파악하기

빈출 키워드 #탄지마트 #미드하트 파샤_입헌 정치 #술탄의 전제 정치 강화 #청년 튀르크당의 혁명_튀르크 민족주의

12 19세기 아라비아반도와 이란

자료 가이드 19세기 와하브 운동의 세력권과 카자르 왕조의 영역을 확인하고 국민 국가 건설 운동을 연결하여 파악하기

빈출 키워드 #와하브 운동 #아랍 문화 부흥 운동 #카자르 왕조_담배 불매 운동_입헌 혁명

1 유럽 열강의 대립

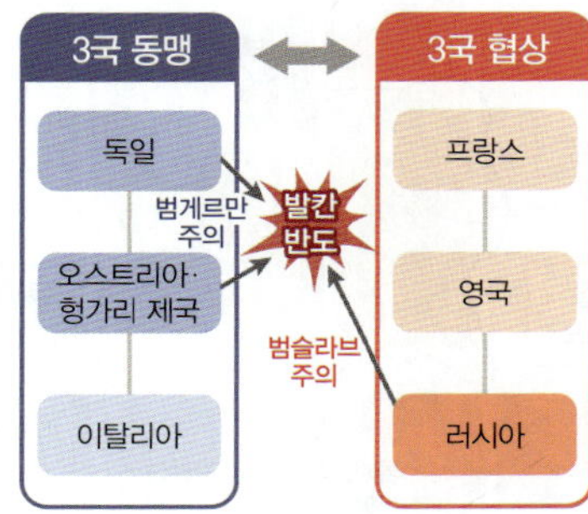

자료 가이드
3국 동맹국, 3국 협상국을 확인하고 열강이 대립한 배경과 그 결과를 연결하여 파악하기

빈출 키워드
#3국 동맹_독일_오스트리아·헝가리 제국_이탈리아 #3국 협상_프랑스_영국_러시아 #발칸반도 #제1차 세계 대전

2 제1차 세계 대전의 전개

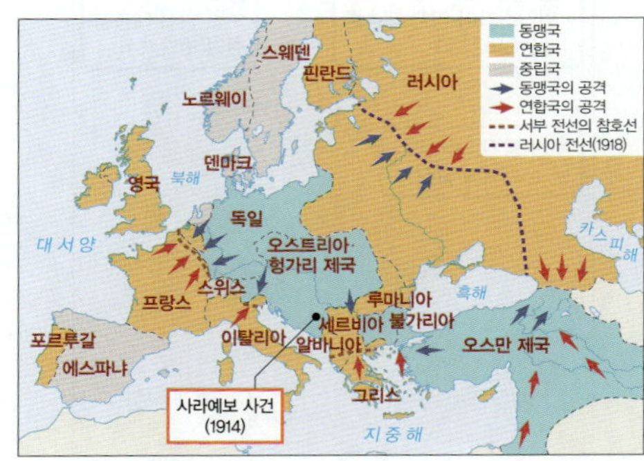

자료 가이드
연합국, 동맹국에 해당하는 나라와 공격로를 확인하고 제1차 세계 대전의 전개 과정을 연결하여 파악하기

빈출 키워드
#사라예보 사건 #독일의 무제한 잠수함 작전 #치머만 전보 #참호전 #총력전 #신무기 등장

3 러시아 혁명의 확산

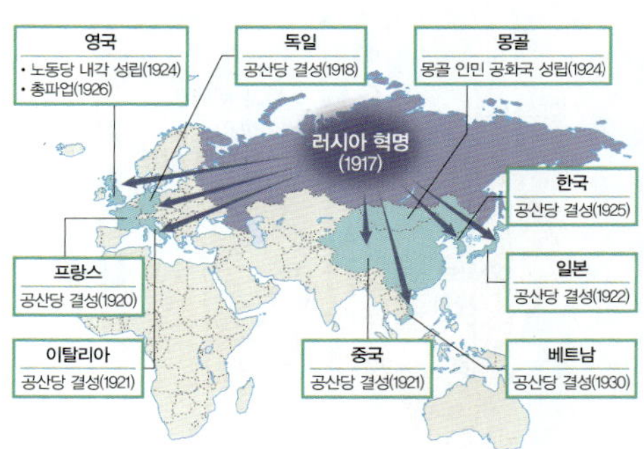

자료 가이드
러시아 혁명의 확산 내용을 확인하고 러시아 혁명의 전개 과정과 연결하여 파악하기

빈출 키워드
#피의 일요일 사건 #2월 혁명 #10월 혁명_레닌_볼셰비키_소비에트 정부_소련 수립_코민테른

4 제1차 세계 대전 이후의 유럽

자료 가이드
제1차 세계 대전 이후 신생 독립국을 확인하고 국제 정치의 변화 과정과 연결하여 파악하기

빈출 키워드
#파리 강화 회의_14개조 평화 원칙 #베르사유 조약_베르사유 체제 #바이마르 공화국

5 대공황 시기 블록 경제

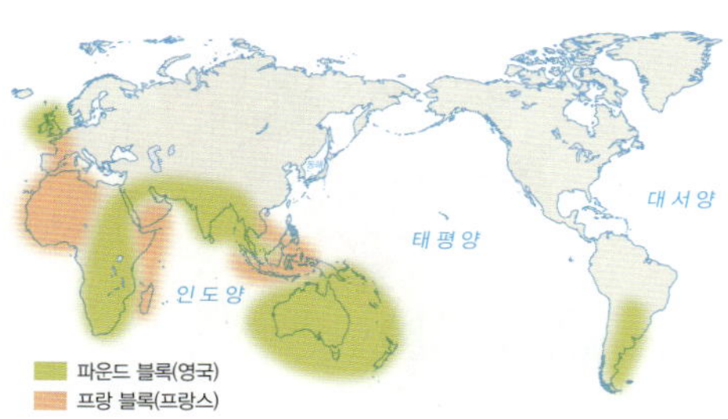

자료 가이드 대공황 시기 블록 경제의 영향권을 파악하고 블록 경제의 형성 배경과 내용을 연결하여 파악하기

빈출 키워드 #대공황_미국 경제 악화 #영국과 프랑스_블록 경제_보호 무역 체제

6 제2차 세계 대전의 전개

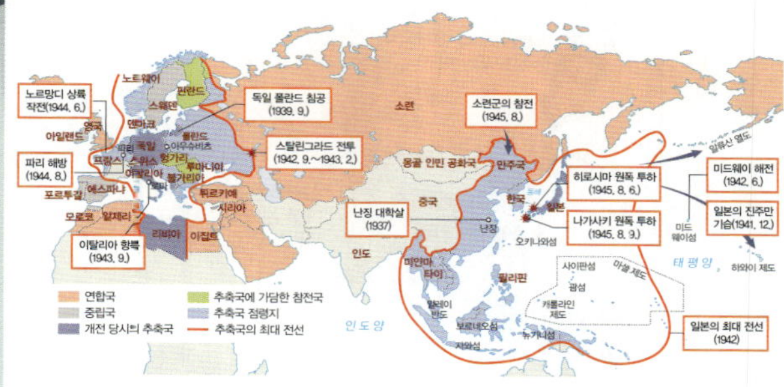

자료 가이드 연합국, 추축국에 해당하는 나라와 최대 전선을 확인하고 제2차 세계 대전의 전개 과정을 연결하여 파악하기

빈출 키워드 #독일의 폴란드 침공 #아시아·태평양 전쟁 #미드웨이 해전 #스탈린그라드 전투 #노르망디 상륙 작전 #일본 항복

7 제2차 세계 대전 사망자 비율

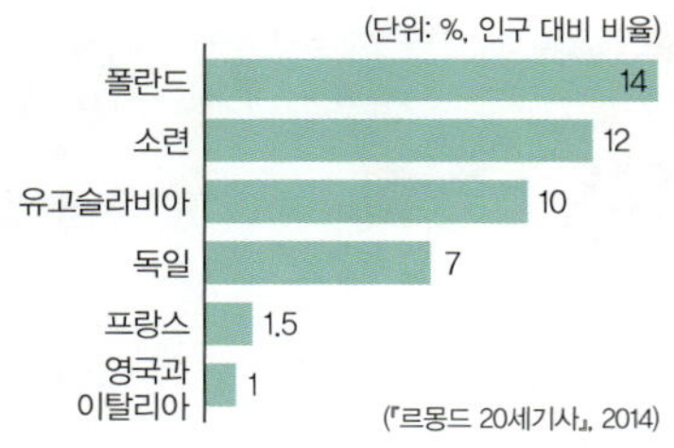

자료 가이드 제2차 세계 대전 당시 인구 대비 사망자 비율이 높았던 배경과 대량 학살·인권 유린 실상을 연결하여 파악하기

빈출 키워드 #극단적 민족(인종)주의 #신무기 사용 #홀로코스트 #일본군 '위안부'

8 국제 연합

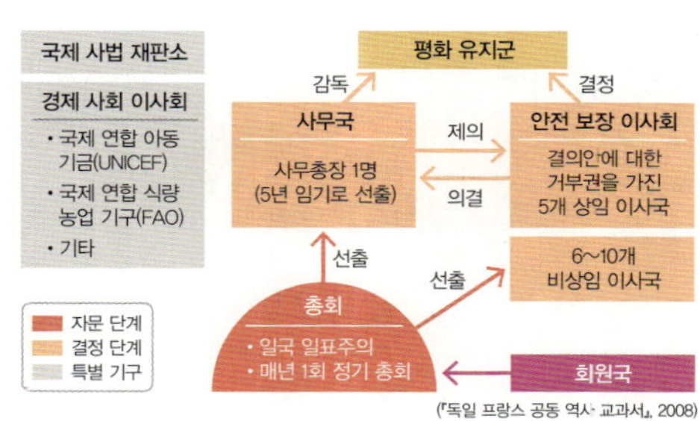

자료 가이드 국제 연합 조직도를 바탕으로 국제 연합이 하는 일을 확인하고 창설 배경과 목적을 연결하여 파악하기

빈출 키워드 #국제 연합 #안전 보장 이사회_국제 연합군_평화 유지군

1 철의 장막과 마셜 계획

자료 가이드 철의 장막, 마셜 계획과 관련된 나라들을 확인하고 냉전 체제의 형성 과정을 연결하여 파악하기

빈출 키워드 #자본주의 진영_트루먼 독트린_마셜 계획_북대서양 조약 기구 #공산주의 진영_코민포름_코메콘_바르샤바 조약 기구 #냉전 체제

2 4개국의 독일 분할 점령

자료 가이드 4개국이 독일을 분할 점령한 영역을 확인하고 냉전 체제가 독일에 끼친 영향을 연결하여 파악하기

빈출 키워드 #냉전 체제 #베를린 봉쇄 #베를린 장벽 #독일 동서 분단

3 냉전의 전개와 확산

자료 가이드 자본주의 진영과 공산주의 진영에 해당하는 나라를 확인하고 냉전 체제의 확산 과정을 연결하여 파악하기

빈출 키워드 #중화 인민 공화국 수립 #6·25 전쟁 #베트남 전쟁 #베를린 봉쇄 #쿠바 미사일 위기

4 아시아·아프리카 여러 나라의 독립

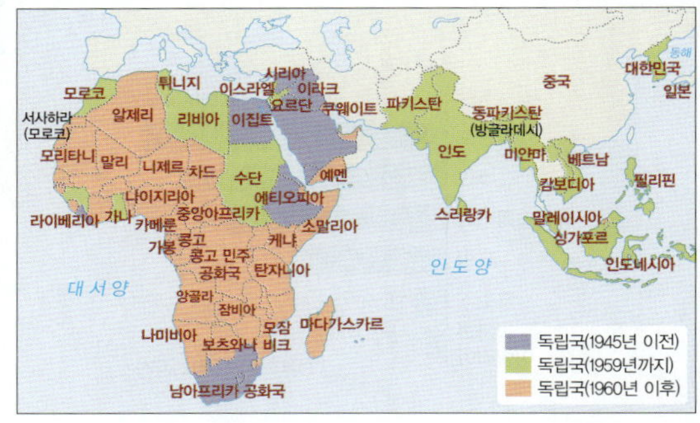

자료 가이드 제2차 세계 대전 이후 아시아, 아프리카 독립국을 확인하고 독립 과정과 독립 이후의 상황을 연결하여 파악하기

빈출 키워드 #인도_파키스탄과 분리 독립 #팔레스타인 지역_이스라엘 건국_중동 전쟁 #아프리카의 해 #이집트_공화정_수에즈 운하

5 제3 세계

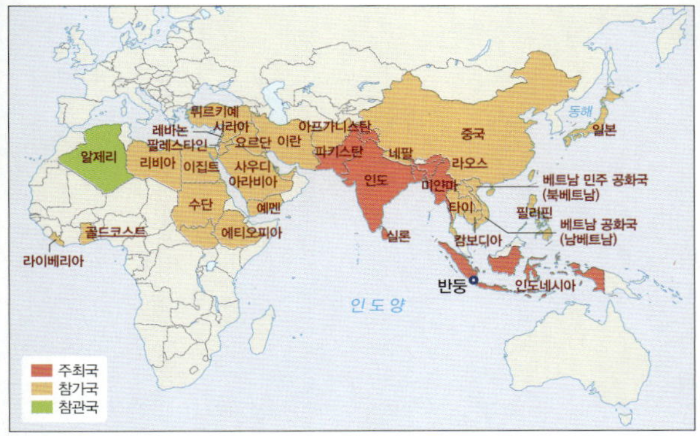

자료 가이드

반둥 회의의 주최국을 확인하고 제3 세계 형성이 국제 질서에 끼친 영향을 연결하여 파악하기

빈출 키워드

#제3 세계_비동맹 중립주의 #반둥 회의_평화 10원칙 #제1차 비동맹 회의 #냉전 체제 완화에 영향

6 소련의 해체

자료 가이드

독립 국가 연합에 해당하는 나라와 체제 붕괴 연도를 확인하고 소련의 해체 과정을 연결하여 파악하기

빈출 키워드

#고르바초프_개혁·개방 정책 #몰타 회담_냉전 종식 선언 #소련 해체 #독립 국가 연합(CIS) #독일 통일

7 지역별 경제 협력체

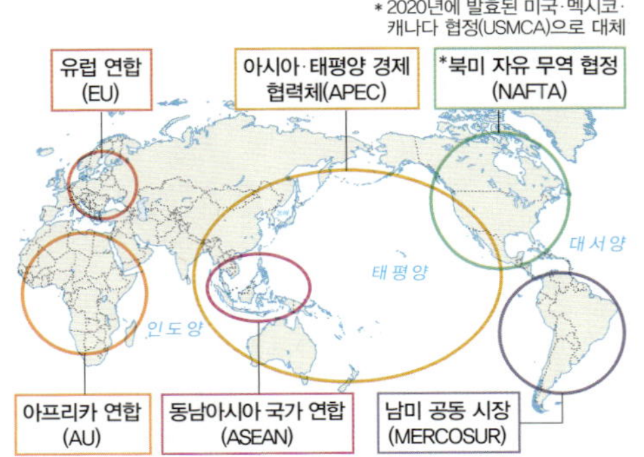

자료 가이드

지역별 경제 협력체의 종류와 회원국을 확인하고 지역별 경제 협력체가 형성된 배경을 연결하여 파악하기

빈출 키워드

#유럽 연합_마스트리흐트 조약_유로화 #동남아시아 국가 연합 #북미 자유 무역 협정 #아시아·태평양 경제 협력체

8 1인당 국민 총생산

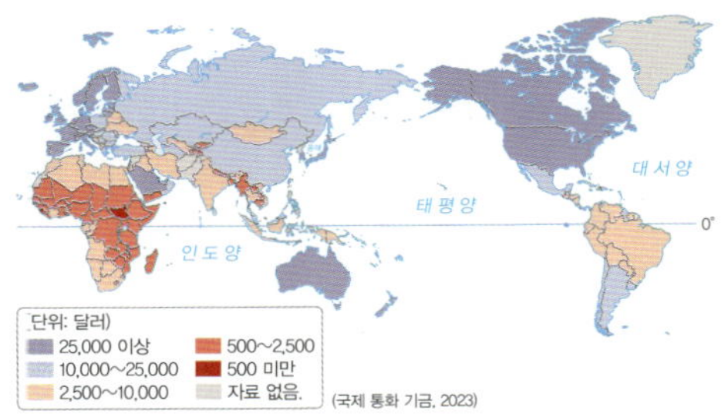

자료 가이드

남반구와 북반구의 1인당 국내 총생산을 확인하고 남북문제가 발생한 배경을 연결하여 파악하기

빈출 키워드

#세계화의 확산 #국가 간 빈부 격차 심화 #남북문제 #빈곤과 질병 문제

메모

메모

메모

메모

중학 사회·역사의 자신감

필수 중학 내신 대비서 올쏘

대표 저자 곽주현
엠베스트 일타 강사

핵심 개념+필수 문제로 내신 대비
도든 검정 교과서 분석 및 반영

예비 중을 위한 쉬운 개념
지도, 국가에 대한 기본 개념 마스터

단원별 학습 동영상 제공
자기 주도적 사회·역사 학습

예비 중학 사회 / 중학 사회 1~3학년 1,2학기 / 중학 역사 1~3학년 1,2학기

중학 **역사 ①**-2

개념 학습 정리책

중학

역사 ①-2

시험 대비 문제책

실력 확인 문제

문제로 복습하는
실력 확인

시험 빈출 문제

시험 빈출 문제로
실력 올리기

동아출판

중학 역사 ①-2

실력 확인 문제 01 유럽과 아메리카의 국민 국가 체제

1 미국 혁명

배경	영국의 식민지 정책에 식민지 주민 반발
전개	❶□□□ 차 사건 → 대륙 회의 → 독립 선언문 발표 → 요크타운 전투 승리 → 파리 조약으로 독립 승인(1783)
결과	❷□□ □□ 제정(삼권 분립, 공화정), 초대 대통령(조지 워싱턴) 선출, 아메리카 합중국(미국) 탄생

2 프랑스 혁명

배경	• 프랑스 사회의 모순 심화 • 시민 계급 성장, 계몽사상, 미국 혁명
전개	• 재정 위기로 루이 16세, ❸□□□ 소집 → 표결 방식을 두고 대립 • 국민 의회: 테니스코트의 서약, 민중의 바스티유 습격, 인간과 시민의 권리 선언(인권 선언) 발표(1789) • 입법 의회: 혁명 전쟁 시작, 민중의 왕궁 습격 • ❹□□ □□: 루이 16세 처형, 로베스피에르의 공포 정치 • 총재 정부: 로베스피에르 처형 후 수립
나폴레옹 전쟁	• 나폴레옹의 쿠데타 → 통령 정부 수립 → 개혁 실시(『나폴레옹 법전』 편찬 등) → 황제 즉위 → 러시아 원정 실패로 몰락 • 유럽 내 자유주의와 민족주의 이념 확산

3 유럽의 국민 국가 건설

1 빈 체제 유럽의 영토와 정치 체제를 프랑스 혁명 이전으로 되돌림 → 자유주의·민족주의 운동 탄압

2 자유주의 확산

프랑스	• 7월 혁명: 샤를 10세의 전제 정치 → 루이 필리프를 왕으로 세우고 입헌 군주정 수립 • 2월 혁명: 노동자들이 선거권 확대 요구 → 루이 필리프가 물러나고 ❺□□□ 수립
영국	노동자들의 선거법 개정 요구 → 인민헌장을 발표하고 ❻□□□□ 운동 전개

3 민족주의 확산

이탈리아	사르데냐 왕국의 총리 카부르 주도로 중북부 통합 → ❼□□□□의 활약으로 남부 통합, 이탈리아 왕국 수립(1861) → 베네치아·교황령 통합(1870)
독일	프로이센 주도로 관세 동맹 성립 → 비스마르크의 철혈 정책 → 북독일 연방 결성 → 독일 제국 수립(1871)

4 아메리카의 국민 국가 건설

라틴 아메리카	• 크리오요가 독립운동 주도, 볼리바르, 산마르틴 활약 • 미국의 ❽□□ □□: 아메리카에 대한 유럽의 간섭 거부
미국 남북 전쟁	노예제 확대에 반대하는 링컨이 대통령 당선 → 남부의 연방 탈퇴 → 전쟁 발발 → 노예 해방 선언 → 북부 승리

정답 ❶ 보스턴 ❷ 연방 헌법 ❸ 삼부회 ❹ 국민 공회 ❺ 공화정 ❻ 차티스트 ❼ 가리발디 ❽ 먼로 선언

---

01 미국 혁명 전 아메리카 대륙의 상황에 대한 설명으로 옳지 <u>않은</u> 것은? ^중

① 의회를 구성하여 자치를 누리고 있었다.
② 영국인들이 종교의 자유를 위해 이주해 왔다.
③ 동부 해안에 13개의 식민지가 건설되어 있었다.
④ 영국 의회에 출석하기 위해 정기적으로 식민지 대표를 선발하였다.
⑤ 재정 위기에 빠진 영국이 식민지에 각종 명목의 세금을 부과하였다.

02 다음 사건을 일어난 순서대로 바르게 나열한 것은? ^상

> ㄱ. 식민지 대표들이 독립 선언문을 발표하였다.
> ㄴ. 식민지 군대가 요크타운 전투에서 영국군에 승리하였다.
> ㄷ. 영국은 보스턴 항구를 봉쇄하고 식민지 주민을 탄압하였다.
> ㄹ. 식민지 주민들이 영국 동인도 회사의 배를 습격하여 차 상자를 바다에 던져 버렸다.

① ㄱ-ㄴ-ㄷ-ㄹ
② ㄴ-ㄷ-ㄹ-ㄱ
③ ㄷ-ㄹ-ㄱ-ㄴ
④ ㄹ-ㄷ-ㄱ-ㄴ
⑤ ㄹ-ㄷ-ㄴ-ㄱ

03 다음 화폐 속 인물에 대한 설명으로 옳은 것은? ^하

▲ 미국 화폐 속 조지 워싱턴

① 노예 해방을 선언하였다.
② 보스턴 차 사건을 일으켰다.
③ 식민지의 대표로서 영국 의회에 참석하였다.
④ 총사령관으로서 독립 전쟁을 승리로 이끌었다.
⑤ 재정 문제를 해결하기 위해 인지세법을 제정하였다.

빈출
04 다음 자료에 대한 설명으로 옳지 <u>않은</u> 것은?

중

> 모든 사람은 평등하게 태어났고, 창조주는 양도할 수 없는 일정한 권리를 인간에게 부여했는데, 그 권리에는 생명권, 자유권, 행복 추구권이 있다. 이 권리를 확보하기 위해 인민은 정부를 조직하고, 이 정부의 정당한 권력은 인민의 동의에서 유래한다. 또한 어떠한 형태의 정부이든 본래의 목적을 파괴했을 때, 인민은 언제든지 정부를 바꾸거나 폐지할 권리가 있다.

① 프랑스 혁명의 영향을 받았다.
② 인간의 기본권을 보장하고 있다.
③ 국민 주권의 원리가 나타나 있다.
④ 정부에 대한 혁명권이 드러나 있다.
⑤ 미국의 독립 전쟁 때 발표된 문서이다.

05 다음 (가)에 들어갈 선생님의 대답으로 가장 적절한 것은?

상

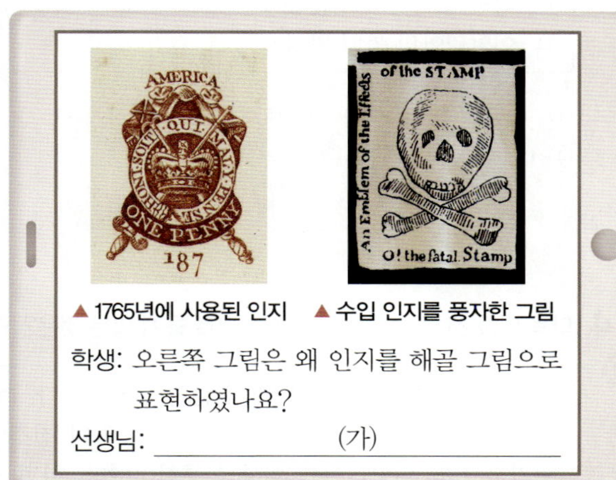
▲ 1765년에 사용된 인지   ▲ 수입 인지를 풍자한 그림

학생: 오른쪽 그림은 왜 인지를 해골 그림으로 표현하였나요?
선생님: ______________ (가)

① 아메리카 합중국(미국)의 탄생을 기념한 것이란다.
② 당시 인지 위조가 만연한 상황을 풍자한 것이란다.
③ 독립 전쟁에서 목숨을 잃은 식민지 주민들을 추모하는 것이란다.
④ 영국이 식민지 주민들의 인지 사용을 금지하자 항의를 표시한 것이란다.
⑤ 본인들의 대표가 없는 의회가 부과한 세금에 동의하지 않음을 나타낸 것이란다.

06 다음 자료에 대한 설명으로 옳지 <u>않은</u> 것은?

중

> 제1조 1항 이 헌법에 따라 부여되는 모든 (㉠)은 미국 연방 의회에 속하며, 연방 의회는 상원과 하원으로 구성한다.
> 제2조 1항 (㉡)은 미국 대통령에게 속한다.
> 제3조 1항 미국의 (㉢)은 연방 대법원 한 곳과 연방 의회가 수시로 설치하는 하급 법원에 속한다.

① ㉠에 들어갈 말은 입법권이다.
② ㉡에 들어갈 말은 행정권이다.
③ ㉢에 들어갈 말은 사법권이다.
④ 권력의 집중을 방지하고자 하였다.
⑤ 식민지의 독립을 주장한 문서이다.

빈출
07 다음 자료에 대한 설명으로 옳지 <u>않은</u> 것은?

중

▲ 프랑스 구제도의 모순 풍자화

① (가)는 제1 신분(성직자)이다.
② (가), (나)는 전체 인구의 2% 정도였다.
③ (나)는 세금을 면제받는 특권을 누렸다.
④ (다)는 토지와 관직을 독차지하였다.
⑤ (다)의 대표는 삼부회에서 머릿수에 따른 표결 방식을 요구하였다.

08 다음 (가)에 들어갈 제목으로 가장 적절한 것은?

중

> (가)
> 1789년 7월 14일, 파리 시민들이 바스티유를 습격하였습니다. 시민들은 루이 16세가 군대를 동원하여 국민 의회를 해산시킨다는 소식에 분노하였습니다.

① 전제 정치의 상징, 무너지다!
② 제3 신분, 테니스코트의 서약 발표!
③ 로베스피에르, 공포 정치를 주도하다!
④ 국민 공회, 루이 16세를 반역죄로 처형하다!
⑤ 나폴레옹, 국민의 지지로 쿠데타를 일으키다!

빈출

09 프랑스 혁명의 전개 과정에서 (가)~(다)에 들어갈 말을 옳게 연결한 것은?

(가)	(나)	(다)
테니스코트의 서약	→ 오스트리아에 전쟁 선포	→ 루이 16세 처형

	(가)	(나)	(다)
①	총재 정부	국민 공회	입법 의회
②	총재 정부	입법 의회	국민 공회
③	국민 공회	총재 정부	입법 의회
④	국민 의회	입법 의회	국민 공회
⑤	입법 의회	국민 공회	국민 의회

10 다음 법전에 대한 설명으로 옳은 것은?

프랑스 혁명 전후 제정한 법률을 집대성한 것으로, 근대 법전의 기초가 되었다.

① 로베스피에르가 제정하였다.
② 3개로 나뉜 신분제를 강조하였다.
③ 루이 16세가 제3 신분과 함께 만들었다.
④ 인간과 시민의 권리 선언이라고 불린다.
⑤ 개인의 자유, 사유 재산 존중 등이 담겨 있다.

11 다음 ㉠~㉤에 들어갈 내용으로 옳지 않은 것은?

빈 체제의 성립으로 프랑스에서는 (㉠)이/가 부활하였다. 샤를 10세의 전제 정치에 반발한 파리 시민들은 (㉡)을/를 새로운 왕으로 추대하여 (㉢)을/를 수립하였다(7월 혁명). 이후 중소 시민층과 노동자들이 선거권 확대를 요구하면서 혁명을 일으켰다(2월 혁명). 그 결과 (㉣)이/가 수립되었다. 2월 혁명의 영향으로 (㉤)이/가 붕괴되었다.

① ㉠: 왕정
② ㉡: 루이 필리프
③ ㉢: 입헌 군주정
④ ㉣: 왕정
⑤ ㉤: 빈 체제

12 다음 자료에 대한 설명으로 옳은 것은?

차티스트 운동 세력의 요구 사항

1. 21세 이상 모든 (㉠)에게 선거권을 부여할 것
2. 유권자 보호를 위해 (㉡) 투표를 실시할 것
3. 하원 의원의 자격 중 (㉢) 조항을 폐지할 것
4. 하원 의원에게 보수를 지급할 것
5. 인구 비례에 따라 선거구를 조정할 것
6. 매년 선거를 실시할 것

① ㉠에 들어갈 말은 국민이다.
② ㉡에 들어갈 말은 공개이다.
③ ㉢에 들어갈 말은 신분이다.
④ 도시 중산층의 요구 사항이다.
⑤ 영국 노동자들이 발표한 인민헌장이다.

빈출

13 다음 밑줄 친 ㉠의 사례로 옳은 것을 **보기**에서 모두 고르면?

1848년 2월 혁명의 영향으로 유럽에서 자유주의 운동과 ㉠ 민족주의 운동이 촉진되었고, 빈 체제도 무너졌다.

보기

ㄱ. 독일 제국 수립
ㄴ. 프랑스의 7월 혁명
ㄷ. 영국의 차티스트 운동
ㄹ. 이탈리아의 통일 완성

① ㄱ, ㄴ 　② ㄱ, ㄹ 　③ ㄴ, ㄷ
④ ㄴ, ㄹ 　⑤ ㄷ, ㄹ

14 다음 밑줄 친 ㉠~㉤에 대한 설명으로 옳지 않은 것은?

이탈리아는 19세기 전반까지 분열되어 있었다. ㉠ 카부르는 국력을 강화하여 ㉡ 오스트리아와의 전쟁에서 승리하고 ㉢ 이탈리아의 일부를 통합하였다. 한편 시칠리아와 나폴리를 점령한 ㉣ 가리발디는 이탈리아 왕국 탄생에 큰 공을 세웠다. 이후 1870년 ㉤ 추가 통합이 이루어져 통일이 완성되었다.

① ㉠: 사르데냐 왕국의 총리였다.
② ㉡: 이전에 프랑스와 동맹을 맺었다.
③ ㉢: 이탈리아의 중북부 지역에 해당한다.
④ ㉣: 프랑스와의 전쟁에서 승리하였다.
⑤ ㉤: 베네치아와 교황령을 통합하였다.

15 다음 연설을 한 인물에 대한 설명으로 옳은 것을 **보기**에서 모두 고르면?

> 독일이 현재의 과제를 수행하기 위해 눈여겨보아야 할 것은 …… 프로이센의 …… 군비입니다. …… 오늘날 중요한 문제들은 연설과 다수결로 결정되지 않습니다. …… 오로지 철과 피에 의해서만 문제가 해결될 수 있습니다.

보기

ㄱ. 철혈 정책을 내세웠다.
ㄴ. 자유주의의 중요성을 제창하였다.
ㄷ. 오스트리아와의 전쟁을 승리로 이끌었다.
ㄹ. 황제로 즉위하면서 독일 제국을 수립하였다.

① ㄱ, ㄴ
② ㄱ, ㄷ
③ ㄴ, ㄷ
④ ㄴ, ㄹ
⑤ ㄷ, ㄹ

16 라틴 아메리카의 독립운동에 대한 탐구 활동 내용으로 옳지 <u>않은</u> 것은?

① 먼로 선언이 독립운동에 끼친 영향을 살펴본다.
② 크리오요가 독립운동을 주도한 까닭을 조사한다.
③ 라틴 아메리카에서 가장 먼저 독립한 나라를 검색한다.
④ 산마르틴이 '페루의 보호자'로 불리는 까닭을 알아본다.
⑤ 알렉산드르 2세가 농노 해방령을 발표한 배경을 토론한다.

17 미국의 남북 전쟁에 대한 설명으로 옳지 <u>않은</u> 것은?

① 북부는 노예제 유지를 주장하였다.
② 전쟁 중 링컨이 노예 해방을 선언하였다.
③ 남부의 주들이 연방을 탈퇴하며 전쟁이 일어났다.
④ 인구와 자원이 우세한 북부가 전쟁에서 승리하였다.
⑤ 남부는 면화를 생산하는 대농장을 주로 경영하였다.

18 다음 글을 읽고 물음에 답하시오.

> **미국 연방 헌법**
>
> 제1조 1항 이 헌법에 따라 부여되는 모든 (㉠)권은 미국 연방 의회에 속하며 ……
> 제2조 1항 (㉡)권은 미국 대통령에게 속한다.
> 제3조 1항 미국의 (㉢)권은 연방 대법원 한 곳과 …… 하급 법원에 속한다.

(1) ㉠~㉢에 각각 들어갈 단어를 쓰시오.

㉠ ________ ㉡ ________ ㉢ ________

(2) 위 헌법에 나타난 원칙을 쓰고, 이러한 원칙을 도입한 목적을 서술하시오.

____

____

19 다음 지도를 보고 물음에 답하시오.

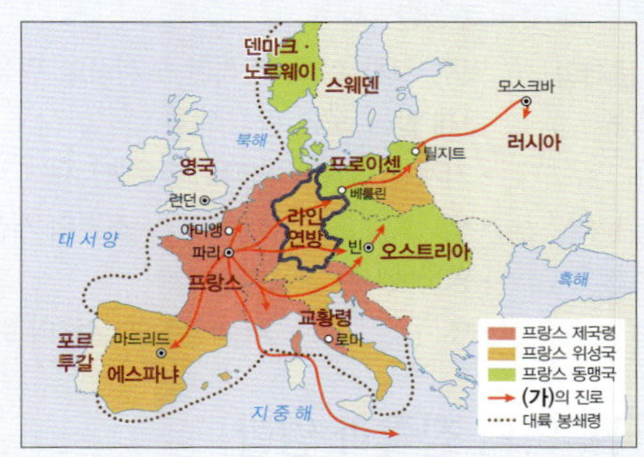

(1) (가)에 들어갈 인물의 이름을 쓰시오.

____

(2) (가)의 정복 전쟁이 유럽에 끼친 영향을 자유주의, 민족주의와 연관 지어 서술하시오.

20 다음 밑줄 친 '인물'의 이름을 쓰시오.

베네수엘라 화폐 속 <u>인물</u>은 베네수엘라, 콜롬비아, 볼리비아의 독립을 이끌었다.

____

실력확인문제 **02 유럽의 산업화와 제국주의**

1 산업 혁명과 자본주의의 등장

산업 혁명의 시작	• 산업 혁명: 기계의 발명과 기술 혁신으로 생산력이 급증하며 나타난 경제와 사회 구조상의 큰 변화 • ❶□□에서 산업 혁명 시작된 배경: 명예혁명 이후 정치적 안정, 인클로저 운동으로 풍부한 노동력 확보, 풍부한 지하자원, 모직물 공업 발달로 자본 축적, 넓은 식민지 확보 • 면직물 공업에서 산업 혁명 시작(방적기·방직기 발명)
산업 혁명의 전개	• 제임스 와트가 ❷□□□□ 개량 → 공장제 기계 공업 발달 • 증기 기관차, 증기선, 전신과 전화 발명 → 교통과 통신의 발달로 상품 시장 확대, 산업화 확산
산업 혁명의 확산	• 프랑스(19세기 초반) → 미국(19세기 중반) → 독일, 러시아, 일본 등 정부 주도로 확산(19세기 후반) • ❸□□□□ 경제 체제 확립

2 산업 혁명 이후 사회 변화

산업 사회로의 전환	물질적 풍요와 생활의 편의 증가, 도시 인구 증가 및 도시화 진행 → 유럽 사회가 도시 중심의 산업 사회로 전환
사회 문제의 발생	빈부 격차 심화, 급격한 도시화로 위생·주거·치안 문제 발생, 노동 환경 악화
사회 문제 해결 노력	• 기계 파괴 운동(러다이트 운동) • ❹□□□□ 결성: 노동 조건의 개선 요구 • 영국에서는 공장법 제정 • ❺□□□ 사상 등장(자본주의 모순 비판)

3 제국주의의 침략과 영향

제국주의	• 의미: 서양 열강이 군사력과 경제력을 앞세워 약소국을 식민지로 삼아 지배한 팽창 정책 • 사회 진화론, 인종주의를 내세워 침략 정당화
아프리카 분할	• 파쇼다 사건: 영국의 ❻□□ 정책과 프랑스의 ❼□□ 정책 충돌 • 모로코 사건: 프랑스와 독일의 충돌 • 독립 유지: 라이베리아, 에티오피아
아시아·태평양 분할	• 인도: 플라시 전투 이후 영국이 지배 • 인도차이나반도: ❽□□□가 지배 • 인도네시아: 네덜란드가 점령 • 필리핀: 에스파냐가 지배 → ❾□□이 점령 • 중국: 아편 전쟁 후 열강이 경쟁적으로 진출
영향	제국주의 열강은 점령지에서 광산 개발, 무역 독점, 플랜테이션 농업 시행 등으로 막대한 이익 획득 → 원주민 수탈, 자연 파괴

정답 ❶ 영국 ❷ 증기 기관 ❸ 자본주의 ❹ 노동조합 ❺ 사회주의 ❻ 종단 ❼ 횡단 ❽ 프랑스 ❾ 미국

빈출
01 산업 혁명이 영국에서 시작된 배경으로 옳지 <u>않은</u> 것은?

중

① 토지를 잃은 농민이 도시로 몰렸다.
② 석탄과 철 등 지하자원이 풍부하였다.
③ 명예혁명을 통해 일찍이 정치적 안정을 이루었다.
④ 넓은 해외 식민지가 원료 공급지와 상품 시장의 역할을 하였다.
⑤ 신항로 개척을 통해 아메리카에 진출하고 무적함대로 대서양을 장악하였다.

02 다음 기계에 대한 설명으로 옳은 것은?

하

▲ 제임스 와트의 증기 기관

① 독일에서 제작되었다.
② 가내 수공업을 발전시켰다.
③ 석유를 원료로 사용하였다.
④ 방적기와 방직기가 하나로 합쳐진 기계이다.
⑤ 기존보다 경제적이면서 더 강한 동력을 얻을 수 있도록 개량되었다.

03 산업 혁명 이후 영국에서 볼 수 있는 모습으로 적절하지 <u>않은</u> 것은?

중

① 증기 기관차를 기다리는 승객
② 공화정을 수립한 청교도 정치가
③ 공장을 소유하여 부를 축적한 자본가
④ 공장에서 임금을 받아 생활하는 노동자
⑤ 전기로 신호를 보내 정보를 전달하는 전신기

04 다음 지도를 활용한 탐구 활동으로 가장 적절한 것은?

상

① 가격 혁명의 영향에 대해 알아본다.
② 대서양 삼각 무역의 배경을 조사한다.
③ 재정·군사 국가의 경쟁에 대해 검색한다.
④ 제국주의의 팽창 과정을 지도에 표시한다.
⑤ 증기 기관차 개발과 철도망 확산의 연관성을 토론한다.

05 다음 (가)~(다)에 들어갈 인물을 옳게 연결한 것은?

하

(가)	(나)	(다)
증기 기관차 발명	유선 전신기 발명	증기선 발명

	(가)	(나)	(다)
①	모스	풀턴	스티븐슨
②	모스	스티븐슨	풀턴
③	풀턴	스티븐슨	모스
④	스티븐슨	풀턴	모스
⑤	스티븐슨	모스	풀턴

06 유럽의 산업 사회에서 볼 수 있는 모습으로 옳은 것을 보기에서 모두 고르면?

중

보기
ㄱ. 밤을 환하게 밝히는 백열전구
ㄴ. 도시 근교에서 여행을 즐기는 자본가
ㄷ. 휘발유를 사용한 자동차를 타는 사람들
ㄹ. 만국 박람회에서 새로운 제품을 선보이는 발명가

① ㄱ, ㄴ
② ㄴ, ㄹ
③ ㄱ, ㄴ, ㄷ
④ ㄴ, ㄷ, ㄹ
⑤ ㄱ, ㄴ, ㄷ, ㄹ

07 다음 대화의 밑줄 친 ㉠에 대한 대답으로 적절하지 않은 것은?

빈출 중

① 계층 간의 대립과 갈등이 심해졌어.
② 무분별한 공장 가동으로 환경이 오염되었어.
③ 인클로저 운동으로 많은 농민이 토지를 잃었어.
④ 어린 아이들까지 저임금을 받으며 노동력을 착취당했어.
⑤ 주택과 상하수도를 비롯한 도시의 위생 시설이 부족해졌어.

08 다음 ㉠~㉤에 들어갈 내용으로 옳지 않은 것은?

중

영국에서 시작된 (㉠)은/는 주변 나라로 퍼져 나가면서 산업화가 빠르게 이루어졌다. 19세기 중반 이후 미국과 (㉡)이/가 중화학 공업 중심으로 성장하였다. 산업화가 진행되면서 (㉢)을/를 소유한 자본가와 임금을 받는 (㉣)의 관계가 형성되고 생산과 소비가 시장에 의해 결정되는 (㉤) 경제 체제가 확립되었다.

① ㉠: 산업 혁명
② ㉡: 프랑스
③ ㉢: 자본
④ ㉣: 노동자
⑤ ㉤: 자본주의

09 다음과 같이 공업 형태가 바뀌면서 생겨난 변화로 가장 적절한 것은?

▲ 가내 수공업

▲ 공장제 기계 공업

① 다품종 소량 생산이 가능해졌다.
② 농촌과 도시가 균형 있게 성장하였다.
③ 노동자에게도 경제적 이익이 고루 돌아갔다.
④ 원료와 제품을 수송하기 위한 교통수단이 발달하였다.
⑤ 도시에 살던 사람들이 환경 오염을 피해 이동하면서 농촌 인구가 크게 늘었다.

10 다음 탐구 내용에 따른 각 모둠의 탐구 활동으로 적절하지 않은 것은?

역사 탐구 계획서

• 탐구 주제: 산업 사회의 빛과 그림자
• 탐구 내용:
– 1모둠: 산업 혁명의 시작
– 2모둠: 동력 혁명
– 3모둠: 교통·통신 혁명
– 4모둠: 산업 사회의 형성
– 5모둠: 산업 혁명 이후 사회 문제

① 1모둠: 명예혁명의 영향을 조사한다.
② 2모둠: 제임스 와트가 개량한 기계를 알아본다.
③ 3모둠: 스티븐슨과 풀턴의 활동을 검색한다.
④ 4모둠: 삼부회의 표결 방식에 대해 토론한다.
⑤ 5모둠: 아동 노동의 실태에 대한 보고서를 읽어 본다.

11 산업 혁명 이후 발생한 사회 문제로 옳은 것을 보기 에서 모두 고르면?

보기
ㄱ. 아동 노동 문제
ㄴ. 도시의 위생 시설 부족
ㄷ. 로베스피에르의 공포 정치
ㄹ. 매연으로 오염된 대기 환경

① ㄱ, ㄴ　　② ㄱ, ㄷ　　③ ㄱ, ㄴ, ㄹ
④ ㄴ, ㄷ, ㄹ　　⑤ ㄱ, ㄴ, ㄷ, ㄹ

12 제국주의를 정당화한 논리에 대한 설명으로 옳은 것을 보기 에서 모두 고르면?

보기
ㄱ. 백인종이 유색 인종보다 우월하다.
ㄴ. 강한 나라가 약한 나라를 지배하는 것은 당연하다.
ㄷ. 모든 사람은 자유롭고 평등한 권리를 가지고 태어났다.
ㄹ. 생산 수단을 공동으로 소유하여 공동으로 생산하고 분배해야 한다.

① ㄱ, ㄴ　　② ㄱ, ㄹ　　③ ㄴ, ㄷ
④ ㄴ, ㄹ　　⑤ ㄷ, ㄹ

13 다음 밑줄 친 '나'의 주장으로 가장 적절한 것은?

> 우리는 영국의 4천 만 국민을 피비린내 나는 내란으로부터 지키고, 과잉 인구를 수용하기 위해 새로운 영토를 개척해야만 한다. 그들이 공장이나 광산에서 생산하는 상품을 위해 새로운 판로를 만들어 내야만 한다. …… 나는 우리가 세계에서 가장 우수한 인종이며, 따라서 우리가 세계에 많이 거주할수록 인류에 좋다고 주장한다.

① 공장법을 제정해야 한다.
② 제국주의자가 되어야 한다.
③ 식민지의 독립을 인정해야 한다.
④ 유럽 대륙과 영국의 통상을 금지해야 한다.
⑤ 자유주의와 민족주의의 확산을 저지해야 한다.

실전 대비!
주관식·서술형 문제

14 다음 ㉠~㉢에 들어갈 용어를 옳게 연결한 것은?

중

> 열강의 제국주의 정책은 서로 충돌하기도 하였다. 아프리카에서는 영국과 프랑스가 (㉠)에서 충돌하였으나 서로 타협하여 전쟁으로 번지지는 않았다. 이후 프랑스와 독일은 (㉡) 사건으로 갈등을 빚었다. 한편 인도에서는 영국과 프랑스가 다시 한번 충돌하여 (㉢) 전투가 발생하였고, 영국이 승리하였다.

	㉠	㉡	㉢
①	파쇼다	모로코	플라시
②	파쇼다	플라시	모로코
③	모로코	파쇼다	플라시
④	모로코	플라시	파쇼다
⑤	플라시	파쇼다	모로코

15 다음 밑줄 친 '이 나라'로 옳은 것은?

하

> 20세기 초에는 이 나라와 에티오피아를 제외한 아프리카의 모든 지역이 유럽 열강의 식민지가 되었다.

① 콩고 　② 이집트 　③ 리비아
④ 라이베리아 　⑤ 나이지리아

16 다음 설명에 해당하는 용어로 옳은 것은?

하

> 서양 열강의 자본과 기술력, 원주민의 값싼 노동력을 결합하여 단일 상품 작물을 대량으로 생산하는 농업 방식을 말한다.

① 삼포제 　② 모내기법 　③ 인클로저
④ 라티푼디움 　⑤ 플랜테이션

17 제국주의 열강의 침략에 대한 설명으로 옳은 것은?

중
① 영국: 베트남을 점령하였다.
② 프랑스: 캄보디아를 점령하였다.
③ 영국: 인도네시아의 대부분을 식민지로 삼았다.
④ 미국: 플라시 전투에서 승리하여 인도를 식민지로 삼았다.
⑤ 네덜란드: 에스파냐와의 전쟁에서 승리하여 필리핀을 식민지로 삼았다.

18 다음 글을 읽고 물음에 답하시오.

> 산업 혁명은 (㉠)에서 가장 먼저 시작되었다.

(1) ㉠에 들어갈 나라를 쓰시오.

____

(2) 산업 혁명이 ㉠에서 가장 먼저 시작된 배경을 세 가지 서술하시오.

____

____

19 다음 글을 읽고 물음에 답하시오.

> **애덤 스미스의 자유방임주의**
>
> 시장에 대한 국가의 간섭을 줄이고, 개인이 자유롭게 이윤을 추구하도록 하면 국가의 부를 증진할 수 있다.

(1) 위와 같은 주장을 지지한 산업 사회의 주도 세력을 쓰시오.

____

(2) 자유방임주의의 모순을 산업 사회의 사회 문제와 연관 지어 서술하시오.

____

____

20 다음 (가)~(다)에 해당하는 용어를 쓰시오.

> (가) 군사력과 경제력을 앞세워 약소국을 식민지로 삼아 지배하려는 팽창 정책이다.
> (나) 적자생존의 원칙을 사회에 적용한 이론이다.
> (다) 인종 사이에 우열이 있어 인종적 박해나 차별을 정당하게 여기는 사고방식이다.

(가) ___________ (나) ___________ (다) ___________

실력확인문제 · 03 아시아의 국민 국가 건설 운동

1 중국의 국민 국가 건설

개항	영국의 아편 밀수출 → 제1차 아편 전쟁 → ❶□□ 조약 체결(개항, 홍콩 할양) → 애로호 사건 → 제2차 아편 전쟁 → 톈진·베이징 조약 체결(추가 개항, 외국 공사의 베이징 주재·크리스트교 포교 허용)
양무운동	한인 관료 증국번, 이홍장 등 주도 → '중체서용'을 내세우며 개혁 추진
변법자강 운동	캉유웨이, 량치차오 등 개혁적 지식인 주도 → ❷□□ 군주제, 의회 제도 도입 추진
의화단 운동	'부청멸양'을 구호로 철도, 교회, 외국 공관 공격 → 신축 조약 체결(베이징에 외국 군대 주둔 허용)

2 일본의 국민 국가 건설과 제국주의화

개항	미일 화친 조약, 미일 수호 통상 조약 체결 → 미국의 최혜국 대우, 영사 재판권 인정
메이지 유신	일부 다이묘, 하급 무사 주도로 천황 중심 정부 수립 → 근대화 정책 추진, 일본 제국 헌법 제정, 제국 의회 개설
제국주의화	• ❸□□ 전쟁 승리 → 시모노세키 조약 체결 • 러일 전쟁 승리 → 포츠머스 조약 체결

3 조선의 국민 국가 건설 운동

개항	운요호 사건 → ❹□□□ 조약 체결
근대화 운동	개화 정책 추진, 갑신정변, 동학 농민 운동, 갑오개혁 등
국민 국가 건설 운동	독립 협회의 활동, 대한 제국 수립(광무개혁 추진, 대한국 국제 반포) → 일본의 국권 침탈(을사늑약) → 의병 운동, 애국 계몽 운동 등 국권 수호 운동 전개

4 인도의 국민 국가 건설 운동

식민지화	영국의 ❺□□□ 전투 승리 → 프랑스를 물리치고 인도 식민 지배 확대
국민 국가 건설 운동	• ❻□□□의 항쟁: 영국의 지배 방식에 대한 분노 → 민족 운동으로 확대 → 실패, 영국령 인도 제국 수립 • 인도 국민 회의 결성: 영국의 벵골 분할령 발표에 맞서 반영 운동 전개(영국 상품 불매, 스와라지, 스와데시 등)

5 서아시아의 국민 국가 건설 운동

오스만 제국	❼□□□ 개혁 추진 → 미드하트 파샤의 입헌 정치 시도 → 청년 튀르크당의 혁명
아라비아 반도	• 『쿠란』의 가르침으로 돌아가자는 ❽□□□ 운동 • 아랍 문화 부흥 운동
이란	담배 불매 운동 → 입헌 혁명 → 영국, 러시아의 분할 통치
이집트	무함마드 알리의 개혁 → ❾□□□ 운하 건설 → 영국·프랑스의 재정 관리 → 아라비 파샤의 혁명 → 영국의 보호국화

정답 ❶ 난징 ❷ 입헌 ❸ 청일 ❹ 강화도 ❺ 플라시 ❻ 세포이 ❼ 탄지마트 ❽ 와하브 ❾ 수에즈

---

01 청에서 일어난 사건과 그 결과 맺은 조약으로 옳지 <u>않은</u> 것은?

중

① 의화단 운동 – 신축 조약
② 변법자강 운동 – 톈진 조약
③ 제1차 아편 전쟁 – 난징 조약
④ 청일 전쟁 – 시모노세키 조약
⑤ 제2차 아편 전쟁 – 베이징 조약

02 청의 국민 국가 건설 운동을 주도한 인물에 대한 설명으로 옳은 것은?

중

① 이홍장: '중체서용'을 내세우며 양무운동을 추진하였다.
② 증국번: 입헌 군주제와 의회 제도 도입을 주장하였다.
③ 량치차오: 태평천국 운동을 통해 토지의 균등 분배를 주장하였다.
④ 홍수전: 의화단을 조직하고 서양 세력을 몰아내자고 주장하였다.
⑤ 캉유웨이: 삼민주의를 내세우며 혁명을 일으켜 중화민국의 수립을 선포하였다.

03 다음 인물이 이끈 운동에 대한 설명으로 옳은 것은?

중

① 공화정 실시를 주장하였다.
② 메이지 유신을 본보기로 삼았다.
③ 보수파의 호응으로 개혁이 성공하였다.
④ 중국 최초의 공화국인 중화민국을 세웠다.
⑤ 만주족을 몰아내고 한족의 국가를 세울 것을 주장하였다.

04 다음 밑줄 친 ㉠~㉤에 대한 설명으로 옳지 <u>않은</u> 것은?

> 쑨원은 ㉠ <u>민족주의</u>, ㉡ <u>민권주의</u>, ㉢ <u>민생주의</u>를 내용으로 하는 삼민주의를 내세우며 혁명 운동을 이끌었다. 이 무렵 ㉣ <u>청 정부</u>에 저항하는 우창 봉기가 일어났고 여러 성이 호응하면서 1911년 신해혁명이 일어났다. 혁명파는 난징을 점령하고 ㉤ <u>중화민국</u>을 세웠다.

① ㉠: 청을 도와 서양 세력을 몰아내자는 것이다.
② ㉡: 군주제 대신 민주 국가를 세우는 것이다.
③ ㉢: 토지 소유를 균등하게 하여 빈부 격차 없는 사회를 만드는 것이다.
④ ㉣: 민간 철도를 국유화하고 이를 담보로 외국 자본을 빌리려 하였다.
⑤ ㉤: 중국 최초의 공화국이다.

05 다음 자료와 관련된 국민 국가 건설 운동에 대한 설명으로 옳은 것은?

> 모든 토지는 남녀 구분 없이 각 가정의 호구 수에 비례하여 분배한다. …… 어디에도 배부르고 따뜻하지 않은 자가 없게 하라.
> – 「천조 전무 제도」

◀ 「천조 전무 제도」 표지

① 난징을 점령하는 등 세력을 확대하였다.
② 반크리스트교 운동의 일환으로 일어났다.
③ 베이징에 외국 군대의 주둔을 허용하는 결과를 가져왔다.
④ 영국, 일본, 러시아 등 8개국 연합군에 의해 진압당하였다.
⑤ '부청멸양'을 구호로 내걸고 철도와 교회 등을 공격하였다.

06 다음 사건을 일어난 순서대로 바르게 나열한 것은?

> ㄱ. 러일 전쟁
> ㄴ. 청일 전쟁
> ㄷ. 메이지 유신
> ㄹ. 운요호 사건
> ㅁ. 미일 화친 조약

① ㄱ－ㄴ－ㄷ－ㄹ－ㅁ
② ㄴ－ㄷ－ㄹ－ㅁ－ㄱ
③ ㄷ－ㄴ－ㄹ－ㅁ－ㄱ
④ ㅁ－ㄴ－ㄷ－ㄹ－ㄱ
⑤ ㅁ－ㄷ－ㄹ－ㄴ－ㄱ

07 다음 자료와 관련된 정부가 추진한 개혁에 대한 설명으로 옳은 것은?

▲ 이와쿠라 사절단

① 자유 민권 운동을 전개하였다.
② 산킨코타이 제도를 실시하였다.
③ 미국과 미일 수호 통상 조약을 맺었다.
④ 다이묘의 번을 없애고 현을 설치하였다.
⑤ 나가사키를 통해 네덜란드, 청과의 무역만을 제한적으로 허용하였다.

08 메이지 유신의 주요 개혁 내용으로 옳지 <u>않은</u> 것은?

① 사회: 신분제를 개혁하였다.
② 군사: 징병제를 시행하였다.
③ 행정: 에도의 이름을 교토로 바꾸었다.
④ 경제: 상공업을 육성하여 제조 공장을 설립하였다.
⑤ 행정: 폐번치현의 조서를 공포하여 중앙 집권적 통치 체제를 확립하였다.

09 다음 풍자화에 대한 분석으로 적절하지 <u>않은</u> 것은?

상

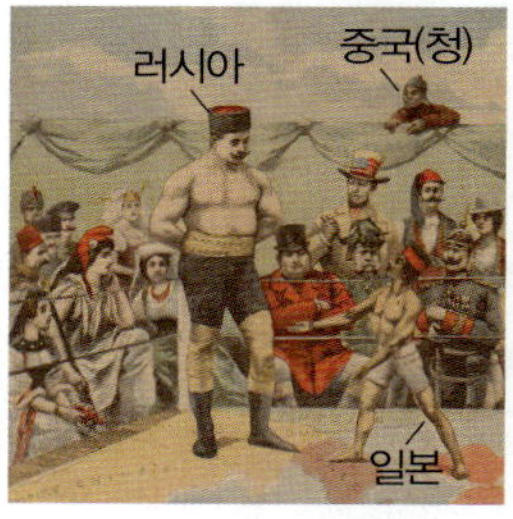

① 러일 전쟁을 주제로 하고 있다.
② 객관적인 전력은 러시아가 더 강했기 때문에 크게 그렸을 것이다.
③ 경기장 바닥의 지도를 통해 조선의 지배권을 두고 싸우고 있음을 알 수 있다.
④ 중국(청)은 전쟁의 승리자와 싸워 조선의 지배권을 차지하려는 것으로 보인다.
⑤ 경기장 주변에 여러 인물을 그려 여러 나라가 전쟁에 관심을 가졌음을 표현하였다.

10 다음 (가) 시기에 있었던 일로 옳은 것은?

하

강화도 조약 (1876)	→	(가)	→	임오군란 (1882)

① 별기군이 창설되었다.
② 을미사변이 일어났다.
③ 갑오개혁이 추진되었다.
④ 운요호 사건이 발생하였다.
⑤ 고종이 러시아 공사관으로 거처를 옮겼다.

11 조선의 국민 국가 건설 운동과 그 설명이 옳지 <u>않은</u> 것은?

중

① 갑신정변: 일본의 메이지 유신을 본보기로 삼아 적극적인 근대화를 추진하였다.
② 갑오개혁: 신분제와 과거제를 폐지하였다.
③ 독립 협회: 만민 공동회를 열고 의회 설립을 추진하였다.
④ 광무개혁: 아관 파천으로 개혁이 중단되었다.
⑤ 애국 계몽 운동: 민족의 실력을 길러 국권을 회복하자고 주장하였다.

12 다음 그래프와 관련된 인도의 상황으로 옳은 것은?

상

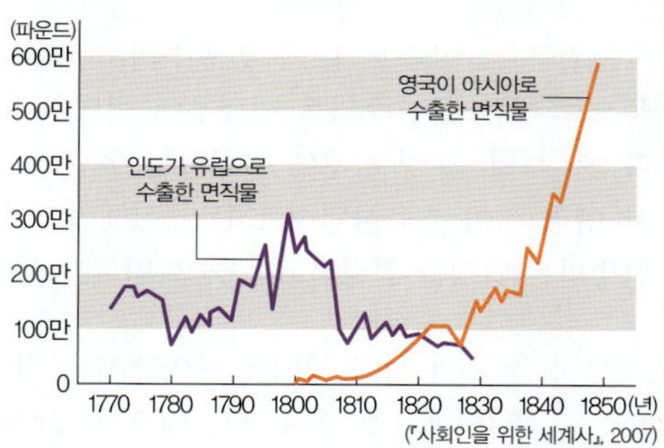

① 인도 국민 회의가 설립되었다.
② 인도의 면직물 산업이 붕괴되었다.
③ 인도의 식량 부족 문제가 해결되었다.
④ 영국이 인도의 전통문화와 종교를 존중하였다.
⑤ 인도의 수공업이 발전하여 경제가 성장하였다.

13 다음 사건이 일어난 시기를 연표에서 옳게 고르면?

중

동인도 회사가 지급한 탄약 주머니에 소나 돼지 기름이 발려 있다는 소문이 퍼졌다. 나와 같은 세포이의 대부분은 힌두교도이거나 이슬람교도여서 이에 굉장한 분노를 느꼈다. 그동안 영국의 지배 방식에 불만이 많았기 때문에 여러 세포이와 힘을 합쳐 항쟁을 시작하였다.

(가)	(나)	(다)	(라)	(마)
플라시 전투	영국령 인도 제국 성립	인도 국민 회의 결성	벵골 분할령 발표	

① (가)　② (나)　③ (다)　④ (라)　⑤ (마)

14 다음과 같은 강령을 채택한 인도의 민족 운동에 대한 설명으로 옳지 <u>않은</u> 것은?

중

• 스와데시	• 스와라지
• 민족 교육	• 영국 상품 불매

① 인도 전국으로 확산되었다.
② 인도 국민 회의가 주도하였다.
③ 벵골 분할령을 계기로 시작되었다.
④ 운동의 결과 벵골 분할령이 취소되었다.
⑤ 무굴 제국의 황제를 폐위하고 동인도 회사를 해체하였다.

15 다음 밑줄 친 '이 단체'에 대한 설명으로 옳은 것을 보기 에서 모두 고르면?

사진은 이 단체에 소속된 오스만 제국의 청년 장교, 지식인들이 구호를 외치며 시가행진을 하는 모습이다.

보기
ㄱ. 헌법을 부활하였다.
ㄴ. 와하브 운동을 전개하였다.
ㄷ. 튀르크 민족주의를 내세웠다.
ㄹ. 탄지마트 개혁을 주도하였다.

① ㄱ, ㄴ　　② ㄱ, ㄷ　　③ ㄴ, ㄷ
④ ㄴ, ㄹ　　⑤ ㄷ, ㄹ

16 와하브 운동에 대한 설명으로 옳은 것은?

① 담배 불배 운동을 벌였다.
② 미드하트 파샤가 주도하였다.
③ 영국과 러시아의 간섭으로 좌절되었다.
④ 근대식 헌법을 제정하고 의회를 설립하였다.
⑤ 『쿠란』의 가르침으로 돌아가자고 주장하였다.

17 다음 ㉠, ㉡에 들어갈 말을 옳게 연결한 것은?

이집트는 (㉠)을/를 건설하는 과정에서 많은 빚을 지면서 영국과 프랑스의 재정 관리를 받게 되었다. 이에 (㉡)을/를 중심으로 한 군부는 '이집트인을 위한 이집트 건설'이라는 구호를 내세워 혁명을 일으켰으나 영국군에 의해 진압되었다.

	㉠	㉡
①	파나마 운하	아라비 파샤
②	수에즈 운하	아라비 파샤
③	수에즈 운하	무함마드 알리
④	수에즈 운하	이븐 압둘 와하브
⑤	술탄 아흐메트 사원	무함마드 알리

18 다음 글을 읽고 물음에 답하시오.

(가) 중국의 제도는 이미 서양보다 우수하지만 기술은 서양에 못 미칩니다. 만약 무기가 서양과 비슷해진다면 그들과 맞서 싸울 수 있습니다. 우리도 무기 제조술과 같은 서양의 기술을 배우고 노력하면 충분히 자립할 수 있습니다.

(나) 열강이 우리의 빈틈을 노려 나라가 망할 위기에 처했습니다. 서양의 의회 제도를 받아들여 군주와 백성이 하나가 될 때 부강한 나라가 될 수 있습니다. 또한 현명한 인재를 모으고 헌법을 정해야 합니다.

⑴ (가), (나)에 해당하는 국민 국가 건설 운동을 쓰시오.

　(가) ____________　　　　(나) ____________

⑵ 중국의 국민 국가 건설 운동이 (가)에서 (나)로 변화한 배경을 서술하시오.

____

____

19 다음에서 설명하는 정책을 쓰시오.

영국이 인도인을 분열시킬 목적으로 반영 운동이 활발하던 인도의 벵골 지역을 힌두교도가 많은 서벵골과 이슬람교도가 많은 동벵골로 나누어 통치하려고 한 정책이다.

____

20 다음 글을 읽고 물음에 답하시오.

오스만 제국에서는 술탄의 전제 정치에 반발하여 청년 장교와 지식인들이 (㉠)을/를 만들고 무장봉기를 일으켰다(1908). (㉠)은/는 헌법과 의회를 부활시키고 근대적 개혁을 추진하였으나 ㉡ 다른 민족들의 반발을 샀다.

⑴ ㉠에 공통으로 들어갈 단체의 이름을 쓰시오.

____

⑵ 밑줄 친 ㉡의 까닭을 서술하시오.

____

____

실력 확인 문제 **01** 세계 대전과 국제 정치 및 경제 질서의 변화 ①

1 제1차 세계 대전

배경	• 유럽 열강의 대립: 3국 동맹, 3국 협상 • ❶▢▢▢▢▢의 상황: 범게르만주의, 범슬라브주의의 대립 심화
발단	• ❷▢▢▢▢ 사건(1914) → 오스트리아·헝가리 제국이 세르비아에 전쟁 선포, 동맹국(독일)과 협상국(러시아, 프랑스, 영국 등) 참전 → 세계 대전으로 확대
전개	• 독일의 무제한 잠수함 작전 → ❸▢▢이 연합국으로 참전 • 러시아는 자국에서 혁명이 일어나 전선 이탈 • 오스트리아·헝가리 제국 등 항복 → 독일에서 혁명이 일어나 제정 붕괴, 독일의 공화국 정부가 연합군에 항복(1918) → 연합국 승리
특징	기관총, 탱크, 독가스 등 신무기 등장, 참호전, 총력전

2 러시아 혁명

1 혁명의 전개

배경	• 산업화로 노동자 계층 증가, 사회주의 확산, 차르(황제)의 전제 정치 지속, 러일 전쟁으로 노동자·농민의 생활 악화 • ❹▢▢▢▢▢▢▢(1905): 상트페테르부르크에서 대규모 시위 전개, 진압 과정에서 많은 사상자 발생 → 차르 정부가 헌법 제정, 두마(의회) 설치 약속 → 불이행
전개	• 2월 혁명: 노동자·병사가 ❺▢▢▢▢(평의회) 조직 → 차르 퇴위, 임시 정부 수립 • 10월 혁명: 볼셰비키의 무장봉기로 임시 정부 붕괴 → 소비에트 정부 수립

2 소련의 등장

레닌	• 소비에트 정부가 독일과 강화 조약 체결, 소비에트 사회주의 공화국 연방 수립(1922) • ❻▢▢▢▢ ▢▢(NEP) 시행: 자본주의 요소 일부 반영 • 코민테른 조직 → 반제국주의 운동 지원
스탈린	경제 개발 5개년 계획, 독재 체제 강화

3 민주주의의 확산

베르사유 체제의 성립	• 파리 강화 회의: 전후 혼란을 수습하기 위해 14개조 평화 원칙을 기초로 진행 • ❼▢▢▢▢ 조약: 독일의 영토 축소, 배상금 지불 → 베르사유 체제 성립
민주주의 체제의 확산	• 독일에서는 ❽▢▢▢▢ 공화국 성립 • 시민의 지위 향상: 전쟁 기여 → 보통 선거, 여성 참정권 확대

정답 ❶ 발칸반도 ❷ 사라예보 ❸ 미국 ❹ 피의 일요일 사건 ❺ 소비에트 ❻ 신경제 정책 ❼ 베르사유 ❽ 바이마르

01 다음 밑줄 친 '3국 협상'에 해당하는 나라로 옳은 것을 보기에서 모두 고르면? (하)

> 19세기 후반 제국주의 열강들 사이에 식민지 경쟁 및 갈등이 심화되었다. 뒤늦게 제국주의 경쟁에 뛰어든 독일을 중심으로 3국 동맹이 결성되었고, 이에 대응하여 <u>3국 협상</u>이 체결되었다.

보기
ㄱ. 영국	ㄴ. 러시아	ㄷ. 프랑스
ㄹ. 오스만 제국	ㅁ. 오스트리아·헝가리 제국	

① ㄱ, ㄴ, ㄷ ② ㄱ, ㄴ, ㅁ ③ ㄴ, ㄷ, ㄹ
④ ㄴ, ㄷ, ㅁ ⑤ ㄷ, ㄹ, ㅁ

02 다음 질문에 대한 학생의 대답으로 적절하지 <u>않은</u> 것은? (중)

① 사라예보에서 발생한 사건이었어요.
② 제1차 세계 대전의 발단이 되었어요.
③ 범게르만주의와 범슬라브주의의 대립으로 일어났어요.
④ 오스트리아·헝가리 제국과 세르비아의 대립이 배경이 되었어요.
⑤ 이를 계기로 오스트리아·헝가리 제국이 프랑스, 영국에 전쟁을 선포하였어요.

03 다음 신문이 발행된 시기에 볼 수 있는 모습으로 가장 적절한 것은?

> ○○ 신문
>
> 전쟁 초반 독일은 서쪽으로 빠르게 진격하였으나 연합국 군대가 이를 막아 냈다. 이후 서부 전선에서는 연합군과 독일군이 대치하면서 전쟁이 장기화되었다.

① 3국 동맹을 결성하려는 독일 황제
② 참호 안에서 적을 기다리는 영국 군인
③ 3국 협상 체결을 보도하는 프랑스 기자
④ 보스니아 헤르체고비나의 병합을 반대하는 세르비아 농민
⑤ 오스트리아·헝가리 제국의 황태자 부부를 맞이하는 사라예보 시민

04 다음 사건을 일어난 순서대로 바르게 나열한 것은?

> ㄱ. 사라예보 사건
> ㄴ. 러시아가 독일과 단독 강화 체결
> ㄷ. 독일의 무제한 잠수함 작전으로 루시타니아호 침몰

① ㄱ－ㄴ－ㄷ
② ㄱ－ㄷ－ㄴ
③ ㄴ－ㄱ－ㄷ
④ ㄴ－ㄷ－ㄱ
⑤ ㄷ－ㄱ－ㄴ

05 다음 사건들의 직접적인 결과로 옳은 것은?

> • 독일의 무제한 잠수함 작전으로 영국 여객선 루시타니아호가 침몰하여 미국인 사상자가 발생하였다.
> • 독일 외무 장관 치머만이 미국에 함께 대항할 것을 멕시코에 요청한 비밀 전보가 공개되었다.

① 이탈리아가 연합국 측에 가담하였다.
② 미국이 연합국에 가담하여 참전하였다.
③ 러시아가 독일과 단독 강화를 체결하였다.
④ 영국이 독일에 대한 해상 봉쇄를 시작하였다.
⑤ 오스만 제국이 독일 편에 가담하여 참전하였다.

06 다음 ㉠에 들어갈 내용으로 가장 적절한 것은?

> **역사 탐구 보고서**
> • 제목: (㉠)을/를 중심으로 알아보는 제1차 세계 대전의 특징
> • 내용: 산업 혁명으로 이룬 대량 생산 체제와 급격히 발전한 과학 기술을 바탕으로 참전국은 탱크, 독가스 등 전쟁에서 사용할 무기를 선보였다.

① 여성 참정권의 확대
② 노동조합을 결성한 노동자
③ 독일의 무제한 잠수함 작전
④ 신무기의 등장과 대량 살상
⑤ 발칸반도에서 심화된 유럽 열강의 갈등

07 다음에서 설명하는 사건의 배경으로 옳지 <u>않은</u> 것은?

> 1905년 상트페테르부르크에서 발생한 대규모 시위를 무력으로 진압하며 많은 사상자가 발생하였다. 이를 피의 일요일 사건이라 한다.

① 차르(황제)의 전제 정치가 지속되었다.
② 제1차 세계 대전에 러시아가 참전하였다.
③ 산업화가 진행되며 노동자 계층이 증가하였다.
④ 지식인을 중심으로 사회주의 사상이 확산되었다.
⑤ 러일 전쟁으로 노동자와 농민 생활이 악화되었다.

08 다음 러시아에서 발생한 (가)~(다) 사건에 대한 설명으로 옳지 <u>않은</u> 것은?

(가)		(나)		(다)
피의 일요일 사건	→	2월 혁명	→	10월 혁명

① (가): 노동자와 농민이 벌인 시위를 무력으로 진압하였다.
② (가): 사건 이후 차르 정부는 헌법 제정과 두마 설치를 약속하였다.
③ (나): 차르가 퇴위하고 임시 정부가 세워졌다.
④ (나): 레닌이 이끄는 볼셰비키가 무장봉기를 일으켰다.
⑤ (다): 혁명 이후 소비에트 정부를 수립하였다.

09 다음 밑줄 친 '소비에트 정부'의 정책으로 옳은 것을 보기 에서 모두 고르면?

> 러시아의 볼셰비키가 노동자와 농민의 지지를 받으며 무장봉기를 일으켰고, 최초의 사회주의 정부인 <u>소비에트 정부</u>를 세웠다.

보기
ㄱ. 두마(의회)의 설치를 약속하였다.
ㄴ. 독일과 단독으로 강화 조약을 체결하였다.
ㄷ. 차르를 퇴위시키고 임시 정부를 수립하였다.
ㄹ. 토지와 산업을 국유화하는 등 개혁을 추진하였다.

① ㄱ, ㄴ ② ㄱ, ㄷ ③ ㄴ, ㄷ
④ ㄴ, ㄹ ⑤ ㄷ, ㄹ

10 레닌에 대한 설명으로 옳지 않은 것은?

① 러시아의 10월 혁명을 이끌었다.
② 경제 개발 5개년 계획을 추진하였다.
③ 소비에트 사회주의 공화국 연방(소련)을 결성하였다.
④ 코민테른을 조직하여 반제국주의 운동을 지원하였다.
⑤ 신경제 정책(NEP)을 시행하여 자본주의 요소를 일부 반영하였다.

11 다음 ㉠에 들어갈 인물로 옳은 것은?

> 레닌 사후 정권을 장악한 (㉠)은/는 농업의 집단화를 추진하고, 소련을 중화학 중심의 공업 국가로 발전시키고자 급속한 공업화를 추진하였다. 정치적으로는 반대파를 탄압 및 숙청하며 독재 체제를 강화하였다.

① 처칠 ② 윌슨 ③ 스탈린
④ 히틀러 ⑤ 무솔리니

12 파리 강화 회의에 대한 설명으로 옳지 않은 것은?

① 베르사유 조약이 체결되었다.
② 독일, 오스만 제국이 주도하였다.
③ 제1차 세계 대전이 끝난 후 열렸다.
④ 미국 대통령 윌슨이 제안한 14개조 평화 원칙이 받아들여졌다.
⑤ 패전국에게 전쟁의 책임을 묻고 식민지와 각종 이권을 빼앗았다.

13 다음 ㉠에 공통으로 들어갈 국가로 옳은 것은?

> **베르사유 조약(1919)**
> • (㉠)은/는 해외 식민지에 관한 모든 권한을 연합국의 주요 국가에게 넘긴다.
> • (㉠) 육군은 지원병 제도로만 유지한다.
> • (㉠)은/는 200억 마르크 금화에 해당하는 배상금을 우선 지불한다.

① 독일 ② 영국 ③ 러시아
④ 프랑스 ⑤ 이탈리아

14 베르사유 조약에 대한 설명으로 옳지 않은 것은?

① 독일의 군비가 축소되었다.
② 러시아와 독일 사이에 체결되었다.
③ 독일은 일부 영토와 식민지를 잃었다.
④ 전쟁의 책임이 독일에 있음을 명확히 하였다.
⑤ 향후 독일 국민의 불만이 일어나는 원인이 되었다.

15 베르사유 체제에 대한 설명으로 옳은 것을 보기 에서 모두 고르면?

> **보기**
> ㄱ. 3국 동맹과 3국 협상이 대립하였다.
> ㄴ. 패전국의 식민지와 각종 이권을 유지시켰다.
> ㄷ. 패전국의 식민지에만 민족 자결주의가 적용되었다.
> ㄹ. 미국, 영국, 프랑스 등 승전국을 중심으로 성립되었다.

① ㄱ, ㄴ   ② ㄱ, ㄷ   ③ ㄴ, ㄷ
④ ㄴ, ㄹ   ⑤ ㄷ, ㄹ

16 다음 (가)에 들어갈 내용으로 옳은 것은?

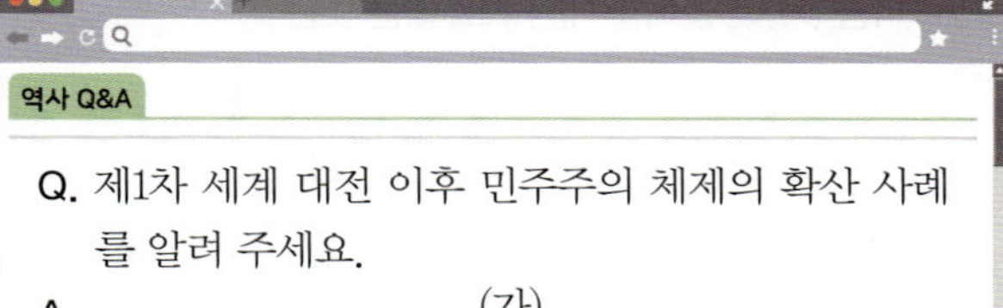

① 독일에서 바이마르 공화국이 수립되었다.
② 재산에 따른 선거권을 부여하는 나라가 많아졌다.
③ 오스트리아 · 헝가리 제국에서는 입헌 군주정이 수립되었다.
④ 민족 자결주의 원칙에 따라 승전국의 지배를 받던 민족이 독립하였다.
⑤ 새롭게 등장한 독립국은 대부분 제정에 입각한 민주주의를 채택하였다.

17 다음 (가)에 들어갈 제목으로 가장 적절한 것은?

① 사회주의 확산   ② 소비에트 결성
③ 자유주의 확산   ④ 노동자 권리 확대
⑤ 여성 참정권 확대

18 다음 사건의 명칭을 쓰시오.

> 발칸반도의 긴장이 높아지는 가운데, 오스트리아 · 헝가리 제국의 황태자 부부가 보스니아의 사라예보에서 세르비아계 청년에게 암살되었다.

____

19 다음 글을 읽고 물음에 답하시오.

> 1917년 2월, 노동자와 병사들이 소비에트를 조직하고 봉기하였다. 2월 혁명을 통해 결국 차르가 퇴위하고 임시 정부가 세워졌다. 그러나 임시 정부가 개혁을 미루고 전쟁을 지속하자, (㉠)이/가 이끄는 볼셰비키가 <u>무장봉기</u>를 일으켰다.

(1) ㉠에 들어갈 인물을 쓰시오.

____

(2) 밑줄 친 '무장봉기'의 결과를 서술하시오.

____

____

20 다음 글을 읽고 물음에 답하시오.

> (㉠) 조약(1919)
> • 독일은 해외 식민지에 관한 모든 권한을 연합국의 주요 국가에 넘긴다.
> • 독일 육군은 지원병 제도로만 유지한다.
> • 독일은 200억 마르크 금화에 해당하는 배상금을 우선 지불한다.

(1) ㉠에 들어갈 말을 쓰시오.

____

(2) 조약 내용을 통해 알 수 있는 ㉠ 조약의 한계점을 서술하시오.

____

____

실력 확인 문제 01 세계 대전과 국제 정치 및 경제 질서의 변화 ②

1 대공황과 전체주의

1 대공황의 발생

대공황	• 배경: 제1차 세계 대전 이후 ❶□□이 1920년대 경제 주도 • 생산·소비 불균형, 상품 재고 증가 → 주가 폭락, 대공황 발생(1929) → 많은 은행과 기업이 문을 닫고 실업자가 급증 → 전 세계로 경제 위기 확산
극복 노력	• 미국(루스벨트): ❷□□ 정책(생산량 조절, 대규모 공공사업 추진, 노동자 권리 보장, 사회 보장 제도 실시) • 영국·프랑스: 본국과 식민지를 하나로 묶는 ❸□□ 경제 시행(보호 무역 체제)

2 전체주의의 등장

전체주의	• 국가(민족) 전체 이익을 강조하는 대신 개인의 희생 강요 • 대공황 전후 경제 위기, 사회 불안 속에 확산됨
이탈리아	• 승전국이었으나 전후 처리에 불만 • 무솔리니의 파시스트당이 정권 장악(1922) → 에티오피아 침략
독일	• 히틀러의 ❹□□□이 선거 승리 후 독재 체제 수립 → 오스트리아, 체코슬로바키아 병합 • 극단적 인종주의 정책(독일 민족의 우월성 강조, 유대인 탄압)
일본	• 군부 세력 정권 장악 → ❺□□□□ 강화 • 대륙 침략 본격화: 만주 사변(1931), 중일 전쟁(1937)
에스파냐	프랑코가 무솔리니와 히틀러의 도움으로 독재 정권 수립
추축국 성립	독일, 이탈리아, 일본 추축국 결성

2 제2차 세계 대전

	발발	독일이 소련과 ❻□□□□□ 조약 체결(1939) → 독일의 폴란드 침공
전 개	유럽 전선	• 독일이 네덜란드, 벨기에를 거쳐 프랑스 파리 점령 • 독일은 영국을 제외한 서유럽 대부분 차지 → 불가침 조약 파기 후 ❼□□ 침공 • 소련이 스탈린그라드 전투에서 독일에 승리 • 연합군의 ❽□□□ 상륙 작전 → 프랑스 해방 → 소련의 베를린 점령 → 독일 항복
	아시아· 태평양 전선	• 일본과 중국의 전쟁 장기화 → 일본의 동남아시아 침략 → 미국의 경제 봉쇄 • 일본이 하와이 ❾□□□ 기습: 아시아·태평양 전쟁 발발(1941) → 미국 참전 • 미국이 미드웨이 해전(1942)에서 일본 격파 • 미국이 일본에 두 차례 원자 폭탄 투하 → 일본의 무조건 항복 → 제2차 세계 대전에서 연합국 승리

정답 ❶ 미국 ❷ 뉴딜 ❸ 블록 ❹ 나치당 ❺ 군국주의 ❻ 독소 불가침 ❼ 소련 ❽ 노르망디 ❾ 진주만

---

01 다음 ㉠에 공통으로 들어갈 나라로 옳은 것은?

> 제1차 세계 대전 이후 폐허가 된 유럽 대신 (㉠)이/가 세계 경제를 주도하며 호황을 누렸다. 그러나 1929년 (㉠)에서 주가가 폭락하면서 세계적인 경제 위기가 시작되었다.

① 미국　　　② 소련　　　③ 인도
④ 일본　　　⑤ 중국

02 다음 (가)에 들어갈 내용으로 옳은 것은?

> **대공황의 발생**
> • 원인: ________(가)________
> • 결과: 많은 은행과 기업이 문을 닫았고, 실업자가 급증하였으며, 소비 심리가 위축되면서 농산물 가격도 크게 떨어졌다.

① 블록 경제의 시행
② 노동자의 권리 보장
③ 사회 보장 제도의 시행
④ 과잉 생산과 소비의 불균형
⑤ 공공사업을 통한 일자리 창출

03 다음 밑줄 친 '경기 침체'의 원인으로 가장 적절한 것은?

> 1929년 미국에서 발생한 대공황은 전 세계로 퍼져 나갔다. 대량 실업과 빈곤 등은 사회 불안으로 이어지며 1930년대까지 세계는 경제 침체기에 빠졌다.

① 남녀의 보통 선거를 확대하였다.
② 독일에서 바이마르 공화국을 수립하였다.
③ 러시아에서 피의 일요일 사건이 발생하였다.
④ 유럽 등 여러 나라가 미국 경제에 대한 의존도가 높았다.
⑤ 제1차 세계 대전 중 큰 역할을 한 시민의 지위가 향상되었다.

04 다음 (가)에 들어갈 내용으로 옳지 <u>않은</u> 것은?

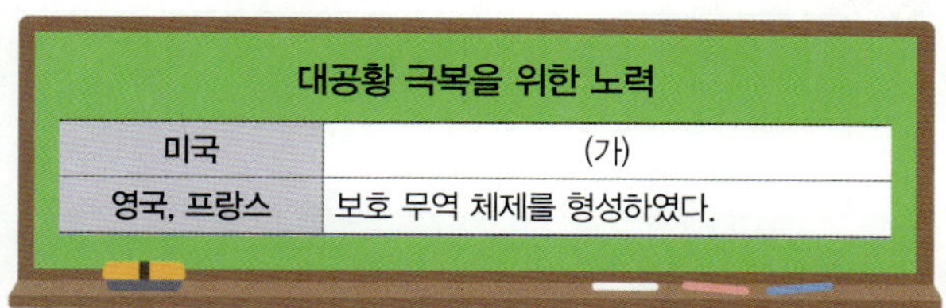

① 루스벨트 대통령이 주도하였다.
② 국가가 경제에 적극적으로 개입하였다.
③ 공공사업을 통해 실업자를 구제하였다.
④ 본국과 식민지를 블록으로 묶는 정책을 시행하였다.
⑤ 노동자의 권리를 보장하여 대중의 구매력을 높이고자 노력하였다.

05 뉴딜 정책의 내용으로 옳지 <u>않은</u> 것은?

① 농업 생산량을 조절하였다.
② 기업의 생산량을 조절하였다.
③ 사회 보장 제도를 시행하였다.
④ 대규모 공공사업을 추진하였다.
⑤ 모든 사람에게 보통 선거권을 보장하였다.

06 다음 밑줄 친 '국가'에 해당하는 나라로 옳은 것을 〔보기〕에서 모두 고르면?

〔보기〕
ㄱ. 독일   ㄴ. 미국
ㄷ. 영국   ㄹ. 프랑스

① ㄱ, ㄴ   ② ㄱ, ㄷ   ③ ㄴ, ㄷ
④ ㄴ, ㄹ   ⑤ ㄷ, ㄹ

07 전체주의에 대한 설명으로 옳지 <u>않은</u> 것은?

① 개인의 희생을 강요하였다.
② 민족 자결주의를 내세웠다.
③ 민족과 국가 전체의 이익을 강조하였다.
④ 통치자의 권위적인 지도력을 강조하였다.
⑤ 제1차 세계 대전 이후 사회 혼란 속에서 확산되었다.

08 전체주의에 대한 탐구 활동으로 옳지 <u>않은</u> 것은?

① 일본에서 군국주의가 강화된 배경을 알아본다.
② 일본이 중국에 21개조 요구를 강요한 까닭을 검색한다.
③ 일본이 만주 사변과 중일 전쟁을 일으킨 까닭을 토론한다.
④ 나치당이 극단적인 인종주의 정책을 내세운 배경을 살펴본다.
⑤ 무솔리니가 이끄는 파시스트당이 정권을 장악한 과정을 조사한다.

09 대공황 이후 독일에 대한 설명으로 옳은 것을 〔보기〕에서 모두 고르면?

〔보기〕
ㄱ. 프랑코가 독재 정권을 수립하였다.
ㄴ. 파시스트당을 제외한 모든 정당의 활동을 금지하였다.
ㄷ. 유대인을 탄압하는 등 극단적 인종주의 정책을 내세웠다.
ㄹ. 나치당은 국민의 지지를 받아 선거에서 승리하였고, 정권을 차지하였다.

① ㄱ, ㄴ   ② ㄱ, ㄷ   ③ ㄴ, ㄷ
④ ㄴ, ㄹ   ⑤ ㄷ, ㄹ

10 다음 밑줄 친 ⊙에 해당하는 사건으로 옳은 것은?

> 일본은 대공황의 위기를 극복하기 위해 군부 세력이 정권을 장악하고 군국주의를 강화하며 ⊙ 대륙 침략을 본격화하였다.

① 만주 사변
② 러일 전쟁
③ 사라예보 사건
④ 신축 조약 체결
⑤ 피의 일요일 사건

11 다음 ⊙에 들어갈 나라로 옳은 것을 보기 에서 모두 고르면?

> 대공황 이후 경제 기반이 약하고 식민지가 없거나 상대적으로 적었던 (⊙) 등은 추축 동맹과 방공 협정을 통해 추축국을 형성하였다.

보기
ㄱ. 독일　　ㄴ. 미국　　ㄷ. 영국 ㄹ. 일본　　ㅁ. 프랑스　　ㅂ. 이탈리아

① ㄱ, ㄴ, ㄷ
② ㄱ, ㄹ, ㅂ
③ ㄴ, ㄷ, ㄹ
④ ㄴ, ㄹ, ㅂ
⑤ ㄷ, ㅁ, ㅂ

12 다음 ⊙에 들어갈 내용으로 옳은 것은?

반공을 강조하던 독일 나치당과 이를 비난하던 소련 공산당이 (⊙)한 모습을 풍자한 그림이다. 좌측이 히틀러, 우측이 스탈린이다.

① 코민테른을 결성
② 국제 연맹에 가입
③ 방공 협정을 체결
④ 불가침 조약을 체결
⑤ 신경제 정책(NEP)을 시행

13 다음 사건을 일어난 순서대로 바르게 나열한 것은?

> ㄱ. 독일의 소련 침공
> ㄴ. 독일의 폴란드 침공
> ㄷ. 독소 불가침 조약 체결

① ㄱ-ㄴ-ㄷ
② ㄱ-ㄷ-ㄴ
③ ㄴ-ㄱ-ㄷ
④ ㄷ-ㄱ-ㄴ
⑤ ㄷ-ㄴ-ㄱ

14 다음 (가) 시기에 일어난 일로 옳은 것은?

> 중국과의 전쟁이 장기화되며 일본이 자원 확보를 위해 동남아시아를 침략하자, 미국이 일본에 경제적 제재를 가하였다.

↓

(가)

↓

미국이 연합군으로 제2차 세계 대전에 참전하였다.

① 중일 전쟁이 일어났다.
② 독소 불가침 조약이 체결되었다.
③ 독일이 프랑스 파리를 점령하였다.
④ 일본이 진주만의 미군 기지를 기습하였다.
⑤ 이탈리아, 독일, 일본 등의 추축국이 성립하였다.

15 다음 연설 이후 일어날 일로 옳은 것은?

> 치욕스러운 날로 기억될 어제, 일본의 해군과 공군은 미합중국을 용의주도하게 기습 공격하였습니다. …… 오늘 아침에 일본군은 미드웨이 제도를 공격하였습니다.
> – 루스벨트의 연설(1941. 12. 8.)

① 만주 사변이 일어났다.
② 무솔리니가 정권을 장악하였다.
③ 소련이 스탈린그라드 전투에서 승리하였다.
④ 독일이 오스트리아와 체코슬로바키아를 병합하였다.
⑤ 미국의 윌슨 대통령이 연합국 측으로 참전을 선언하였다.

16 다음 (가)에 들어갈 장면으로 가장 적절한 것은?

중

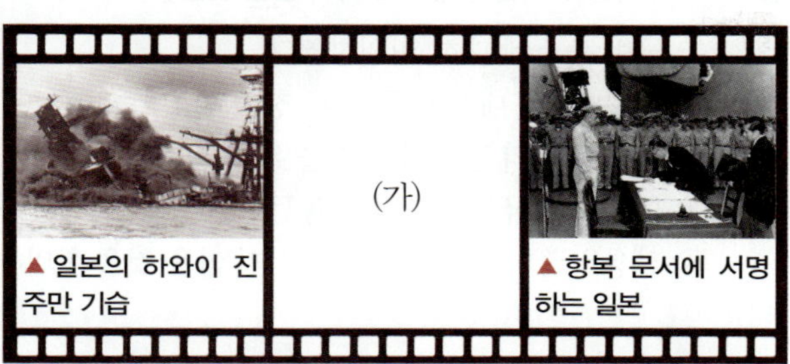

① 폴란드를 침공하는 독일 군인
② 추축 동맹에 서명하는 이탈리아 외교관
③ 독일에 대해 전쟁을 선언하는 영국 총리
④ 미드웨이 해전 승리를 보도하는 미국 기자
⑤ 독일 잠수함의 공격으로 침몰하는 루시타니아호

17 다음 밑줄 친 ㉠의 결과로 옳은 것은?

중

① 프랑스가 해방되었다.
② 독일이 소련을 침공하였다.
③ 무솔리니 정권이 붕괴되었다.
④ 독소 불가침 조약이 체결되었다.
⑤ 스탈린그라드 전투에서 독일군이 패배하였다.

18 다음 사건이 일어난 시기를 연표에서 옳게 고르면?

중

> 미국이 끝까지 저항하던 일본에 두 차례 원자 폭탄을 투하하였다.

(가)	(나)	(다)	(라)	(마)
	독일, 폴란드 침공	미드웨이 해전	스탈린그라드 전투	일본 항복

① (가)　　② (나)　　③ (다)　　④ (라)　　⑤ (마)

19 다음 밑줄 친 ㉠을 계기로 일어난 경기 침체를 가리키는 용어를 쓰시오.

> 제1차 세계 대전 이후 급격히 늘어난 생산을 소비가 따라잡지 못하면서 상품의 재고가 쌓여 갔다. 이를 배경으로 ㉠ 1929년 뉴욕 증권 시장에서 주가가 갑자기 큰 폭으로 떨어졌다. 이는 전 세계에 영향을 미쳐 세계 경제는 침체기에 빠졌다.

20 다음 글을 읽고 물음에 답하시오.

> 파시스트의 국가 개념은 모든 것을 포괄하며, (㉠)을/를 떠나서는 인간과 영혼의 가치도 존재하지 않는다. …… 국민이 (㉠)을/를 발생시키는 것이 아니라 (㉠)이/가 국민을 창조한다. …… 오직 전쟁만이 인간의 힘을 최고조에 이르게 하고 이에 직면할 용기를 가진 국민에게 고귀함을 부여한다. – 무솔리니, 「파시즘 독트린」

(1) ㉠에 공통으로 들어갈 단어를 쓰시오.

(2) 윗글에 나타난 체제를 채택한 독일의 정책을 서술하시오.

21 다음 밑줄 친 ㉠에 해당하는 조약의 명칭을 쓰시오.

> 소련을 제거하면 동아시아의 일본에도 위안이 될 것이고, 일본의 간섭을 통해 미국의 움직임에 위협을 가할 수 있습니다. …… 저는 화해를 이루기 위해 노력하였지만, 그럼에도 ㉠ 소련과의 협력이 종종 불편했습니다. – 독일의 히틀러가 이탈리아의 무솔리니에게 보낸 편지

실력 확인 문제   **02** 전쟁 범죄에 맞선 평화 유지 노력 ~ **03** 아시아·아프리카의 민족 운동

1 국제 연맹과 국제 분쟁 해결 노력

❶ ☐☐ ☐☐	• 창설(1920): 제1차 세계 대전 이후 군비 축소, 국제 분쟁의 평화적 해결 협의 • 한계: 창설을 제안한 ❷ ☐☐의 불참, 침략 행위를 저지할 군사적 수단이 없었음
평화 유지 노력	워싱턴 회의(1921), 로카르노 조약(1925), 켈로그·브리앙 조약(1928)

2 전쟁 범죄와 인권 회복을 위한 노력

대량 학살과 인권 유린	• 신무기 사용, 극단적 민족(인종) 정책, 학살과 폭격 등으로 민간인 피해 극심 • 홀로코스트(독일), 난징 대학살(일본, 1937) 등 대량 학살과 일본군 '위안부'(일본) 등 인권 유린 발생
국제 군사 재판	독일에서 ❸ ☐☐☐☐☐ 재판, 일본 도쿄에서 도쿄 재판(극동 국제 군사 재판) 개최

3 국제 연합의 탄생

전후 처리를 위한 연합국의 노력	• 대서양 헌장(1941): 루스벨트와 처칠이 전후 새로운 세계 질서를 위해 발표 • 카이로 회담(1943): 일본 패전 뒤의 영토 문제 논의 • 얄타 회담(1945): 전후 독일 영토의 분할 점령, 국제 연합 창설, 소련의 대일전 참전 결정 • 포츠담 회담(1945): 일본에 무조건 항복 권유
❹ ☐☐ ☐☐	제2차 세계 대전 이후 국제 평화, 안전 보장 등을 목표로 창설(1945), 국제 분쟁을 억제할 군사적 능력을 갖춤

4 ~ 6 아시아·아프리카의 민족 운동

한국·중국	• 한국: 3·1 운동(1919), 대한민국 임시 정부 수립 • 중국: ❺ ☐☐☐ 운동(유교 비판, 과학과 민주주의 수용 주장), ❻ ☐·☐ 운동(21개조 요구 철폐, 외세 배척, 군벌 타도 주장), 제1·2차 국공 합작
인도·동남아시아	• 인도의 ❼ ☐☐☐·☐☐☐ 운동(간디), 무력 투쟁으로 완전 독립 요구(네루) • 동남아시아: 베트남 공산당(호찌민), 인도네시아 국민당(수카르노)의 주도로 민족 운동 전개
서아시아·아프리카	• 튀르키예: 무스타파 케말의 ❽ ☐☐☐☐ 공화국 수립, 근대화 정책(정치와 종교 분리, 문자 개혁 등) • 서아시아: 사우디아라비아 왕국 수립, 서아시아의 대부분 지역은 영국·프랑스의 위임 통치 • 아프리카: 이집트 독립(1922), 범아프리카 운동 전개

정답 ❶ 국제 연맹 ❷ 미국 ❸ 뉘른베르크 ❹ 국제 연합 ❺ 신문화 ❻ 5·4 ❼ 비폭력·불복종 ❽ 튀르키예

---

01 국제 연맹에 대한 설명으로 옳지 <u>않은</u> 것은?

중
① 군비 축소에 대해 협의하였다.
② 제1차 세계 대전이 끝난 후 창설되었다.
③ 국제 분쟁의 평화적 해결을 위해 노력하였다.
④ 모든 회원국은 총회에서 동등한 투표권을 가졌다.
⑤ 전쟁을 국가 정책 수단으로 삼지 않을 것을 협의하였다.

빈출
02 국제 연맹의 한계에 대한 설명으로 옳은 것을 보기 에서 모두
중 고르면?

> **보기**
> ㄱ. 창설을 제안한 미국이 불참하였다.
> ㄴ. 미국, 소련 등 강대국의 영향력이 지나치게 크다.
> ㄷ. 침략국을 제재할 수 있는 군사적 수단을 갖추지 못하였다.
> ㄹ. 독일의 일부 영토와 식민지를 빼앗고 배상금을 지불하게 하였다.

① ㄱ, ㄴ   ② ㄱ, ㄷ   ③ ㄴ, ㄷ
④ ㄴ, ㄹ   ⑤ ㄷ, ㄹ

03 다음에서 설명하는 조약의 명칭으로 옳은 것은?

하
> 전쟁 포기를 선언하고, 국제 분쟁을 평화적 수단이 아닌 다른 수단으로 해결하지 않는다고 규정하여 부전 조약이라고도 불린다.

① 파리 조약   ② 로카르노 조약
③ 베르사유 조약   ④ 독소 불가침 조약
⑤ 켈로그·브리앙 조약

04 다음 (가)에 들어갈 검색어로 가장 적절한 것은?

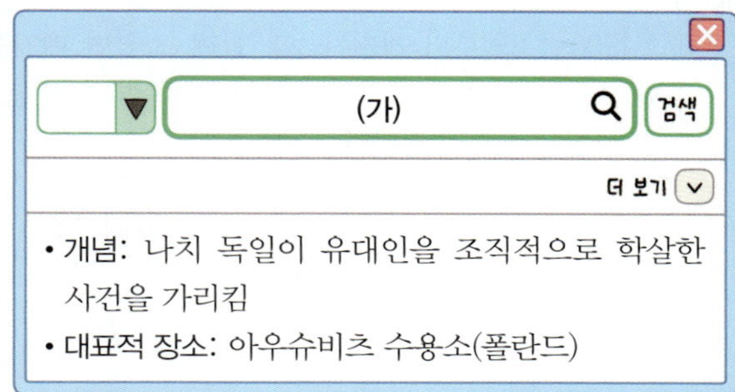

① 대공황
② 홀로코스트
③ 난징 대학살
④ 치머만 전보 사건
⑤ 피의 일요일 사건

05 다음에서 설명하는 인권 유린의 사례로 옳은 것은?

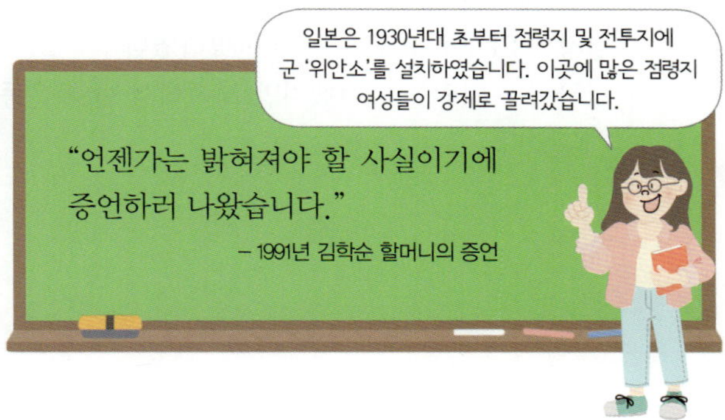

① 홀로코스트
② 난징 대학살
③ 일본군 '위안부'
④ 카틴 숲 학살 사건
⑤ 일본의 진주만 기습

06 뉘른베르크 재판에 대한 설명으로 옳지 않은 것은?

① 독일에서 재판이 개최되었다.
② 주요 나치 전범들이 재판을 받았다.
③ 홀로코스트의 참상이 공식적으로 밝혀졌다.
④ 소련을 비롯한 연합국 범죄는 다루지 않았다.
⑤ 전쟁을 일으킨 개인에게는 형사 책임을 묻지 않았다.

07 도쿄 재판에 대한 설명으로 옳은 것을 보기 에서 모두 고르면?

보기
ㄱ. 일본군 '위안부' 문제를 다루지 않았다.
ㄴ. 전쟁 최고 책임자인 천황의 책임을 묻지 않았다.
ㄷ. 한국과 타이완에 대한 식민지 문제가 다루어졌다.
ㄹ. 재판 과정에서 난징 대학살 등 일본군의 비인도적 행위가 밝혀졌다.

① ㄱ, ㄴ
② ㄴ, ㄹ
③ ㄷ, ㄹ
④ ㄱ, ㄴ, ㄹ
⑤ ㄱ, ㄷ, ㄹ

08 다음 사건을 일어난 순서대로 바르게 나열한 것은?

ㄱ. 연합국은 카이로에 모여 한국의 독립을 최초로 약속하였다.
ㄴ. 루스벨트, 처칠, 스탈린은 얄타에 모여 소련의 대일전 참전 일정을 결정하였다.
ㄷ. 독일 패전 이후 연합국 대표들은 포츠담에 모여 일본에 무조건 항복을 권유하였다.

① ㄱ－ㄴ－ㄷ
② ㄱ－ㄷ－ㄴ
③ ㄴ－ㄱ－ㄷ
④ ㄷ－ㄱ－ㄴ
⑤ ㄷ－ㄴ－ㄱ

09 국제 연합에 대한 설명으로 옳지 않은 것은?

① 대서양 헌장을 바탕으로 창설되었다.
② 미국과 소련 등 강대국도 참여하였다.
③ 이탈리아는 에티오피아 침공 이후 탈퇴하였다.
④ 안전 보장 이사회가 국제 평화 유지 기능을 지닌다.
⑤ 국제 분쟁을 억제할 수 있는 평화 유지군을 보유하고 있다.

10 다음 밑줄 친 '큰 영향'에 해당하는 것으로 옳은 것은?

① 소금 행진 ② 5·4 운동
③ 신문화 운동 ④ 와하브 운동
⑤ 제2차 국공 합작

11 5·4 운동의 주장으로 옳은 것을 보기 에서 모두 고르면?

보기
ㄱ. 군벌 타도
ㄴ. 중국의 통일
ㄷ. 21개조 요구 철폐
ㄹ. 토지의 균등 분배, 남녀평등

① ㄱ, ㄴ ② ㄱ, ㄷ ③ ㄴ, ㄷ
④ ㄴ, ㄹ ⑤ ㄷ, ㄹ

12 다음 사건을 일어난 순서대로 바르게 나열한 것은?

ㄱ. 제1차 국공 합작
ㄴ. 국민당 북벌 완성
ㄷ. 21개조 요구 승인

① ㄱ-ㄴ-ㄷ ② ㄱ-ㄷ-ㄴ
③ ㄴ-ㄱ-ㄷ ④ ㄷ-ㄱ-ㄴ
⑤ ㄷ-ㄴ-ㄱ

13 다음에서 설명하는 인물로 옳은 것은?

1930년 3월부터 지지자들과 함께 '소금법 폐지'를 위한 소금 행진을 실시하였다. 이는 비폭력·불복종 운동의 상징으로 자리 잡았다.

① 간디 ② 네루 ③ 장제스
④ 호찌민 ⑤ 수카르노

14 제1차 세계 대전 이후 인도의 민족 운동에 대한 설명으로 옳은 것은?

① 칼리프 제도가 폐지되었다.
② 인도 국민 회의가 조직되었다.
③ 두 차례 국공 합작이 이루어졌다.
④ 열강의 21개조 요구 승인에 반발하였다.
⑤ 영국이 자치권을 인정했지만 계속해서 반영 운동이 전개되었다.

15 다음 ㉠, ㉡에 들어갈 인물을 옳게 연결한 것은?

역사 수행 평가
• 프랑스의 지배를 받던 베트남에서는 (㉠)이/가 베트남 공산당을 조직하고 독립 전쟁을 준비하였다.
• 네덜란드의 지배에 맞서 인도네시아 국민당의 (㉡)이/가 독립을 위해 투쟁할 것을 주장하였다.

	㉠	㉡
①	네루	수카르노
②	네루	아기날도
③	호찌민	수카르노
④	호찌민	아기날도
⑤	무스타파 케말	수카르노

16 다음 ㉠에 들어갈 모습으로 가장 적절한 것은?

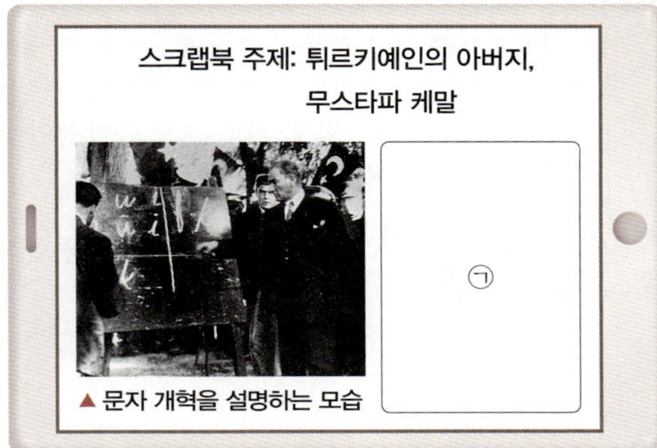

① 술탄 정부를 지지하는 칼리프
② 여성 참정권 도입을 환영하는 학생
③ 여성의 히잡 착용을 강요하는 경찰
④ 왕국을 수립하는 사우드 가문의 국왕
⑤ 수에즈 운하 관리권을 주장하는 외교관

17 다음 (가)에 들어갈 내용으로 옳은 것을 보기 에서 모두 고르면?

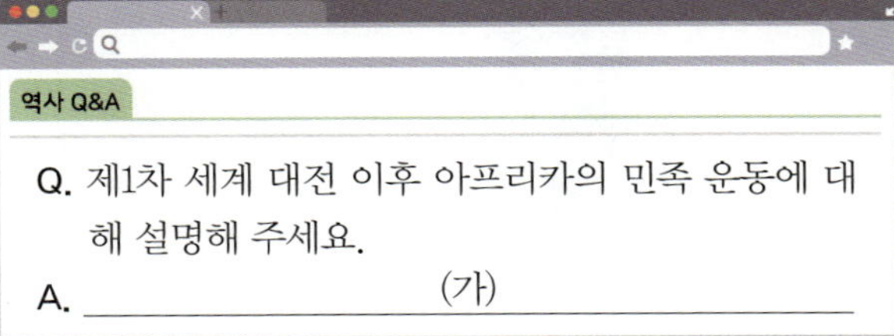

보기
ㄱ. 무스타파 케말이 튀르키예 공화국을 세웠다.
ㄴ. 사우드 가문이 사우디아라비아 왕국을 세웠다.
ㄷ. 영국이 독립 약속을 지키지 않자 이집트에서는 반영
　 운동이 전국으로 확산되었다.
ㄹ. 다양한 지역과 종족을 넘어 '하나의 아프리카'를 세
　 우자는 범아프리카 운동이 전개되었다.

① ㄱ, ㄴ　　　② ㄱ, ㄹ　　　③ ㄴ, ㄷ
④ ㄴ, ㄹ　　　⑤ ㄷ, ㄹ

18 다음 글을 읽고 물음에 답하시오.

(㉠) 조사단은 일본이 부전 조약을 위반하고 만주를 침략한 것으로 발표하였고, 일본군 철수를 권고하였다. 일본은 이에 불복하며 (㉠)을/를 탈퇴하였다.

▲ 만주에 파견된 (㉠) 조사단

(1) ㉠에 공통으로 들어갈 국제기구를 쓰시오.

____

(2) 자료에서 알 수 있는 ㉠의 한계점을 서술하시오.

____

19 다음 선언의 영향으로 창설된 국제기구의 명칭을 쓰시오.

대서양 헌장(1941)
• 첫째, 양국은 영토 확장이나 다른 수단을 통한 국가 팽
　 창을 추구하지 않는다.
• 셋째, 모든 민족이 스스로의 의지에 따라 정부 형태를
　 선택할 권리를 존중한다.
• 여덟째, 세계 모든 국가는 무력 사용을 포기해야 한다
　 고 믿는다.

____

20 다음 글을 읽고 물음에 답하시오.

(㉠)의 행동 강령(1921)
• 다른 사람을 해치지 말 것
• 몽둥이를 쓰거나 욕설과 폭력을 사용하지 말 것
• 적에게 친절함으로써 영향을 줄 것
• 각자가 물레를 돌리고 외국산 옷감을 입지 말 것

(1) ㉠에 들어갈 민족 운동가의 이름을 쓰시오.

____

(2) 위의 행동 강령을 바탕으로 전개된 민족 운동의 특징을 서술하시오.

____

실력 확인 문제   01 냉전 체제와 제3 세계의 형성

1 냉전 체제의 형성과 전개

1 냉전 체제의 형성   미국 중심의 자본주의 진영과 소련 중심의 공산주의 진영의 대립

자본주의 진영	• ❶ ☐☐☐☐☐ : 미국이 공산주의 팽창을 막겠다고 선언 • ❷ ☐☐☐☐ : 서유럽의 경제 지원을 위해 수립 • 북대서양 조약 기구(NATO): 미국과 서유럽 국가 중심
공산주의 진영	• 코민포름(공산당 정보국) 조직 • ❸ ☐☐☐☐(경제 상호 원조 회의) 조직 • 바르샤바 조약 기구(WTO): 소련과 동유럽 국가 중심

2 냉전의 확산

독일	베를린 봉쇄 → 동서 분단 → 베를린 장벽 설치
쿠바	쿠바 미사일 위기
아시아	중국의 국공 내전, 6·25 전쟁, 베트남 전쟁

3 아시아·아프리카의 새로운 국가 건설

인도	독립 직후 인도(힌두교), 파키스탄(이슬람교)으로 분리
서아시아	시리아·레바논 등 독립, 팔레스타인 지역에 ❹ ☐☐☐ 건국 → 아랍인과 유대인 간의 분쟁 심화
아프리카	• ❺ ☐☐☐☐☐ (1960): 17개국 독립 • 이집트: 공화정 수립, ❻ ☐☐☐☐☐ 국유화 선포

2 제3 세계의 등장

제3 세계	어느 진영에도 속하지 않는 세력, 비동맹 중립주의 표방
평화 10원칙	아시아·아프리카 회의(반둥 회의)에서 제시 → 제3 세계 공식화

3 냉전 체제의 완화와 사회주의 체제의 변화

❼ ☐☐☐☐	미국 외교 정책의 변화 → 미군의 베트남 전쟁 철수, 중국과 국교 정상화
소련	고르바초프의 개혁(페레스트로이카), 개방(글라스노스트) 주장 → 독립 국가 연합(CIS) 결성, 소련 해체
동유럽	폴란드 ❽ ☐☐☐ 의 자유 노조가 집권, 베를린 장벽 붕괴, 독일 통일
중국	❾ ☐☐☐☐ 의 개혁·개방 정책

4 유럽 연합과 경제 통합

유럽 연합	유럽 석탄 철강 공동체(ECSC) 창립 → 유럽 연합(EU) 출범, 유로화 사용
경제 통합	동남아시아 국가 연합(ASEAN), 북미 자유 무역 협정(NAFTA) 등 지역별 경제 협력체 구성

정답 ❶ 트루먼 독트린 ❷ 마셜 계획 ❸ 코메콘 ❹ 이스라엘 ❺ 아프리카의 해 ❻ 수에즈 운하 ❼ 닉슨 독트린 ❽ 바웬사 ❾ 덩샤오핑

---

01 다음에서 설명하는 단어로 옳은 것은?

(하)

> 제2차 세계 대전 이후 소련을 중심으로 한 공산주의 진영과 미국을 중심으로 한 자본주의 진영이 직접적인 무력 사용을 피하고, 경제·외교·정보 등의 분야에서 대립하였던 경쟁 체제를 말한다.

① 대공황   ② 빈 체제   ③ 국공 합작
④ 냉전 체제   ⑤ 베르사유 체제

02 다음은 어떤 학생이 작성한 수행 평가 답안지이다. 이 학생이 받게 될 점수로 옳은 것은?

(중)

※ 냉전에 대한 설명이 맞으면 ○표, 틀리면 ×표 하시오 (각 1점).

문항	내용	답
1	소련은 공산당 정보국인 코민포름을 조직하였다.	○
2	마셜 계획은 서유럽 경제를 지원하기 위한 계획이다.	○
3	미국은 닉슨 독트린을 통해 공산주의 세력의 팽창을 막겠다고 선언하였다.	×
4	미국과 서유럽 국가는 상호 군사 원조를 위해 바르샤바 조약 기구(WTO)를 조직하였다.	○

① 0점   ② 1점   ③ 2점
④ 3점   ⑤ 4점

03 다음 (가)에 들어갈 정책에 대한 설명으로 옳은 것은?

(중)

① 코메콘을 조직하였다.
② 베를린을 봉쇄하였다.
③ 서유럽의 경제를 지원하였다.
④ 바르샤바 조약 기구를 조직하였다.
⑤ 미국의 트루먼 대통령이 발표하였다.

04 다음 지도와 관련된 탐구 활동 주제로 가장 적절한 것은?

▲ 4개국의 독일 분할 점령

① 베를린 장벽이 설치된 배경은 무엇일까?
② 미국이 쿠바 해상을 봉쇄한 까닭은 무엇일까?
③ 닉슨 독트린이 세계 질서에 끼친 영향은 무엇일까?
④ 미국이 베트남 전쟁에서 군대를 철수한 배경은 무엇일까?
⑤ 중화 인민 공화국 수립 이후 중국 국민당 정부는 어디로 이동하였을까?

05 다음 풍자화와 관련된 사건에 대한 설명으로 옳은 것을 보기 에서 모두 고르면?

소련의 서기장 흐루쇼프와 미국 대통령 케네디가 핵무기를 깔고 앉아 팔씨름을 하고 있는 모습이다.

보기
ㄱ. 미국이 쿠바 해상을 봉쇄하였다.
ㄴ. 세계는 핵전쟁의 위기에 처하였다.
ㄷ. 독일이 동서로 분단되는 계기가 되었다.
ㄹ. 서유럽의 경제를 지원하기 위한 계획이 발표되었다.

① ㄱ, ㄴ ② ㄱ, ㄷ ③ ㄴ, ㄷ
④ ㄴ, ㄹ ⑤ ㄷ, ㄹ

06 다음 (가)에 들어갈 내용으로 적절하지 않은 것은?

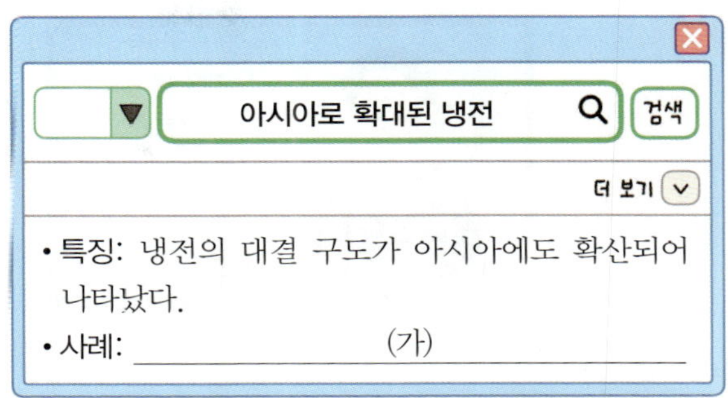

• 특징: 냉전의 대결 구도가 아시아에도 확산되어 나타났다.
• 사례: _______________ (가) _______________

① 6·25 전쟁의 발발
② 닉슨 독트린의 발표
③ 베트남 전쟁의 발발
④ 중국 국공 내전의 발생
⑤ 중화 인민 공화국의 수립

07 다음 (가), (나)에서 설명하는 나라를 옳게 연결한 것은?

(가) 제2차 세계 대전 이후 영국으로부터 독립하였으나 종교적 차이로 파키스탄과 분리되었다.
(나) 영국의 영향 아래에 있던 수에즈 운하의 국유화를 선포하였다.

	(가)	(나)
①	인도	알제리
②	인도	이집트
③	이집트	인도
④	이집트	알제리
⑤	이집트	리비아

08 제2차 세계 대전 이후 아프리카에 대한 설명으로 옳지 않은 것은?

① 리비아가 독립국이 되었다.
② 알제리가 프랑스로부터 독립하였다.
③ 이집트에서는 나세르가 왕정을 수립하였다.
④ 이집트가 수에즈 운하의 국유화를 선언하였다.
⑤ 1960년에는 17개국이 독립하여 이 해를 '아프리카의 해'라고 부른다.

09 다음 뉴스에 나올 내용으로 가장 적절한 것은?

① 코민포름이 조직되었다.
② 베트남 전쟁에 참전하였다.
③ 비동맹 중립주의를 내세웠다.
④ 미국과 동맹 체제를 강화하였다.
⑤ 마셜 계획에 따라 경제 지원을 받게 되었다.

10 다음 원칙을 발표한 세력에 대한 설명으로 옳지 <u>않은</u> 것은?

평화 10원칙

2. 주권과 영토 보전 존중
3. 인류와 국가 간의 평등
6. 강대국에 유리한 집단 방위 배제
7. 무력 침공 부정
8. 국제 분쟁의 평화적 해결

① 닉슨 독트린을 발표하였다.
② 냉전 체제 완화에 영향을 끼쳤다.
③ 아시아·아프리카 회의를 개최하였다.
④ 미국과 소련 중심의 국제 질서에 변화를 주었다.
⑤ 자본주의 진영과 공산주의 진영의 대립에서 벗어나려
　고 노력하였다.

11 다음 (가) 시기에 들어갈 내용으로 옳지 <u>않은</u> 것은?

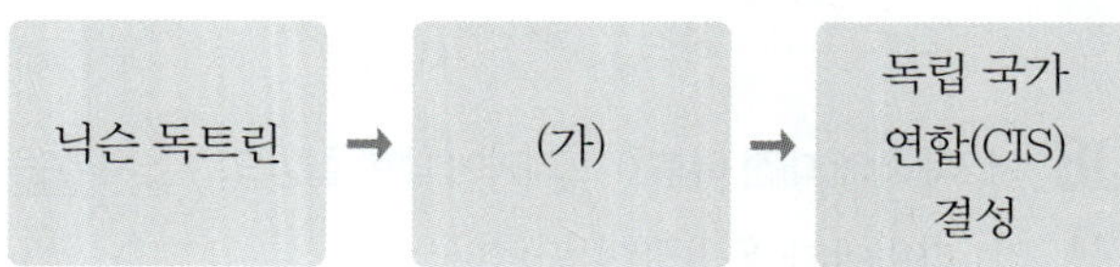

① 독일 통일
② 6·25 전쟁
③ 미국과 중국의 국교 정상화
④ 베트남 전쟁에서 미국 군대 철수
⑤ 고르바초프의 개혁·개방 정책 추진

12 다음 (가)에 들어갈 내용으로 가장 적절한 것은?

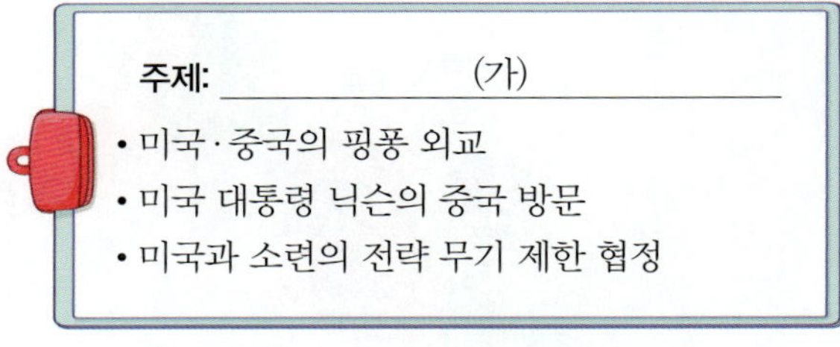

① 제3 세계의 형성
② 냉전 체제의 완화
③ 문화 대혁명의 결과
④ 사회주의 체제의 붕괴
⑤ 개혁·개방 정책의 수립

13 다음 연설과 관련된 인물로 옳은 것은?

　　페레스트로이카 정책은 소련과 같은 국가가 새로운
질적 상태로의 전환, 즉 권위주의적이고 관료주의적인
체제에서 벗어나 인간적이고 민주적인 사회로 평화롭게
이행하는 유일한 길이라고 생각합니다.

① 레닌　　　　② 스탈린　　　　③ 무솔리니
④ 덩샤오핑　　⑤ 고르바초프

14 다음 밑줄 친 '이 나라'에 해당하는 나라로 옳은 것은?

　　소련의 개혁·개방은 동유럽 나라들의 민주화 운동에
도 큰 영향을 주었다. 대표적으로 이 나라의 바웬사가 이
끄는 자유 노조가 선거를 통해 정권을 잡을 수 있었다.

① 독일　　　　② 체코　　　　③ 헝가리
④ 폴란드　　　④ 유고슬라비아

15 다음 사건을 일어난 순서대로 바르게 나열한 것은?

> ㄱ. 대약진 운동
> ㄴ. 문화 대혁명
> ㄷ. 중화 인민 공화국 수립
> ㄹ. 덩샤오핑의 개혁·개방 정책

① ㄱ－ㄴ－ㄷ－ㄹ   ② ㄱ－ㄷ－ㄹ－ㄴ
③ ㄴ－ㄱ－ㄹ－ㄷ   ④ ㄷ－ㄱ－ㄴ－ㄹ
⑤ ㄷ－ㄴ－ㄱ－ㄹ

16 다음 인물이 추진한 정책에 대한 설명으로 옳은 것은?

① 미국과 국교를 정상화하였다.
② 중화 인민 공화국 수립을 선포하였다.
③ 자본주의 시장 경제 원리를 도입하였다.
④ 인민공사를 설립하여 농촌의 집단화를 꾀하였다.
⑤ 마오쩌둥의 사상을 강조하고 중국의 전통문화와 자본
주의를 부정하였다.

빈출

17 다음 (가)에 들어갈 내용으로 가장 적절한 것은?

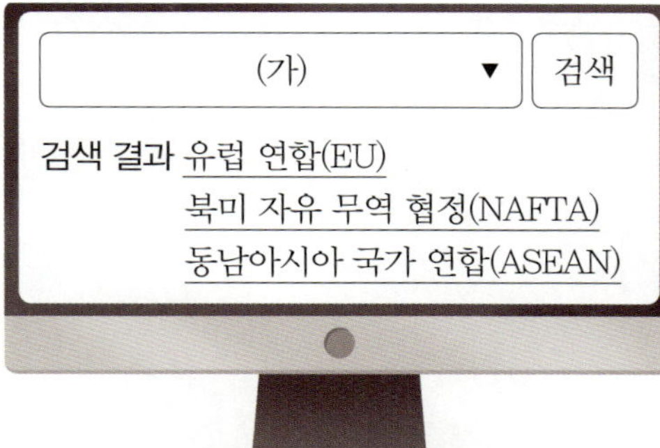

① 제3 세계의 등장
② 냉전 체제의 완화
③ 단일 통화의 도입
④ 지역별 경제 협력체의 구성
⑤ 서유럽에서 미국의 영향력 확대

18 다음 연설과 관련된 경제 정책을 쓰시오.

> 우리는 유럽이 전쟁의 폐허에서 일어설 수 있도록 도
> 와야만 합니다. 우리는 무슨 수를 써서라도 세계 경제를
> 하루 빨리 정상으로 돌려놓아야 합니다.

____

19 다음 글을 읽고 물음에 답하시오.

> **평화 10원칙**
>
> 1. 기본적 인권과 국제 연합 헌장 존중
> 2. 주권과 영토 보전 존중
> 8. 국제 분쟁의 평화적 해결
> 9. 상호 이익·협력 촉진
> 10. 정의와 국제 의무 존중

(1) 위 원칙을 발표한 국가들을 부르는 말을 쓰시오.

____

(2) 위 원칙이 국제 질서에 끼친 영향을 서술하시오.

____
____

20 다음 글을 읽고 물음에 답하시오.

> (㉠) 독트린(1969)
>
> • 미국은 앞으로 베트남 전쟁과 같은 군사적 개입을 피
>   한다.
> • 미국은 '태평양 국가'로서 그 지역에 중요한 역할을 계
>   속하지만 직접적·군사적·정치적 과잉 개입은 하지 않
>   는다.

(1) ㉠에 들어갈 인물의 이름을 쓰시오.

____

(2) 위 원칙을 발표한 후 미국이 실시한 외교 정책을 **두 가지** 서
술하시오.

____
____

실력 확인 문제 02 민주주의와 인권의 확산 ~ 03 세계화와 지역 세계의 변화

1 민권의 신장과 여성 운동

흑인 민권 운동	• 미국: ❶ □□□□□이 백인과 흑인 사이의 차별 폐지 주장 → 「민권법」 제정, 모든 흑인의 참정권 보장 • 남아프리카 공화국: ❷ □□□□□가 아파르트헤이트 정책에 맞서 전개 → 인종 차별 금지법 제정
여성 운동	전통적인 사고방식에 도전 → 남성 중심 사회 체제에 대한 인식의 전환과 현실적 변화를 추구하며 전개

2 노동 운동과 노동자의 권리 보호

노동 운동	노동조합 구성, 단체 교섭권 등으로 권익 보호
❸ □□□□ □□(ILO)	베르사유 조약에 근거하여 노동 조건 개선 목적으로 설립

3 반전 평화 운동과 환경 운동

반전 평화 운동	• 베트남 전쟁 반대 시위 → 미군의 베트남 철수에 영향 • ❹ □□□□□□□(NPT): 대량 살상 무기의 확산을 막기 위한 협약
환경 운동	• 국제 사회의 노력: 환경과 개발에 관한 공동 선언(리우 선언) 발표(1992), 교토 의정서(1997), 파리 협정(2015) • ❺ □□□ 기구(NGO) 활동: 그린피스 등

4 세계화의 확산

전개	• 배경: 교통과 통신의 발달 → 세계화 확산 • 자유 무역 체제의 확산: 관세 무역 일반 협정(GATT), ❻ □□□□□□(WTO) 출범, ❼ □□□□□□(FTA) 체결 • 1970년대 경제 불황 극복을 위해 신자유주의 경제 체제 등장 → 신자유주의적 양상을 띤 세계화 확산
변화	다국적 기업 성장, 다양한 매체를 통해 여러 지역 문화 공유, 경제 상호 의존도 심화, 문화 획일화 현상 발생

5 세계화에 따른 과제

빈곤과 질병, 난민 문제	• ❽ □□□□(남반구와 북반구의 경제적 격차 심화) → 개발 도상국에서 빈곤, 질병 문제 발생 • 종교 갈등, 내전 등의 이유로 난민 증가 → 다문화 사회의 갈등 극복 필요
국제 사회의 노력	지속가능한 발전 모색 필요

정답 ❶ 마틴 루서 킹 ❷ 넬슨 만델라 ❸ 국제 노동 기구 ❹ 핵 확산 금지 조약 ❺ 비정부 ❻ 세계 무역 기구 ❼ 자유 무역 협정 ❽ 남북문제

01 다음 연설과 관련된 운동의 배경으로 가장 적절한 것은? 

> 백 년 전, 한 위대한 미국인이 노예 해방령에 서명을 하였습니다. …… 그러나 그로부터 백 년이 지난 오늘, 우리는 흑인들이 여전히 자유롭지 못하다는 비극적인 사실을 직시해야 합니다.
> – 마틴 루서 킹의 연설

① 여전히 인종 차별이 존재하였다.
② 아프리카에서 많은 국가가 독립하였다.
③ 성차별이나 성 역할 분리가 존재하였다.
④ 아랍인과 유대인 사이의 분쟁이 심화되었다.
⑤ 종교 갈등, 내전 등의 이유로 난민이 증가하였다.

02 다음에서 설명하는 정책으로 옳은 것은? 

> '분리', '격리'라는 뜻으로 남아프리카 공화국에서 시행된 인종 분리 정책을 말한다. 흑인들의 참정권을 부정하는 등의 극단적인 인종 차별 정책이다.

① 뉴딜 정책　　　　　② 홀로코스트
③ 베를린 봉쇄　　　　④ 페레스트로이카
⑤ 아파르트헤이트 정책

03 다음 인물들과 관련된 운동으로 옳은 것은? 

> • 마틴 루서 킹　　　　• 넬슨 만델라

① 여성 운동　　　　　② 노동 운동
③ 환경 운동　　　　　④ 반전 평화 운동
⑤ 흑인 민권 운동

04 다음 (가)에 들어갈 내용으로 가장 적절한 것은?
하

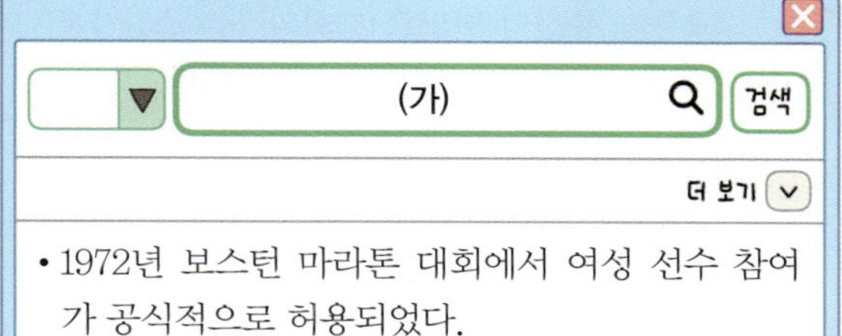

① 반전 평화 운동의 전개
② 흑인 민권 운동의 결과
③ 여성 운동의 전개와 확산
④ 노동자의 권리 보호를 위한 노력
⑤ 환경 문제의 해결을 위한 국제적 노력

05 노동 운동에 대한 설명으로 옳은 것을 보기 에서 모두 고르면?
중

보기

ㄱ. 노동조합을 구성하였다.
ㄴ. 교토 의정서가 채택되었다.
ㄷ. 단체 교섭권을 이용하여 권익을 보호하였다.
ㄹ. 그린피스와 같은 비정부 기구(NGO) 등의 단체가 주도하고 있다.

① ㄱ, ㄴ   ② ㄱ, ㄷ   ③ ㄴ, ㄷ
④ ㄴ, ㄹ   ⑤ ㄷ, ㄹ

06 다음 밑줄 친 '단체'로 옳은 것은?
중

① 국제 연맹
② 국제 노동 기구(ILO)
③ 세계 무역 기구(WTO)
④ 관세 무역 일반 협정(GATT)
⑤ 아시아·태평양 경제 협력체(APEC)

07 다음 (가)에 들어갈 대답으로 가장 적절한 것은?
중

① 리우 선언의 배경이 되었어.
② 다국적 기업이 성장하는 기반이 되었어.
③ 국제 노동 기구(ILO) 설립에 영향을 주었어.
④ 남북문제라고 불리는 국제적 문제로 이어졌어.
⑤ 미군이 베트남에서 철수하는 데 영향을 주었어.

08 다음 자료로 알 수 있는 현대 사회의 문제로 옳은 것은?
하

▲ 1989년 아랄해   ▲ 2008년 아랄해

① 환경 문제   ② 노동 문제
③ 빈곤 문제   ④ 질병 문제
⑤ 난민 문제

09 다음 (가)에 들어갈 내용으로 옳지 <u>않은</u> 것은?

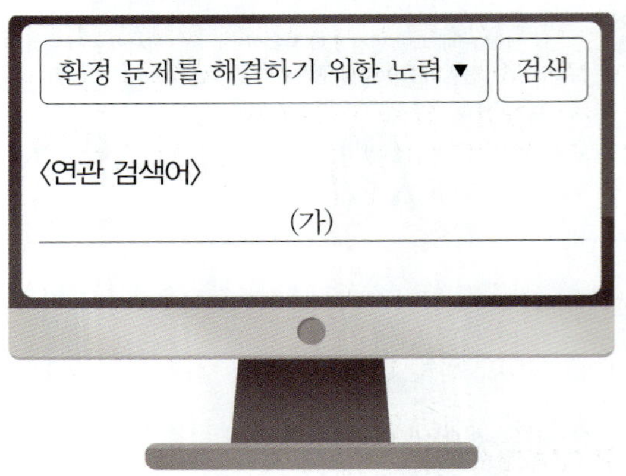

① 파리 협정 체결
② 그린피스의 활동
③ 교토 의정서 채택
④ 핵 확산 금지 조약(NPT) 체결
⑤ 환경과 개발에 관한 공동 선언 발표

10 다음 단체에 대한 설명으로 옳은 것을 보기 에서 모두 고르면?

▲ 그린피스

보기
ㄱ. 국제 연합 소속이다.
ㄴ. 비정부 기구(NGO)이다.
ㄷ. 국가 간에 관세를 없애고자 하였다.
ㄹ. 해양 오염, 생태계 파괴를 막기 위한 환경 운동을 하고 있다.

① ㄱ, ㄴ   ② ㄱ, ㄷ   ③ ㄴ, ㄷ
④ ㄴ, ㄹ   ⑤ ㄷ, ㄹ

11 다음에서 설명하는 용어로 옳은 것은?

교통과 통신의 발달로 재화와 서비스, 자본, 노동 등의 이동이 자유로워지는 현상을 말한다.

① 사막화   ② 양극화
③ 세계화   ④ 지구촌
⑤ 문화 획일화

12 신자유주의 경제 정책이 등장한 배경으로 옳은 것은?

① 뉴딜 정책을 실시하였다.
② 대약진 운동이 실패하였다.
③ 사회주의 진영이 붕괴하였다.
④ 1970년대 두 차례 경제 불황이 나타났다.
⑤ 선진국과 개발 도상국 간의 경제적 격차가 커졌다.

13 신자유주의 경제 정책의 내용으로 옳은 것을 보기 에서 모두 고르면?

보기
ㄱ. 복지비를 삭감하였다.
ㄴ. 국영 기업을 민영화하였다.
ㄷ. 대규모 공공사업을 추진하였다.
ㄹ. 본국과 식민지를 하나로 묶는 블록 경제를 시행하였다.

① ㄱ, ㄴ   ② ㄱ, ㄷ   ③ ㄴ, ㄷ
④ ㄴ, ㄹ   ⑤ ㄷ, ㄹ

14 세계화에 따른 변화로 옳은 것을 보기 에서 모두 고르면?

보기
ㄱ. 경제의 상호 의존도가 낮아졌다.
ㄴ. 문화 획일화 현상이 일어나고 있다.
ㄷ. 선진국과 개발 도상국 간의 경제 격차가 커지고 있다.
ㄹ. 대중 매체를 통해 여러 지역의 문화가 공유되면서 문화 발전을 이루었다.

① ㄱ, ㄴ　　　　② ㄱ, ㄷ　　　　③ ㄴ, ㄷ
④ ㄴ, ㄹ　　　　⑤ ㄴ, ㄷ, ㄹ

15 다음 밑줄 친 '다국적 기업'의 사례로 가장 적절한 것을 보기 에서 모두 고르면?

자본과 노동, 상품의 이동을 바탕으로 세계 여러 나라에서 상품을 생산하고 판매하는 다국적 기업이 등장하였다.

보기
ㄱ. 한식의 세계화를 위해 노력하는 요리 전문가
ㄴ. 김치를 활용한 햄버거를 개발하는 한국 음식점
ㄷ. 인도에 스마트폰 생산 공장을 운영하는 한국 회사
ㄹ. 베트남에서 만든 지퍼를 단 청바지를 파는 영국 기업

① ㄱ, ㄴ　　　　② ㄱ, ㄷ　　　　③ ㄴ, ㄷ
④ ㄴ, ㄹ　　　　⑤ ㄷ, ㄹ

16 다음에서 설명하는 현대 세계의 문제로 옳은 것은?

종교 갈등이나 내전 등 다양한 이유로 다른 나라로 이동하는 사람들이 증가하고 있다. 이들이 새롭게 생활하는 국가에서 차별, 인권 침해 등의 문제가 발생하고 있다.

① 남북문제　　　　② 난민 문제
③ 빈곤 문제　　　　④ 질병 문제
⑤ 환경 문제

17 다음 글을 읽고 물음에 답하시오.

나에게는 꿈이 있습니다. 언젠가 이 나라가 모든 인간은 평등하게 태어났다는 것을 자명한 진실로 받아들이고, 그 진정한 의미를 신조로 살아가게 되는 날이 오리라는 꿈입니다.

⑴ 위 연설을 한 인물을 쓰시오.

____

⑵ 위 인물이 주도한 민권 운동 내용과 영향을 서술하시오.

____

____

18 다음 ㉠에 들어갈 국제기구를 쓰시오.

1919년 베르사유 조약에 근거하여 (㉠)이/가 설립되었다. 이 국제기구는 노동 조건을 개선하기 위한 목적으로 세워졌으며, 1일 8시간, 1주 48시간 노동을 국제 표준으로 확립하였다.

____

19 다음에서 설명하는 정책을 쓰시오.

1970년대 두 차례의 석유 파동으로 발생한 경제 불황에 따른 위기를 극복하기 위해 정부의 규제 완화와 자유로운 시장 활동을 내세우며 펼친 정책이다.

____

20 남북문제가 발생한 배경을 서술하시오.

____

____

01 다음 밑줄 친 ㉠~㉤에 대한 설명으로 옳지 <u>않은</u> 것은?

> ㉠ 영국은 재정이 어려워지자 식민지에 ㉡ 각종 세금을 부과하여 부족한 재정을 메우려고 하였다. 이에 ㉢ 식민지 주민들이 반발하였다. 영국은 또한 식민지에서 판매되는 차의 독점권을 동인도 회사에 주었다. 이에 식민지 주민들은 차 불매 운동을 벌이며 ㉣ 영국 동인도 회사의 배를 습격하여 차 상자를 바다에 던져 버렸다. 이에 ㉤ 영국은 식민지를 더욱 탄압하였다.

① ㉠: 프랑스와 벌인 7년 전쟁의 여파였다.
② ㉡: 설탕, 인지 등에 세금을 부과하였다.
③ ㉢: 독립 선언문을 발표하였다.
④ ㉣: 보스턴 차 사건이라고 부른다.
⑤ ㉤: 식민지 대표들은 대륙 회의를 열어 영국에 대항하였다.

02 다음 ㉠에 들어갈 나라에 대한 설명으로 옳지 <u>않은</u> 것은?

> 제1조 1항 이 헌법에 따라 부여되는 모든 입법권은 (㉠) 연방 의회에 속하며, 연방 의회는 상원과 하원으로 구성한다.
> 제2조 1항 행정권은 (㉠) 대통령에게 속한다.
> 제3조 1항 (㉠)의 사법권은 연방 대법원 한 곳과 연방 의회가 수시로 설치하는 하급 법원에 속한다.

① 내각 책임제를 실시하였다.
② 13개의 식민지에서 시작되었다.
③ 세계 최초로 탄생한 민주 공화국이다.
④ 영국과 벌인 독립 전쟁에서 승리하였다.
⑤ 초대 대통령으로 조지 워싱턴을 선출하였다.

03 미국 독립 전쟁에 대한 설명으로 옳은 것은?

① 에스파냐의 무적함대가 패배하였다.
② 보스턴 차 사건으로 전쟁이 시작되었다.
③ 전쟁 직전에 독립 선언문을 발표하였다.
④ 크롬웰이 이끄는 의회파의 승리로 전쟁이 끝났다.
⑤ 식민지 군대는 프랑스 등의 지원으로 전세를 뒤집었다.

04 혁명이 일어나기 전 프랑스의 상황에 대한 설명으로 옳지 <u>않은</u> 것은?

① 루이 16세는 특권층에게 세금을 부과하려 하였다.
② 계몽사상의 영향을 받은 시민 계급이 등장하였다.
③ 미국의 독립 전쟁에 개입하여 재정이 악화되었다.
④ 제3 신분은 삼부회에서 신분별 표결을 요구하였다.
⑤ 소수의 성직자와 귀족이 토지와 관직을 독차지하였다.

05 프랑스 혁명을 주제로 한 영화에서 (가)에 들어갈 장면으로 가장 적절한 것은?

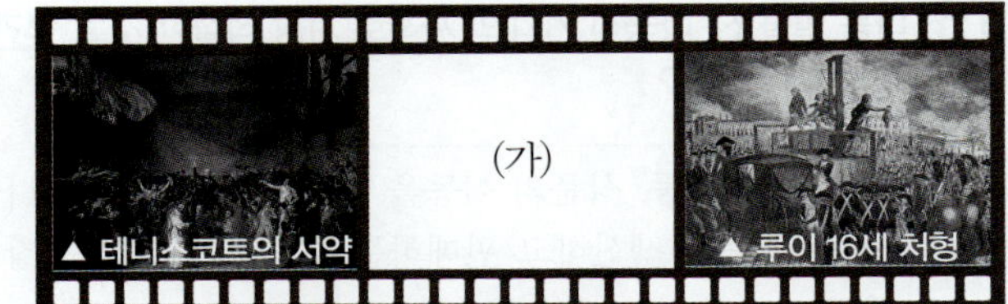

① 루이 16세의 삼부회 소집
② 쿠데타를 일으킨 나폴레옹
③ 취임식을 행하는 5인의 총재
④ 파리 민중들의 바스티유 습격
⑤ 로베스피에르의 공포 정치로 인한 공개 처형

06 다음 ㉠~㉤에 들어갈 말을 옳게 연결한 것은?

구분	프랑스 7월 혁명	프랑스 (㉠)
배경	(㉡)의 전제 정치	재산에 따라 선거권 제한
과정	파리 시민들이 (㉢)을/를 왕으로 추대함	중소 시민층과 노동자가 선거권 확대를 요구하며 혁명을 일으킴
결과	(㉣) 수립	(㉤) 수립

① ㉠: 2월 혁명
② ㉡: 루이 필리프
③ ㉢: 샤를 10세
④ ㉣: 공화정
⑤ ㉤: 입헌 군주정

07 다음 ㉠~㉢에 들어갈 말을 옳게 연결한 것은?

> 프로이센은 (㉠)을 통해 독일 통일의 경제적 기반을 마련하였다. 비스마르크는 (㉡)(으)로 군비를 확장하였다. 독일은 (㉢) 및 프랑스와의 전쟁에서 승리를 거두고 1871년 독일 제국을 수립하였다.

	㉠	㉡	㉢
①	관세 동맹	자유주의	오스트리아
②	관세 동맹	철혈 정책	오스트리아
③	대륙 봉쇄령	자유주의	이탈리아
④	대륙 봉쇄령	철혈 정책	이탈리아
⑤	빈 체제 수립	제국주의	오스트리아

08 다음 밑줄 친 ㉠~㉤ 중 옳지 <u>않은</u> 것은?

> ㉠ 라틴 아메리카에 미국 혁명과 프랑스 혁명의 이념이 전파되어 각지에서 독립운동이 일어났다. ㉡ 브라질은 노예 봉기를 통해 프랑스의 지배에서 벗어나 공화국을 수립하였다. 라틴 아메리카에서 태어난 ㉢ 에스파냐인의 후손 크리오요가 라틴 아메리카의 독립운동을 주도하였다. ㉣ 볼리바르와 산마르틴이 각지의 독립을 이끌었다. 미국의 ㉤ 먼로 선언으로 라틴 아메리카의 독립이 확산되었다.

① ㉠　② ㉡　③ ㉢　④ ㉣　⑤ ㉤

09 독립 이후 미국에 대한 설명으로 옳지 <u>않은</u> 것은?

① 대륙 횡단 철도가 개통되었다.
② 남북 전쟁에서 북부가 승리하였다.
③ 남부와 북부가 경제적 차이로 갈등하였다.
④ 19세기 말 세계 최대의 공업국으로 성장하였다.
⑤ 남북 전쟁 이후 노예 해방이 선언되어 산업이 크게 발전하였다.

10 다음 (가)에 들어갈 내용으로 옳은 것은?

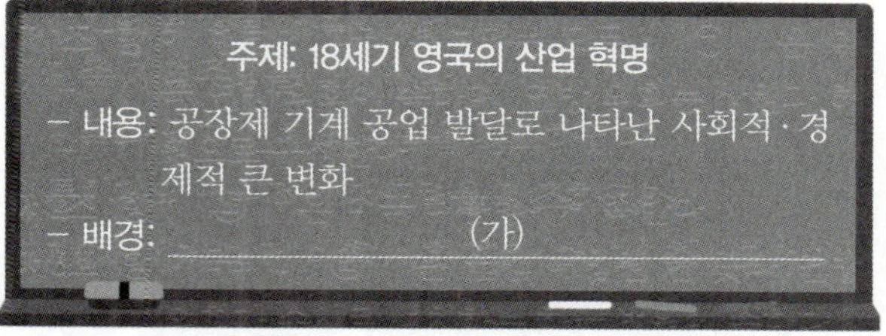

① 사회 진화론의 확산
② 사회주의 사상의 성립
③ 평등한 토지 분배 정책
④ 지중해 중심 무역에서의 소외
⑤ 토지를 잃은 농민들의 도시 이주

11 다음과 같이 증기 기관을 개량한 인물로 옳은 것은?

> 기존의 증기 기관보다 석탄을 적게 쓰면서 더 강한 동력을 얻을 수 있도록 개량되었다.

① 모스　② 풀턴　③ 에디슨
④ 스티븐슨　⑤ 제임스 와트

12 다음 밑줄 친 ㉠~㉤에 대한 설명으로 옳지 <u>않은</u> 것은?

> 산업 혁명 이후 대량 생산이 이루어지면서 원료와 제품을 수송하기 위한 ㉠ 교통과 ㉡ 통신이 발달하였다. 산업 혁명은 ㉢ 주변 나라로 퍼져 나갔고, 19세기 후반에는 ㉣ 독일, 러시아, 일본 등에서도 산업화가 빠르게 이루어졌다. ㉤ 제2차 산업 혁명이 전개되면서 미국과 독일이 새로운 공업 강국으로 성장하였다.

① ㉠: 풀턴이 증기선 운항에 성공하였다.
② ㉡: 모스가 유선 전신을 발명하였다.
③ ㉢: 프랑스, 미국 등이다.
④ ㉣: 민간 주도로 산업화를 빠르게 이루었다.
⑤ ㉤: 철강, 석유 화학 등 중공업이 중심이 되었다.

13 다음 (가)에 들어갈 내용으로 옳은 것은?

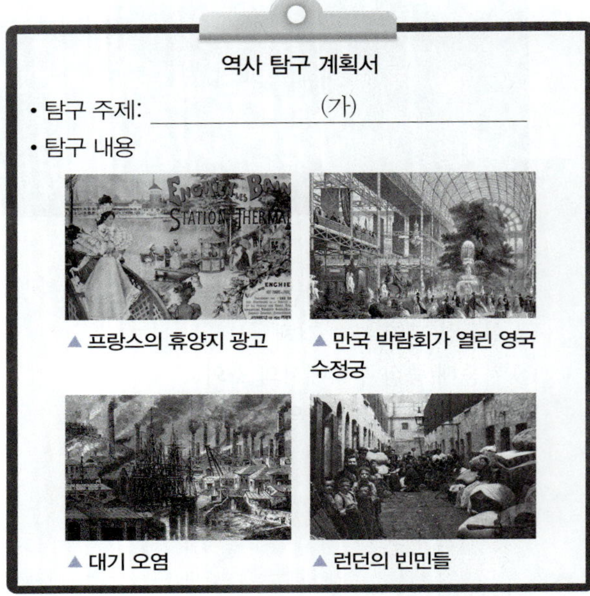

① 산업 혁명의 배경
② 제국주의 열강의 침략
③ 제국주의의 정당화 논리
④ 공장제 기계 공업의 발달
⑤ 산업 사회의 발전과 사회 문제의 발생

14 다음 주장의 배경으로 가장 적절한 것은?

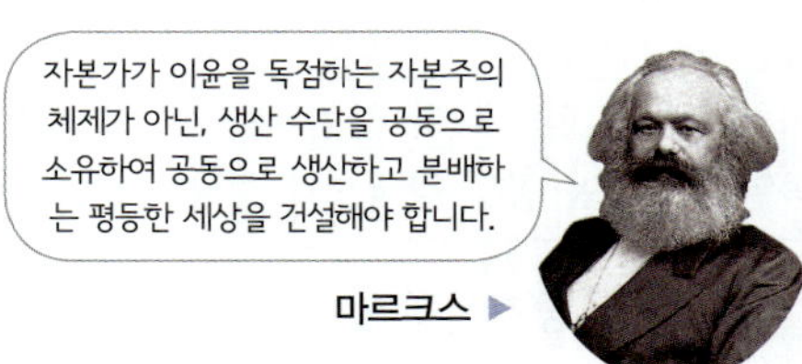

① 빈부 격차 심화
② 주거 환경 악화
③ 도시 인구 증가
④ 산업 사회 전환
⑤ 농촌의 일손 부족 문제

15 다음 ㉠에 들어갈 용어로 가장 적절한 것은?

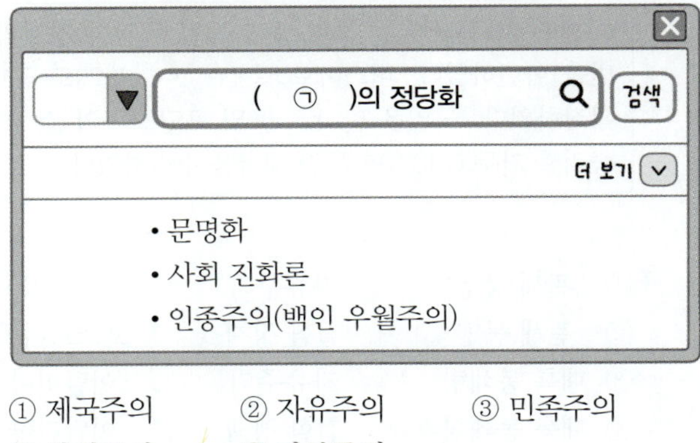

① 제국주의
② 자유주의
③ 민족주의
④ 사회주의
⑤ 자본주의

[16-17] 다음 지도를 보고 물음에 답하시오.

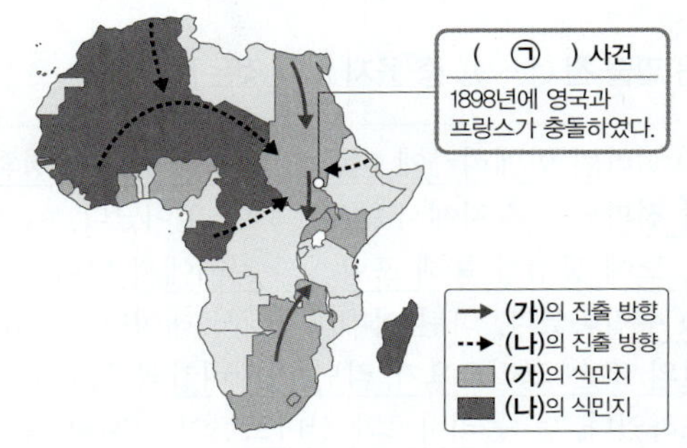

16 ㉠에 들어갈 지명으로 옳은 것은?

① 파쇼다
② 플라시
③ 모로코
④ 에티오피아
⑤ 라이베리아

17 (가), (나) 국가에 대한 설명으로 옳지 <u>않은</u> 것은?

① (가): 동인도 회사를 통해 인도를 지배하였다.
② (가): 남아프리카의 케이프타운과 이집트의 카이로를 잇는 종단 정책을 펼쳤다.
③ (나): 인도차이나반도를 식민지로 삼았다.
④ (나): 알제리를 시작으로 동쪽의 마다가스카르섬을 연결하는 횡단 정책을 추진하였다.
⑤ (가), (나): 모로코를 둘러싸고 두 차례 충돌하였다.

18 제국주의 열강과 식민 지배한 지역을 옳게 연결한 것은?

① 영국 – 필리핀 ② 미국 – 미얀마
③ 프랑스 – 인도 ④ 네덜란드 – 인도네시아
⑤ 에스파냐 – 말레이반도

19 다음 밑줄 친 '이 운동'의 배경으로 옳은 것은?

① 반크리스트교 정서가 확산되었다.
② 청일 전쟁에서 일본에 패배하였다.
③ 청 정부가 민간 철도를 국유화하려 하였다.
④ 청은 서양 상인에게 공행을 통한 무역만 허용하였다.
⑤ 태평천국 운동을 겪으면서 서양 기술의 우수성을 확인하였다.

20 다음 사건을 일어난 순서대로 바르게 나열한 것은?

> ㄱ. 혁명파가 난징을 점령하고 중화민국을 세웠다.
> ㄴ. 신식 군대가 우창에서 봉기를 일으키고, 여러 성이 호응하였다.
> ㄷ. 베이징에 외국 군대의 주둔을 허용하는 신축 조약을 체결하였다.
> ㄹ. 위안스카이가 청 황제를 퇴위시키고 임시 대총통의 자리에 올랐다.

① ㄱ－ㄴ－ㄷ－ㄹ ② ㄴ－ㄱ－ㄹ－ㄷ
③ ㄷ－ㄴ－ㄱ－ㄹ ④ ㄷ－ㄴ－ㄹ－ㄱ
⑤ ㄹ－ㄷ－ㄴ－ㄱ

21 다음 밑줄 친 ㉠에 대한 설명으로 옳은 것은?

> 에도 막부는 미국이 페리 함대를 앞세워 개항을 요구하자 ㉠ 미일 화친 조약과 미일 수호 통상 조약을 차례로 맺었다.

① 천황의 퇴위를 요구하였다.
② 크리스트교를 국교로 삼게 되었다.
③ 러시아의 중재로 조약을 체결하였다.
④ 타이완을 할양하고 막대한 전쟁 배상금을 물게 되었다.
⑤ 최혜국 대우와 영사 재판권 등을 인정한 불평등 조약이었다.

22 다음 밑줄 친 ㉠의 내용으로 옳은 것을 보기 에서 모두 고르면?

> 개항 이후 일본에서는 막부의 외교 정책을 비판하는 목소리가 커졌다. 결국 일부 하급 무사들에 의해 막부가 무너지고 천황을 중심으로 한 새로운 정부가 수립되어 ㉠ 근대화 정책을 추진하였다.

> **보기**
> ㄱ. 공화정을 수립하였다.
> ㄴ. 징병제를 실시하였다.
> ㄷ. 미국과 유럽에 사절단을 파견하였다.
> ㄹ. 서양의 기술을 도입하여 상공업을 육성하였다.

① ㄱ, ㄴ ② ㄱ, ㄷ ③ ㄴ, ㄹ
④ ㄱ, ㄴ, ㄷ ⑤ ㄴ, ㄷ, ㄹ

23 다음 ㉠에 공통으로 들어갈 말로 옳은 것은?

> **일본 제국 헌법(1889)**
>
> 제1조 일본 제국은 대대로 이어 온 (㉠)이/가 통치한다.
> 제3조 (㉠)은/는 신성하여 침범할 수 없다.
> 제4조 (㉠)은/는 국가의 원수로서 통치권을 총괄하며, 이 헌법 조항에 따라 통치권을 행사한다.
> 제7조 (㉠)은/는 제국 의회를 소집하고 그 개회, 폐회, 정회 및 의회 해산을 명할 수 있다.

① 천황 　② 의회 　③ 쇼군
④ 다이묘 　⑤ 대통령

24 다음 (가) 시기에 일어난 일로 옳지 <u>않은</u> 것은?

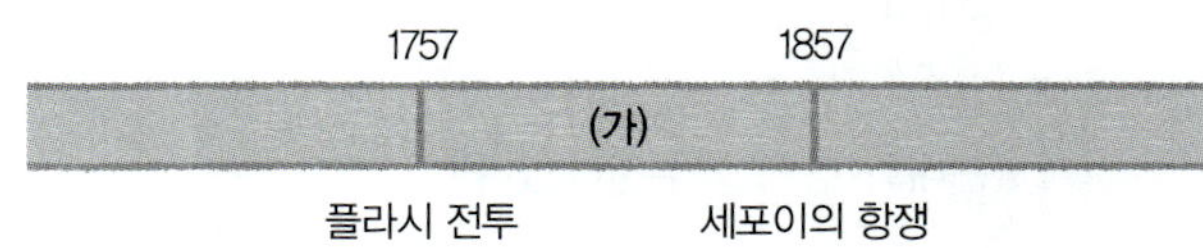

① 영국령 인도 제국이 수립되었다.
② 영국은 인도의 전통문화와 종교를 무시하였다.
③ 면화, 차, 아편의 재배로 인도에서 식량이 부족해졌다.
④ 토지세 등 무거운 세금 때문에 인도 농촌 경제가 어려워졌다.
⑤ 값싼 영국산 면직물의 수입으로 인도의 면직물 산업이 붕괴되었다.

25 인도 국민 회의의 민족 운동 방향이 (가)에서 (나)로 바뀌게 된 계기로 옳은 것은?

> (가) 영국식 교육을 받은 지식인들이 주축이 되어 결성하였으며, 영국의 통치에 협조하면서도 인도인의 권익 확보에 관심을 기울였다.
> (나) 영국 상품 불매, 자치 획득(스와라지), 국산품 사용(스와데시), 민족 교육의 4대 강령을 채택하고 영국의 식민 지배에 저항하였다.

① 동인도 회사가 해체되었다.
② 세포이의 항쟁이 진압되었다.
③ 영국이 벵골 분할령을 발표하였다.
④ 플라시 전투에서 영국이 승리하였다.
⑤ 영국 왕이 인도를 직접 통치하게 되었다.

26 다음 헌법이 제정된 시기로 옳은 것은?

> • 제국 내 모든 국민에게 종교의 자유와 표현의 자유, 법 앞에서의 평등을 보장한다.
> • 입법부, 사법부, 행정부의 삼권을 분립한다.
> • 상원 의원(원로원)은 술탄이 임명하고 하원 의원(대의원)은 국민이 직접 선출한다.
>
> – 미드하트 파샤가 주도하여 제정한 헌법(1876)

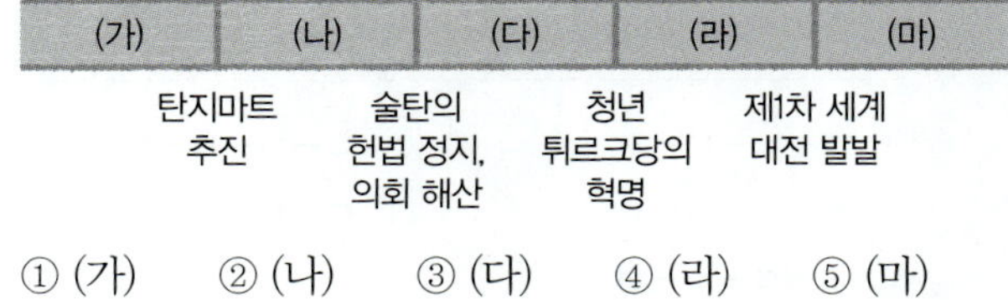

① (가) 　② (나) 　③ (다) 　④ (라) 　⑤ (마)

27 다음 지도의 (가) 왕조에서 일어난 국민 국가 건설 운동에 대한 설명으로 옳은 것은?

① 청년 튀르크당이 무장봉기를 일으켰다.
② 동인도 회사의 세포이들이 반란을 일으켰다.
③ 아라비 파샤가 혁명을 일으켰으나 진압되었다.
④ 『쿠란』의 가르침으로 돌아가자는 운동이 전개되었다.
⑤ 정부가 담배 독점 판매권을 영국에 넘기자 담배 불매 운동이 일어났다.

28 다음 글을 읽고 물음에 답하시오.

> **이탈리아의 통일 과정**
>
> 1단계: 사르데냐 왕국의 총리 카부르가 오스트리아와의 전쟁에서 승리함으로써 이탈리아 중북부 지역을 통합함
> 2단계: (㉠)이/가 의용군을 이끌고 시칠리아, 나폴리를 점령함 → ___________ ㉡ ___________ → 이탈리아 왕국이 성립함
> 3단계: 베네치아와 교황령을 통합하여 통일을 완성함

(1) ㉠에 들어갈 인물의 이름을 쓰시오.

(2) ㉡에 들어갈 알맞은 내용을 서술하시오.

29 다음 자료를 보고 물음에 답하시오.

▲ 제국주의 풍자화

(1) ㉠~㉣이 나타내는 사람을 보기에서 골라 쓰시오.

> **보기**
>
> 군인, 선교사, 원주민, 자본가

㉠ ___________　　㉡ ___________
㉢ ___________　　㉣ ___________

(2) 그림이 풍자하는 내용을 두 가지 서술하시오.

30 다음 글을 읽고 물음에 답하시오.

> 19세기 중반 이집트가 (㉠)을/를 건설하면서 지중해와 홍해가 연결되었다. 무역선들은 아프리카 대륙을 거치지 않고 유럽과 아시아를 빠르게 오갈 수 있게 되었다. 하지만 ㉡ 이 과정에서 이집트는 제국주의 열강의 간섭을 받게 되었다.

(1) ㉠에 들어갈 말을 쓰시오.

(2) 밑줄 친 ㉡과 관련된 내용을 구체적으로 서술하시오.

01 제1차 세계 대전의 배경으로 옳은 것을 보기 에서 모두 고르면?

보기
ㄱ. 차르의 전제 정치 지속
ㄴ. 발칸반도에서 민족 갈등 심화
ㄷ. 3국 동맹과 3국 협상의 대립
ㄹ. 러일 전쟁으로 인한 물가 폭등

① ㄱ, ㄴ ② ㄱ, ㄷ ③ ㄴ, ㄷ
④ ㄴ, ㄹ ⑤ ㄷ, ㄹ

02 다음 (가)에 들어갈 장면으로 가장 적절한 것은?

3국 동맹을 결성하는 독일	(가)	세르비아에 전쟁을 선포하는 오스트리아·헝가리 제국

① 독일과 단독 강화를 맺는 러시아 외교관
② 침몰하는 여객선 루시타니아호에 탄 영국인 선원
③ 치머만 전보 사건으로 참전을 고려하는 미국 대통령
④ 사라예보를 방문한 오스트리아·헝가리 제국 황태자 부부
⑤ 볼셰비키 무장봉기를 통해 소비에트 정부를 세우는 혁명가

03 제1차 세계 대전의 전개에 대한 설명으로 옳지 않은 것은?

① 이탈리아는 끝까지 동맹국으로 참전하였다.
② 서부 전선이 정체되며 전쟁이 장기화되었다.
③ 러시아가 독일과 단독 강화를 맺고 전선에서 이탈하였다.
④ 영국은 해상을 봉쇄하여 독일로 들어가는 물자를 통제하였다.
⑤ 독일의 무제한 잠수함 작전 과정에서 피해가 발생하자 미국 내에서 참전 여론이 확산되었다.

04 다음 자료에 나타난 제1차 세계 대전의 특징으로 가장 적절한 것을 보기 에서 모두 고르면?

어머니께,
　저를 비롯한 식민지 출신 청년들은 오랜 기간 전쟁으로 지쳐가고 있어요. 현재 유럽 서부 전선에서 청년들은 공격을 피하기 위해 긴 구덩이를 파고 오랜 시간 적과 대치 중입니다. 전쟁에서 승리하면 우리 식민지에 자치권을 주겠다는 약속이 지켜지길 바랄 뿐입니다.

보기
ㄱ. 신무기의 등장
ㄴ. 참호전의 전개
ㄷ. 총력전의 전개
ㄹ. 전체주의의 등장

① ㄱ, ㄴ ② ㄱ, ㄷ ③ ㄴ, ㄷ
④ ㄴ, ㄹ ⑤ ㄷ, ㄹ

05 다음 밑줄 친 ㉠~㉢ 중 옳지 않은 것은?

피의 일요일 사건
- 배경: ㉠ 차르의 전제 정치에 대한 불만, ㉡ 러일 전쟁으로 물가 폭등
- 전개: ㉢ 상트페테르부르크에서 대규모 시위 → 시위대의 무력 진압 → 수백 명의 사상자 발생
- 결과: ㉣ 두마(의회) 설치 약속, ㉤ 임시 정부 수립

① ㉠ ② ㉡ ③ ㉢ ④ ㉣ ⑤ ㉤

06 다음 사건을 일어난 순서대로 바르게 나열한 것은?

> ㄱ. 노동자와 병사들이 소비에트를 조직하였다.
> ㄴ. 레닌이 이끄는 볼셰비키가 무장봉기를 일으켰다.
> ㄷ. 임시 정부가 개혁 약속을 미루고 전쟁을 지속하였다.

① ㄱ-ㄴ-ㄷ   ② ㄱ-ㄷ-ㄴ
③ ㄴ-ㄱ-ㄷ   ④ ㄴ-ㄷ-ㄱ
⑤ ㄷ-ㄱ-ㄴ

07 다음 (가)에 들어갈 내용으로 옳은 것은?

> 내전 시기 러시아는 은행, 철도, 공장 등 주요 산업과 토지의 국유화 등 급격한 공산주의 경제 정책으로 인해 사회 혼란이 야기되었다. 이 문제를 해결하기 위해 레닌은 _______________ (가) _______________

① 지주의 토지를 몰수하였다.
② 독일과 강화 조약을 체결하였다.
③ 경제 개발 5개년 계획을 수립하였다.
④ 볼셰비키를 이끌고 무장봉기를 일으켰다.
⑤ 자본주의적 요소를 부분적으로 수용하였다.

08 다음 ㉠에 들어갈 조직으로 옳은 것은?

> 레닌은 전 세계에 사회주의 혁명을 확산시키기 위해 (㉠)을/를 조직하였다. (㉠)은/는 유럽과 아시아의 반제국주의 운동을 지원할 것을 약속하였다.

① 코민포름   ② 소비에트
③ 코민테른   ④ 3국 동맹
⑤ 국제 연맹

09 다음 밑줄 친 ㉠, ㉡에 대한 설명으로 옳지 <u>않은</u> 것은?

> 제1차 세계 대전이 끝난 후 열린 ㉠ <u>파리 강화 회의</u>는 미국 대통령 윌슨이 제안한 ㉡ <u>14개조 평화 원칙</u>을 기본 원칙으로 결정하였다.

① ㉠: 전후 혼란을 수습하고자 개최되었다.
② ㉠: 승전국의 이익을 우선으로 진행하였다.
③ ㉡: 민족 자결주의가 포함되었다.
④ ㉡: 국제기구 창설에 대한 내용을 포함한다.
⑤ ㉠, ㉡: 전쟁 이전의 국경선과 정치 체제로 돌아갈 것을 합의하였다.

10 다음 조약이 지닌 한계로 옳은 것은?

> **베르사유 조약(1919)**
> • 독일은 해외 식민지에 관한 모든 권한을 연합국의 주요 국가에 넘긴다.
> • 독일 육군은 지원병 제도로만 유지한다.
> • 독일은 200억 마르크 금화에 해당하는 배상금을 우선 지불한다.

① 스탈린의 독재 체제를 강화시켰다.
② 미국 등 강대국이 참여하지 않았다.
③ 침략국을 제재할 군사력을 보유하지 못하였다.
④ 윌슨이 제안한 14개조 평화 원칙을 바탕으로 하였다.
⑤ 독일에 가혹한 책임을 지움으로써 향후 독일 국민의 불만을 불러일으켰다.

11 다음 ㉠에 들어갈 단어로 옳은 것은?

> • 제1차 세계 대전 중 독일에서 혁명이 일어났다. 1919년, 독일에는 민주적인 (㉠) 공화국이 세워졌다. 해당 정부는 연합국과 휴전 조약을 체결하였다.
> • (㉠) 헌법은 제41조에 '대통령은 전 독일 국민에 의해 선출된다.'라고 규정하여 현대 민주주의 국가 헌법에 많은 영향을 끼쳤다.

① 독일   ② 팔레비
③ 소비에트   ④ 바이마르
⑤ 튀르키예

12 다음과 같은 현상이 발생하게 된 원인으로 옳은 것은?

> 제1차 세계 대전 이후 미국이 세계 경제를 주도하며 호황을 누렸으나, 1929년 뉴욕 주식 시장의 주가 폭락을 시작으로 기업과 은행 등이 잇달아 파산하였다.

① 레닌이 신경제 정책(NEP)을 시행하였다.
② 과잉 생산에 비해 소비가 늘어나지 않았다.
③ 스탈린이 경제 개발 5개년 계획을 추진하였다.
④ 일본과 이탈리아 등이 국제 연맹을 탈퇴하였다.
⑤ 나치당이 선거에서 승리하고 히틀러의 독재 체제가 수립되었다.

13 다음 뉴스의 제목으로 가장 적절한 것은?

① 뉴딜 정책 발표
② 신경제 정책 시행
③ 코민테른 조직 발표
④ 블록 경제 실시 계획 발표
⑤ 경제 개발 5개년 계획 추진

14 블록 경제에 대한 설명으로 옳지 _않은_ 것은?

① 이탈리아, 독일 등도 시행하였다.
② 영국의 파운드 블록이 대표적이다.
③ 과잉 생산된 상품은 식민지에 판매하였다.
④ 보호 무역 체제를 강화해 자국의 산업을 보호하였다.
⑤ 해외 식민지를 이용해 대공황을 극복하려는 정책이다.

15 다음에서 설명하는 정치 체제로 옳은 것은?

① 공산주의   ② 민주주의
③ 사회주의   ④ 자유주의
⑤ 전체주의

16 다음 밑줄 친 '대외 침략'에 해당하는 사례로 옳은 것은?

> ○○ 신문
>
> 대공황의 위기를 맞아 일본 군부 세력은 이를 극복하기 위해 <u>대외 침략</u>을 주장하며 군비를 증강하였다.

① 만주 사변   ② 청일 전쟁   ③ 러일 전쟁
④ 운요호 사건   ⑤ 의화단 운동

17 다음 ㉠에 들어갈 나라로 옳은 것은?

> • 독일과 일본은 (㉠) 중심의 공산주의 조직인 코민테른에 대항하여 방공 협정을 맺었다.
> • 독일은 (㉠)과/와 비밀리에 불가침 조약을 체결한 후 폴란드를 침공하였다.

① 미국   ② 소련   ③ 영국
④ 프랑스   ⑤ 이탈리아

18 다음 (가)에 들어갈 내용으로 옳은 것은?

일본이 동남아시아를 침략하자 (가) 이후 일본은 하와이 진주만의 미군 기지를 기습하며 아시아·태평양 전쟁을 일으켰다(1941).

① 독일이 국제 연맹을 탈퇴하였다.
② 프랑코가 독재 정권을 수립하였다.
③ 히틀러의 나치당이 선거에서 승리하였다.
④ 미국이 일본에 경제적 제재를 실시하였다.
⑤ 독일과 이탈리아가 추축 동맹을 결성하였다.

19 제2차 세계 대전을 주제로 역사 영상을 제작할 때 영상 제목으로 적절하지 <u>않은</u> 것은?

① 미국이 미드웨이 해전에서 일본에 승리하다!
② 독일이 불가침 조약을 깨뜨리고 소련을 침공하다!
③ 독일의 폴란드 침공, 제2차 세계 대전이 시작되다!
④ 독일의 무제한 잠수함 작전으로 루시타니아호가 침몰하다!
⑤ 일본의 하와이 진주만 기습으로 미국이 연합국으로 참전하다!

20 다음 (가), (나)에 대한 설명으로 옳지 <u>않은</u> 것은?

(가)   (나)

▲ 노르망디 상륙 작전   ▲ 항복 문서에 서명하는 일본 대표

① (가): 소련이 독일을 물리쳤다.
② (가): 이후에 프랑스를 해방시켰다.
③ (나): 소련의 만주 진격에 영향을 받았다.
④ (나): 연합국이 제2차 세계 대전에 승리하였다.
⑤ (가), (나): 제2차 세계 대전 중에 일어난 일이다.

21 다음 사건의 결과로 옳은 것은?

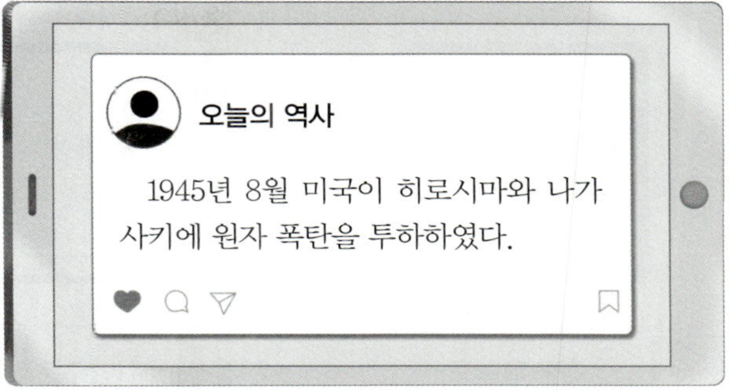

① 일본이 무조건 항복을 선언하였다.
② 소련이 스탈린그라드 전투에서 독일을 물리쳤다.
③ 일본이 하와이 진주만의 미군 기지를 기습 공격하였다.
④ 연합군이 이탈리아에 상륙하여 무솔리니 정권을 무너뜨렸다.
⑤ 소련군이 베를린으로 진격하면서 독일이 무조건 항복하였다.

[22-23] 다음 자료를 보고 물음에 답하시오.

- 창설 연도: 1920
- 협의 내용: 군비 축소, 국제 분쟁의 평화적 해결
- 창설 목적: 국제 평화와 안전 유지를 위해 설립

22 다음 자료에서 설명하는 국제기구의 명칭으로 옳은 것은?

① 3국 협상   ② 3국 동맹
③ 코민테른   ④ 국제 연맹
⑤ 국제 연합

23 자료에 나타난 국제기구에 대한 설명으로 옳지 <u>않은</u> 것은?

① 제2차 세계 대전 이후 해체되었다.
② 침략 행위를 저지할 군사력이 없었다.
③ 대서양 헌장의 정신에 따라 창설되었다.
④ 미국은 의회의 반대로 가입하지 못하였다.
⑤ 강대국과 관련된 분쟁을 중재하는 데 어려움을 겪었다.

24 다음 (가)에 들어갈 내용으로 옳은 것을 **보기**에서 모두 고르면?

역사 탐구 계획서

- 탐구 주제: 제2차 세계 대전 중에 일어난 대량 학살과 인권 유린
- 탐구 사례: _________________ (가) _________________

보기

ㄱ. 홀로코스트　　　　　　ㄴ. 일본군 '위안부'
ㄷ. 루시타니아호 침몰　　　ㄹ. 카틴 숲 학살 사건

① ㄱ, ㄴ　　　② ㄱ, ㄹ　　　③ ㄴ, ㄷ
④ ㄱ, ㄴ, ㄹ　　　⑤ ㄴ, ㄷ, ㄹ

25 다음 자료에 나타난 문제의 원인으로 옳은 것을 **보기**에서 모두 고르면?

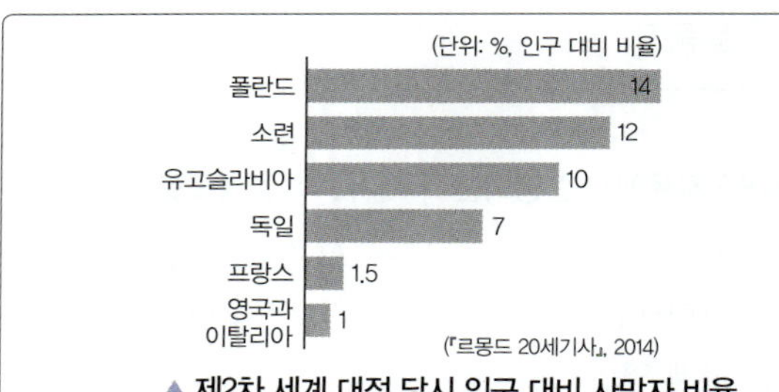

▲ 제2차 세계 대전 당시 인구 대비 사망자 비율

두 차례의 세계 대전에서 수많은 사람이 목숨을 잃거나 다쳤다. 특히 제2차 세계 대전은 민간인 피해가 극심하였다.

보기

ㄱ. 대량 살상 무기의 등장
ㄴ. 켈로그·브리앙 조약의 체결
ㄷ. 극단적인 인종주의 정책 시행
ㄹ. 패전국 식민지에 대한 위임 통치 시행

① ㄱ, ㄴ　　　② ㄱ, ㄷ　　　③ ㄴ, ㄷ
④ ㄴ, ㄹ　　　⑤ ㄷ, ㄹ

26 다음에서 설명하는 사건으로 옳은 것은?

역사 한 장면

▲ 일본군에 학살당한 민간인

중일 전쟁 시기 일본은 중화민국의 수도를 점령하고 중국군 포로뿐만 아니라 민간인을 폭행하고 학살하였다.

① 만주 사변　　　　② 난징 대학살
③ 진주만 공습　　　④ 원자 폭탄 투하
⑤ 카틴 숲 학살 사건

27 다음 (가), (나)에 들어갈 내용으로 옳지 <u>않은</u> 것은?

전쟁 범죄 처벌을 위해 열린 국제 군사 재판

- 재판: 뉘른베르크 재판
- 내용: _________________ (가) _________________

- 재판: 도쿄 재판
- 내용: _________________ (나) _________________

① (가): 주요 나치 전범이 기소되어 재판을 받았다.
② (가): 역사상 최초로 전쟁을 일으킨 개인에게 형사 책임을 물었다.
③ (나): 천황 및 왕족의 책임을 묻지 않았다.
④ (나): 재판 과정에서 일본군의 비인도적 행위가 밝혀졌다.
⑤ (가), (나): 국제 연합(UN)의 주관하에 재판이 열렸다.

28 얄타 회담에 대한 설명으로 옳은 것을 보기 에서 모두 고르면?

> **보기**
> ㄱ. 일본에 무조건 항복을 권유하였다.
> ㄴ. 한국의 독립을 최초로 약속하였다.
> ㄷ. 소련의 대일전 참전 일정을 결정하였다.
> ㄹ. 전후 독일 영토의 분할 점령에 대해 논의하였다.

① ㄱ, ㄴ   ② ㄱ, ㄷ   ③ ㄴ, ㄷ
④ ㄴ, ㄹ   ⑤ ㄷ, ㄹ

29 다음 사건이 일어난 배경으로 옳은 것은?

> 베르사유 평화 회담이 열렸을 때 우리가 희망하고 경축한 것은 세계에 정의가 있고 인도가 있고 공리가 있다고 한 것이 어찌 아니었겠습니까? 칭다오를 돌려주고 중국과 일본 사이의 밀약이나 군사 협정뿐만 아니라 기타 불평등 조약까지 취소한 것이 바로 공리이고 정의입니다. …… 조선에서는 독립을 꾀하면서 "독립이 아니면 차라리 죽음을 달라."라고 외쳤습니다.
> – 베이징 학생계 선언(1919)

① 일본이 중일 전쟁을 일으켰다.
② 제1차 국공 합작이 성립되었다.
③ 중국 국민당의 장제스가 북벌을 시작하였다.
④ 공산당을 이끈 마오쩌둥이 대장정을 단행하였다.
⑤ 파리 강화 회의에서 일본의 21개조 요구가 승인되었다.

30 다음 밑줄 친 '이 인물'로 옳은 것은?

> 제1차 세계 대전에서 패배한 오스만 제국은 연합국의 내정 간섭을 받았다. 이에 반발하여 이 인물은 술탄 정부를 타도한 뒤 튀르키예 공화국을 수립하였으며, 근대화 정책을 추진하였다.

① 간디   ② 장제스   ③ 호찌민
④ 수카르노   ⑤ 무스타파 케말

31 다음 글을 읽고 물음에 답하시오.

> 제1차 세계 대전 전후의 혼란을 수습하고 새로운 국제 질서를 모색하기 위해 파리 강화 회의가 열렸다. 이 회의에서는 미국의 대통령 윌슨이 제안한 (㉠)이/가 받아들여졌다. 이 원칙의 하나인 (㉡)에 따라 유럽의 여러 민족이 독립 국가를 수립하였다.

(1) ㉠에 들어갈 원칙의 명칭을 쓰시오.

____

(2) ㉡에 들어갈 단어를 쓰고, 이것이 지닌 한계를 서술하시오.

____

____

32 다음 밑줄 친 ㉠과 관련하여 독일의 나치당이 자행한 인권 유린 정책의 내용을 서술하시오.

> 민족 국가는 인종을 모든 생활의 중심에 두어야 한다. ㉠ 국가는 인종의 순수한 유지를 추구해야 한다. …… 자기가 병약하고 결함이 있는데도 아이를 낳는 것은 치욕일 뿐이며, …… 독일 민족에 상응하는 영토를 이 지상에서 확보해야 할 것이다.
> – 히틀러, 『나의 투쟁』

____

____

33 다음 글을 읽고 물음에 답하시오.

> 제1차 세계 대전이 끝나고 국제 평화와 안전 확보를 목표로 한 (㉠)이/가 1920년에 창설되었다.

(1) ㉠에 들어갈 국제기구의 명칭을 쓰시오.

____

(2) ㉠이 지닌 의의와 한계를 서술하시오.

____

____

01 다음 (가), (나)에 들어갈 나라에 대한 설명으로 옳지 <u>않은</u> 것은?

① (가): 북대서양 조약 기구를 만들었다.
② (가): 공산주의 세력의 팽창을 막겠다고 선언하였다.
③ (나): 코메콘을 조직하였다.
④ (나): 바르샤바 조약 기구를 조직하였다.
⑤ (가), (나): 서베를린으로 통하는 도로와 철도를 봉쇄하였다.

03 다음 지도에 대한 설명으로 옳은 것을 [보기] 에서 모두 고르면?

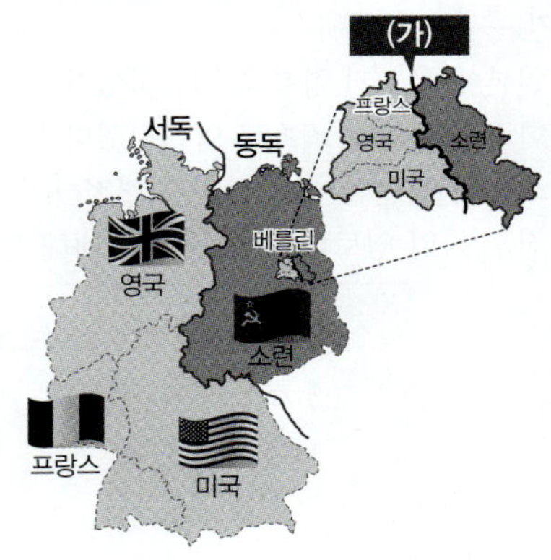

보기
ㄱ. (가)는 베를린 장벽이다.
ㄴ. 소련이 서베를린을 점령하였다.
ㄷ. 영국, 프랑스, 미국은 자본주의 진영이다.
ㄹ. 베를린 장벽 설치를 계기로 독일이 동서로 분단되었다.

① ㄱ, ㄴ 　② ㄱ, ㄷ 　③ ㄴ, ㄷ
④ ㄴ, ㄹ 　⑤ ㄷ, ㄹ

04 다음에서 설명하는 사건으로 옳은 것은?

① 6·25 전쟁 　② 베를린 봉쇄
③ 베트남 전쟁 　④ 트루먼 독트린
⑤ 쿠바 미사일 위기

02 냉전 체제의 형성 과정에 대한 설명으로 옳지 <u>않은</u> 것은?

① 소련은 코민포름을 조직하였다.
② 미국은 닉슨 독트린을 발표하였다.
③ 동유럽에서 공산주의 정권이 세워졌다.
④ 서유럽의 경제를 지원하기 위해 마셜 계획이 수립되었다.
⑤ 바르샤바 조약 기구를 통해 공산주의 국가의 군사 동맹이 강화되었다.

05 냉전 시기 아시아에서 볼 수 있는 모습으로 적절하지 <u>않은</u> 것은?

① 6·25 전쟁에 참전한 유엔군 군인
② 남베트남군을 훈련시키는 미군 장교
③ 타이완으로 이동하는 중국 국민당 관료
④ 중화 인민 공화국 수립을 축하하는 중국 학생
⑤ 아시아·태평양 경제 협력체에 가입하는 한국 대통령

06 다음은 어떤 학생이 작성한 수행 평가 답안지이다. 이 학생이 받게 될 점수로 옳은 것은?

※ 아시아·아프리카의 독립과 새로운 국가 건설에 대한 설명이 맞으면 ○표, 틀리면 ×표 하시오(각 1점).

문항	내용	답
1	인도는 종교적 차이로 파키스탄과 분리 독립하였다.	×
2	리비아는 영국의 영향 아래에 있던 수에즈 운하의 국유화를 선포하였다.	○
3	1960년에는 아프리카 17개국이 독립하여 이 해를 '아프리카의 해'라 부른다.	○
4	팔레스타인 지역에 이스라엘이 세워지자 아랍인과 유대인 간의 분쟁이 심화되었다.	×

① 0점 ② 1점 ③ 2점
④ 3점 ⑤ 4점

07 다음 지도와 관련된 세력에 대한 설명으로 옳지 <u>않은</u> 것은?

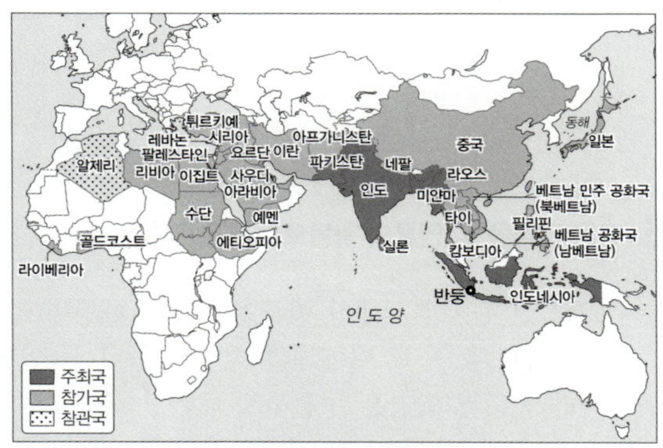

▲ 아시아·아프리카 회의(1955)에 참석한 나라

① 평화 10원칙을 발표하였다.
② 비동맹 중립주의를 내세웠다.
③ 제2 세계라고 불리는 세력이다.
④ 냉전 체제가 완화되는 과정에 영향을 끼쳤다.
⑤ 미국과 소련 중심의 냉전 질서에서 벗어나려고 노력하였다.

08 밑줄 친 '이 회의'의 명칭으로 옳은 것은?

1955년 인도네시아에서 개최된 <u>이 회의</u>에는 29개국 대표가 모여 평화 10원칙을 발표하였다. 평화 10원칙에는 주권과 영토 보전 존중, 내정 불간섭, 국제 분쟁의 평화적 해결 등이 있다.

① 빈 회의 ② 반둥 회의
③ 워싱턴 회의 ④ 파리 강화 회의
⑤ 제1차 비동맹 회의

09 다음 밑줄 친 '외교 정책' 발표 이후의 상황으로 옳지 <u>않은</u> 것은?

미국은 군사 개입을 피하고 아시아의 방위는 아시아의 힘으로 한다는 원칙을 담은 <u>외교 정책</u>을 발표하였다.

① 중화 인민 공화국이 수립되었다.
② 미국과 중국이 국교를 수립하였다.
③ 미국은 베트남에서 군대를 철수하였다.
④ 동독과 서독이 국제 연합에 동시 가입하였다.
⑤ 미국은 소련과 전략 무기 제한 협정을 체결하였다.

10 다음 (가)에 들어갈 내용으로 옳은 것은?

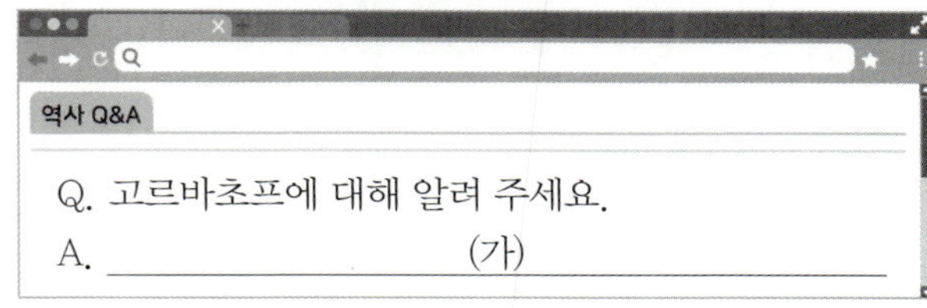

① 문화 대혁명을 일으켰다.
② 대약진 운동을 전개하였다.
③ 개혁과 개방을 주장하며 시장 원리를 받아들였다.
④ 자유 노조를 이끌었고 선거를 통해 정권을 잡았다.
⑤ 흑묘백묘론을 통해 자본주의 시장 경제 원리의 도입을 주장하였다.

11 다음 사건을 일어난 순서대로 바르게 나열한 것은?

> ㄱ. 냉전 종식 선언
> ㄴ. 닉슨 독트린 발표
> ㄷ. 독립 국가 연합(CIS)의 결성

① ㄱ-ㄴ-ㄷ   ② ㄱ-ㄷ-ㄴ
③ ㄴ-ㄱ-ㄷ   ④ ㄷ-ㄱ-ㄴ
⑤ ㄷ-ㄴ-ㄱ

[12-13] 다음 자료를 보고 물음에 답하시오.

(가)	(나)	(다)	(라)	(마)
제2차 국공 합작	중화 인민 공화국 수립	대약진 운동	톈안먼 사건	

12 다음에서 설명하는 사건이 일어난 시기를 연표에서 옳게 고르면?

> 마오쩌둥이 자신의 정치적 입지를 회복하고자 실시한 운동이다. 중국의 전통문화와 자본주의를 부정하고 공산주의 정신을 강조하였다.

① (가)   ② (나)   ③ (다)   ④ (라)   ⑤ (마)

13 (라) 시기 중국의 상황으로 옳은 것은?

① 국공 내전에서 공산당이 승리하였다.
② 마오쩌둥이 은행과 기업을 국유화하였다.
③ 중국 국민당 정부는 타이완으로 밀려났다.
④ 인민공사가 설립되어 농촌의 집단화가 이루어졌다.
⑤ 국민당과 공산당이 연합하여 항일 투쟁을 전개하였다.

---

14 다음 ㉠에 들어갈 지역별 경제 협력체에 대한 설명으로 옳은 것을 보기 에서 모두 고르면?

> 제2차 세계 대전 이후 유럽에서는 경제적 협력과 평화를 위해 국가 간 통합을 추진하였다. 이에 유럽 석탄 철강 공동체(ECSC)가 창립되었고, 1993년 (㉠) 이/가 창립되었다.

> **보기**
> ㄱ. 유럽 공동체(EC)이다.
> ㄴ. 창립 당시 영국은 가입하지 않았다.
> ㄷ. 단일 통화로 유로화를 사용하고 있다.
> ㄹ. 마스트리흐트 조약을 바탕으로 출범하였다.

① ㄱ, ㄴ   ② ㄱ, ㄷ   ③ ㄴ, ㄷ
④ ㄴ, ㄹ   ⑤ ㄷ, ㄹ

15 다음 밑줄 친 ㉠에 해당하는 사례로 옳지 <u>않은</u> 것은?

> 냉전 체제가 완화되면서 세계 여러 나라는 국제 협력을 강화하고 공동의 이익을 추구하기 위해 ㉠ 지역별 경제 협력체를 구성하였다.

① 유럽 연합(EU)
② 아프리카 연합(AU)
③ 독립 국가 연합(CIS)
④ 동남아시아 국가 연합(ASEAN)
⑤ 아시아·태평양 경제 협력체(APEC)

16 다음 연설을 한 인물의 활동으로 옳은 것은?

> 백 년 전, 한 위대한 미국인이 노예 해방령에 서명을 하였습니다. …… 나에게는 꿈이 있습니다. 언젠가 이 나라가 모든 인간은 평등하게 태어났다는 것을 자명한 진실로 받아들이고, 그 진정한 의미를 신조로 살아가게 되는 날이 오리라는 꿈입니다.

① 여성 운동을 주도하였다.
② 반전 평화 운동을 이끌었다.
③ 환경 보호 운동을 주도하였다.
④ 미국의 흑인 민권 운동을 이끌었다.
⑤ 아파르트헤이트 반대 운동을 전개하였다.

17 다음 (가)에 들어갈 내용으로 옳은 것을 **보기** 에서 모두 고르면?

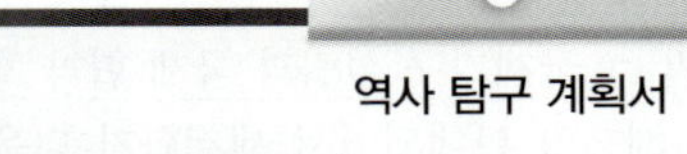

역사 탐구 계획서

• 탐구 주제: 20세기 후반 여성 운동의 전개와 사례
• 사례: ___________________ (가) ___________________

보기

ㄱ. 프랑스에서 68 운동이 일어났다.
ㄴ. 사우디아라비아에서 여성들이 여성 운전 허용을 요구하였다.
ㄷ. 로자 파크스 사건을 계기로 버스 승차 거부 운동이 일어났다.
ㄹ. 보스턴 마라톤 대회에서 여성 선수의 참여가 공식적으로 허용되었다.

① ㄱ, ㄴ   ② ㄱ, ㄷ   ③ ㄴ, ㄷ
④ ㄴ, ㄹ   ⑤ ㄷ, ㄹ

18 다음 (가)에 들어갈 내용으로 가장 적절한 것은?

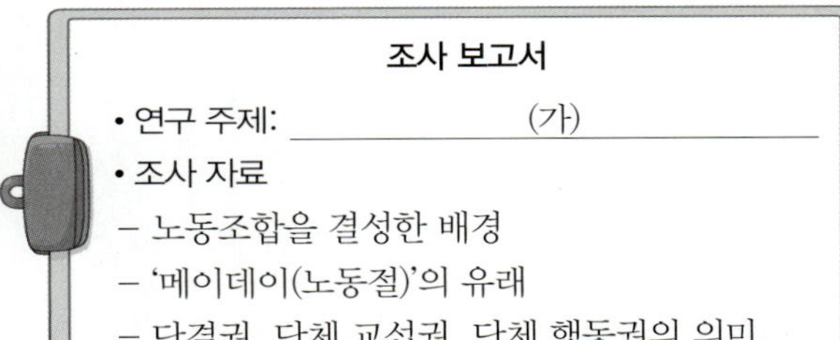

조사 보고서

• 연구 주제: ___________________ (가)
• 조사 자료
   – 노동조합을 결성한 배경
   – '메이데이(노동절)'의 유래
   – 단결권, 단체 교섭권, 단체 행동권의 의미

① 환경 운동의 영향
② 여성 운동의 전개
③ 민권 신장을 위한 노력
④ 반전 평화 운동의 전개
⑤ 노동자의 권리 보호를 위한 노력

19 다음 노동자의 권리 보호를 위한 노력으로 옳은 것을 **보기** 에서 모두 고르면?

보기

ㄱ. 「민권법」 제정
ㄴ. 자유 무역 협정(FTA) 체결
ㄷ. 국제 노동 기구(ILO) 설립
ㄹ. 세계 무역 기구(WTO) 출범

① ㄱ   ② ㄷ   ③ ㄴ, ㄷ
④ ㄴ, ㄹ   ⑤ ㄱ, ㄷ, ㄹ

20 다음 (가)에 들어갈 내용으로 옳은 것은?

• 주제: 반전 평화 운동
• 모둠별 탐구 내용: ___________ (가) ___________

㉠ 교토 의정서의 특징을 살펴본다.
㉡ 파리 협정의 주요 내용을 검색한다.
③ 국제 노동 기구의 활동을 알아본다.
㉣ 미군이 베트남에서 철수하는 데 영향을 준 배경을 조사한다.
⑤ 세계 여러 나라가 자유 무역 협정을 체결한 전후 상황을 비교한다.

21 다음 밑줄 친 '국제 협약'에 해당하는 사례로 옳은 것은?

대량 살상 무기를 보유하거나 사용하는 국가들이 늘어나면서 인류의 생존을 위협하는 대량 살상 무기의 확산을 막기 위해 국제 협약이 체결되었다.

① 리우 선언   ② 파리 협정
③ 교토 의정서   ④ 필라델피아 선언
⑤ 핵 확산 금지 조약

22 다음 (가)에 들어갈 국제 협약으로 옳은 것은?

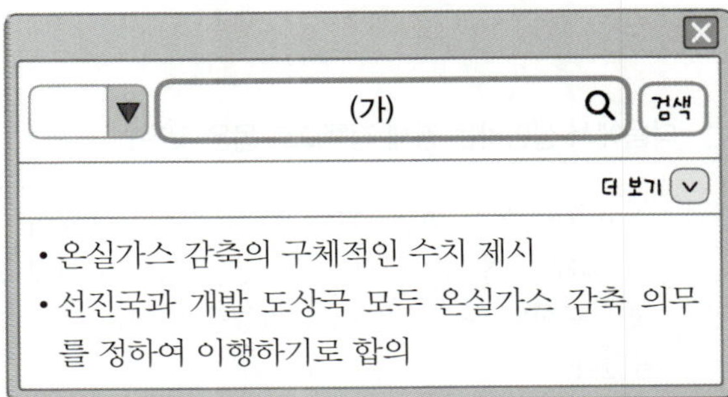

• 온실가스 감축의 구체적인 수치 제시
• 선진국과 개발 도상국 모두 온실가스 감축 의무를 정하여 이행하기로 합의

① 파리 협정   ② 교토 의정서
③ 필라델피아 선언   ④ 핵 확산 금지 조약
⑤ 환경과 개발에 관한 공동 선언

23 다음 국제 협약이 체결된 순서대로 바르게 나열한 것은?

> ㄱ. 파리 협정
> ㄴ. 교토 의정서
> ㄷ. 환경과 개발에 관한 공동 선언

① ㄱ-ㄴ-ㄷ ② ㄱ-ㄷ-ㄴ
③ ㄴ-ㄱ-ㄷ ④ ㄷ-ㄱ-ㄴ
⑤ ㄷ-ㄴ-ㄱ

24 다음 밑줄 친 '이 단체'로 옳은 것은?

이 단체는 대표적인 비정부 기구로 1971년에 설립되어 핵 실험 반대와 자연 보호 운동 등 환경을 보존하고 평화를 증진시키기 위한 다양한 활동을 펼치고 있다.

① 그린피스 ② 코민테른
③ 코민포름 ④ 세계 보건 기구
⑤ 바르샤바 조약 기구

25 다음에서 설명하는 경제 정책으로 옳은 것은?

> 1970년대 두 번의 석유 파동으로 경제 불황이 나타나자, 세계 여러 나라에서는 위기를 극복하기 위해 정부의 규제 완화와 자유로운 시장 활동을 내세운 경제 정책을 펼쳤다.

① 사회주의 ② 블록 경제
③ 뉴딜 정책 ④ 신자유주의
⑤ 신경제 정책(NEP)

26 다음 밑줄 친 ㉠에 해당하는 사례로 옳은 것을 보기 에서 모두 고르면?

> 20세기 후반 ㉠ 국제기구 설립과 국제 협약 체결을 통해 자유 무역 체제가 확대되면서 세계화가 더욱 공고해졌다.

보기
> ㄱ. 리우 선언을 발표하였다.
> ㄴ. 국제 노동 기구를 설립하였다.
> ㄷ. 자유 무역 협정을 체결하였다.
> ㄹ. 세계 무역 기구를 출범하였다.

① ㄱ, ㄴ ② ㄱ, ㄷ ③ ㄴ, ㄷ
④ ㄴ, ㄹ ⑤ ㄷ, ㄹ

27 다음 (가)에 들어갈 내용으로 가장 적절한 것은?

> 역사 필기 노트
> • 주제: ________________ (가)
> • 대표적인 사례
> – 튀니지에서 공정을 한 청바지를 판매하는 영국 기업
> – 인도에 생산 공장을 세워 스마트폰을 제조하는 한국 기업

① 남북문제의 영향
② 다국적 기업의 성장
③ 세계화가 시작된 배경
④ 세계 무역 기구의 역할
⑤ 신자유주의가 확산된 배경

28 다음 대화의 주제로 가장 적절한 것은?

① 난민의 발생
② 남북문제의 발생
③ 문화 획일화 현상
④ 다문화 사회의 증가
⑤ 지속가능한 발전을 위한 노력

29 세계화에 따른 과제에 대한 설명으로 옳은 것을 보기 에서 모두 고르면?

> **보기**
> ㄱ. 냉전이 종결되면서 국가 간 갈등과 분쟁이 사라졌다.
> ㄴ. 종교 갈등, 내전 등 다양한 이유로 난민이 증가하고 있다.
> ㄷ. 국제 교류의 증가와 세계화의 확산으로 국가 간 빈부 격차가 커지고 있다.
> ㄹ. 아프리카와 아시아의 개발 도상국에서 많은 사람이 빈곤과 질병으로 고통받고 있다.

① ㄱ, ㄴ
② ㄴ, ㄷ
③ ㄱ, ㄴ, ㄷ
④ ㄱ, ㄴ, ㄹ
⑤ ㄴ, ㄷ, ㄹ

30 다음 내용에 해당하는 선언을 쓰시오.

> 오늘날 전 세계의 거의 모든 나라는 자본주의 방식과 공산주의 방식 중 하나를 선택해야 합니다. 모든 민족이 자유로운 상황에서 스스로 결정할 수 있도록 미국이 도울 것입니다.

31 다음 글을 읽고 물음에 답하시오.

> 1970년대 말 실권을 잡은 중국의 (㉠)은/는 흑묘백묘론을 바탕으로 ㉡ 개혁·개방 정책을 추진하였다.

⑴ ㉠에 들어갈 인물을 쓰시오.

⑵ 밑줄 친 ㉡의 내용과 영향을 서술하시오.

32 다음 글에 나타난 운동이 미국에 끼친 영향을 서술하시오.

> 1960년대 후반에는 베트남 전쟁에 반대하는 움직임이 전 세계로 일어났다. 미국은 물론, 다른 여러 나라들도 반전 평화 운동을 전개하였다.

세계사 연표

동아시아		인도·동남아시아	
2500년경	중국 문명 시작	**2500년경**	인도 문명 시작
2333	고조선 건국	**6세기경**	석가모니, 불교 창시
770	춘추 전국 시대 시작	**317**	마우리아 왕조 성립
221	진(秦), 중국 통일		
202	한, 중국 통일		
57	신라 건국(『삼국사기』)		

기원전

동아시아		인도·동남아시아	
304	5호 16국 시대	**45**	인도, 쿠샨 왕조 성립
589	수, 중국 통일	**320**	인도, 굽타 왕조 성립
618	당 건국		
645	일본, 다이카 개신		
794	일본, 헤이안 시대 시작		
916	거란(요) 건국		
918	고려 건국		
960	송 건국		

1000

동아시아		인도·동남아시아	
1115	여진, 금 건국	**1206**	델리 술탄 왕조 성립
1206	칭기즈 칸, 몽골 통일		
1271	원 건국		
1279	남송 멸망		
1336	일본, 무로마치 막부 성립		
1368	명 건국		
1392	조선 건국		
1405	명, 정화의 항해 시작		
1467	일본, 전국 시대 시작		

1500

동아시아		인도·동남아시아	
1592	임진왜란 발발	**1526**	무굴 제국 성립
1603	일본, 에도 막부 성립	**1757**	인도, 플라시 전투
1636	청 건국, 병자호란	**1857**	인도, 세포이의 항쟁(~1859)
1644	명 멸망	**1877**	영국령 인도 제국 수립
1840	제1차 아편 전쟁(~1842)	**1892**	호세 리살, 필리핀 민족 동맹 결성
1894	청일 전쟁(~1895)	**1905**	영국, 벵골 분할령 발표
1904	러일 전쟁(~1905)	**1930**	간디의 소금 행진
1919	3·1 운동, 5·4 운동	**1945**	베트남 민주 공화국 수립
1937	중일 전쟁 발발	**1955**	아시아·아프리카 회의(반둥 회의) 개최
1941	아시아·태평양 전쟁 발발	**1967**	동남아시아 국가 연합(ASEAN) 결성
1945	일본, 무조건 항복	**1975**	베트남 전쟁 종결
1949	중화 인민 공화국 수립		
1950	6·25 전쟁		
1989	중국, 톈안먼 사건		

2000

동아시아		인도·동남아시아	
2002	한일 월드컵 개최	**2021**	미얀마 민주화 운동
2011	동일본 대지진		

서아시아·아프리카		유럽·아메리카	
3500년경	메소포타미아 문명 시작	8세기경	그리스, 폴리스 형성
3000년경	이집트 문명 시작	753	로마 건국
7세기경	아시리아, 서아시아 지역 대부분 통일	492	그리스·페르시아 전쟁(~479)
525	아케메네스 왕조 페르시아, 서아시아 통일	334	알렉산드로스 동방 원정 시작
		264	로마-카르타고 전쟁(~146)
		27	로마, 제정 시작
226	사산 왕조 페르시아 성립	313	로마, 크리스트교 공인
622	헤지라(이슬람 기원 원년)	395	로마 제국, 동서로 분열
661	우마이야 왕조 성립	476	서로마 제국 멸망
750	아바스 왕조 성립	529	비잔티움 제국, 『유스티니아누스 법전』 편찬
751	아바스 왕조, 탈라스 전투에서 승리	800	카롤루스 대제, 서로마 황제 대관
1037	셀주크 튀르크 건국	1077	카노사의 굴욕
1299	오스만 제국 건국	1096	십자군 전쟁(~1270)
1370	티무르 왕조 성립	1309	아비뇽 유수(~1377)
1453	오스만 제국, 콘스탄티노폴리스 점령	1337	백년 전쟁(~1453)
		1453	비잔티움 제국 멸망
		1492	콜럼버스, 아메리카 항로 발견
		1498	바스쿠 다 가마, 인도 항로 개척
1501	사파비 왕조 성립	1517	루터, 95개조 반박문 발표
1839	오스만 제국, 탄지마트 선포	1533	잉카 제국 멸망
1898	파쇼다 사건	1555	아우크스부르크 화의
1908	오스만 제국, 청년 튀르크당 혁명	1648	베스트팔렌 조약 체결
1923	튀르키예 공화국 수립	1776	미국, 독립 선언문 발표
1955	아시아·아프리카 회의(반둥 회의) 개최	1789	프랑스 혁명 시작
1960	아프리카 17개국 독립(아프리카의 해)	1871	독일 제국 성립
1962	알제리 독립	1914	제1차 세계 대전(~1918)
1980	이란·이라크 전쟁	1917	러시아 혁명
		1929	미국, 대공황 발생
		1939	제2차 세계 대전(~1945)
		1991	소련 해체, 독립 국가 연합(CIS) 출범
		1993	유럽 연합(EU) 출범
2010	재스민 혁명	2001	미국, 9·11 테러 발생
		2003	미국, 이라크 침공
		2022	러시아, 우크라이나 침공

─○ 출처

개념책

010쪽 독립 선언문을 제출하는 식민지 대표들　위키공용
010쪽 요크타운에서 영국군의 항복을 받는 조지 워싱턴
　위키공용
022쪽 증기 기관차　영국 국립철도박물관
022쪽 모스의 전신기　스미스소니언박물관
057쪽 노르망디 상륙 작전　위키공용(MIckStephenson)
057쪽 항복 문서에 서명하는 일본　위키공용(Adam
　Cuerden)
065쪽 (05번 문제)뉘른베르크 재판　위키공용
066쪽 (11번 문제)무스타파 케말　위키공용(Presidency of
　the Republic of Turkey)
092쪽 (15번 문제)마틴 루서 킹　위키공용
092쪽 (15번 문제)넬슨 만델라　위키공용(John Mathew
　Smith)

문제책

031쪽 (08번 문제)아랄해　위키공용(NASA)
043쪽 (18번 문제)일본의 진주만 기습　위키공용(National
　Archives and Records Administration)
044쪽 (26번 문제)일본군에 학살당한 민간인　위키공용
　(Shinju Sato)

*중복으로 수록한 사진은 최초 1회만 출처를 표기하였습니다.

메모

메모

메모

메모

중학 **역사** ①-2

시험 대비 문제책

중학 역사 ① -2

정답 및 해설

정답 및 해설

중학 역사 ①-2

개념 학습 정리책 · 02

시험 대비 문제책 · 20

V 제국주의와 국민 국가 건설 운동

01 유럽과 아메리카의 국민 국가 체제 ①

STEP 1 개념 확인
012쪽

01 (1) 프 (2) 미 (3) 미 (4) 프 **02** ㉠ 국민 의회 ㉡ 공화정
03 (1) ㉠ (2) ㉡ **04** (1) 보스턴 차 사건 (2) 로베스피에르 **05** (1) ○
(2) ○ (3) ×

STEP 2 대표 문제
012~014쪽

01 ⑤ **02** ④ **03** ① **04** ③ **05** ⑤ **06** ④ **07** ④ **08** ⑤
09 ② **10** ① **11** ⑤ **11-1** ③ **12** ① **13** ⑤ **14** ②

01 북아메리카 식민지는 의회를 구성하여 자치를 누렸다.

> **왜 틀렸지?** ① 청교도 혁명 이전 영국의 상황이다. ② 식민지는 영국 의회에 대표를 파견하지 못하였다. ③ 미국 혁명 이후의 모습이다. ④ 프랑스 혁명과 관련이 있다.

02 자료는 '보스턴 차 사건'을 그린 그림이다. 영국은 재정 위기를 극복하고자 식민지에 수입되는 차, 설탕 등에 세금을 부과하였다. 이에 반발하며 식민지 주민들은 보스턴 차 사건을 일으켰다.

알려 줄게! **미국 혁명의 주요 사건**

요크타운 전투의 순서로 전개되었으며 전투에서 승리한 뒤, 파리 조약으로 독립을 인정받았다.

03 제시된 자료는 북아메리카 식민지 대표들이 발표한 독립 선언문이다. 독립 선언문에는 천부 인권과 국민 주권을 강조하는 내용이 담겨 있다.

> **왜 틀렸지?** ㄷ. 프랑스 혁명은 미국 혁명 이후에 일어난 사건이다. ㄹ. 삼권 분립의 원칙은 미국 연방 헌법에 드러난다.

04 (가) 보스턴 차 사건, (나) 독립 선언문 발표, (다) 요크타운 전투이다.

> **왜 틀렸지?** ③ 공화정을 규정한 것은 미국 연방 헌법이다.

05 1773년에 보스턴 차 사건이 일어난 후 독립 전쟁이 시작되어 1776년에 독립 선언문이 발표되었다. 이후에 식민지 군대는 요크타운 전투에서 승리하였고, 1783년 파리 조약을 체결하여 식민지의 독립을 인정받았다.

06 미국 연방 헌법은 연방제를 규정하였으며, 삼권 분립 및 공화정, 대통령제를 규정하였다.

> **왜 틀렸지?** ㄷ. 권리 장전에 대한 설명이다.

07 미국의 독립은 이후 프랑스 혁명과 라틴 아메리카의 독립운동에 영향을 주었다.

> **왜 틀렸지?** ㄱ, ㄷ. 모두 미국 혁명 이전에 일어났다.

08 자료의 인물은 조지 워싱턴이다. 그는 미국 초대 대통령으로 선출되었다.

> **왜 틀렸지?** ① 크롬웰, ② 파리 민중, ③ 메리와 윌리엄, ④ 로베스피에르에 대한 설명이다.

09 제3 신분은 기존의 신분별 표결 대신 머릿수 표결 방식을 요구하였지만 받아들여지지 않자 국민 의회를 구성하였다.

알려 줄게! **프랑스 혁명 전 신분 구성**

소수의 제1 신분(성직자)과 제2 신분(귀족)은 여러 특권을 누린 반면, 국민의 대부분을 차지하는 제3 신분은 무거운 세금을 부담하면서도 정치 참여에 제한을 받았다.

10 프랑스의 시민 계급은 계몽사상과 미국 혁명의 영향을 받아 새로운 사회를 건설하고자 하였다.

11 제시된 문서는 프랑스 혁명 시기에 발표한 인간과 시민의 권리 선언(인권 선언)으로 천부 인권, 저항권 등을 주장하였다.

11-1 프랑스 혁명 시기 인권 선언을 발표한 것은 '국민 의회'로, 자유권, 자연권, 소유권 등에 대해 명시하였다.

> **왜 틀렸지?** ㄹ. 입헌 군주정을 규정하였다.

12 국민 의회는 봉건제 폐지를 선언하고 인권 선언을 발표하였으며, 입헌 군주정 및 재산에 따른 제한 선거를 규정한 헌법을 제정하였다.

13 (가) 시기에 입법 의회는 오스트리아, 프로이센이 간섭해 오자 혁명 전쟁을 시작하였다.

왜 틀렸지? ① 테니스코트의 서약 이전에 일어난 일이다. ②, ③, ④ 루이 16세의 처형 이후에 일어난 일이다.

14 국민 공회는 보통 선거권 보장을 규정한 헌법을 발표하였다.

왜 틀렸지? ② 국민 의회에서 제정한 헌법의 내용이다.

---

01 보스턴 차 사건

02 (1) 독립 선언문

(2) **예시 답안** 평등권, 천부 인권, 국민 주권, 생명·자유·행복 추구권, 저항권 등의 민주주의 원리가 담겨 있다.

채점 기준	
상	평등권, 천부 인권, 국민 주권, 생명·자유·행복 추구권, 저항권 중 두 가지를 서술한 경우
중	평등권, 천부 인권, 국민 주권, 생명·자유·행복 추구권, 저항권 중 한 가지만 서술한 경우
하	위의 내용을 서술하지 못한 경우

03 (1) 시민

(2) **예시 답안** 소수의 성직자와 귀족(제1, 2 신분)은 토지와 관직을 독차지하고 세금을 면세받는 특권을 누렸다. 반면 인구의 대부분을 차지하는 제3 신분은 무거운 세금을 부담하면서도 정치 참여가 제한되었다.

채점 기준	
상	제1, 2 신분과 제3 신분의 특징을 정치, 세금 측면에서 두 가지 모두 서술한 경우
중	제1, 2 신분과 제3 신분의 특징을 정치, 세금 측면에서 한 가지만 서술한 경우
하	위의 내용을 서술하지 못한 경우

04 (1) 국민 의회, 국민 공회

(2) **예시 답안** 국민 의회가 제정한 헌법은 입헌 군주정과 재산에 따른 선거권 부여를 규정하였으며, 국민 공회가 제정한 헌법은 공화정과 성인 남성의 보통 선거권 보장을 규정하였다.

채점 기준	
상	국민 의회 및 국민 공회의 헌법을 정치 체제와 선거 방식 측면에서 비교 서술한 경우
중	국민 의회 및 국민 공회의 헌법을 정치 체제 또는 선거 방식 중 한 가지 측면에서만 비교 서술한 경우
하	위의 내용을 서술하지 못한 경우

---

01 유럽과 아메리카의 국민 국가 체제 ②

01 ㉠ 7월 혁명 ㉡ 공화정   **02** (1) 자유주의 (2) 철혈 정책   **03** (1) × (2) ○ (3) ○   **04** (1) ㄱ (2) ㄴ (3) ㄷ   **05** (1) ㉡ (2) ㉢ (3) ㉠

01 ⑤   **01-1** ⑤   **02** ⑤   **03** ③   **04** ④   **05** ②   **06** ①   **07** ②
08 ③   **09** ④   **10** ⑤   **11** ⑤   **12** ⑤   **13** ②   **14** ④

01 나폴레옹은 정권 장악 후 국민 교육 제도를 도입하였으며 법전을 편찬하였다. 또한 은행을 설립하는 등 개혁 정책을 폈다.

왜 틀렸지? ㄱ, ㄴ은 나폴레옹의 집권 이전 프랑스 혁명 시기에 해당한다.

알려 줄게! 『나폴레옹 법전』

프랑스 혁명 전후 제정한 법률을 집대성한 것으로, 근대 법전의 기초가 되었다.

01-1 나폴레옹의 정복 전쟁으로 프랑스 혁명의 이념인 자유주의가 전파되었으며 각국에서는 프랑스 지배에 저항하는 과정에서 민족주의가 성장하였다.

02 자료는 빈 회의 풍자화이다. 빈 회의에서 유럽의 질서를 프랑스 혁명 이전으로 되돌리기로 합의하였다.

03 샤를 10세의 전제 정치에 반발하여 프랑스에서 7월 혁명이 일어났다. 7월 혁명의 결과 루이 필리프를 새로운 왕으로 추대하여 입헌 군주정이 수립되었다.

04 프랑스의 2월 혁명은 루이 필리프 왕정의 제한 선거에 반발하여 중소 시민층 및 노동자가 선거권 확대를 요구하며 일으킨 혁명이다. 이 혁명의 영향으로 빈 체제가 붕괴되었다.

05 영국에서 선거권을 얻지 못한 노동자들은 인민헌장을 발표하며 선거권을 요구하는 차티스트 운동을 벌였다.

왜 틀렸지? ① 프랑스, ④, ⑤ 러시아에 대한 내용이다.

06 자료의 문서는 인민헌장으로, 영국의 제1차 선거법 개정 결과 선거권을 얻지 못한 노동자들이 차티스트 운동을 벌이며 발표하였다.

07 러시아에서는 자유주의의 영향을 받은 청년 장교들을 중심으로 전제 정치 타도와 농노제 폐지 등을 요구하는 봉기가 일어났으나 실패하였다.

08 사르데냐 왕국의 총리인 카부르의 개혁 이후 오스트리아와의 전쟁에서 승리하여 이탈리아 중북부를 통합하였고, 가리발디가 나폴리 및 시칠리아를 점령하여 사르데냐 국왕에 바침으로써 이탈리아 왕국이 탄생하였다.

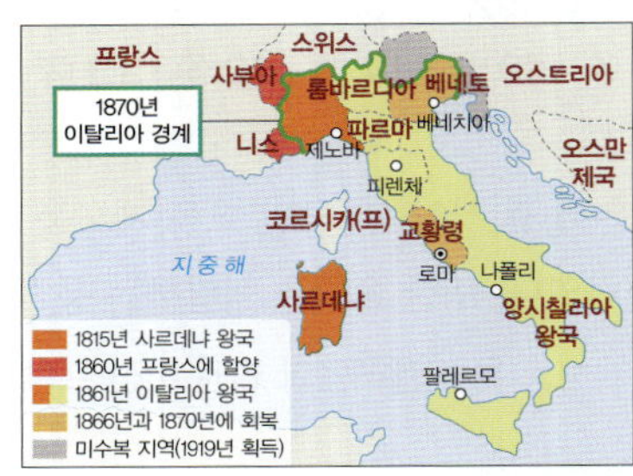

가리발디는 의용대(붉은 셔츠단)를 거느리고 이탈리아 통일 운동에 참여하였다.

09 프로이센 주도로 관세 동맹을 통해 독일 통일의 경제적 기반을 마련하였으며, 이후 프로이센의 재상 비스마르크의 철혈 정책으로 여러 전쟁을 거쳐 1871년 독일 제국이 수립되었다.

▲ 독일 제국 수립 선포식

프로이센의 재상 비스마르크의 군비 확장 정책 추진 → 오스트리아와의 전쟁에서 승리 → 북독일 연방 결성 → 프랑스와의 전쟁에서 승리 → 남독일 통합 → 독일 제국 수립, 프로이센의 빌헬름 1세가 황제 즉위(1871)

10 나폴레옹 전쟁으로 유럽의 식민지에 대한 간섭이 약해졌고, 미국 혁명과 프랑스 혁명의 이념에 영향을 받아 19세기 초 라틴 아메리카의 독립운동이 활발히 전개되었다.

11 아이티에서는 투생 루베르튀르가 이끄는 노예 봉기가 일어났다. 이들은 오랜 투쟁 끝에 프랑스의 지배에서 벗어나 독립을 선포하여 라틴 아메리카에서 가장 먼저 공화국을 수립하였다.

12 ⑤ 미국 남북 전쟁과 관련된 내용이다.

13 자료의 (가)는 북부, (나)는 남부이다. 상공업이 발달한 북부는 노예제 폐지 및 보호 무역을 주장하였다. 반면 대농장이 발달한 남부는 노예제를 옹호했으며 자유 무역을 주장하였다.

구분	남부	북부
경제	대농장 발달	공업 발달
노예제	확대 찬성	확대 반대
무역 정책	자유 무역 지지	보호 무역 지지
정치 형태	지방 분권 주장	연방 정부 강화

14 노예제 확대에 반대한 링컨이 미국 대통령에 당선되자 남부의 일부 주가 연방을 탈퇴하며 남북 전쟁이 시작되었다. 전쟁 중 링컨은 노예 해방을 선언하였다. 이후 국제 여론이 북부에게 유리하게 전개되었다.

021쪽

01 대륙 봉쇄령

02 (1) 7월 혁명

(2) **예시 답안** 샤를 10세가 의회를 해산하고 언론을 탄압하는 등 전제 정치를 펼치자 7월 혁명이 일어났다. 7월 혁명의 결과 파리 시민들은 샤를 10세를 몰아내고 루이 필리프를 새로운 왕으로 추대하여 입헌 군주정을 수립하였다.

채점 기준	
상	프랑스 7월 혁명의 배경과 결과를 모두 서술한 경우
중	프랑스 7월 혁명의 배경과 결과 중 한 가지만 서술한 경우
하	위의 내용을 서술하지 못한 경우

03 (1) (가) 차티스트 운동 (나) 2월 혁명

(2) **예시 답안** 선거권 확대를 요구하였다.

채점 기준	
상	선거권 확대를 요구하였음을 서술한 경우
하	위의 내용을 서술하지 못한 경우

04 (1) 비스마르크

(2) **예시 답안** 철혈 정책, 비스마르크는 철혈 정책을 통해 통일을 이룰 수 있다고 주장하며 군비를 확장하였다.

채점 기준	
상	철혈 정책의 명칭을 쓰고, 그 내용을 서술한 경우
중	철혈 정책의 명칭만 쓴 경우
하	위의 내용을 서술하지 못한 경우

02 유럽의 산업화와 제국주의

STEP 1 개념 확인
025쪽

01 (1) 면직물 (2) 자본주의 **02** (1) × (2) ○ (3) × **03** ㉠ 사회 진화론 ㉡ 인종주의 **04** (1) ㉡ (2) ㉢ (3) ㉠ **05** (1) ㄱ (2) ㄴ (3) ㄹ (4) ㄷ

STEP 2 대표 문제
025~028쪽

01 ④ **02** ① **03** ③ **04** ⑤ **05** ④ **06** ⑤ **07** ④ **08** ③ **09** ② **10** ① **11** ④ **12** ② **13** ⑤ **14** ② **15** ② **15-1** ② **16** ⑤ **17** ① **18** ② **19** ④

01 산업화가 진행되면서 자본주의가 발전한 결과로 산업 사회를 이루었다.

02 제임스 와트는 기존보다 석탄을 적게 쓰면서 더 강한 동력을 얻을 수 있도록 증기 기관을 개량하였다.

알려 줄게! 제임스 와트의 증기 기관

제임스 와트는 기존보다 석탄을 적게 쓰면서 더 강한 동력을 얻을 수 있도록 증기 기관을 개량하였다.

03 제임스 와트가 개량한 증기 기관을 동력으로 사용하여 가내 수공업에서 공장제 기계 공업으로 공업 형태가 변화하였다.

왜 틀렸지? ②, ④, ⑤ 산업 혁명 이후 변화 모습이다.

04 산업 혁명으로 대량 생산이 이루어지며 원료와 제품을 수송하기 위해 교통수단이 발달하였다. 증기 기관차가 개발되며 철도가 부설되었고 산업 혁명은 유럽 전역으로 확산되었다.

05 면직물 공업에서 시작한 산업 혁명은 19세기 후반부터 철강, 조선, 석유 화학 중심의 중공업 분야가 발달한 제2차 산업 혁명으로 이어졌으며 미국과 독일이 공업 강국이 되었다.

06 ㄱ. 인클로저 운동은 산업 혁명 이전에 일어났다. ㄴ. 산업 혁명 이후 산업화의 혜택이 골고루 분배되지 못하여 빈부 격차가 심화되었다.

07 ㉠은 자본가, ㉡은 노동자이다. 마르크스는 노동자의 계급 투쟁을 통한 사회주의 건설을 주장하였다.

왜 틀렸지? ①, ② 노동자에 해당한다. ③ 애덤 스미스는 자본가의 지지를 받았다.

08 밑줄 친 '이 인물'은 마르크스로 자본주의의 모순을 극복하기 위해 사회주의 사회 건설을 주장하였다.

왜 틀렸지? ㄹ. 자유방임주의에 대한 내용으로 시장에 대한 국가의 간섭을 줄여야 한다고 주장한 인물은 애덤 스미스이다.

09 영국에서는 장시간 노동을 제한하고 아동을 보호하기 위해 공장법을 제정하였다.

10 산업 혁명 이후 일부 노동자들이 실업의 원인을 기계라고 생각해 기계를 파괴하는 러다이트 운동이 일어났으며, 노동자들은 노동조합을 결성하여 처우 개선을 요구하였다.

왜 틀렸지? 협동조합은 초기 사회주의자 오언이 만든 작업 공동체이다.

11 산업화 진행으로 자본주의가 고도로 발달하면서 값싼 노동력과 원료를 공급할 식민지가 필요해 서양 열강은 약소국을 침략하였다.

12 ㉠은 제국주의로 아시아와 아프리카 지역의 약소국을 식민지로 삼아 지배하는 팽창 정책을 말한다.

13 스펜서는 더 발달한 사회가 덜 발달한 사회를 지배한다고 하며 사회 진화론을 주장하였다.

14 「백인의 짐」은 인종주의적인 내용을 담고 있다. 제국주의 열강은 인종주의를 내세워 약소국에 대한 침략을 정당화하였으며, 식민 지배를 통해 식민지인들을 문명화할 수 있다고 주장하였다.

15 (가)는 영국, (나)는 프랑스이다.

왜 틀렸지? ① 콩고를 사유지로 삼은 국왕은 벨기에의 레오폴드 2세이다. ③ 인도네시아를 지배한 나라는 네덜란드이다. ④ 프랑스는 아프리카 횡단 정책을 추진하였다. ⑤ 독일과 미국에 대한 설명이다.

15-1 파쇼다 사건은 아프리카 종단 정책을 추진한 영국과 아프리카 횡단 정책을 추진한 프랑스가 파쇼다에서 충돌한 사건이다.

알려 줄게! 파쇼다 사건 풍자화

할머니로 변장한 늑대(영국)가 소녀(프랑스)의 쿠키(파쇼다)를 노리는 모습을 표현하였다. 탐험가들을 통해 아프리카에 엄청난 지하자원과 시장 잠재력이 있다고 알려지자 제국주의 열강은 앞다투어 아프리카로 진출하였고, 충돌을 일으켰다.

16 에티오피아는 이탈리아의 침입을 막고 독립을 유지하였다.

왜 틀렸지? 콩고는 벨기에, 알제리는 프랑스, 이집트와 나이지리아는 영국의 침략을 받았다.

17 제국주의 열강의 침략으로 아프리카와 아시아 대부분이 이들 국가의 식민지가 되었다.

왜 틀렸지? ㄷ, ㄹ은 모두 영국에 대한 설명이다.

18 하와이와 필리핀을 차지한 나라는 미국이다.

19 사탕수수, 목화, 고무 등을 재배하는 플랜테이션 농업을 통해 식민지 주민들의 노동력을 착취하였다.

01 산업 혁명

02 (1) (가) 증기선 (나) 증기 기관차

(2) **예시 답안** 공장제 기계 공업의 발달로 대량 생산이 이루어지면서 증기 기관차, 증기선 등 교통수단이 발달하였다. 그 결과 원료와 제품의 대량 수송이 가능해졌고, 상품 시장이 확대되면서 산업화가 더욱 빠르게 진행되었다.

채점 기준	
상	교통수단의 발달 배경과 결과를 구체적으로 서술한 경우
중	교통수단의 발달 배경과 결과 중 한 가지만 서술한 경우
하	위의 내용을 서술하지 못한 경우

03 **예시 답안** 노동자들이 노동조합을 결성하여 노동 조건의 개선을 요구하였다. 영국에서는 장시간 노동을 제한하고 아동을 보호하는 내용을 담은 공장법을 제정하였다. 자본주의의 모순을 비판하며 사회주의 사상이 등장하였다.

채점 기준	
상	산업 혁명 시기 사회 문제를 해결하기 위한 노력 두 가지를 모두 서술한 경우
중	산업 혁명 시기 사회 문제를 해결하기 위한 노력을 한 가지만 서술한 경우
하	위의 내용을 서술하지 못한 경우

04 (1) 파쇼다

(2) **예시 답안** 아프리카 종단 정책을 추진한 영국과 아프리카 횡단 정책을 추진한 프랑스가 파쇼다에서 충돌하였다.

채점 기준	
상	종단 정책, 횡단 정책의 내용을 포함하여 파쇼다 사건의 배경을 구체적으로 서술한 경우
하	위의 내용을 서술하지 못한 경우

05 (1) 제국주의

(2) **예시 답안** 사회 진화론은 적자생존의 원칙에 따라 강한 나라가 약한 나라를 지배하는 것이 당연하다는 논리이며, 인종주의는 인종 사이에 우열이 있다고 주장하며 인종적 박해나 차별을 정당하게 여기는 사고방식이다.

채점 기준	
상	사회 진화론과 인종주의를 모두 서술한 경우
중	사회 진화론과 인종주의 중 한 가지만 서술한 경우
하	위의 내용을 서술하지 못한 경우

---

03 아시아의 국민 국가 건설 운동 ①

01 (1) ㄷ (2) ㄱ (3) ㄹ (4) ㄴ   **02** ㉠ 난징 조약 ㉡ 애로호
03 (1) ㉠ (2) ㉡ (3) ㉢   **04** (1) 강화도 조약 (2) 태평천국 운동
05 (1) × (2) ○ (3) ○

01 ②   **01-1** ①   **02** ②   **03** ④   **04** ⑤   **04-1** ②   **05** ④
06 ⑤   **07** ④   **08** ③   **09** ④   **10** ⑤   **11** ④   **12** ②   **13** ⑤

01 밑줄 친 '조약'은 난징 조약이다. 많은 은이 유출된 영국은 무역 적자를 메우기 위해 인도에서 생산한 아편을 청에 밀수출하였는데 이를 청이 단속하였다. 이에 영국이 재산권 침해를 구실로 전쟁을 일으켰다. 그 결과 난징 조약이 체결되었다.

알려 줄게! 아편 전쟁으로 체결한 조약

난징 조약	톈진·베이징 조약
• 5개 항구 개항	• 10개 항구 개항
• 공행 폐지	• 크리스트교 포교의 자유
• 홍콩 할양	• 외국 공사의 베이징 주재
• 영국에 배상금 지불	• 러시아에 연해주 할양

01-1 난징 조약에는 5개 항구 개항, 공행 폐지, 홍콩 할양 등의 내용이 있다.

왜 틀렸지? ㄷ, ㄹ. 톈진·베이징 조약의 내용이다.

02 제2차 아편 전쟁은 영국이 애로호 사건을 구실로 프랑스와 연합하여 일으킨 전쟁이다.

왜 틀렸지? ① 의화단 운동, ③ 러일 전쟁, ⑤ 태평천국 운동에 대한 설명이다.

03 자료는 태평천국 운동의 토지 개혁 내용이다. 태평천국 운동은 크리스트교의 영향을 받은 홍수전이 주도하였다.

왜 틀렸지? ① 변법자강 운동, ② 의화단 운동, ③, ⑤ 양무운동에 대한 설명이다.

04 밑줄 친 ㉠은 양무운동이다. 청은 아편 전쟁과 태평천국 운동을 겪고 나서 서양의 기술을 받아들이고자 하였다.

04-1 양무운동은 중앙 정부의 체계적인 계획 없이 지방 관료가 각각 정책을 추진하였으며 청일 전쟁의 패배로 한계가 드러났다.

왜 틀렸지? ㄴ, ㄹ. 변법자강 운동에 대한 설명이다.

05 자료의 인물은 캉유웨이로 개혁적 지식인인 량치차오 등과 함께 변법자강 운동을 추진하였다.

06 자료의 '반외세 운동'은 의화단 운동이다. 의화단은 베이징까지 진출하여 외국 공관을 습격하였으며 8개국 연합군에 의해 진압되었다. 이에 따라 베이징에 외국 군대의 주둔을 허용하는 신축 조약이 체결되었다.

07 청 왕조가 추진한 개혁이 성과를 거두지 못하고, 열강의 침략 심화와 세금 증가로 혁명 분위기가 고조되었다. 이 무렵 철도 국유화에 반발하는 우창 봉기가 일어났다. 이후 혁명파가 쑨원을 임시 대총통으로 추대하여 중화민국이 수립되었다.

08 쑨원은 민족, 민권, 민생주의의 삼민주의를 주장하였다.

09 일본은 최혜국 대우와 영사 재판권을 인정하는 불평등 조약인 미일 화친 조약과 미일 수호 통상 조약을 미국과 체결하며 개항하게 되었다.

10 자료는 메이지 유신에 대한 설명이다.

왜 틀렸지? ⑤ 미일 화친 조약은 메이지 유신 전에 체결되었다.

알려 줄게! **메이지 정부의 개혁**

행정	에도의 이름을 도쿄로 개편, 폐번치현, 지방관 파견
경제	토지·조세 제도 개혁, 우편·철도·은행 제도 및 상공업 육성
사회	신분제 개혁, 서양식 교육, 유학생 및 사절단 파견
군사	징병제 시행

11 메이지 정부는 헌법 제정과 의회 개설을 요구하는 자유 민권 운동을 탄압하면서도 이들의 요구를 일부 수용하여 1889년 일본 제국 헌법을 제정하였다.

12 제시된 자료는 갑오개혁의 내용이다.

13 독립 협회는 만민 공동회를 열어 자주 국권 운동과 의회 설립 운동을 전개하였다.

01 (1) 삼각 무역

(2) 예시 답안 영국은 재산권 침해를 구실로 청에 군함을 보내 제1차 아편 전쟁을 일으켰다.

채점 기준	
상	영국이 제1차 아편 전쟁을 일으켰음을 서술한 경우
하	위의 내용을 서술하지 못한 경우

02 (1) (가) 양무운동 (나) 변법자강 운동

(2) 예시 답안 양무운동은 중국의 전통 체제를 유지하면서 서양의 기술을 수용하자고 주장하였다. 변법자강 운동은 서양의 기술뿐만 아니라 제도까지 받아들여 근본적인 개혁을 추진하고자 하였다.

채점 기준	
상	양무운동과 변법자강 운동의 차이점을 전통 체제 유지, 서양 기술과 제도 수용 등을 포함해 비교하여 서술한 경우
하	위의 내용을 서술하지 못한 경우

03 (1) 청일 전쟁

(2) 예시 답안 시모노세키 조약, 청으로부터 막대한 배상금을 받았고 타이완과 랴오둥반도를 넘겨받았다.

채점 기준	
상	시모노세키 조약의 명칭과 내용을 서술한 경우
중	시모노세키 조약의 명칭과 내용 중 한 가지만 서술한 경우
하	위의 내용을 서술하지 못한 경우

04 (1) 을사늑약

(2) 예시 답안 애국 계몽 운동, 민족의 실력을 길러 국권을 회복하자고 주장하였다.

채점 기준	
상	애국 계몽 운동의 명칭과 그 주장을 모두 서술한 경우
중	애국 계몽 운동의 명칭과 그 주장 중 한 가지만 서술한 경우
하	위의 내용을 서술하지 못한 경우

03 아시아의 국민 국가 건설 운동 ②

01 (1) ㄷ (2) ㄱ (3) ㄴ　**02** (1) 플라시 (2) 수에즈 (3) 인도 국민 회의
03 (1) ⓒ (2) ⓛ (3) ㉠　**04** (1) 와하브 (2) 오스만 제국　**05** (1) ×
(2) × (3) ×

01 ②　**02** ④　**02-1** ③　**03** ⑤　**04** ⑤　**04-1** ④　**05** ③
06 ①　**07** ③　**08** ②　**09** ③　**10** ④　**11** ①　**12** ⑤　**13** ③

01 자료에서 설명하는 전투는 플라시 전투로, 이후 인도는 영국의 식민 지배를 받게 되었다.

왜 틀렸지? ② 이란 입헌 혁명 이후의 상황에 대한 설명이다.

02 인도인의 종교인 힌두교와 이슬람교에 대한 존중과 이해가 부족해 발생한 사건은 세포이의 항쟁이다.

02-1 세포이의 항쟁 이후 영국 왕이 직접 인도를 통치하는 영국령 인도 제국이 수립되었다.

왜 틀렸지? ㄹ. 영국이 인도인의 자치를 형식적으로나마 인정한 것은 벵골 분할령 취소 이후이다.

03 ㉠은 인도 국민 회의이다.

왜 틀렸지? ① 오스만 제국, ② 아랍 문화 부흥 운동에 대한 설명이다. ③ 인도 국민 회의는 무굴 제국의 마지막 황제가 폐위된 이후에 창립하였다. ④ 인도 국민 회의는 창립 초기에 영국의 지원을 받았고, 영국의 통치에 협조하였다.

04 벵골 분할령을 발표한 영국에 저항하며 4대 강령을 채택한 단체는 인도 국민 회의이다.

04-1 ②, ③, ⑤ 오스만 제국과 관련 있는 내용이다.

05 ① 타이는 라마 5세, ② 베트남은 판보이쩌우, ④ 필리핀은 아기날도와 호세 리살, ⑤ 인도네시아는 카르티니의 활동이 대표적이다.

06 (가)는 오스만 제국이다. 오스만 제국은 1839년부터 탄지마트라는 근대적 개혁을 추진하였다.

왜 틀렸지? ②, ⑤ 이란, ③ 아랍, ④ 인도에서 일어난 일이다.

07 미드하트 파샤 등 급진 세력이 추진한 개혁은 보수파의 반발로 성과를 거두지 못하였고, 술탄이 전제 정치를 강화하였다. 이에 반발하여 청년 장교와 지식인 등은 청년 튀르크당을 조직하고 무장봉기를 일으켰다.

08 청년 튀르크당은 아랍어 사용을 금지하는 등 튀르크 민족주의를 내세운 정책으로 다른 민족의 반발을 샀다.

09 (가)는 와하브 운동 세력권, (나)는 이란의 카자르 왕조이다. 이란의 카자르 왕조 때 반영 운동 세력의 주도로 입헌 혁명이 일어났다.

왜 틀렸지? ① 이란의 카자르 왕조, ② 이집트, ④ 와하브 운동에 대한 설명이다.

10 ㄱ. 오스만 제국, ㄷ. 인도에서 일어난 일이다.

11 이란의 카자르 왕조에서는 담배 불매 운동 이후 의회 개설 및 헌법 제정을 요구하는 입헌 혁명이 일어났다.

12 (가)~(다) 모두 헌법 제정과 의회 설치를 통한 입헌 정치를 주장하였다.

13 (가)는 수에즈 운하이다. 이집트는 수에즈 운하 건설로 많은 빚을 지게 되어 영국과 프랑스의 재정 관리를 받게 되었다.

왜 틀렸지? ② 이란에 대한 설명이다. ④, ⑤ 수에즈 운하 개통 이전의 일이다.

01 인도 국민 회의

02 (1) 벵골 분할령

(2) **예시 답안** 영국은 벵골 지역을 종교에 따라 동서로 나누어 인도인의 분열을 부추기고, 민족 운동을 약화시키려고 하였다.

채점 기준	
상	인도인의 분열, 민족 운동 약화 등을 포함하여 벵골 분할령의 목적을 구체적으로 서술한 경우
중	위의 내용 중 한 가지만 서술한 경우
하	위의 내용을 서술하지 못한 경우

03 (1) 탄지마트

(2) **예시 답안** 유럽 지역의 영토를 대부분 잃고 영국과 러시아를 비롯한 강대국의 압박을 받았다.

채점 기준	
상	유럽 지역의 영토 상실, 강대국의 압박 등을 포함하여 탄지마트의 배경을 구체적으로 서술한 경우
중	위의 내용 중 한 가지만 서술한 경우
하	위의 내용을 서술하지 못한 경우

04 (1) ㉠ 담배 불매 운동 ㉡ 입헌 혁명

(2) **예시 답안** 영국과 러시아의 간섭으로 입헌 혁명은 좌절되었고, 이란은 두 나라에 의해 분할 통치되었다.

채점 기준	
상	영국, 러시아의 간섭·분할 통치 등을 포함하여 입헌 혁명의 결과를 구체적으로 서술한 경우
중	위의 내용 중 한 가지만 서술한 경우
하	위의 내용을 서술하지 못한 경우

05 (1) 수에즈 운하

(2) **예시 답안** 수에즈 운하 개통 이후 지중해와 홍해를 연결하여 아프리카 대륙을 거치지 않고도 유럽과 아시아를 오갈 수 있게 되었다.

채점 기준	
상	지중해와 홍해를 연결, 아프리카 대륙을 거치지 않는다는 내용을 포함하여 서술한 경우
중	위의 내용 중 한 가지만 서술한 경우
하	위의 내용을 서술하지 못한 경우

대단원 한눈에 정리하기

❶ 탄지마트 ❷ 메이지 유신 ❸ 강화도 ❹ 국민 의회
❺ 비스마르크 ❻ 남북 전쟁 ❼ 사회주의 ❽ 파쇼다 ❾ 양무
❿ 벵골 분할령

대단원 실전 문제 044~047쪽

01 ④	02 ④	03 ⑤	04 ③	05 ⑤	06 ④	07 ⑤
08 ④	09 ⑤	10 ④	11 ②	12 ②	13 ④	14 ④
15 ③	16 ⑤	17 ①	18 ①	19 ③	20 ④	21 ②
22 메이지 유신	23 해설 참조		24 해설 참조			

01 영국이 차, 설탕 등에 세금을 부과하자 북아메리카 식민지 주민들이 동인도 회사 배를 습격하는 보스턴 차 사건이 일어났다.

02 조지 워싱턴은 미국의 초대 대통령으로 선출되었다.

왜 틀렸지? ① 루이 16세, ② 링컨, ③ 나폴레옹, ⑤ 먼로 대통령이다.

03 (가) 제2 신분, (나) 제1 신분, (다) 제3 신분이다.

왜 틀렸지? ①, ②, ③은 제3 신분, ④는 특권층인 제1, 2 신분에 대한 설명이다.

04 헌법을 제정한 정부는 국민 의회이며, 이 헌법에 따라 입법 의회가 구성되었다.

05 (가) 인물은 나폴레옹이다. 나폴레옹은 국민 교육 제도를 도입하고, 『나폴레옹 법전』을 편찬하는 등의 개혁 정책을 펼쳐 국민의 지지를 얻었다.

06 그림과 관련된 혁명은 7월 혁명으로, 샤를 10세의 전제 정치에서 비롯되었다.

07 영국은 가톨릭교도 차별을 폐지하였다.

08 사르데냐 왕국의 총리는 카부르이며, 이탈리아 남부를 점령하여 사르데냐 왕국에 바친 인물은 가리발디이다.

09 ㄱ. 독일 제국 수립은 남부 독일 통합 이후이다.

10 자료에 제시된 인물은 모두 라틴 아메리카의 독립운동을 이끌었다.

11 증기 기관을 각종 기계에 사용하면서 공장제 기계 공업이 발달하여 대량 생산이 이루어졌다. 교통과 통신이 발달하면서 산업화가 더욱 빠르게 진행되었다.

왜 틀렸지? ② 산업 혁명 이전 영국에서 일어난 운동이다. 인클로저 운동으로 토지를 잃은 농민이 도시로 몰리면서 값싼 노동력을 확보할 수 있었다.

12 ㉠ 영국, ㉡ 방직기, ㉢ 스티븐슨, ㉣ 전신이다.

13 그림은 자본가가 기계에 묶인 원주민의 입에 술을 붓고 군인이 쥐어 짜자 동전이 쌓이는 모습을 그린 것으로 제국주의의 식민지 수탈을 풍자한 그림이다.

14 ㉠에 들어갈 말은 제국주의로 이를 정당화하는 논리는 인종주의와 사회 진화론이다.

15 콩고는 벨기에의 식민지였고, 모로코와 마다가스카르는 프랑스의 식민 지배를 받았다.

16 ㉢ 미국·에스파냐의 전쟁에서 미국이 승리하여 필리핀을 식민지로 삼았다.

17 (가)와 (나) 사이에 일어난 일은 제1차 아편 전쟁과 그 결과인 난징 조약 체결이다. 난징 조약으로 공행이 폐지되었다.

왜 틀렸지? ②, ③, ④, ⑤ (나) 이후의 상황이다.

18 밑줄 친 '이 운동'은 태평천국 운동으로 토지의 균등 분배, 남녀평등 등을 내세워 농민의 지지를 받았다.

19 일본 제국 헌법은 메이지 정부에서 청일 전쟁 이전인 1889년에 발표하였다.

20 한국은 일본과 강화도 조약을 맺어 개항하였다.

왜 틀렸지? ① 일본은 미국과 조약을 체결해 개항하였다. ② 중국은 난징 조약을 통해 5개 항구를 개항하였다. ③ 중국은 텐진 조약을 통해 10개 항구를 추가로 개항하였다. ⑤ 중국은 영국에 의해 처음 개항하였다.

21 ㉠ 오스만 제국, ③ 한국, ④ 인도네시아, ⑤ 이란의 민족 운동 등에 대한 설명이다.

23 (1) 산업 혁명

(2) 예시 답안 노동자들이 노동조합을 결성하였다. 영국에서는 공장법을 제정하였다. 자본주의의 모순을 비판하며 사회주의 사상이 등장하였다.

채점 기준	
상	노동조합 결성, 공장법 제정, 사회주의 사상 등장 등의 내용 중 두 가지를 서술한 경우
중	노동조합 결성, 공장법 제정, 사회주의 사상 등장 등의 내용 중 한 가지만 서술한 경우
하	위의 내용을 서술하지 못한 경우

24 (1) 세포이

(2) 예시 답안 영국은 세포이의 항쟁을 지원한 무굴 제국의 황제를 폐위하고 동인도 회사를 해체하였으며, 영국령 인도 제국을 세워 인도를 직접 통치하였다.

채점 기준	
상	세포이의 항쟁 결과를 두 가지 모두 서술한 경우
중	세포이의 항쟁 결과를 한 가지만 서술한 경우
하	위의 내용을 서술하지 못한 경우

VI 세계 대전과 사회 변동

STEP 1 개념 확인
052쪽

01 (1) ○ (2) × (3) ○ **02** (1) 독일 (2) 러시아 **03** ㉠ 2월 혁명 ㉡ 소비에트 ㉢ 볼셰비키 **04** (1) ㉠, ㉡, ㉢ (2) ㉣ **05** (1) 파리 강화 회의 (2) 베르사유 체제

STEP 2 대표 문제
052~054쪽

01 ② **02** ① **02-1** ⑤ **03** ① **04** ④ **05** ③ **06** ⑤
06-1 ⑤ **07** ④ **08** ③ **09** ⑤ **10** ① **11** ④ **12** ④

01 3국 협상에 참여한 나라는 영국, 러시아, 프랑스이다. 독일, 이탈리아, 오스트리아·헝가리 제국은 3국 동맹에 참여하였다.

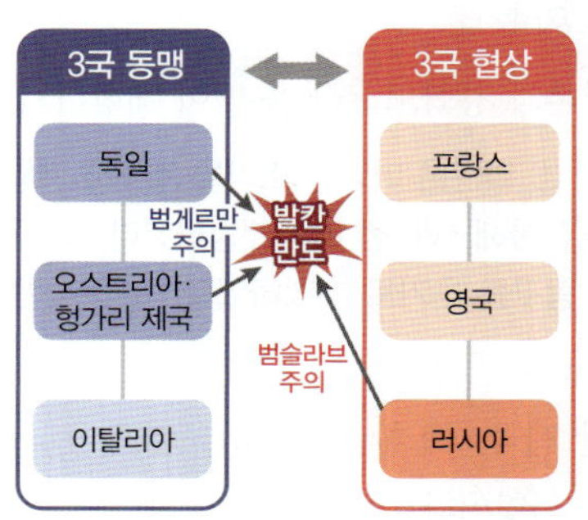

알려 줄게! 유럽 열강의 대립

19세기 후반 유럽에서는 3국 동맹을 맺은 국가들과 3국 협상을 맺은 국가들이 대립하였다. 한편 독일과 오스트리아·헝가리 제국, 러시아는 발칸반도에서 대립하였다.

02 오스트리아·헝가리 제국이 세르비아에 전쟁을 선포하자 범슬라브주의의 영향으로 러시아가 참전하였다.

02-1 사라예보 사건을 계기로 제1차 세계 대전이 발발하였다.

왜 틀렸지? ⑤ 러시아는 자국에서 혁명이 일어나자 독일과 단독 강화를 맺고 전쟁에서 이탈하였다.

03 프랑스를 고립시키기 위해 독일, 오스트리아·헝가리 제국, 이탈리아가 3국 동맹을 결성하자, 이에 대항하여 프랑스, 러시아, 영국이 3국 협상을 결성하였다. 이후 1914년 사라예보 사건을 계기로 제1차 세계 대전이 시작되었고, 영국은 해상을 봉쇄하여 독일로 들어가는 물자를 통제하였다.

04 제1차 세계 대전 당시 신무기가 등장하였고 참호전과 총력전이 전개되었다. 연합국이 전쟁에서 승리하였다.

05 독일의 무제한 잠수함 작전으로 침몰한 영국의 배에서 미국인 사상자가 발생하였다. 이에 독일에 대한 미국 내 여론이 악화되었다. 이후 치머만 전보 사건을 계기로 미국이 연합국 측으로 참전을 결정하였다.

알려 줄게! 침몰하는 루시타니아호

독일의 무제한 잠수함 작전으로 영국의 배가 침몰하였다. 이때 미국인 사상자가 발생하면서 독일에 대한 미국 내 여론이 악화되었다.

06 밑줄 친 '이 사건'은 피의 일요일 사건이다. 상트페테르부르크에서 개혁을 요구하는 대규모 시위가 일어났고, 이를 진압하는 과정에서 많은 사상자가 발생하였다.

06-1 피의 일요일 사건 이후 차르 정부는 헌법 제정과 두마(의회) 설치 등을 약속하였으나 실제 개혁은 성과를 거두지 못하였다.

왜 틀렸지? ① 2월 혁명 이후에 수립되었다. ② 피의 일요일 사건 이후 제1차 세계 대전이 시작되었고, 러시아는 패전을 거듭하였다. ③, ④ 19세기 말 러시아의 상황이다.

07 제1차 세계 대전에서 패전을 거듭하자 차르 정부에 대한 원성이 높아졌고, 1917년 노동자와 병사들이 소비에트를 조직하고 봉기하였다(2월 혁명).

08 레닌은 10월 혁명으로 소비에트 정부를 세우고, 신경제 정책을 시행하여 사회 혼란을 잠재우고자 하였다.

09 레닌은 전 세계에 사회주의 혁명을 확산시키기 위해 코민테른을 조직하여 유럽과 아시아의 반제국주의 운동을 지원하였다.

10 제1차 세계 대전에서 패배한 독일은 승전국과 베르사유 조약을 체결하였다.

11 제1차 세계 대전 이후 독일, 오스트리아·헝가리 제국, 오스만 제국, 러시아로부터 독립한 신생 국가는 대부분 공화정에 입각한 민주주의를 채택하였다.

12 민족 자결주의의 원칙은 패전국의 식민지에만 적용되어 승전국의 식민지는 독립하지 못하였다.

01 베르사유 체제

02 (1) ㉠ 범슬라브주의 ㉡ 범게르만주의

(2) **예시 답안** 오스트리아·헝가리 제국의 황태자 부부가 세르비아계 청년에게 암살된 사라예보 사건이 발생하였다.

채점 기준	
상	사라예보 사건의 내용을 구체적으로 서술한 경우
중	사라예보 사건의 이름만 쓴 경우
하	위의 내용을 서술하지 못한 경우

03 (1) 레닌

(2) **예시 답안** 레닌이 이끄는 볼셰비키가 무장봉기를 일으켜 임시 정부를 무너뜨리고 소비에트 정부를 세웠다(10월 혁명).

채점 기준	
상	레닌, 볼셰비키, 무장봉기, 소비에트 정부 수립의 내용을 포함하여 서술한 경우
중	임시 정부를 무너뜨리고 소비에트 정부를 수립하였다는 내용만 서술한 경우
하	위의 내용을 서술하지 못한 경우

04 **예시 답안** 급격히 발전한 과학 기술력을 바탕으로 기관총, 탱크, 독가스 등의 신무기가 등장하였다. 기관총의 도입으로 진격이 어려워지자 땅을 깊게 파고 대치하는 참호전의 형태로 전쟁이 전개되었다. 전쟁에 자국과 식민지의 인력과 물자를 총동원하는 총력전의 양상을 띠었다.

채점 기준	
상	신무기 등장, 참호전, 총력전의 세 가지 특징을 구체적으로 서술한 경우
중	신무기 등장, 참호전, 총력전의 특징 중 두 가지만 서술한 경우
하	신무기 등장, 참호전, 총력전의 특징 중 한 가지만 서술한 경우

05 (1) 독일

(2) **예시 답안** 독일에 전쟁의 모든 책임을 지웠다. 막대한 배상금을 지불하고 각종 이권과 식민지를 잃게 되자 독일 국민들은 불만을 갖게 되었다.

채점 기준	
상	베르사유 조약이 독일에 막대하고 가혹한 책임을 지게 하였고 독일 국민의 불만이 초래되었음을 서술한 경우
중	베르사유 조약의 특징과 영향 중 한 가지만 서술한 경우
하	위의 내용을 서술하지 못한 경우

01 세계 대전과 국제 정치 및 경제 질서의 변화 ②

01 (1) 미국 (2) 파운드 블록　**02** (1) ㉠ (2) ㉢ (3) ㉡　**03** (1) 대공황 (2) 만주 사변 (3) 추축　**04** (1) ○ (2) × (3) ○　**05** (1) ㄹ (2) ㄱ (3) ㄴ (4) ㄷ

01 ⑤　**02** ②　**03** ④　**04** ③　**05** ④　**06** ⑤　**07** ⑤　**08** ②
09 ③　**10** ②　**11** ⑤　**11-1** ④　**12** ④　**13** ⑤　**14** ②

01 대공황으로 많은 은행과 기업이 문을 닫고 실업자가 급증하였다.

02 미국은 대공황을 극복하기 위해 뉴딜 정책을 실시하였다. 뉴딜 정책은 대규모 공공사업을 추진하고 노동자의 권리를 보장하는 등 경제 문제에 국가가 적극적으로 개입하였다.

03 영국과 프랑스는 블록 경제를 시행하여 과잉 생산된 상품을 식민지에 팔고 수입을 억제하는 보호 무역 체제를 강화하였다.

04 영국은 대공황을 극복하기 위해 파운드 블록을 형성하였다. 과잉 생산된 상품을 식민지에 팔고 수입을 억제하는 보호 무역 체제를 강화하였다.

왜 틀렸지? ① 독일 등 추축국, ② 영국, ④ 에스파냐, ⑤ 미국에 대한 설명이다.

05 개인보다 전체의 이익을 강조하는 사상은 전체주의이다.

06 전체주의가 확산된 독일, 이탈리아, 일본 등은 비교적 식민지가 적거나 없는 나라였다.

07 식민지가 적었던 독일, 일본, 이탈리아는 군비를 증강하고 다른 나라를 침략함으로써 대공황을 극복하려고 하였다.

08 독일의 파리 점령은 1940년, 일본의 진주만 기습은 1941년, 스탈린그라드 전투는 1942~1943년, 노르망디 상륙 작전은 1944년에 일어났다.

09 독일과 소련은 불가침 조약을 맺었지만, 독일은 전쟁 중 조약을 파기하고 소련을 침략하였다.

10 해당 연설은 미국 대통령 루스벨트가 미국 의회에 선전 포고를 요청하며 한 연설이다. 일본의 진주만 기습 이후 미국은 연합국으로 참전하였다.

11 루시타니아호 침몰은 제1차 세계 대전의 모습이다.

11-1 전쟁 직전 독일과 소련은 불가침 조약을 맺었다. 제2차 세계 대전 중에 독일이 불가 침 조약을 깨트리고 소련을 침공하였다.

12 연합군의 노르망디 상륙 작전 성공으로 프랑스가 해방되고 독일로 진격이 가능해졌다.

13 이탈리아(1943. 9.), 독일(1945. 5.), 일본(1945. 8.)이 차례대로 연합군에 항복하였다.

14 노르망디 상륙 작전 이후 독일이 항복하였고, 미국은 일본에 두 차례 원자 폭탄을 투하하였다.

STEP 3 주관식·서술형
061쪽

01 (1) 대공황

(2) 예시 답안 뉴딜 정책, 미국은 생산량을 조절하고 대규모 공공 사업을 추진하여 실업자를 구제하였다. 노동자의 권리를 보장하고 사회 보장 제도를 시행하였다.

채점 기준	
상	뉴딜 정책과 정책의 내용을 두 가지 모두 서술한 경우
중	뉴딜 정책과 정책의 내용을 한 가지만 서술한 경우
하	위의 내용을 서술하지 못한 경우

02 (1) 블록 경제

(2) 예시 답안 본국과 식민지를 하나로 묶고, 과잉 생산된 상품을 식민지에 팔았으며 수입을 억제하였다.

채점 기준	
상	본국과 식민지를 하나로 묶고 수입을 억제한다는 내용을 서술한 경우
중	위의 내용 중 한 가지만 서술한 경우
하	위의 내용을 서술하지 못한 경우

03 (1) 무솔리니

(2) 예시 답안 민족이나 국가 전체의 이익을 강조하는 대신 개인의 희생을 강조하였다.

채점 기준	
상	국가(민족), 개인 등을 포함하여 전체주의의 특징을 구체적으로 서술한 경우
하	위의 내용을 서술하지 못한 경우

04 (1) 일본

(2) 예시 답안 미국이 연합국으로 참전하면서 전쟁이 연합국에 유리하게 펼쳐졌다.

채점 기준	
상	미국이 연합군으로 참전하면서 전쟁이 연합국에 유리하게 펼쳐졌음을 서술한 경우
중	전쟁이 연합국에 유리하게 펼쳐졌다는 내용만 서술한 경우
하	위의 내용을 서술하지 못한 경우

02~03 전쟁 범죄에 맞선 평화 유지 노력 / 아시아·아프리카의 민족 운동

STEP 1 개념 확인
064쪽

01 (1) 국제 연맹 (2) 미국 **02** (1) ㄱ (2) ㄴ (3) ㄷ **03** ㉠ 카이로 회담 ㉡ 얄타 회담 ㉢ 포츠담 회담 **04** (1) 3·1 운동 (2) 제1차 국공 합작 (3) 마오쩌둥 **05** (1) × (2) ○ (3) ×

STEP 2 대표 문제
064~066쪽

01 ⑤ **02** ① **03** ⑤ **04** ③ **05** ④ **05-1** ① **06** ② **07** ⑤ **07-1** ③ **08** ② **09** ① **10** ① **11** ⑤ **12** ②

01 국제 연맹은 창설을 제안한 미국이 가입하지 않았다는 한계를 지녔다. 또한 침략 행위를 저지할 군사력이 없어서 일본, 독일, 이탈리아 등 추축국의 대외 침략을 제재하지 못하였다.

02 제1차 세계 대전은 1918년에 끝났다. 제2차 세계 대전은 1939년에 시작되었다. 제1차 세계 대전이 끝난 후 국제 평화와 안전 확보를 목표로 국제 연맹이 창설되었다(1920). 또한 평화 유지를 위해 워싱턴 회의(1921)가 열렸으며, 로카르노 조약(1925), 켈로그·브리앙 조약(부전 조약, 1928)이 체결되었다.

왜 틀렸지? ① 얄타 회담은 제2차 세계 대전이 진행 중인 1945년 2월에 열렸다.

03 제2차 세계 대전과 중일 전쟁 당시 홀로코스트, 난징 대학살, 카틴 숲 학살 사건과 같은 대량 학살이 일어났다. 일본은 아시아 곳곳의 점령지 여성들을 강제로 일본군 '위안부'로 끌고 가 인권을 유린하였다.

왜 틀렸지? ⑤ 러시아 혁명과 관련 있는 사건이다.

04 군국주의를 강화한 후 중국을 침략한 나라는 일본이다. 군비를 증강한 일본은 만주 사변(1931)과 중일 전쟁(1937)을 일으켰다. 중일 전쟁 시기 일본은 난징을 점령하고 중국군 포로뿐만 아니라 민간인을 폭행하고 학살하였다. 일본은 대외 침략을 확대하면서 한국, 중국 등 점령지 여성들을 강제로 일본군 '위안부'로 끌고 가 인권을 유린하였다.

05 뉘른베르크 재판은 연합국의 범죄에 대해서는 다루지 않았다.

05-1 도쿄 재판과 뉘른베르크 재판은 제2차 세계 대전 이후 전쟁 범죄자를 처벌하기 위해 개최되었다.

구분	뉘른베르크 재판	도쿄 재판
장소	독일 뉘른베르크	일본 도쿄
내용	최초로 전쟁을 일으킨 개인에게 형사 책임을 물음	일본의 비인도적 행위가 밝혀짐
한계	연합국의 범죄, 홀로코스트의 참상이 제대로 다루어지지 않음	• 일본 천황, 관료, 기업인에게 책임을 묻지 않음 • 식민지 문제, 일본군 '위안부' 문제가 다루어지지 않음

06 대서양 헌장을 통해 미국과 영국은 전후 평화 수립의 원칙에 합의하였고, 카이로 회담에서 한국의 독립을 최초로 약속하였다.

07 국제 연합(UN)은 대서양 헌장의 원칙을 이념으로 제2차 세계 대전 이후 창설되었다. 국제 연맹과의 가장 큰 차이점은 국제 분쟁을 제재할 군사력을 갖추었다는 것이다.

07-1 안전 보장 이사회와 평화 유지군을 산하에 둔 국제기구는 국제 연합이다.

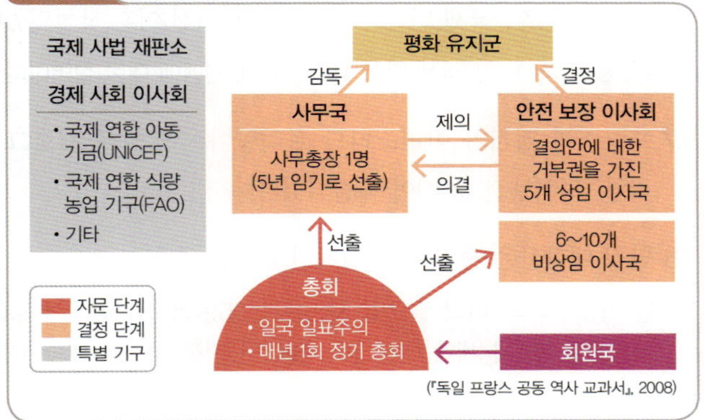

08 ㄴ. 신문화 운동은 중국에서 일어난 민족 운동이다. ㄷ. 군벌 타도 등을 외치며 대규모 시위를 벌인 것은 중국의 5·4 운동이다.

09 제1차 국공 합작은 1924년의 일로, 5·4 운동(1919)보다 뒤에 일어났다.

10 호찌민은 베트남 공산당을 조직하였다. 필리핀은 민족 운동을 전개한 결과 미국으로부터 자치를 인정받았다. 수카르노는 인도네시아 국민당을 조직하였다.

11 오스만 제국의 술탄 정부를 타도하고 무스타파 케말이 수립한 나라는 튀르키예 공화국이다.

12 제1차 세계 대전 이후 이집트에서 반영 운동이 일어났다. 1922년 영국은 수에즈 운하를 관리하고 군대 주둔을 유지하는 조건으로 이집트의 독립을 허용하였다.

왜 틀렸지? ㄱ, ㄴ, ㄷ. 서아시아의 민족 운동에 해당한다.

01 (1) (가) 국제 연맹 (나) 국제 연합

(2) **예시 답안** 국제 연맹은 창설을 제안한 미국이 가입하지 못하였고, 침략 행위를 저지할 군사력이 없었다. 국제 연합은 미국이 참여하였고, 국제 연합군이나 평화 유지군을 두어 국제 분쟁을 억제할 군사력을 갖추었다.

채점 기준	
상	참여 국가와 평화 유지 수단 등 조건에 맞춰 국제 연맹과 국제 연합을 비교하여 서술한 경우
중	참여 국가와 평화 유지 수단 중 한 가지 조건만 비교하여 서술한 경우
하	위의 내용을 서술하지 못한 경우

02 **예시 답안** 뉘른베르크 재판, 소련을 비롯한 연합국 범죄에 대해서 다루지 않았고 홀로코스트의 참상이 제대로 다루어지지 못하였다.

채점 기준	
상	뉘른베르크 재판을 쓰고 한계점에 대해 서술한 경우
중	뉘른베르크 재판만 쓴 경우
하	위의 내용을 서술하지 못한 경우

03 (1) 5·4 운동

(2) **예시 답안** 파리 강화 회의에서 일본의 21개조 요구가 승인되자 베이징 학생들이 21개조 요구 철폐, 일본 등 외세 배척, 군벌 타도 등을 외치며 시위를 벌였다.

채점 기준	
상	일본의 21개조 요구를 포함하여 5·4 운동의 배경을 구체적으로 서술한 경우
중	일본의 21개조 요구만 쓴 경우
하	위의 내용을 서술하지 못한 경우

04 **예시 답안** 간디, 영국 상품 불매, 납세 거부, 소금 행진 등의 민족 운동을 전개하였다.

채점 기준	
상	간디의 이름과 비폭력·불복종 운동의 내용을 한 가지 서술한 경우
중	간디의 이름이나 비폭력·불복종 운동의 내용 중 한 가지만 서술한 경우
하	위의 내용을 서술하지 못한 경우

대단원 한눈에 정리하기

❶ 사라예보 ❷ 대공황 ❸ 국제 연합 ❹ 독일 ❺ 소비에트
❻ 베르사유 ❼ 전체주의 ❽ 홀로코스트 ❾ 대서양 헌장
❿ 비폭력·불복종

대단원 실전 문제

01 ①	02 ④	03 ③	04 ④	05 ④	06 ⑤	07 ④
08 ③	09 ③	10 ⑤	11 ①	12 ④	13 ②	14 ④
15 ④	16 ③	17 ⑤	18 ④	19 ①	20 ⑤	21 ⑤

22 파리 강화 회의 23 국제 연합(UN) 24 해설 참조

01 오스트리아·헝가리 제국의 황태자 부부가 세르비아계 청년에게 암살당한 사라예보 사건을 계기로 제1차 세계 대전이 발발하였다.

02 러시아는 혁명이 일어나 독일과 강화를 맺고 전쟁에서 이탈하였다.

03 사라예보 사건(1914)으로 제1차 세계 대전이 시작되었다. 전쟁 중에 독일은 무제한 잠수함 작전을 펼쳤고, 이후 미국이 연합국 측으로 참전하였다. 독일의 제정이 무너지고 성립한 공화국이 연합국에 항복하면서 제1차 세계 대전이 끝났다.

04 노동자와 병사를 중심으로 조직된 소비에트가 2월 혁명을 이끌었다.

05 스탈린은 1939년 독일의 히틀러와 독소 불가침 조약을 체결하였다.
왜 틀렸지? ①, ②, ⑤ 레닌, ③ 윌슨에 대한 설명이다.

06 베르사유 조약은 제1차 세계 대전 이후 체결되었다.

07 팽크허스트의 편지를 통해 여성 참정권을 요구하는 운동이 활발하였다는 사실을 알 수 있다.

08 대공황을 극복하기 위해 미국이 실시한 정책은 뉴딜 정책이다.

알려 줄게! 대공황 극복 노력

미국	뉴딜 정책	• 국가가 경제에 적극적으로 개입 • 대규모 공공사업을 추진하여 실업자 구제 • 노동자의 권리 보장 • 사회 보장 제도를 시행하여 구매력 향상 노력
영국, 프랑스	블록 정책	• 본국과 식민지를 하나로 묶는 경제 정책 • 보호 무역 체제 강화: 과잉 생산 상품은 식민지에 판매, 수입품에 높은 관세를 매겨 수입 억제

09 전체의 이익을 위해 개인의 희생을 강요하는 사상은 전체주의이다.

10 에티오피아를 침략한 국가는 이탈리아이다.

11 일본은 제2차 세계 대전 중인 1941년 하와이 진주만의 미군 기지를 기습하여 아시아·태평양 전쟁을 일으켰다.

12 밑줄 친 '이 조약'은 독소 불가침 조약이다. 독일과 소련이 비밀리에 체결한 조약으로, 독일은 조약을 체결한 후 폴란드를 침공하였다.
왜 틀렸지? ④ 베르사유 조약에 대한 설명이다.

13 독일의 무제한 잠수함 작전과 탱크, 독가스 등 신무기 최초 사용은 제1차 세계 대전 때의 일이다.

14 연합군은 노르망디 상륙 작전(1944. 6.)으로 프랑스를 해방시켰다. 이탈리아 항복은 1943년, 원자 폭탄 투하는 1945년에 일어났다.

15 미드웨이 해전 이후 소련이 스탈린그라드 전투에서 독일을 물리쳤다.
왜 틀렸지? ①, ⑤ (나), ② (마), ③ (라) 시기에 일어난 일이다.

16 (가)는 국제 연맹, (나)는 국제 연합이다. 국제 연맹은 제1차 세계 대전 이후, 국제 연합은 제2차 세계 대전 이후 창설되었다.
왜 틀렸지? ①, ② 국제 연합, ④, ⑤ 국제 연맹에 대한 설명이다.

17 프랑스의 정치가 아리스티드 브리앙이 주도하여 켈로그·브리앙 조약(부전 조약)이 체결되었다.

18 난징 대학살은 중일 전쟁 시기인 1937년에 일어났다.
왜 틀렸지? ㄷ. 피의 일요일 사건은 1905년에 러시아에서 일어난 사건으로 제2차 세계 대전 당시 일어난 전쟁 범죄에 해당하지 않는다.

19 1919년에 일어난 5·4 운동은 3·1 운동의 영향을 받았다.

20 자치권을 인정받은 후에도 군사권과 외교권이 영국의 인도 총리에게 있었기 때문에 반영 운동이 계속되었다.

21 필리핀은 미국으로부터 자치를 인정받았다.

24 (1) 간디
(2) 예시 답안 간디는 영국 상품 불매, 납세 거부 등 비폭력·불복종 운동을 전개하였다.

채점 기준	
상	간디의 비폭력·불복종 운동 내용을 서술한 경우
중	영국 상품 불매, 납세 거부 등만 서술한 경우
하	비폭력·불복종 운동만 쓴 경우

VII 현대 세계의 전개와 과제

01 냉전 체제와 제3 세계의 형성

01 ㉠ 공산주의 ㉡ 북대서양 조약 기구(NATO)　**02** (1) 트루먼 독트린
(2) 베를린 장벽 (3) 쿠바 미사일 위기　**03** (1) × (2) ○ (3) ○
04 (1) 닉슨 독트린 (2) 제3 세계　**05** (1) ㄴ (2) ㄱ (3) ㄷ

01 ④　**02** ④　**02-1** ②　**03** ④　**04** ①　**05** ⑤　**06** ⑤　**07** ④
08 ①　**09** ③　**10** ③　**10-1** ①　**11** ④　**12** ⑤　**13** ①

01 냉전 체제는 스탈린 사망 후 변화의 조짐을 보였고, 닉슨 독트린 발표로 긴장 완화의 분위기가 마련되었다.

> **왜 틀렸지?** ㄷ. 아시아에 냉전이 확산되면서 중국에서는 국공 내전이 일어났다. 공산당이 승리하며 중화 인민 공화국이 수립되었고 중국 국민당 정부는 타이완으로 이동하였다.

02 (가)는 미국, (나)는 소련이다. 소련은 서베를린으로 통하는 도로와 철도를 봉쇄하였다(베를린 봉쇄).

> **왜 틀렸지?** ①, ②, ⑤ 소련에 대한 설명이다. ③ 미국에 대한 설명이다.

02-1 소련은 공산주의 국가 간 경제 상호 원조 회의인 코메콘을 조직하였다. 북대서양 조약 기구에 맞서 소련은 바르샤바 조약 기구를 조직하였다.

> **왜 틀렸지?** ㄴ. 북미 자유 무역 협정은 냉전 체제가 완화된 후 미국, 캐나다, 멕시코가 공동의 이익을 추구하기 위해 조직한 지역별 경제 협력체이다. ㄹ. 북대서양 조약기구는 미국과 서유럽 국가가 상호 군사 원조와 집단 방어를 위해 결성한 군사 기구이다.

알려 줄게! **자본주의 진영과 공산주의 진영**

자본주의 진영(미국)	구분	공산주의 진영(소련)
트루먼 독트린	정치	코민포름
마셜 계획	경제	코메콘
북대서양 조약 기구 (NATO)	군사 기구	바르샤바 조약 기구 (WTO)

03 제시된 자료는 미국의 국무 장관인 마셜의 연설이다. 마셜은 유럽의 경제 부흥을 위해 서유럽에 대한 경제 원조를 제안하였다.

> **왜 틀렸지?** ① 고르바초프, 덩샤오핑에 대한 설명이다. ② 냉전 체제가 완화되는 시기에 대한 설명이다. ③ 독일에서 일어난 일이다. ⑤ 소련의 정책에 대한 설명이다.

04 베를린 봉쇄는 독일이 동서로 분단되는 계기가 되었다. 이후 1961년 베를린을 동서로 나누는 베를린 장벽이 설치되었다.

05 냉전이 아시아로 확산되면서 베트남 전쟁, 6·25 전쟁이 발발하였고, 중국에서는 국공 내전이 벌어지고 마오쩌둥을 중심으로 중화 인민 공화국이 수립되었다.

> **왜 틀렸지?** ⑤ 냉전 체제가 형성되던 시기에 소련은 경제 상호 원조 회의인 코메콘을 조직하였다.

06 (가) 베를린 봉쇄, (나) 중화 인민 공화국 수립, (다) 6·25 전쟁, (라) 베트남 전쟁, (마) 쿠바 미사일 위기이다.

> **왜 틀렸지?** ⑤ 미국이 쿠바 해상을 봉쇄하여 소련과 대치하면서 국제적 긴장이 높아졌다. 이후 소련이 미사일 철수를 약속하여 위기가 해소되었다.

07 제2차 세계 대전 이후 아시아, 아프리카의 여러 국가가 독립하고 새로운 국가를 건설하였다.

> **왜 틀렸지?** ㉣ 이집트의 나세르는 왕정을 폐지하고 공화정을 수립하였다.

08 자본주의 진영(제1 세계), 공산주의 진영(제2 세계)에 가담하지 않는 국가들을 제3 세계라고 한다.

09 ㉠은 평화 10원칙이다. 아시아·아프리카 회의(반둥 회의)에서 29개국 대표는 평화 10 원칙을 제시하였다. 평화 10원칙의 주요 내용으로는 인류와 국가 간의 평등, 내정 불간섭, 국제 연합 헌장 존중 등이 있다.

10 제시된 자료는 닉슨 독트린(1969)으로, 베트남 전쟁(1964~1975) 중에 발표되었다. 닉슨 독트린을 계기로 긴장 완화의 분위기가 마련되었다. 베를린 장벽 설치는 1961년, 소련 해체는 1991년이다.

10-1 닉슨 독트린(1969)을 계기로 긴장 완화의 분위기가 마련되면서 평화 공존의 분위기가 형성되었다. 이에 미국은 베트남 전쟁에서 군대를 철수하였고, 소련과 전략 무기 제한 협상을 벌였다. 미국의 닉슨 대통령은 중국을 방문하였고, 이후 미국은 중국과 국교를 정상화하였다.

> **왜 틀렸지?** ① 냉전이 확산된 시기인 1950년대 한국에서 벌어진 6·25 전쟁에 미군 등 유엔군이 참전하였다.

11 제시된 자료는 고르바초프와 관련 있다. 고르바초프는 미국의 부시 대통령과 몰타 회담을 열어 냉전 종식을 공식 선언하였다.

> **왜 틀렸지?** ①, ② 마오쩌둥, ③ 닉슨, ⑤ 덩샤오핑에 대한 설명이다.

12 제시된 지도는 소련의 해체와 동유럽 사회주의 정권의 붕괴를 보여 준다. 소련이 추진한 개혁·개방 정책의 영향으로 동유럽에서 민주화 운동이 활발하게 일어났다. 이를 계기로 독일의 베를린 장벽이 무너졌고, 동유럽 사회주의 정권이 붕괴되었다. 1991년에는 소련이 해체되고 독립 국가 연합(CIS)이 결성되었다.

왜 틀렸지? ㄱ. 냉전 체제가 해체되었다.

13 제시된 자료는 유럽 연합에 관한 조약(마스트리흐트 조약)이다. 이 조약에 따라 유럽 연합이 출범하였다.

STEP 3 주관식·서술형　　　　　　　　081쪽

01 냉전 체제

02 ㉠ 베를린 봉쇄 ㉡ 쿠바 미사일 위기

03 예시답안 중국에서는 국공 내전이 벌어졌고, 공산당이 승리한 후 마오쩌둥을 중심으로 중화 인민 공화국이 수립되었다. 한국에서는 냉전의 영향으로 남과 북이 분단되었고 북한의 기습 남침으로 6·25 전쟁이 일어났다. 베트남은 북부의 공산주의 정권과 남부의 반공 정권으로 나뉘어 대립하였고, 베트남 전쟁이 발발하였다.

채점 기준	
상	열전의 사례를 세 가지 모두 서술한 경우
중	열전의 사례를 두 가지만 서술한 경우
하	열전의 사례를 한 가지만 서술한 경우

04 (1) (가) 트루먼 독트린 (나) 닉슨 독트린

(2) 예시답안 냉전의 긴장이 점차 완화되는 분위기가 마련되었다.

채점 기준	
상	냉전 체제가 긴장 완화의 분위기로 전환되었음을 서술한 경우
하	위의 내용을 서술하지 못한 경우

05 (1) 고르바초프

(2) 예시답안 고르바초프는 개혁과 개방을 내세우며 시장 원리를 받아들여 경제를 활성화하려고 하였다.

채점 기준	
상	시장 원리를 받아들여 경제를 활성화하려고 하였음을 서술한 경우
중	경제를 활성화하려고 하였다는 내용만 서술한 경우
하	위의 내용을 서술하지 못한 경우

---

02 민주주의와 인권의 확산
~03 세계화와 지역 세계의 변화

STEP 1 개념 확인　　　　　　　　084쪽

01 (1) 마틴 루서 킹 (2) 넬슨 만델라 (3) 베티 프리단　**02** (1) 국제 노동 기구 (2) 단체 교섭권　**03** (1) ㉠ (2) ㉡ (3) ㉢　**04** (1) ㄱ (2) ㄴ (3) ㄷ　**05** (1) ○ (2) ○ (3) ×

STEP 2 대표 문제　　　　　　　　084~086쪽

01 ④　**01-1** ③　**02** ④　**03** ④　**04** ②　**05** ④　**06** ③　**07** ④　**08** ⑤　**09** ②　**09-1** ①　**10** ③　**11** ④　**12** ④　**13** ⑤

01 남아프리카 공화국의 넬슨 만델라와 미국의 마틴 루서 킹은 흑인 민권 운동을 주도하였다. 미국에서는 흑인에 대한 인종 차별에 저항하며 몽고메리시 버스 승차 거부 운동이 일어났다.

왜 틀렸지? ㄹ. 반전 평화 운동에 해당한다.

알려 줄게! 흑인 민권 운동

미국	• 몽고메리시 버스 보이콧 운동 • 마틴 루서 킹의 저항 운동(워싱턴 대규모 행진 주도)
남아프리카 공화국	넬슨 만델라가 아파르트헤이트 정책에 맞서 흑인 민권 운동 주도

01-1 미국에서는 흑인 차별을 규정한 짐 크로 법이 제정되었다. 이에 마틴 루서 킹 등은 짐 크로 법과 같은 흑인 차별에 맞서 저항 운동을 이끌었다.

왜 틀렸지? ① 여성 운동, ② 환경 운동, ④ 노동 운동, ⑤ 반전 평화 운동과 관련 있다.

02 제시된 자료는 미국의 흑인 민권 운동을 주도한 마틴 루서 킹의 연설이다.

03 제시된 자료는 사우디아라비아에서 전개된 여성 운동의 영향으로 여성 운전이 허용된 내용이다.

04 1919년 베르사유 조약에 근거하여 설립된 국제기구는 국제 노동 기구(ILO)이다.

05 파리 협정 체결은 환경 문제 해결을 위한 국제 사회의 노력에 해당한다.

06 베트남 전쟁에 대한 전 세계적인 반대 운동은 미군이 베트남에서 철수하는 데 영향을 끼쳤다.

07 대량 살상 무기의 확산을 막기 위해 체결된 국제 협약은 핵 확산 금지 조약(NPT)이다.

 ①, ② 환경 문제를 해결하기 위해 체결된 국제 협약이다. ③ 세계 여러 나라는 자유 무역 협정을 체결하고 무역 장벽을 낮추었다. ⑤ 관세 무역 일반 협정으로 각 나라의 시장이 폭넓게 개방되었다.

08 제시된 자료는 환경 문제와 관련 있다. 지구 온난화, 사막화는 대표적인 환경 문제이다.

09 1992년 국제 연합 환경 개발 회의에서 환경과 개발에 관한 공동 선언(리우 선언)이 발표되었다. 교토 의정서(1997)는 최초로 온실가스 감축 비율을 제시하였고, 선진국에만 온실가스 감축 의무를 부여하였다. 파리 협정(2015)은 선진국과 개발 도상 국의 구분 없이 온실가스 감축 대상국을 확대하였다.

리우 선언 (1992)	지속가능한 발전을 실현하기 위한 협력 방안 협의
교토 의정서 (1997)	산업 국가들의 온실가스 배출량 감축 최초로 협의
파리 협정 (2015)	선진국과 개발 도상국 모두 온실가스 감축 의무 규정

09-1 제시된 자료는 파리 협정의 내용이다.

10 1970년대 두 차례 석유 파동으로 경제 불황이 닥치자 이에 따른 위기를 극복하기 위해 미국의 레이건 대통령과 영국의 대처 총리를 중심으로 신자유주의 정책이 추진되었다. 이에 따라 국영 기업을 민영화하였고, 공공 지출과 복지비를 삭감하였다.

 ③ 기업에 대한 각종 규제를 완화하였다.

11 세계화에 따라 다국적 기업이 성장하였다. 세계화가 확산되고 다양한 매체를 통해 여러 지역의 문화가 공유되며 발전하였다. 한편 대중문화의 발달로 특정 문화가 전 세계에 퍼지면서 문화 획일화 현상이 나타나기도 하였다.

 ④ 세계화는 선진국과 개발 도상국 간의 경제적 격차를 키웠다.

12 세계화로 북반구에 위치한 국가와 남반구에 위치한 국가의 경제적 격차가 벌어지는 '남북문제'가 발생하였다.

13 현대 세계의 문제를 해결하기 위해서는 사회의 과제를 자신의 생활과 관련된 문제로 인식하고 이를 해결하기 위해 적극적으로 참여하는 자세가 필요하다.

 ⑤ 현대 세계의 문제를 해결하기 위해서는 지속가능한 발전을 추구하고 국가 간 긴밀한 협조 체제를 갖추어야 한다.

01 ㉠ 마틴 루서 킹 ㉡ 넬슨 만델라

02 지구 온난화, 사막화, 열대림 파괴와 생물종 감소, 오존층 파괴 등이 있다.

채점 기준	
상	환경 문제를 두 가지 모두 서술한 경우
중	위의 내용 중 한 가지만 서술한 경우
하	위의 내용을 서술하지 못한 경우

03 (1) ㉠ 교토 의정서 ㉡ 파리 협정

(2) 교토 의정서에서는 선진국만 온실가스 감축 의무가 있다고 규정하였고, 개발 도상국인 한국은 감축 의무에서 제외되었다. 파리 협정에서는 개발 도상국에게도 감축 의무를 확대하였고, 한국도 감축 의무에 포함되었다.

채점 기준	
상	파리 협정에서는 개발 도상국에게도 감축 의무를 확대하였고, 한국도 감축 의무에 포함되었음을 서술한 경우
중	위의 내용 중 한 가지만 서술한 경우
하	위의 내용을 서술하지 못한 경우

04 세계 무역 기구(WTO)

05 (1) 신자유주의 정책

(2) 공공 지출과 복지비를 삭감하였다. 국영 기업을 민영화하였다. 기업의 경쟁력을 높이기 위해 각종 규제를 없앴다.

채점 기준	
상	신자유주의 정책의 내용을 두 가지 모두 서술한 경우
중	신자유주의 정책의 내용 중 한 가지만 서술한 경우
하	위의 내용을 서술하지 못한 경우

❶ 트루먼 독트린   ❷ 코메콘   ❸ 베를린 장벽   ❹ 자본주의
❺ 이스라엘   ❻ 독립 국가 연합   ❼ 아파르트헤이트

01 ⑤	02 ②	03 ②	04 ⑤	05 ④	06 ③	07 ③
08 ④	09 ②	10 ④	11 ①	12 ①	13 ④	14 ②
15 ③	16 ③	17 ③	18 ④	19 ④	20 ④	21 ④
22 해설 참조		23 ㉠ 마오쩌둥 ㉡ 덩샤오핑			24 해설 참조	

01 제시된 자료는 트루먼 독트린이다. 트루먼 독트린 이후 미국은 마셜 계획을 수립하여 서유럽의 경제를 지원하였다.

왜 틀렸지? ①, ②, ③ 소련이 조직하였다. ④ 닉슨 독트린 이후 미국의 정책이다.

02 소련은 자본주의 진영에 맞서 코민포름(공산당 정보국)과 바르샤바 조약 기구를 조직하였다.

왜 틀렸지? ㄴ. 미국이 공산주의 확대를 저지하기 위해 서유럽의 경제를 지원하는 원조 계획이다. ㄷ. 미국 대통령 트루먼이 공산주의의 확대를 막겠다고 발표한 외교 방침이다.

03 트루먼 독트린(1947) → 베를린 봉쇄(1948) → 베를린 장벽 설치(1961) → 쿠바 미사일 위기(1962) 순이다.

04 냉전이 확산되면서 독일의 베를린을 동서로 나누는 베를린 장벽이 설치되었고, 소련의 핵미사일 기지 건설 시도로 미국과 소련이 대치한 쿠바 미사일 위기도 벌어졌다. 냉전이 아시아로 확산되면서 중국에서는 중화 인민 공화국이 수립되었다. 동베를린을 점령하고 있던 소련이 서베를린으로 통하는 도로와 철도를 봉쇄하였다.

05 제시된 지도는 냉전의 확산과 관련 있다. 냉전의 대결 구도가 아시아로 확산되면서 냉전이 무력으로 충돌하는 열전이 나타났다.

왜 틀렸지? ①, ②, ⑤ 레닌, ③ 윌슨에 대한 설명이다.

06 제시된 자료는 아시아로 확산된 냉전과 관련 있다. 냉전이 아시아로 확산되면서 냉전이 무력으로 충돌하는 열전으로 나타났다.

07 인도는 영국으로부터 독립한 이후 종교적 차이로 파키스탄과 분리 독립되었다. 유대인이 이스라엘을 세운 후 아랍인과 유대인의 갈등이 심화되어 중동 전쟁이 벌어졌다.

왜 틀렸지? ③ 프랑스로부터 독립한 나라는 대표적으로 알제리가 있다.

08 밑줄 친 '이 나라'는 이집트이다. 이집트의 나세르는 왕정을 폐지하고 공화정을 수립하였다. 이후 영국의 영향 아래에 있던 수에즈 운하의 국유화를 선포하였다.

09 제시된 자료는 반둥 회의에서 제시된 평화 10원칙이다.

10 제시된 자료는 제3 세계와 관련 있다. 제2차 세계 대전 이후 독립한 아시아·아프리카의 일부 국가는 제3 세계를 형성하였다. 제3 세계는 자본주의 진영과 공산주의 진영 어디에도 속하지 않는 비동맹 중립주의 노선을 표방하였다.

11 닉슨 독트린 이후 평화 공존의 분위기가 형성되면서 냉전 체제가 점차 완화되었다.

알려 줄게! **트루먼 독트린과 닉슨 독트린**

트루먼 독트린 (1947)	오늘날 전 세계의 거의 모든 나라는 자본주의 방식과 공산주의 방식 중 하나를 선택해야 합니다. 모든 민족이 자유로운 상황에서 스스로 결정할 수 있도록 미국이 도울 것입니다.
닉슨 독트린 (1969)	미국은 '태평양 국가'로서 그 지역에서 중요한 역할을 계속하지만 직접적·군사적·정치적 과잉 개입은 하지 않는다.

12 닉슨 독트린 발표 이후 평화 공존의 분위기가 형성되었다. 이에 미국은 베트남 전쟁에서 군대를 철수하였고, 중국과 국교를 정상화하였다. 소련과 전략 무기 제한 협정을 체결하였다.

13 (가) 닉슨 독트린으로 1969년에 발표되었다. (나) 독립 국가 연합은 1991년에 결성되었다.

왜 틀렸지? ㄷ. 닉슨 독트린 이전에 발생한 일이다.

14 국제 연합은 국제 평화와 국제 우호 증진 등을 목표로 설립된 국제기구이다.

15 (가)는 미국의 마틴 루서 킹, (나)는 남아프리카 공화국의 넬슨 만델라이다. 이들은 백인과 흑인 사이의 차별을 없애기 위해 흑인 민권 운동을 주도하였다.

왜 틀렸지? ③ 프랑스에서 일어난 학생 운동이다.

알려 줄게! **다양한 민권 운동**

68 운동	프랑스에서 일어난 학생 운동으로, 학생의 자유 제한과 사회 모순에 저항
민주화 운동	한국의 4·19 혁명, 프라하의 봄, 중국의 톈안먼 사건, 튀니지 혁명 등 독재에 맞서 인권을 수호하는 운동 전개

16 제시된 자료는 성차별이나 성 역할 분리에 저항하는 여성 운동의 사례이다.

보스턴 마라톤 대회	1967년, 보스턴 마라톤 대회에 최초의 여성 주자가 참가하였다. 이 여성 주자는 감독관의 저지에도 마라톤 코스를 완주하였고, 1972년부터는 보스턴 마라톤 대회에서 여성 선수 참여가 공식적으로 허용되었다.
사우디아라비아	사우디아라비아에서는 여성 운전이 금지되어 있었다. 1990년경부터 사우디아라비아 여성들은 기습적으로 운전하는 등 항의를 하며 여성 운전 허용을 요구해 왔다. 이러한 노력으로 2018년 6월 24일부터 여성 운전이 허용되었다.

17 1919년 노동 조건의 개선을 목적으로 국제기구인 국제 노동 기구가 설립되었다.

18 제시된 자료는 반전 평화 운동과 관련 있다.

사건	반전 평화 운동
베트남 전쟁	베트남 전쟁 반대 시위
미국, 이라크 침공	이라크 전쟁 반대 운동
러시아, 우크라이나 침공	러시아의 우크라이나 침공 반대 시위

19 제시된 자료는 환경 문제를 해결하기 위해 여러 나라가 체결한 국제 협약이다.

20 밑줄 친 '경제 정책'은 신자유주의 정책이다. 각 나라에서는 정부의 규제 완화를 내세운 신자유주의 정책을 펼쳤다.

배경	• 1970년대 경제 불황 극복 과정에서 등장 → 정부 규제 완화, 자유로운 시장 활동 보장 • 주도: 미국의 레이건 대통령, 영국의 대처 총리
내용	• 공공 지출과 복지비 삭감 • 국영 기업 민영화 • 기업에 대한 각종 규제 완화

21 세계화의 확산으로 다국적 기업이 성장하였고, 국가 간 빈부 격차가 커지면서 남북문제가 발생하였다. 종교 갈등이나 내전 등의 다양한 이유로 세계 각지에서 난민이 증가하고 있다.

왜 틀렸지? ㄹ. 종교 갈등이나 내전 등으로 다른 나라로 이동하는 난민이 증가하고 있다.

22 (1) 쿠바 미사일 위기

(2) 예시 답안 소련이 쿠바에 핵미사일 기지를 건설하려고 하자 미국은 이를 자국에 대한 위협으로 받아들이고 쿠바 해상을 봉쇄하였다. 이에 미국과 소련이 대치하면서 국제적 긴장이 높아졌다.

채점 기준	
상	쿠바 미사일 위기의 배경을 서술한 경우
하	위의 내용을 서술하지 못한 경우

24 (1) 남북문제

(2) 예시 답안 국제 교류의 증가와 세계화의 확산으로 국가 간 빈부 격차가 커지면서 남북문제가 발생하였다.

채점 기준	
상	국제 교류의 증가와 세계화의 확산으로 국가 간 빈부 격차가 커지면서 남북문제가 발생하였음을 서술한 경우
중	국가 간 빈부 격차가 커지면서 남북문제가 발생하였다는 내용만 서술한 경우
하	위의 내용을 서술하지 못한 경우

Ⅴ 제국주의와 국민 국가 건설 운동

01 유럽과 아메리카의 국민 국가 체제

실력 확인 문제
02~05쪽

01 ④	02 ④	03 ④	04 ①	05 ⑤	06 ⑤	07 ④	08 ①
09 ④	10 ⑤	11 ④	12 ⑤	13 ②	14 ④	15 ②	16 ⑤
17 ①	18 해설 참조	19 해설 참조	20 볼리바르				

01 식민지 주민들은 자신들의 대표가 없는 영국 의회는 세금을 부과할 수 없다고 반발하였다.

02 1773년 보스턴 차 사건이 일어나자 영국은 보스턴 항구를 봉쇄하고 식민지 주민들을 탄압하였다. 이후 식민지 대표들은 1776년 독립 선언문을 발표하고, 1781년 요크타운 전투에서 승리하였다.

알려 줄게! 보스턴 차 사건

영국은 재정 문제 해결을 위해 식민지로 들어오는 설탕, 차 등에 세금을 부과하였다. 원래 홍차를 즐겼던 식민지 주민들은 영국의 과세에 반대해 차 불매 운동을 벌였으며 동인도 회사의 배를 습격하여 차 상자를 바다에 던져 버렸다.

03 조지 워싱턴은 식민지의 총사령관으로 임명되어 독립 전쟁을 승리로 이끌고 미국의 초대 대통령으로 선출되었다.

04 자료는 1776년 발표된 미국 독립 선언문이다.

왜 틀렸지? ① 미국 혁명은 1789년 프랑스 혁명에 영향을 끼쳤다.

05 영국은 재정 문제를 해결하기 위해 식민지의 모든 인쇄물에 인지를 사서 붙이게 하는 방식으로 세금을 징수하였다. 식민지 주민들은 이러한 영국의 정책에 반발하였다.

06 자료는 1787년에 제정된 미국 연방 헌법이다. 이 헌법은 삼권 분립의 원칙과 공화정에 기초하였다. ㉠에 들어갈 말은 입법권, ㉡은 행정권, ㉢은 사법권이다.

07 (가)는 제1 신분(성직자), (나)는 제2 신분(귀족), (다)는 제3 신분(평민)을 나타낸다. 제3 신분 대표들은 삼부회에서 기존의 표결 방식 대신 머릿수에 따른 표결 방식을 요구하였다.

왜 틀렸지? ④ (가), (나)에 해당한다. 제3 신분은 무거운 세금을 부담하면서도 정치 참여에 제한을 받았다.

08 제시된 자료는 바스티유 습격에 관한 내용이다. 테니스코트의 서약 이후 국왕이 국민 의회를 무력으로 해산하려고 하자, 분노한 파리 민중은 전제 정치의 상징인 바스티유를 습격하였다.

09 프랑스 혁명은 국민 의회–입법 의회–국민 공회–총재 정부의 순서로 정치 구조가 변화하였다.

알려 줄게! 프랑스 혁명의 전개

국민 의회	테니스코트의 서약, 민중의 바스티유 습격, 인간과 시민의 권리 선언(인권 선언) 발표(1789)
입법 의회	혁명 전쟁 시작, 민중의 왕궁 습격
국민 공회	루이 16세 처형, 로베스피에르의 공포 정치
총재 정부	로베스피에르 처형 후 수립

10 자료의 법전은 『나폴레옹 법전』이다. 개인의 자유, 법 앞에서의 평등, 사유 재산 존중 등이 담겨 있다.

알려 줄게! 나폴레옹 시기의 유럽

나폴레옹은 국내 개혁과 함께 정복 전쟁에 나서 영국, 러시아를 제외한 거의 모든 유럽 국가를 정복하였다.

11 빈 체제의 성립으로 프랑스에서는 왕정이 부활하였다. 이후 1830년의 7월 혁명으로 입헌 군주정이 수립되었지만 노동자들이 선거권 확대를 요구하며 1848년 2월 혁명을 일으켜 공화정이 수립되었다.

12 자료는 영국에서 노동자들이 선거법 개정을 요구하며 발표한 인민헌장으로, 각 빈칸에 들어갈 말은 ㉠–남자, ㉡–비밀, ㉢–재산이다. 차티스트 운동 세력의 요구는 바로 수용되지 않았지만 이후 잇따라 선거법이 개정되면서 노동자와 농민도 선거권을 갖게 되었다.

13 이탈리아의 통일과 통일된 독일 제국의 수립은 민족주의 운동에 해당한다.

14 가리발디가 의용군을 이끌고 시칠리아와 나폴리를 점령하였고 이 지역을 사르데냐 국왕에게 바침으로써 이탈리아 왕국이 세워졌다.

15 비스마르크는 자유주의보다는 군비가 독일의 통일에 도움이 된다고 보고 철혈 정책을 통한 군비 확장에 주력하였다. 그 결과 오스트리아 및 프랑스와의 전쟁에서 승리를 거둔 뒤 독일 제국이 수립되었고, 빌헬름 1세가 황제로 즉위하였다.

16 라틴 아메리카의 독립운동은 크리오요가 주도하였으며, 볼리바르, 산마르틴, 이달고 신부 등이 독립운동을 이끌었다.

왜 틀렸지? ⑤ 러시아의 개혁과 관련된 내용이다.

17 북부는 임금 노동자를 중심으로 하는 공업이 발달하였기 때문에 노예제 확대를 반대하였다.

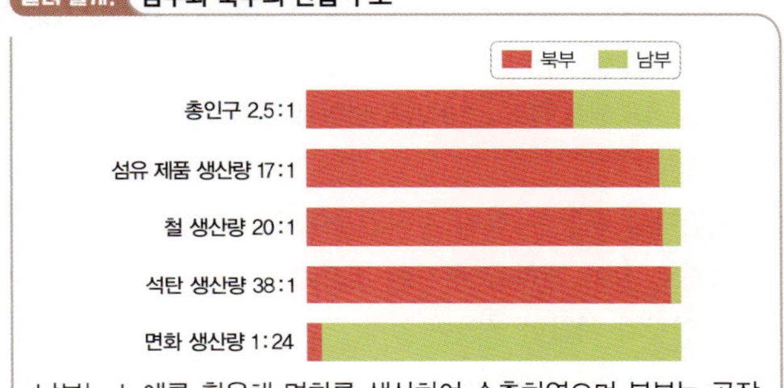

알려 줄게! 남부와 북부의 산업 구조

남부는 노예를 활용해 면화를 생산하여 수출하였으며 북부는 공장에서 생산한 상품을 영국과 경쟁하여 판매하였다.

18 (1) ㉠ 입법 ㉡ 행정 ㉢ 사법

(2) **예시 답안** 삼권 분립의 원칙, 권력의 집중과 남용을 방지하고자 도입하였다.

채점 기준	
상	헌법에 나타난 원칙과 이를 도입한 목적을 모두 서술한 경우
중	위의 내용 중 한 가지만 서술한 경우
하	위의 내용을 서술하지 못한 경우

19 (1) 나폴레옹

(2) **예시 답안** 나폴레옹의 정복 전쟁으로 프랑스 혁명의 이념이 유럽에 전파되어 자유주의가 널리 퍼졌고, 각국이 프랑스에 저항하는 과정에서 민족주의가 성장하였다.

채점 기준	
상	자유주의, 민족주의와 연관 지어 두 가지 영향을 모두 서술한 경우
중	위의 내용 중 한 가지만 서술한 경우
하	위의 내용을 서술하지 못한 경우

02 유럽의 산업화와 제국주의

실력 확인 문제 06~09쪽

01 ⑤	02 ⑤	03 ②	04 ⑤	05 ⑤	06 ⑤	07 ③	08 ②
09 ④	10 ④	11 ③	12 ①	13 ②	14 ①	15 ④	16 ⑤
17 ②	18 해설 참조	19 해설 참조					
20 (1) (가) 제국주의 (나) 사회 진화론 (다) 인종주의							

01 ⑤는 16세기 에스파냐에 대한 설명이다.

02 영국의 제임스 와트가 개량한 증기 기관은 기존의 증기 기관보다 석탄을 적게 쓰면서 더 강한 동력을 얻을 수 있도록 개량되었다. 이는 공장제 기계 공업이 발달하는 원동력이 되었다.

03 산업 혁명은 18세기 후반 영국에서 시작되었다.

왜 틀렸지? ② 청교도 혁명(1642~1649)으로 영국에서 공화정이 수립되었다. 산업 혁명은 명예혁명(1688)으로 입헌 군주제의 기초가 마련된 정치적 안정 속에 시작되었다.

04 공장제 기계 공업의 발달로 대량 생산이 이루어지면서 원료와 제품을 수송하기 위한 교통수단이 발달하였다. 증기 기관차의 개발로 각지에 철도가 부설되었다.

05 (가) 스티븐슨의 증기 기관차이다. (나) 유선 전신기는 모스가 발명하였다. (다) 풀턴의 증기선이다.

06 산업 혁명 이후 대량 생산이 이루어지고 교통과 통신이 발달하면서 사람들은 물질적 풍요와 생활의 편의를 누렸다.

07 ③ 인클로저 운동은 영국에서 개방된 토지나 마을 공동 소유의 땅 등에 울타리를 쳐서 개인의 땅임을 밝힌 운동으로, 이 과정에서 많은 농민이 토지를 잃고 도시로 몰려들었다. 이는 산업 혁명이 영국에서 일어난 배경 중 하나로 볼 수 있다.

08 ㉡에 들어갈 말은 독일이다. 제2차 산업 혁명으로 미국과 독일이 새로운 공업 강국으로 성장하였다.

왜 틀렸지? ② 프랑스는 19세기 초반 섬유 공업을 중심으로 산업화를 이루었다.

09 산업 혁명이 전개되며 공장제 기계 공업이 발전하자 여러 변화가 나타났다. 대량 생산이 이루어지며 원료와 제품이 철도 등으로 운송되었고, 많은 농촌 사람들이 일자리를 찾아 대도시와 공장 지대로 이주하면서 도시 인구가 크게 늘었다.

10 산업 사회가 형성되면서 자본가와 노동자라는 새로운 계급이 등장하였고, 자본주의 경제 체제가 확립되었다.

왜 틀렸지? ④ 삼부회는 프랑스의 신분별 의회로 프랑스 혁명 이전에 제1·2 신분과 제3 신분의 대표가 표결 방식을 두고 대립하였다.

11 산업 혁명으로 도시에 인구가 몰리면서 주택 부족, 위생 문제, 환경 오염 문제 등이 나타났고, 빈부 격차 및 아동 노동과 같은 노동 문제도 발생하였다.

왜 틀렸지? ㄷ. 프랑스 혁명 때 일어난 일이다.

12 제국주의 열강은 강한 나라가 약한 나라를 지배하는 것은 당연하다는 사회 진화론과 백인종이 우월하다는 인종주의를 내세워 대외 침략을 정당화하였다.

13 제시된 글은 영국의 제국주의자 세실 로즈의 연설로 제국주의 정책을 정당화하고 있다.

14 아프리카에서는 종단 정책을 추진한 영국과 횡단 정책을 추진한 프랑스가 파쇼다에서 충돌하였으며, 프랑스와 독일은 모로코에서 충돌하였다. 한편 인도의 지배권을 둘러싸고 영국과 프랑스가 충돌하였으나 플라시 전투에서 영국이 승리함으로써 영국은 프랑스를 몰아내고 인도 대부분의 지역을 지배하게 되었다.

15 라이베리아는 미국에서 귀환한 해방 노예들이 독립을 선포하여 아프리카 최초의 공화국이 되었다.

16 제국주의 열강은 점령지에서 광산을 개발하고 무역을 독점하는 한편, 사탕수수, 목화 등을 재배하는 농장을 경영하는 플랜테이션 농업으로 막대한 이익을 얻었다.

17 프랑스는 베트남, 캄보디아 등 인도차이나반도를 점령하였다.

왜 틀렸지? ③ 네덜란드, ④ 영국, ⑤ 미국에 대한 설명이다.

18 (1) 영국

(2) **예시 답안** 영국은 명예혁명으로 일찍이 정치적 안정을 이루었고, 석탄과 철 등의 지하자원이 풍부하였다. 또한 모직물 산업이 발달하여 자본이 축적되어 있었고, 토지를 잃은 농민이 도시로 몰리면서 값싼 노동력을 확보할 수 있었다. 여기에 넓은 해외 식민지를 통해 원료 공급지와 상품 시장을 확보할 수 있었다.

채점 기준	
상	영국에서 산업 혁명이 가장 먼저 시작된 배경을 세 가지 모두 서술한 경우
중	영국에서 산업 혁명이 가장 먼저 시작된 배경을 두 가지만 서술한 경우
하	영국에서 산업 혁명이 가장 먼저 시작된 배경을 한 가지만 서술한 경우

19 (1) 자본가

(2) **예시 답안** 증진된 부가 모든 사람에게 고르게 돌아가지 못해 빈부 격차와 같은 사회 문제가 발생하였다.

채점 기준	
상	자유방임주의의 모순을 산업 사회의 문제와 연관 지어 구체적으로 서술한 경우
중	자유방임주의의 모순을 서술하였으나 산업 사회의 문제와 연관성이 떨어지는 경우
하	위의 내용을 서술하지 못한 경우

03 아시아의 국민 국가 건설 운동

실력 확인 문제 10~13쪽

01 ② 02 ① 03 ② 04 ① 05 ① 06 ⑤ 07 ④ 08 ③
09 ④ 10 ① 11 ④ 12 ② 13 ② 14 ⑤ 15 ② 16 ⑤
17 ② 18 해설 참조 19 벵골 분할령 20 해설 참조

01 변법자강 운동은 청의 지식인들이 일본의 메이지 유신을 본보기로 삼아 개혁을 추진한 것으로 보수파의 반발로 실패하여 열강과 체결한 조약이 없다.

왜 틀렸지? ② 톈진 조약은 제2차 아편 전쟁의 결과로 맺은 조약이다.

02 이홍장 · 증국번 등 한인 관료는 양무운동, 캉유웨이 · 량치차오 등은 변법자강 운동, 홍수전은 태평천국 운동을 주도하였다.

왜 틀렸지? ④ 의화단 운동, ⑤ 쑨원에 대한 설명이다.

03 자료의 인물은 캉유웨이로 메이지 유신을 본보기로 삼은 변법자강 운동을 이끌었다. 변법자강 운동을 주도한 세력은 입헌 군주제의 도입을 추진하였으며, 광서제의 지지를 받았다. 그러나 서태후를 비롯한 보수파의 반발로 개혁은 100여 일 만에 실패로 끝났다.

04 민족주의는 만주족이 세운 청을 대신해 한족의 국가를 회복하려는 것이다.

왜 틀렸지? ① '부청멸양'은 의화단 운동의 주장이다.

05 자료는 1851년에 일어난 태평천국 운동과 관련된 것이다. 크리스트교의 영향을 받은 홍수전이 이끌었으며 난징을 점령하는 등 세력을 크게 확대하였지만 지도층이 분열하고 한인 신사층이 조직한 의용군과 서양 군대에 의해 진압되며 실패하였다.

왜 틀렸지? ②, ③, ④, ⑤는 모두 의화단 운동과 관련된 설명이다.

06 미일 화친 조약(1854), 메이지 유신(1868), 운요호 사건 (1875), 청일 전쟁(1894), 러일 전쟁(1904)의 순서로 일어났으며 일련의 과정을 거쳐 일본은 제국주의 국가가 되었다.

07 사진은 메이지 유신 이후 주요 근대화 정책의 일환으로 1871년 미국과 유럽에 파견된 이와쿠라 사절단의 모습이다.

왜 틀렸지? ① 일부 지식인들은 정부의 독재를 비판하며 자유 민권 운동을 전개하였다. ②, ③, ⑤ 에도 막부에 대한 설명이다.

08 메이지 정부는 부국강병을 목표로 서양 문물을 적극적으로 수용하는 근대화 정책을 추진하였다(메이지 유신).

왜 틀렸지? ③ 에도의 이름을 도쿄로 바꾸었다.

알려 줄게! 메이지 정부의 개혁

행정	에도의 이름을 도쿄로 개편, 폐번치현, 지방관 파견
경제	토지·조세 제도 개혁, 우편·철도·은행 제도 및 상공업 육성
사회	신분제 개혁, 서양식 교육, 유학생 및 사절단 파견
군사	징병제 시행

09 중국(청)은 이미 청일 전쟁에서 패배하여 조선에 대한 지배권을 일본에게 빼앗겼으므로 결투를 기다리는 것이 아니라 다른 열강과 다르게 경기장에 들어오지 못하는 모습으로 볼 수 있다.

10 강화도 조약 체결 이후 조선은 개화 정책을 추진하며 1881년 별기군을 창설하였다. 임오군란은 별기군과의 차별에 분노한 구식 군인들이 일으킨 것이다.

왜 틀렸지? ② 을미사변은 1895년, ③ 갑오개혁은 1894년, ④ 운요호 사건은 강화도 조약의 계기가 된 것으로 1875년에 일어났다. ⑤에 해당하는 아관 파천은 1896년에 발생한 일이다.

알려 줄게! 조선의 근대화 운동

갑신 정변	급진 개화파가 근대적 개혁 추진 → 청의 개입으로 실패
동학 농민 운동	정치 개혁 및 외세 배격을 요구 → 관군·일본군에 진압
갑오개혁	청일 전쟁 이후 정부 주도 개혁 추진(신분제 폐지, 과거제 폐지 등) → 을미사변 → 아관 파천 이후 개혁 중단

11 광무개혁(1897)은 대한 제국의 수립을 선포한 고종 황제가 추진한 것으로 황제의 절대 권력을 공고히 하고자 하였다. 아관 파천은 1896년에 일어났다.

12 플라시 전투에서 승리한 영국은 인도 각지로 식민 지배를 확대하였다. 이 과정에서 영국의 값싼 면직물이 대량으로 인도에 들어와 인도의 면직물 산업이 붕괴되었다.

13 제시된 자료는 세포이의 항쟁과 관련 있다. 세포이의 항쟁이 내부 분열과 영국군의 진압으로 실패한 후, 영국은 무굴 제국의 황제를 폐위하고 영국령 인도 제국을 수립하였다.

14 벵골 분할령을 계기로 인도 국민 회의는 4대 강령을 채택하고 반영 운동을 주도하였다. 결국 영국은 벵골 분할령을 취소하고 형식적으로 인도인의 자치를 인정하였다.

15 밑줄 친 '이 단체'는 청년 튀르크당이다. 이들은 술탄의 전제 정치 부활에 반발하여 청년 튀르크당을 결성하고 무장봉기하여 정권을 장악하였다.

16 이븐 압둘 와하브가 주도한 와하브 운동은 『쿠란』의 가르침으로 돌아가자고 주장하며 오스만 제국에 반대하는 민족 운동으로 발전하였다.

17 ㉠은 수에즈 운하, ㉡은 아라비 파샤이다.

왜 틀렸지? 무함마드 알리는 이집트를 다스리던 총독으로 오스만 제국으로부터 이집트의 자치권을 획득하였다. 이븐 압둘 와하브는 아라비아반도에서 와하브 운동을 이끌었다.

18 (1) (가) 양무운동 (나) 변법자강 운동

(2) **예시 답안** 청일 전쟁에서 패배하면서 양무운동의 한계가 드러났다.

채점 기준	
상	청일 전쟁의 패배로 양무운동의 한계가 드러났음을 서술한 경우
중	전쟁에서 패배하였다고만 서술한 경우
하	위의 내용을 서술하지 못한 경우

20 (1) 청년 튀르크당

(2) **예시 답안** 아랍어 사용을 금지하는 등 극단적 튀르크 민족주의를 앞세운 정책을 실시하였다.

채점 기준	
상	튀르크 민족주의라는 개념을 포함하여 서술한 경우
중	단순히 다른 민족을 차별하였다고만 서술한 경우
하	위의 내용을 서술하지 못한 경우

VI 세계 대전과 사회 변동

01 세계 대전과 국제 정치 및 경제 질서의 변화 ①

실력 확인 문제

14~17쪽

01 ①	02 ⑤	03 ②	04 ②	05 ②	06 ④	07 ②	08 ④
09 ④	10 ②	11 ③	12 ②	13 ①	14 ②	15 ⑤	16 ①
17 ⑤	18 사라예보 사건	19 해설 참조	20 해설 참조				

01 3국 협상은 영국, 프랑스, 러시아가 체결하였으며, 3국 동맹에는 독일, 오스트리아·헝가리 제국, 이탈리아가 포함된다.

왜 틀렸지? ㄹ. 오스만 제국은 전쟁이 발발한 이후 독일 중심의 동맹국에 가담한다.

02 사라예보 사건을 계기로 오스트리아·헝가리 제국은 세르비아에 전쟁을 선포하였다.

03 참호전의 형태로 전쟁이 전개되면서 서부 전선이 고착화되었다.

왜 틀렸지? ①, ③, ④, ⑤ 제1차 세계 대전 이전의 상황이다.

04 제1차 세계 대전의 전개 과정은 사라예보 사건(1914), 루시타니아호 침몰(1915), 러시아와 독일의 단독 강화 체결(1917)로 이어진다.

05 루시타니아호 침몰로 독일에 대한 미국 내 여론이 악화되었다. 이 상황에 치머만 전 보 사건이 발생하면서 미국은 연합국에 가담하였다.

06 제1차 세계 대전에서 탱크, 독가스 등 신무기가 등장하며 대량 살상이 일어났다.

알려 줄게! 제1차 세계 대전의 특징

신무기 등장	탱크, 잠수함, 기관총, 독가스 등이 등장하여 대량 살상 발생
참호전	참호를 파고 장기간 대치하는 참호전 진행 → 전쟁 장기화
총력전	자국과 식민지의 모든 인적·물적 자원 총동원

07 ② 제1차 세계 대전은 1914년 발발한 전쟁으로 피의 일요일 사건(1905) 이후에 발생한 사건이다.

08 피의 일요일 사건은 노동자와 농민이 벌인 시위를 무력으로 진압한 사건이다. 2월 혁명은 노동자와 병사들이 소비에트를 조직하여 차르를 몰아내고 임시 정부를 세운 사건이다. 10월 혁명은 레닌이 이끄는 볼셰비키가 임시 정부를 무너뜨리고 소비에트 정부를 세운 사건이다.

왜 틀렸지? ④ 10월 혁명에 대한 설명이다.

알려 줄게! 2월 혁명과 10월 혁명

구분	2월 혁명	10월 혁명
배경	제1차 세계 대전에서 거듭된 패전 → 정부에 대한 원성이 높아짐	2월 혁명으로 수립된 임시 정부의 개혁 부진 → 민중의 불만 고조
내용	노동자, 병사들이 소비에트(평의회)를 조직하고 봉기	레닌이 이끄는 볼셰비키가 무장봉기
결과	차르 퇴위, 임시 정부 수립	임시 정부 붕괴, 소비에트 정부 수립

09 1917년 레닌이 이끄는 볼셰비키의 무장봉기로 소비에트 정부가 수립되었다(10월 혁명). 이후에 레닌은 독일과 단독으로 강화 조약을 체결하였고, 토지와 산업을 국유화하는 사회주의 개혁을 추진하였다.

왜 틀렸지? ㄱ. 피의 일요일 사건(1905) 이후 차르는 두마(의회)의 설치를 약속하였다. ㄷ. 2월 혁명(1917)을 통해 차르가 퇴위하고 임시 정부가 수립되었다.

10 경제 개발 5개년 계획은 스탈린의 정책이다.

알려 줄게! 레닌과 스탈린의 정책

| 레닌 | • 독일과 단독 강화 조약 체결
• 사회주의 개혁 추진: 토지와 산업 국유화 등
• 신경제 정책(NEP) 시행
• 코민테른 조직
• 소비에트 사회주의 공화국 연방(소련) 수립(1922) |
| 스탈린 | • 농업 집단화
• 경제 개발 5개년 계획 추진
• 독재 체제 강화 |

11 레닌 사후 정권을 장악한 스탈린은 경제 개발 5개년 계획을 추진하고 독재 체제를 강화하였다.

12 제1차 세계 대전 전후 혼란을 수습하기 위해 미국, 영국 등 승전국 주도로 파리 강화 회의가 개최되었다.

13 제1차 세계 대전에서 패배한 독일은 승전국과 베르사유 조약을 체결하였다. 베르사유 조약은 독일에 대한 보복적 성격이 강하였다.

14 제1차 세계 대전의 승전국인 미국, 영국, 프랑스 등과 독일 사이에 베르사유 조약이 체결되었다.

왜 틀렸지? ② 러시아와 독일 사이에 체결한 조약은 독소 불가침 조약이 대표적이다.

15 ㄱ. 제1차 세계 대전 이전의 국제 상황이다. ㄴ. 패전국의 식민지와 각종 이권을 승전국이 개별적인 강화 조약을 통해 차지하였다.

16 제1차 세계 대전 이후 독일에서는 민주적인 바이마르 공화국이 수립되었다.

왜 틀렸지? ② 재산에 따른 선거권을 없애고 보통 선거를 확대해 나가는 나라가 많아졌다. ③ 오스트리아·헝가리 제국에서는 공화정이 수립되었다. ④ 민족 자결주의 원칙에 따라 패전국의 지배를 받던 민족이 독립하였다. ⑤ 새롭게 등장한 독립국은 대부분 공화정에 입각한 민주주의를 채택하였다.

알려 줄게! 제1차 세계 대전 이후의 유럽

17 제1차 세계 대전에서 여성이 전쟁에 기여한 역할이 인정되며 여성 참정권을 인정하는 나라가 많아졌다.

19 (1) 레닌
(2) **예시 답안** 임시 정부가 무너지고 최초의 사회주의 정부인 소비에트 정부가 수립되었다(10월 혁명).

채점 기준	
상	임시 정부 붕괴, 소비에트 정부 수립 내용을 서술한 경우
중	위의 내용 중 한 가지만 서술한 경우
하	위의 내용을 서술하지 못한 경우

20 (1) 베르사유
(2) **예시 답안** 승전국이 독일에 가혹한 책임을 지움으로써 향후 독일 국민의 불만을 불러일으켰다.

채점 기준	
상	승전국이 독일에 가혹한 책임을 지웠고 향후 독일 내에서 불만이 일어났음을 서술한 경우
중	위의 내용 중 한 가지만 서술한 경우
하	위의 내용을 서술하지 못한 경우

01 세계 대전과 국제 정치 및 경제 질서의 변화 ②

실력 확인 문제 18~21쪽

01 ①	02 ④	03 ④	04 ④	05 ⑤	06 ⑤	07 ②	08 ②
09 ⑤	10 ①	11 ②	12 ④	13 ⑤	14 ④	15 ③	16 ④
17 ①	18 ④	19 대공황	20 해설 참조	21 독소 불가침 조약			

01 1929년 미국의 주가가 폭락하면서 미국 경제가 급격히 나빠지는 대공황이 발생하였다.

02 과잉 생산에 비해 소비가 늘어나지 않는 상황이 지속되자 1929년 대공황이 발생하였다.

왜 틀렸지? ① 영국과 프랑스는 블록 경제를 시행해 대공황을 극복하고자 하였다. ②, ③, ⑤ 미국의 뉴딜 정책 내용이다.

03 제1차 세계 대전 이후 미국이 세계 경제를 주도하게 되었으며, 미국의 경제 위기는 곧 미국 경제에 의존하던 유럽 등 여러 나라에 영향을 미쳤다.

04 영국과 프랑스는 본국과 식민지를 하나로 묶는 블록 경제를 시행하였다.

05 보통 선거권을 모든 사람에게 보장하는 것은 제1차 세계 대전 이후 전쟁 중에 큰 역할을 한 시민의 지위가 높아지며 나타난 결과이다.

06 영국과 프랑스는 블록 경제를 통해 대공황을 극복하고자 하였다.

왜 틀렸지? ㄱ. 식민지가 적었던 독일은 군비를 증강하고 다른 나라를 침략하여 대공황을 극복하려고 하였다. ㄴ. 미국의 루스벨트 대통령은 뉴딜 정책을 추진하여 대공황을 극복하려고 하였다.

알려 줄게! 대공황 시기의 블록 경제

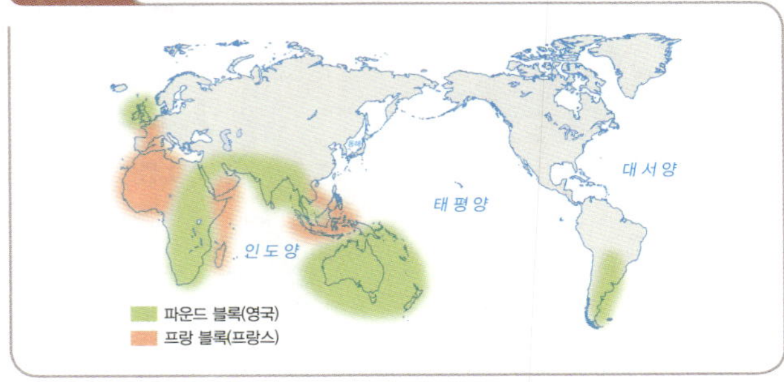

07 전체주의는 통치자의 권위적인 지도력 강조하였다. 또한 민족이나 국가 전체의 이익을 강조하고 개인의 희생을 강요하였다.

왜 틀렸지? ② 민족 자결주의는 제1차 세계 대전 이후 파리 강화 회의에서 미국 대통령 윌슨이 제안하였다.

08 이탈리아, 독일, 일본 등에서는 전체주의가 확산되었다. 이에 따라 이탈리아에서는 무솔리니가 이끄는 파시스트당이, 독일에서는 히틀러의 나치당이 정권을 장악하였다. 일본에서는 군부 세력이 권력을 잡고 군국주의를 강화하였다.

왜 틀렸지? ② 일본이 중국에 21개조 요구를 강요한 것은 제1차 세계 대전 직후의 일이다.

알려 줄게! 전체주의의 확산

이탈리아	무솔리니가 이끄는 파시스트당의 정권 장악(1922)
독일	• 히틀러의 나치당이 선거에서 승리(1932), 독재 체제 수립 • 나치당은 독일 민족의 우월성을 강조, 유대인을 탄압하는 극단적인 인종주의 정책을 내세움
에스파냐	프랑코가 공화 정부를 무너뜨리고 독재 정권 수립
일본	군부 세력이 정권을 장악하고 군국주의 강화

09 ㄱ. 에스파냐, ㄴ. 이탈리아에 대한 설명이다.

10 일본에서는 대공황 이후 군부 세력이 정권을 장악하고 군국주의를 강화하였다. 대륙 침략을 본격화하며 만주 사변(1931)을 일으켰다.

11 독일, 일본, 이탈리아는 추축국을 형성하였다.

12 1936년 소련에 대한 방공 협정을 체결한 히틀러는 1939년 소련과 독소 불가침 조약을 체결하였다.

13 독일은 소련과 독소 불가침 조약(1939)을 체결한 후 폴란드를 침공하였다. 이후 독일은 불가침 조약을 깨뜨리고 소련을 침공하였다(1941).

알려 줄게! 제2차 세계 대전의 전개

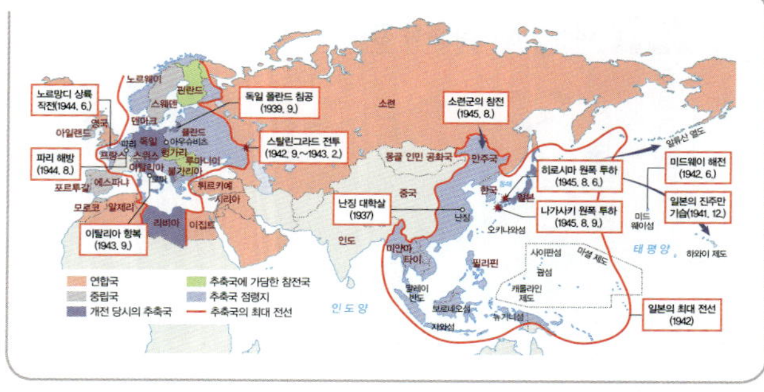

14 일본이 진주만을 공격하며 아시아·태평양 전쟁이 일어났고, 미국이 연합국으로 제2차 세계 대전에 참전하였다.

15 일본의 진주만 기습은 미국이 연합군으로 제2차 세계 대전에 참전하는 계기가 되었다. 이후 연합군은 미드웨이 해전과 스탈린그라드 전투에서 승기를 잡았다.

16 일본의 진주만 기습(1941) 이후 미국은 연합국으로 제2차 세계 대전에 참전하였고 미드웨이 해전에서 승기를 잡았다. 이후 이탈리아, 독일, 일본이 차례로 항복을 선언하며 연합국의 승리로 제2차 세계 대전이 끝났다(1945).

왜 틀렸지? ①, ②, ③ 일본이 하와이 진주만을 기습하기 이전에 발생한 일이다. ⑤ 제1차 세계 대전에 대한 설명이다.

17 노르망디 상륙 작전 이후 연합군은 파리를 탈환하며 프랑스를 해방시켰다.

18 미국이 일본에 두 차례 원자 폭탄을 투하하자, 결국 일본은 무조건 항복을 선언하였다. 선언하였다(1945.8.). 스탈린그라드 전투는 1942~1943년, 일본 항복은 1945년에 일어났다.

20 (1) 국가

(2) **예시 답안** 독일에서는 나치당이 정권을 장악하고, 독일 민족의 우월성을 강조하면서 유대인을 탄압하는 극단적인 인종주의 정책을 실시하였다.

채점 기준	
상	독일이 극단적인 인종주의 정책을 실시하였음을 서술한 경우
하	위의 내용을 서술하지 못한 경우

실력 확인 문제　22~25쪽

01 ⑤　02 ②　03 ⑤　04 ②　05 ③　06 ⑤　07 ④　08 ①
09 ③　10 ②　11 ②　12 ④　13 ①　14 ⑤　15 ③　16 ②
17 ⑤　18 해설 참조　19 국제 연합(UN)　20 해설 참조

01 ⑤는 켈로그·브리앙 조약(부전 조약, 1928)에 대한 설명이다.

02 ㄴ. 국제 연합, ㄹ. 베르사유 조약에 대한 설명이다.

03 전쟁을 국가 정책 수단으로 삼지 않겠다는 내용의 켈로그·브리앙 조약(부전 조약, 1928)에 대한 설명이다.

알려 줄게! 제1차 세계 대전 후 국제 평화를 위한 노력

워싱턴 회의 (1921)	군비 축소 논의
로카르노 조약 (1925)	• 독일의 국제 연맹 가입 약속 • 유럽의 국경선 문제 처리
켈로그·브리앙 조약 (부전 조약, 1928)	• 프랑스와 미국이 전쟁을 국가 정책 수단으로 삼지 않겠다는 내용 제안 • 여러 나라가 호응

04 나치 독일이 유대인을 조직적으로 학살한 사건은 홀로코스트이다.

왜 틀렸지? ④ 치머만 전보 사건은 미국이 제1차 세계 대전에 참전하는 계기가 된 사건으로, 독일의 외무 장관 치머만은 멕시코에 비밀 전보를 보내 미국에 함께 대항하자고 제안하였다.

05 제시된 자료는 일본군 '위안부'와 관련 있다.

왜 틀렸지? ① 독일이 유대인을 학살한 사건이다. ② 중일 전쟁 시기 일본이 중국군 포로, 민간인을 폭행하고 학살한 사건이다. ④ 소련이 폴란드 영토를 독일과 분할하여 점령하고 포로로 잡은 폴란드 군인과 사회 지도층을 학살한 사건이다.

알려 줄게! 대량 학살과 인권 침해

홀로코스트	나치 독일이 유대인을 학살한 사건
난징 대학살 (1937)	중일 전쟁 시기 일본이 난징을 점령하고 중국군 포로뿐만 아니라 민간인을 폭행하고 학살한 사건
카틴 숲 학살 사건 (1940)	소련이 폴란드 영토를 독일과 나누어 점령하고 포로로 잡은 폴란드 군인과 사회 지도층을 학살한 사건
일본군 '위안부'	일본이 한국, 중국 등 점령지 여성들을 일본군 '위안부'로 강제로 끌고 간 사례

06 뉘른베르크 재판은 최초로 전쟁을 일으킨 개인에게 형사 책임을 물어 그 뒤의 전범 재판에 큰 영향을 주었다. 그러나 소련을 비롯한 연합국 범죄에 대해서 다루지 않았고, 홀로코스트의 참상이 공식적으로 밝혀졌으나 제대로 다루어지지 못하였다.

왜 틀렸지? ⑤ 뉘른베르크 재판은 전쟁을 일으킨 개인에게도 형사 책임을 물었다.

07 ㄷ. 한국과 타이완에 대한 식민지 문제는 도쿄 재판에서 다루어지지 않았다.

08 전후 처리를 위한 연합국 대표의 협의는 카이로 회담(1943), 얄타 회담(1945), 포츠담 회담(1945)으로 이어진다.

알려 줄게! 전후 처리를 위한 연합국의 노력

대서양 헌장 (1941)	전후 평화 수립의 원칙 합의 → 국제 연합의 이념적 바탕
카이로 회담 (1943)	일본 문제 처리와 한국의 독립 문제 합의
얄타 회담 (1945)	• 전후 독일 영토 분할 점령과 국제 연합 창설 합의 • 소련의 대일전 참전 결정
포츠담 회담 (1945)	• 일본에 무조건 항복 권유 • 카이로 선언의 이행 재확인

09 ③ 이탈리아는 에티오피아를 침공한 후 국제 연맹을 탈퇴하였다.

10 3·1 운동은 일본의 21개조 요구 승인에 반대하는 5·4 운동에 영향을 주었다.

11 ㄴ. 국민당 장제스는 군벌을 제압고 중국을 통일하였다. ㄹ. 태평천국 운동의 주장이다.

알려 줄게! 중국의 민족 운동

신문화 운동	유교 비판 및 과학과 민주주의 수용 주장
5·4 운동 (1919)	베이징의 학생들이 일본의 21개조 요구 철폐, 외세 배척, 군벌 타도 등을 요구하며 시위 전개
제1차 국공 합작(1924)	쑨원이 이끄는 중국 국민당과 중국 공산당이 군벌과 제국주의 타도를 목표로 연합
대장정	장제스가 군벌 제압 후 중국 통일(1928) → 제1차 국공 합작 결렬 → 공산당을 이끈 마오쩌둥이 대장정을 단행하여 국민당 정부에 대항
제2차 국공 합작(1937)	일본이 중일 전쟁을 일으킴 → 국민당과 공산당이 대일 항전을 목표로 재연합

12 제1차 세계 대전 중 위안스카이가 일본의 21개조 요구를 승인하였다. 이를 반대하는 대규모 시위인 5·4 운동이 일어났다. 이후 중국 국민당과 중국 공산당이 결성되었고 제1차 국공 합작을 체결하였다(1924). 국민당을 이끈 장제스는 군벌을 제압하고 중국을 통일하였다(1928).

13 제시된 자료는 소금 행진을 주도한 인도의 간디에 대한 설명이다.

> **왜 틀렸지?** ② 인도에서 무력 투쟁으로 완전한 독립을 요구한 인물, ③ 중국 국민당 정부를 이끈 인물, ④ 베트남 공산당을 이끈 인물, ⑤ 인도네시아 국민당을 이끈 인물이다.

14 간디의 비폭력·불복종 운동, 네루의 급진적 방식의 반영 운동의 결과 영국은 인도의 자치권을 인정하였다. 그러나 군사권과 외교권은 여전히 영국의 인도 총리에게 있었기 때문에 인도에서는 완전한 독립을 요구하는 반영 운동이 계속되었다.

15 ㉠은 호찌민, ㉡은 수카르노이다.

> **왜 틀렸지?** 아기날도를 중심으로 필리핀에서 민족 운동이 전개되었다. 무스타파 케말은 튀르키예 공화국을 수립하였다.

알려 줄게! 인도·동남아시아의 민족 운동

나라	내용
인도	• 간디: 비폭력·불복종 운동 전개 • 네루: 급진적인 방식으로 민족 운동 전개
베트남	호찌민이 베트남 공산당 조직, 프랑스에 맞서 독립 전쟁 주도
인도네시아	인도네시아 국민당의 수카르노가 네덜란드에 맞서 독립 투쟁 주장
필리핀	민족 운동을 통해 미국으로부터 자치를 인정받음

16 무스타파 케말은 술탄 정부를 타도한 뒤 튀르키예 공화국을 수립하였다. 무스타파 케말의 근대화 정책에는 칼리프 제도 폐지, 여성의 참정권 도입, 여성의 히잡 착용 금지, 서양식 달력 채택, 문자 개혁 등이 있었다.

> **왜 틀렸지?** ① 무스타파 케말은 술탄 정부를 타도한 뒤 튀르키예 공화국을 수립하였다. ② 무스타파 케말은 여성의 히잡 착용을 금지하였다. ④ 사우디아라비아, ⑤ 이집트와 관련된 것이다.

17 제1차 세계 대전 이후 영국이 독립 약속을 지키지 않자 이집트에서는 반영 운동이 전국으로 확산되었다. 사하라 사막 이남 지역에서는 범아프리카 운동이 전개되었다.

> **왜 틀렸지?** ㄱ, ㄴ. 서아시아의 민족 운동이다.

18 (1) 국제 연맹

(2) **예시 답안** 침략 행위를 저지할 수 있는 군사적 수단을 갖추지 못해 국제 분쟁 해결에 한계를 보였다.

채점 기준	
상	침략 행위를 저지할 수 있는 군사적 수단을 갖추지 못함을 서술한 경우
중	대외 침략을 저지할 수 없다는 점만 서술한 경우
하	위의 내용을 서술하지 못한 경우

20 (1) 간디

(2) **예시 답안** 간디는 영국 상품 불매, 납세 거부 등 비폭력·불복종 운동을 전개하였다.

채점 기준	
상	간디의 비폭력·불복종 운동을 서술한 경우
하	위의 내용을 서술하지 못한 경우

VII 현대 세계의 전개와 과제

01 냉전 체제와 제3 세계의 형성

01 미국 중심의 자본주의 진영과 소련 중심의 공산주의 진영이 대립하였던 경쟁 체제는 냉전 체제이다.

02 미국은 트루먼 독트린을 통해 공산주의 세력의 팽창을 막겠다고 선언하였다. 미국과 서유럽 국가는 상호 군사 원조와 집단 방어를 위해 북대서양 조약 기구(NATO)를 조직하였다.

03 (가)는 마셜 계획이다. 미국은 서유럽의 경제를 지원하기 위한 마셜 계획을 수립하였다.

04 냉전 시기 미국과 소련은 독일에서 충돌하였다. 베를린 봉쇄는 독일이 동서로 분단되는 계기가 되었고, 이후 베를린을 동서로 나누는 베를린 장벽이 설치되었다.

05 제시된 자료는 쿠바 미사일 위기 상황을 묘사한 풍자화이다. 소련이 쿠바에 핵미사일 기지를 건설하려고 하자 미국은 쿠바 해상을 봉쇄하면서 미국과 소련이 대치하였다.

왜 틀렸지? ㄷ. 베를린 봉쇄와 관련된 내용이다. ㄹ. 미국은 마셜 계획을 추진하여 서유럽에 경제적 지원을 하였다.

06 전쟁을 일으킨 개인에게도 형사 책임을 물어 그 뒤의 전범 재판에 큰 영향을 주었다.

07 (가)는 인도, (나)는 이집트이다. 제2차 세계 대전 이후 인도는 영국으로부터 독립하였으나 종교적 차이로 이슬람교도가 많은 지역은 파키스탄으로 분리되었다. 이집트는 영국의 영향 아래에 있던 수에즈 운하의 국유화를 선포하였다.

08 나세르는 왕정을 폐지하고 공화정을 수립하였다.

09 제2차 세계 대전 이후 많은 독립 국가가 새롭게 탄생하였다. 이들 중 미국 중심의 자본주의 진영과 소련 중심의 공산주의 진영 어디에도 가담하지 않는 비동맹 중립주의를 내세운 국가들이 제3 세계를 형성하였다.

10 제시된 자료는 아시아·아프리카 회의(반둥 회의)에서 발표한 평화 10원칙으로, 이와 관련된 세력은 제3 세계이다. 제3 세계는 미국과 소련 중심의 냉전 질서에서 벗어나고자 하였고, 비동맹 중립주의를 내세웠다.

왜 틀렸지? ① 미국에 대한 설명이다.

11 닉슨 독트린(1969) 이후 냉전 완화의 분위기가 형성되었다.

왜 틀렸지? ② 6·25 전쟁은 닉슨 독트린 이전의 상황이다.

12 닉슨 독트린 이후 냉전이 완화되는 분위기가 형성되었다. 이에 미국과 중국의 국교가 정상화되었고, 미국은 베트남 전쟁에서 군대를 철수하였다. 또한 미국과 소련이 전략 무기 제한 협정을 체결하며 화해와 평화를 지향하는 국제 분위기가 형성되었다.

13 제시된 연설은 고르바초프와 관련 있다. 고르바초프는 개혁(페레스트로이카)과 개방(글라스노스트)을 주장하며 시장 원리를 받아들여 경제를 활성화하려고 하였다.

14 폴란드에서 바웬사가 이끄는 자유 노조가 선거를 통해 정권을 잡았다.

15 중화 인민 공화국 수립(1949), 대약진 운동(1950년대 말), 문화 대혁명(1960년대 후반), 덩샤오핑의 개혁·개방 정책(1970년대 말) 순서로 일어났다.

16 제시된 자료와 관련된 인물은 덩샤오핑으로, 그는 개혁·개방 정책을 추진하여 자본주의 시장 경제 원리를 도입하였다.

왜 틀렸지? ①, ②, ④, ⑤ 마오쩌둥과 관련 있다.

17 제시된 자료는 지역별 경제 협력체와 관련 있다. 냉전 체제가 완화된 이후 세계 여러 나라는 국제 협력을 강화하고 공동의 이익을 추구하기 위해 지역별 경제 협력체를 구성하였다.

19 (1) 제3 세계

(2) **예시 답안** 제3 세계의 등장으로 미국과 소련 중심의 국제 질서에 변화가 발생하였고, 이들의 국제적인 영향력이 점차 확대었다. 냉전 체제가 완화되는 과정에도 영향을 끼쳤다.

채점 기준	
상	제3 세계의 등장으로 미국과 소련 중심의 국제 질서에 변화가 생겼고, 냉전 체제가 완화되는 과정에도 영향을 끼쳤음을 서술한 경우
중	위의 내용 중 한 가지만 서술한 경우
하	위의 내용을 서술하지 못한 경우

20 (1) 닉슨

(2) **예시 답안** 미국은 베트남 전쟁에서 군대를 철수하였다. 중국과 국교를 정상화하였다. 소련과 전략 무기 제한 협상을 벌였다.

채점 기준	
상	닉슨 독트린 발표 후 미국의 외교 정책 두 가지를 모두 서술한 경우
중	위의 내용 중 한 가지만 서술한 경우
하	위의 내용을 서술하지 못한 경우

실력 확인 문제   30~33쪽

01 ①	**02** ⑤	**03** ⑤	**04** ③	**05** ②	**06** ②	**07** ⑤	**08** ①
09 ④	**10** ④	**11** ③	**12** ④	**13** ①	**14** ⑤	**15** ⑤	**16** ②

17 해설 참조   **18** 국제 노동 기구(ILO)   **19** 신자유주의 정책
20 해설 참조

01 제시된 자료는 흑인 민권 운동과 관련 있다. 미국은 경제적인 풍요와 안정을 이루었지만, 여전히 흑인에 대한 인종 차별이 존재하였다.

02 남아프리카 공화국에서 실시된 인종 차별 정책은 아파르트헤이트 정책이다.

03 마틴 루서 킹과 넬슨 만델라는 흑인 민권 운동을 이끌었다.

04 여성 운동은 현재까지도 계속되고 있으며 여성의 인종, 국적, 종교, 계층, 문화적 다양성 등으로 관심의 폭을 넓혀 가고 있다.

05 노동자들은 노동조합을 구성하거나 단체 교섭권 등을 이용하여 자신들의 권익을 보호받기 위해 노력하였다.

왜 틀렸지? ㄴ, ㄹ. 환경 운동에 대한 설명이다.

06 국제 노동 기구(ILO)는 필라델피아 선언을 통해 노동 기구의 목표와 목적, 회원국의 정책을 촉구하는 모든 원칙에 합의하였다.

07 1960년대에 전 세계적으로 일어난 반전 평화 운동은 미군이 베트남에서 철수하는 데 큰 영향을 미쳤다.

08 제시된 자료는 환경 문제와 관련 있다. 1989년에 비해 2008년 아랄해는 사막화로 그 규모가 크게 줄어들고 있다.

09 국제 사회에서는 환경 문제를 해결하기 위해 교토 의정서, 환경과 개발에 관한 공동 선언(리우 선언), 파리 협정 등을 체결하며 노력하고 있다. 그린피스와 같은 비정부 기구(NGO)도 환경 운동을 주도하고 있다.

왜 틀렸지? ④ 대량 살상 무기의 확산을 막기 위해 체결한 국제 협약이다.

10 그린피스는 비정부 기구로 환경 보전과 평화 증진을 위한 활동을 전개하고 있다.

11 19세기 후반 교통과 통신의 발달로 국가 간 교류가 활발해지고 사람과 물자의 이동이 자유로워졌다. 이러한 현상이 전 지구적 차원으로 확산되고 국가 간 상호 의존성이 높아지면서 세계가 하나의 단일한 체계로 묶이는 흐름을 세계화라고 한다.

12 1970년대 두 차례의 석유 파동이 일어나 세계 경제가 어려워졌다. 이에 여러 나라는 시장 개방을 추구하는 신자유주의 경제 정책을 펼쳤다.

13 경제 불황을 극복하기 위해 세계 여러 나라는 복지비를 삭감하거나 국영 기업을 민영화하는 등 신자유주의 경제 정책을 펼쳤다.

14 세계화로 국가 간 장벽이 낮아지면서 세계 시장이 통합되고 있다.

15 다국적 기업은 세계 각지에 자회사와 지사 등을 두고 국제적인 규모로 생산과 판매 활동을 한다.

16 종교 갈등이나 내전 등 다양한 이유로 다른 나라로 이동하는 사람들을 난민이라고 한다. 이들이 새롭게 생활하는 국가에서 차별, 인권 침해 등의 문제가 발생하고 있다.

17 (1) 마틴 루서 킹

(2) **예시 답안** 마틴 루서 킹은 백인과 흑인 사이의 인종 차별을 없애기 위해 저항 운동을 이끌었다. 이후 인종 차별을 불법으로 규정하는 「민권법」이 제정되었다.

채점 기준	
상	마틴 루서 킹의 흑인 민권 운동 내용과 그 영향을 서술한 경우
중	위의 내용 중 한 가지만 서술한 경우
하	위의 내용을 서술하지 못한 경우

20 **예시 답안** 국제 교류의 증가와 세계화의 확산으로 선진국이 몰려 있는 북반구와 개발 도상국이 몰려 있는 남반구 간의 경제적 격차가 커졌다.

채점 기준	
상	국제 교류의 증가와 세계화의 확산 등을 서술한 경우
하	위의 내용을 서술하지 못한 경우

01 ③	02 ①	03 ⑤	04 ④	05 ④	06 ①	07 ②
08 ②	09 ⑤	10 ⑤	11 ⑤	12 ④	13 ⑤	14 ①
15 ①	16 ①	17 ⑤	18 ④	19 ⑤	20 ③	21 ⑤
22 ⑤	23 ①	24 ①	25 ③	26 ②	27 ⑤	
28 해설 참조		29 해설 참조		30 해설 참조		

01 식민지 주민들은 자신들의 대표가 없는 영국 의회는 세금을 부과할 수 없다고 반발하였고 이 과정에서 보스턴 차 사건 (1773)이 일어났다.

왜 틀렸지? 독립 선언문은 1776년 대륙 회의에서 발표되었다.

02 제시된 자료는 미국 연방 헌법으로 ㉠은 미국이다. 미국 연방 헌법은 삼권 분립, 연방주의, 공화주의를 규정하고 있다.

03 식민지 군대는 프랑스, 에스파냐 등의 지원으로 전세를 뒤집었다.

왜 틀렸지? ① 영국의 엘리자베스 1세가 에스파냐의 무적함대를 격파하였다. ② 보스턴 차 사건 이후 대륙 회의가 열렸고 곧이어 영국군과 식민지 민병대 사이에 무력 충돌이 일어나면서 독립 전쟁이 시작되었다. ③ 독립 전쟁 중에 독립 선언문을 발표하였다. ④ 청교도 혁명에 대한 설명이다.

04 미국 독립 전쟁 개입, 왕실의 사치 등으로 재정난에 빠진 루이 16세는 특권층에게 세금을 부과하려 하였고 이에 반발한 귀족의 요구로 삼부회가 열렸다.

왜 틀렸지? ④ 삼부회에 참석한 제3 신분 대표들은 기존의 신분별 표결 방식 대신 머릿수에 따른 표결 방식을 요구하였다.

05 ①은 테니스코트의 서약 이전에 있었던 일, ②, ③, ⑤는 루이 16세의 처형 이후 일어난 일이다.

06 프랑스에서는 빈 체제 이후 부활한 왕정의 전제 정치에 반발하여 입헌 군주정을 수립한 7월 혁명, 선거권 확대를 요구하며 일어난 2월 혁명 등 자유주의 운동이 일어났다.

왜 틀렸지? ㉡ 샤를 10세. ㉢ 루이 필리프. ㉣ 입헌 군주정. ㉤ 공화정이다.

07 프로이센은 연방 내 동맹국 간에 관세를 폐지하는 관세 동맹을 맺었다. 이후 프로이센의 비스마르크는 철혈 정책을 펼쳤고, 이를 바탕으로 전쟁에서 승리한 프로이센은 독일 제국을 수립하였다.

08 노예 봉기를 통해 프랑스의 지배에서 벗어난 나라는 아이티이다.

09 남북 전쟁 중 링컨은 노예 해방을 선언하였고, 이후 노동력 충원을 위해 이민자를 적극적으로 받아들였다.

10 영국에서는 인클로저 운동 등으로 토지를 잃은 농민이 도시로 몰리면서 값싼 노동력을 제공하였다.

11 증기 기관을 개량한 인물은 제임스 와트이다.

왜 틀렸지? ① 모스는 유선 전신을 발명하였다. ② 풀턴은 증기선 운항에 성공하였다. ③ 에디슨은 백열전구를 발명하였다. ④ 스티븐슨은 증기 기관차를 발명하였다.

12 독일, 러시아, 일본 등에서는 19세기 후반 정부 주도로 산업화가 이루어졌다.

13 산업 사회가 발전하면서 자본가 계층은 자본주의의 풍요로움을 누렸다. 그러나 산업화가 진행되면서 빈부 격차가 커졌고, 환경 오염이 발생하였다.

14 마르크스의 주장은 자본가와 노동자의 빈부 격차 문제를 해결하기 위한 것이었다.

15 사회 진화론, 문명화, 인종주의(백인 우월주의)는 모두 서양 열강이 제국주의를 정당화하기 위해 내세운 것들이다.

알려 줄게! 제국주의 정당화 논리

사회 진화론	• 강한 나라만이 생존할 수 있고 약한 나라는 사라지거나 강한 나라의 지배를 받아야 한다는 주장 • 적자생존의 원칙에 따라 강대국의 약소국 지배를 정당화
인종주의	• 백인이 우월하며 인종 사이에 우열이 있다고 주장 • 인종적 박해나 차별을 정당하게 여기는 사고방식

16 파쇼다는 영국의 아프리카 종단 정책과 프랑스의 횡단 정책이 교차하는 곳에 있어 두 나라가 충돌할 뻔했던 지역이다.

왜 틀렸지? ② 플라시는 영국과 프랑스가 인도 벵골 지방의 지배권을 두고 충돌한 지역이다. ③ 모로코는 프랑스와 독일이 충돌한 지역이다. ④, ⑤ 아프리카는 에티오피아와 라이베리아를 제외하고 모두 식민지가 되었다.

17 (가)는 영국, (나)는 프랑스이다.

왜 틀렸지? ⑤ 프랑스와 독일에 해당한다.

18 영국은 인도, 미얀마, 말레이반도, 프랑스는 베트남, 캄보디아 등 인도차이나반도, 네덜란드는 인도네시아를 지배하였다. 필리핀은 에스파냐의 지배를 받았고, 미국과 에스파냐의 전쟁 이후에는 미국의 지배를 받았다.

19 밑줄 친 '이 운동'은 양무운동이다. 양무운동은 태평천국 운동 진압 과정에서 서양 열강의 군사 기술을 경험한 한인 관료들에 의해 추진되었다.

20 신축 조약 체결 이후 열강의 침략이 계속되고 배상금 등으로 세금이 계속 늘어나자 사람들의 불만이 커졌다. 이때 쑨원이 삼민주의를 내세우며 혁명 운동을 일으켰고, 혁명파의 영향을 받은 신식 군대가 우창에서 봉기를 일으키면서 여러 성이 호응하여 청으로부터 독립을 선언하였다. 이후 난징을 점령한 혁명파는 중국 최초의 공화국인 중화민국을 수립하였고, 이를 진압하려고 파견된 위안스카이가 혁명파와 협상하여 청 황제를 퇴위시키고 임시 대총통의 지위를 넘겨받았다.

알려 줄게! 쑨원의 삼민주의

쑨원은 민족주의, 민권주의, 민생주의의 뜻을 담은 삼민주의를 내세우며 혁명 운동을 전개하였다. 혁명파는 난징을 점령하고 쑨원을 임시 대총통으로 추대하였다.

21 에도 막부는 최혜국 대우, 영사 재판권 등을 인정한 불평등 조약인 미일 화친 조약, 미일 수호 통상 조약을 차례로 맺어 개항하였다.

22 ㉠은 메이지 유신이다.

왜 틀렸지? ㄱ. 메이지 정부는 일본 제국 헌법을 제정하고 의회를 개설하여 입헌 군주제 국가의 모습을 갖추었다.

23 일본 제국 헌법은 천황을 신성한 존재로 규정하고 천황에게 절대적인 권한을 부여하였다.

24 영국은 세포이의 항쟁을 지원한 무굴 제국의 황제를 폐위하였다. 이후 동인도 회사를 해체하고 영국 왕이 인도를 직접 통치하는 영국령 인도 제국을 수립하였다(1877).

왜 틀렸지? ①은 영국이 세포이의 항쟁을 진압한 이후의 상황이다.

25 인도 국민 회의의 민족 운동 방향이 바뀌게 된 직접적인 계기는 영국의 벵골 분할령이다. 영국은 벵골 분할령으로 힌두교와 이슬람교의 종교 갈등을 부추겨 민족 운동의 힘을 분산하려 하였다.

26 오스만 제국은 탄지마트라고 불리는 위에서부터의 개혁을 추진하였지만 그 성과가 미흡하자 미드하트 파샤를 비롯한 급진 세력이 1876년에 헌법을 제정하고 의회를 설립하는 등 입헌 정치를 실시하였다. 하지만 보수 세력의 반발로 개혁은 실패로 돌아갔고 술탄은 전제 정치를 강화하였다.

27 (가)는 이란의 카자르 왕조이다.

왜 틀렸지? ① 청년 튀르크당의 혁명은 오스만 제국, ② 세포이의 항쟁은 인도, ③ 아라비 파샤의 혁명은 이집트, ④ 와하브 운동은 아라비아반도에서 일어났다.

28 (1) 가리발디

(2) **예시 답안** 가리발디가 시칠리아와 나폴리를 사르데냐 국왕에게 바쳤다.

	채점 기준
상	가리발디가 시칠리아와 나폴리를 사르데냐 국왕에게 바쳤다는 내용을 서술한 경우
중	가리발디가 땅을 바쳤다고만 서술한 경우
하	위의 내용을 서술하지 못한 경우

29 (1) ㉠ 자본가 ㉡ 원주민 ㉢ 군인 ㉣ 선교사

(2) **예시 답안** 자본가가 기계에 묶인 원주민의 입에 술을 붓고 군인이 쥐어 짜자 동전이 쌓이는 모습은 경제력과 군사력을 앞세운 제국주의의 수탈을 풍자한 것이다. 선교사의 모습은 제국주의를 정당화하려는 의도를 담고 있다.

	채점 기준
상	경제력과 군사력을 앞세운 제국주의의 수탈과 제국주의 정당화를 모두 서술한 경우
중	위의 내용 중 한 가지만 서술한 경우
하	위의 내용을 서술하지 못한 경우

30 (1) 수에즈 운하

(2) **예시 답안** 수에즈 운하 건설 과정에서 많은 빚을 지면서 영국과 프랑스의 재정 관리를 받게 되었고, 결국 이집트는 영국의 보호국이 되었다.

	채점 기준
상	수에즈 운하 건설 과정에서 발생한 빚과 영국·프랑스의 간섭을 서술한 경우
하	위의 내용을 서술하지 못한 경우

알려 줄게! 수에즈 운하 개통 전후 무역로 비교

1869년 개통한 수에즈 운하는 지중해와 홍해를 연결하여 아프리카 대륙을 거치지 않고도 유럽과 아시아를 오갈 수 있게 되었다.

VI 세계 대전과 사회 변동

01 ㄱ, ㄹ은 모두 러시아에서 발생한 피의 일요일 사건(1905)의 배경이다.

02 사라예보 사건을 계기로 오스트리아·헝가리 제국이 세르비아에 전쟁을 선포하였고, 연이어 동맹국과 연합국이 전쟁에 가담하며 제1차 세계 대전이 시작되었다.

　왜 틀렸지? ①, ②, ③, ⑤는 모두 제1차 세계 대전 중에 일어난 사건이다.

03 ① 독일의 동맹국이었던 이탈리아는 이해관계가 엇갈려 동맹국을 탈퇴하고 연합국 측에 가담하였다.

04 제1차 세계 대전 중 유럽의 서부 전선에서는 땅을 파고 대치하는 참호전이 전개되었다. 또한 참전국은 군인뿐만 아니라 후방의 국민, 식민지 인력까지 동원하는 총력전을 펼쳤다.

　왜 틀렸지? ㄹ. 제1차 세계 대전 이후 등장하였다.

05 1917년 2월 혁명을 통해 차르가 퇴위하고 임시 정부가 세워졌다.

06 1917년 노동자와 병사들이 소비에트를 조직하고 봉기하였다(2월 혁명). 이로 인해 차르가 퇴위하고 임시 정부가 세워졌다. 하지만 임시 정부가 개혁을 미루고 전쟁을 지속하자 레닌이 이끄는 볼셰비키가 무장봉기를 일으켜 소비에트 정부를 세웠다(10월 혁명).

07 레닌은 내전이 시작되고 경제난이 지속되자 신경제 정책(NEP)을 실시하여 농업을 비롯한 소규모 산업에서 개인의 소유를 일부 허용하였다.

08 코민테른은 1919년 각국의 사회주의 정당과 단체가 참여하여 세워진 국제 공산당 조직이다.

09 ⑤ 빈 체제에 대한 설명이다. 14개조 평화 원칙에 담긴 민족 자결주의에 따라 유럽의 여러 민족이 독립 국가를 수립하며 새로운 국경선이 확정되었다.

10 ②, ③은 국제 연맹의 한계이다.

11 바이마르 헌법에 따라 독일은 대통령을 국민이 직접 선출하였으며, 20세 이상 남녀가 평등하게 투표하는 보통 선거를 규정하여 각국에 영향을 주었다.

12 급격히 늘어나는 생산에 비해 소비가 늘어나지 않자 팔리지 않는 상품의 재고가 쌓여갔고, 이후 주가가 폭락하며 대공황이 발생하였다.

알려 줄게!　대공황 이후 일자리를 구하는 노동자

대공황 이후 많은 회사와 은행이 파산하면서 실업자가 크게 늘어났다. 대량 실업과 빈곤으로 사회가 불안해졌다.

13 루스벨트는 대공황을 극복하고자 뉴딜 정책을 실시하였다.

14 대공황을 극복하기 위해 영국과 프랑스는 본국과 식민지를 하나로 묶는 블록 경제를 시행하였다. 이들은 과잉 생산된 상품을 식민지에 팔고, 수입을 억제하는 보호 무역 체제를 강화하여 자국의 산업을 보호하였다.

　왜 틀렸지? 식민지가 적거나 없었던 이탈리아, 독일 등은 다른 나라를 침략하여 대공황을 극복하고자 하였다.

15 경제 기반이 약하고 식민지가 상대적으로 적었던 이탈리아, 독일, 일본에서는 대공황 이후 경제 위기와 사회적 불안 속에 전체주의가 강화되었다.

16 일본은 만주 사변(1931)을 시작으로 대륙 침략을 본격화하였다.

　왜 틀렸지? ②, ③, ④, ⑤ 대공황 이전에 일어났다.

17 1936년 독일과 일본은 공산주의 확산을 막기 위해 방공 협정을 맺었다. 이후 1939년 독일은 소련과 독소 불가침 조약을 체결한 후 폴란드를 침공하였다.

알려 줄게!　독소 불가침 조약 풍자화

반공을 강조하던 독일 나치당과 이를 비난하던 소련 공산당이 비밀리에 불가침 조약을 체결한 사실을 풍자한 그림이다. 왼쪽에는 히틀러, 오른쪽에는 스탈린이 그려져 있다.

18 중국과의 전쟁이 장기화되면서 일본이 동남아시아까지 침략하자 미국은 석유 수출 금지 등 일본에 경제 봉쇄를 단행하였다.

19 독일의 폴란드 침공으로 제2차 세계 대전이 시작되었다. 독일은 불가침 조약을 깨뜨리고 소련을 침공하였다. 한편 일본은 하와이 진주만의 미군 기지를 기습하며 아시아·태평양 전쟁을 일으켰고, 미국은 연합국으로 참전하였다. 이후 미국이 미드웨이 해전에서 일본에 승리하였다.

> **왜 틀렸지?** ④ 제1차 세계 대전 중에 일어난 일이다.

20 미국과 영국 중심의 연합군이 노르망디에 상륙하는 작전을 수행하며 프랑스를 해방하고 독일로 진격하였다.

21 1945년 8월 미국이 일본의 히로시마와 나가사키에 원자 폭탄을 투하하였고, 일본은 무조건 항복을 선언하였다.

22 제1차 세계 대전 이후 국제 평화와 안전 확보를 목표로 한 국제 연맹이 창설되었다(1920).

23 제시된 자료는 국제 연맹과 관련 있다.

> **왜 틀렸지?** ③ 국제 연합에 대한 설명이다.

24 제2차 세계 대전 중에 일어난 대량 학살과 인권 유린 사례로는 홀로코스트, 일본군 '위안부', 카틴 숲 학살 사건이 있다.

> **왜 틀렸지?** ㄷ. 제1차 세계 대전 중에 독일의 무제한 잠수함 작전으로 루시타니아호가 침몰하였다.

25 두 차례의 세계 대전에서는 신무기의 사용과 극단적인 민족(인종)주의 정책이 맞물려 수많은 사람이 목숨을 잃거나 다쳤다.

26 일본은 중화민국 수도인 난징을 점령하고 수많은 민간인을 학살하였다.

27 뉘른베르크 재판과 도쿄 재판은 제2차 세계 대전 이후 연합국이 주관한 군사 재판이다.

28 ㄱ. 카이로 회담에서 일본의 무조건 항복 문제가 논의되었고, 포츠담 선언에서 무조건 항복을 권유하였다. ㄴ. 카이로 회담에서 논의한 내용이다.

29 제시된 자료는 중국에서 일어난 5·4 운동 당시 학생들의 주장이다. 파리 강화 회의에서 일본의 21개조 요구가 승인되자 베이징 학생들은 21개조 요구 철폐, 일본 등 외세 배척, 군벌 타도 등을 외치며 대규모 시위를 벌였다.

30 무스타파 케말은 튀르키예 공화국의 첫 번째 대통령으로, 정치와 종교의 분리, 여성의 참정권 도입 등 근대화 정책을 추진하였다.

> **왜 틀렸지?** ① 인도의 민족 운동을 주도한 인물이다. ② 쑨원의 뒤를 이어 중국 국민당을 이끈 인물이다. ③ 베트남 공산당을 조직하고 프랑스에 맞서 독립 전쟁을 주도한 인물이다. ④ 인도네시아 국민당을 결성하고 민족 운동을 이끈 인물이다.

31 (1) 14개조 평화 원칙

(2) **예시 답안** 민족 자결주의. 민족 자결주의는 패전국의 식민지 일부에만 적용되었다는 한계가 있다.

채점 기준	
상	민족 자결주의를 쓰고 그 한계를 서술한 경우
중	민족 자결주의의 한계만 서술한 경우
하	위의 내용을 서술하지 못한 경우

32 **예시 답안** 독일 민족의 우월성을 강조하며, 유대인 학살 등 유대인을 탄압하는 극단적인 인종주의 정책을 시행하였다.

33 (1) 국제 연맹

(2) **예시 답안** 국제 연맹은 패전국 식민지에서 위임 통치를 하는 등 평화를 유지하는 데 기여하였다. 그러나 미국이 의회의 반대로 국제 연맹에 가입하지 못하였고, 국제 연맹은 군사적 수단이 없어 추축국 국가들의 대외 침략을 제재하지 못하였다.

채점 기준	
상	국제 연맹의 의의와 한계를 서술한 경우
중	위의 내용 중 한 가지만 서술한 경우
하	위의 내용을 서술하지 못한 경우

VII 현대 세계의 전개와 과제

01 (가)는 미국, (나)는 소련이다. ⑤ 소련은 서베를린으로 통하는 도로와 철도를 봉쇄하였다(베를린 봉쇄).

02 닉슨 독트린은 냉전이 완화되는 시기에 발표되었다. 냉전 체제가 형성되는 시기에는 트루먼 독트린이 발표되었다.

03 (가)는 베를린 장벽이며, 자본주의 진영인 미국, 영국, 프랑스가 독일의 서베를린 지역을 점령하였다. ㄴ. 소련이 동베를린을 점령하였다. ㄹ. 베를린 봉쇄가 계기가 되어 독일이 동서로 분단되었고, 1961년에 베를린 장벽이 건설되었다.

04 제시된 자료는 쿠바 미사일 위기에 대한 설명이다. 이 사건으로 미국과 소련이 대치하며 국제적 긴장이 높아졌다. 양측의 합의로 소련이 미사일 철수를 약속하여 위기가 해소되었다.

05 냉전이 아시아로 확산되면서 국공 내전이 발발하였고, 마오쩌둥이 중화 인민 공화국을 수립하였다. 이후 중국 국민당 정부는 타이완으로 밀려났다. 한편 한국에서는 북한의 기습 남침으로 6·25 전쟁이 발발하였고, 베트남에서도 전쟁이 발발하였다.

왜 틀렸지? ⑤ 아시아·태평양 경제 협력체(APEC)는 냉전이 완화된 후인 1989년에 출범하였다.

06 인도는 종교적 차이로 파키스탄과 분리 독립하였다. 이집트는 영국의 영향 아래에 있던 수에즈 운하의 국유화를 선포하였다.

07 제시된 지도는 제3 세계와 관련 있다. 이들은 비동맹 중립주의를 내세우며 미국과 소련 중심의 냉전 질서에서 벗어나려고 노력하였다.

08 1955년 인도네시아 반둥에서 아시아·아프리카 회의(반둥 회의)가 열렸다.

09 밑줄 친 '외교 정책'은 닉슨 독트린이다. 닉슨 독트린 발표 이후 냉전이 완화되는 분위기가 형성되었다.

왜 틀렸지? ① 닉슨 독트린 이전의 상황이다.

10 고르바초프는 개혁과 개방을 주장하며 시장 원리를 받아들여 경제를 활성화시켰다.

왜 틀렸지? ①, ② 마오쩌둥, ④ 바웬사, ⑤ 덩샤오핑에 대한 설명이다.

11 닉슨 독트린 발표(1969), 몰타 회담에서 냉전 종식 선언(1989), 독립 국가 연합(CIS) 수립 및 소련의 해체(1991) 순이다.

12 1960년대 후반 마오쩌둥은 자신을 따르는 세력인 홍위병을 앞세워 문화 대혁명을 일으켰다.

13 마오쩌둥은 1950년대 말 인민공사를 설립하여 농촌의 집단화를 꾀하는 대약진 운동을 전개하였으나, 무리한 계획과 자연재해까지 계속되면서 대약진 운동은 실패로 돌아갔다. 1989년에 톈안먼 광장에서 정치 민주화를 요구하는 시위가 발생하였으나 정부가 이를 무력으로 진압하였다(톈안먼 사건).

왜 틀렸지? ①, ⑤는 중화 인민 공화국 수립 이전의 상황으로 (나)에 해당한다. ②, ③은 중화 인민 공화국 수립 이후의 상황으로 (다)에 해당한다.

14 ㉠은 유럽 연합(EU)이다. 유럽 연합은 마스트리흐트 조약을 바탕으로 출범하였고, 단일 통화로 유로화를 사용하고 있다.

왜 틀렸지? ㄱ. 유럽 공동체(EC)는 유럽 연합의 전신으로 유럽 석탄 철강 공동체와 유럽 원자력 공동체 등이 통합되어 탄생하였다. ㄴ. 영국은 유럽 연합 창립에 참여하였으나 2020년 탈퇴하였다.

15 지역별 경제 협력체로는 유럽 연합(EU), 동남아시아 국가 연합(ASEAN), 아프리카 연합(AU), 아시아·태평양 경제 협력체(APEC) 등이 있다.

왜 틀렸지? ③ 독립 국가 연합(CIS)은 소련이 해체됨에 따라 독립한 국가들이 결성한 국제기구이다.

16 제시된 자료는 마틴 루서 킹의 연설이다. 그는 미국의 흑인 민권 운동을 이끌었다.

왜 틀렸지? ⑤ 넬슨 만델라에 대한 설명이다.

17 1990년대부터 사우디아라비아 여성들이 여성 운전 허용을 요구하여 2018년부터 여성 운전이 허용되었다. 1972년부터 보스턴 마라톤 대회에서 여성 선수의 참여가 공식적으로 허용되었다.

왜 틀렸지? ㄱ. 프랑스의 탈권위주의 운동에 해당한다. ㄷ. 미국의 흑인 민권 운동에 해당한다.

18 제시된 자료는 노동자의 권리 보호를 위한 노력과 관련 있다. 노동자들은 노동조합을 조직하고 단체 행동권 등을 이용하여 자신들의 권익을 보호하기 위해 노력하고 있다.

19 노동자의 권리 보호를 위해 베르사유 조약에 근거하여 국제 노동 기구가 설립되었다.

 ㄱ. 「민권법」은 인종 차별을 불법으로 규정한 법이다.
ㄴ, ㄹ. 세계화의 확산에 따라 세계 무역 기구(WTO)가 출범하였고,
세계 여러 나라는 자유 무역 협정(FTA)을 체결하여 무역 장벽을 낮
추었다.

20 반전 평화 운동의 대표적인 사례로는 전 세계적으로 전개된
베트남 전쟁 반대 시위가 있다. 이 시위는 미군이 베트남에서
철수하는 데 큰 영향을 끼쳤다.

21 대량 살상 무기의 확산을 막기 위해 핵 확산 금지 조약(NPT)
이 체결되었다.

 ①, ②, ③ 환경 문제 해결을 위해 체결된 국제 협약이
다. ④ 국제 노동 기구(ILO) 총회에서 채택된 것으로, 노동자의 노동
조건 개선과 지위 향상에 대한 내용이 담겨 있다.

22 (가)는 파리 협정이다. 파리 협정에서는 선진국과 개발 도상국
모두 온실가스 감축 의무를 정하여 이행하기로 합의하였다.

23 환경과 개발에 관한 공동 선언(리우 선언, 1992), 교토 의정서
(1997), 파리 협정(2015) 순이다.

24 그린피스는 환경 운동을 주도하고 있는 대표적인 비정부 기
구(NGO)이다.

25 1970년대 두 차례의 석유 파동 이후 세계 여러 나라에서는 신
자유주의 경제 정책을 펼쳤다.

26 관세 무역 일반 협정(GATT)에 이어 1995년 세계 무역 기구
(WTO)가 출범하였고, 세계 여러 나라는 자유 무역 협정
(FTA)을 체결하고 무역 장벽을 낮추었다.

27 제시된 자료와 관련된 내용은 다국적 기업의 성장이다. 다국
적 기업은 세계 여러 나라에서 여러 단계의 공정을 거쳐 상품
을 생산하고 판매하는 기업이다.

28 선진국이 몰려 있는 북반구와 개발 도상국이 몰려 있는 남반
구 간의 경제적 격차는 남북문제로 불린다.

29 세계화가 진행되면서 국가 간 빈부 격차가 커지고 있고, 아프
리카와 아시아의 개발 도상국에서 많은 사람이 빈곤과 질병
으로 고통받고 있다. 종교 갈등, 내전 등 다양한 이유로 난민
이 증가하고 있다

31 (1) 덩샤오핑

(2) 덩샤오핑은 개혁·개방 정책을 추진하여 자본주의
시장 경제 원리를 도입하면서 빠른 경제 성장을 이루었다.

채점 기준	
상	개혁·개방 정책의 내용과 영향을 서술한 경우
중	위의 내용 중 한 가지만 서술한 경우
하	위의 내용을 서술하지 못한 경우

32 미군이 베트남에서 철수하는 데 큰 영향을 끼쳤다.

채점 기준	
상	미군이 베트남에서 철수하는 데 영향을 끼쳤음을 서술한 경우
하	위의 내용을 서술하지 못한 경우

백지도

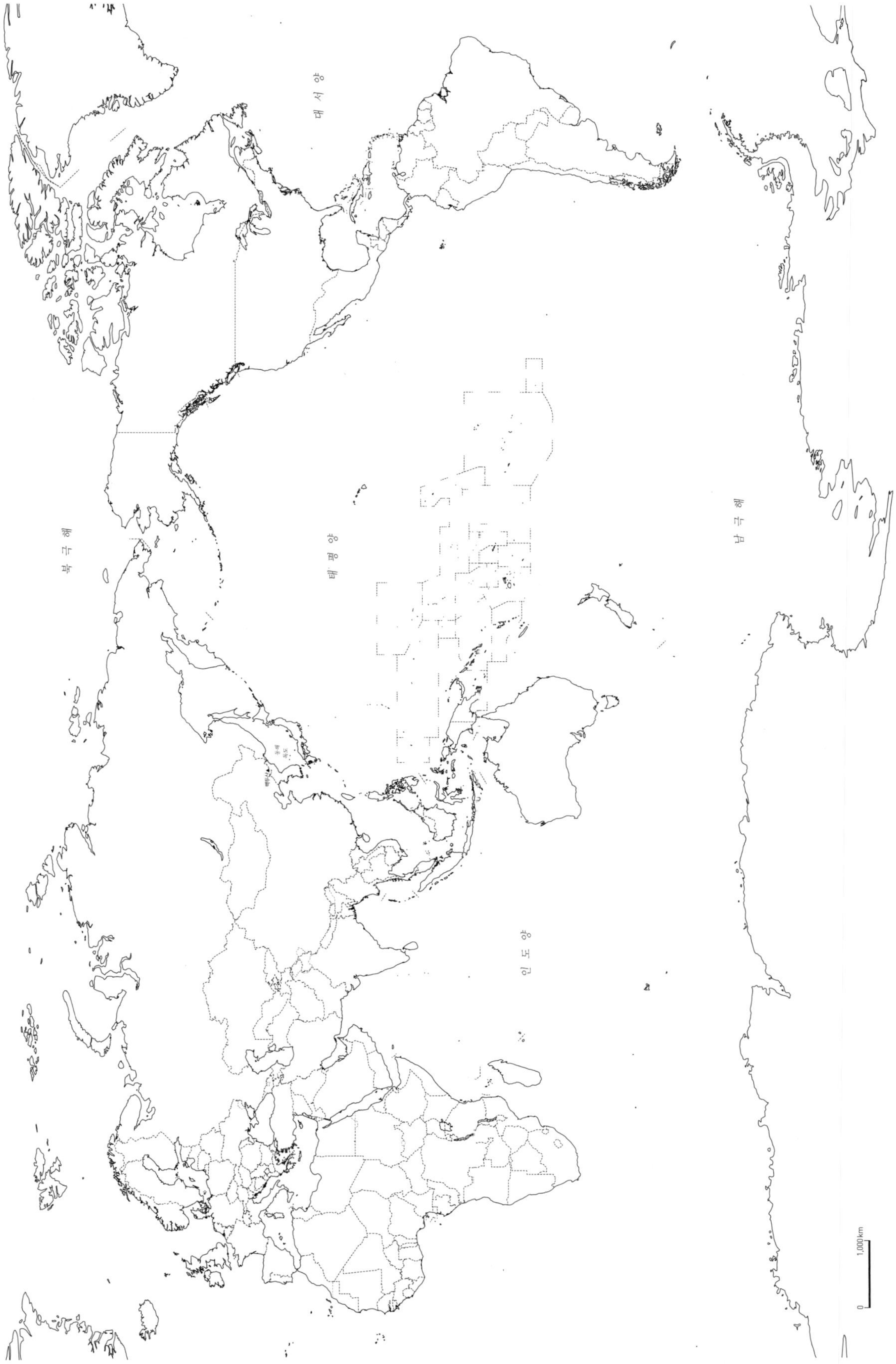

백지도

백지도를 활용하여 학습한 내용을 정리해 보세요.

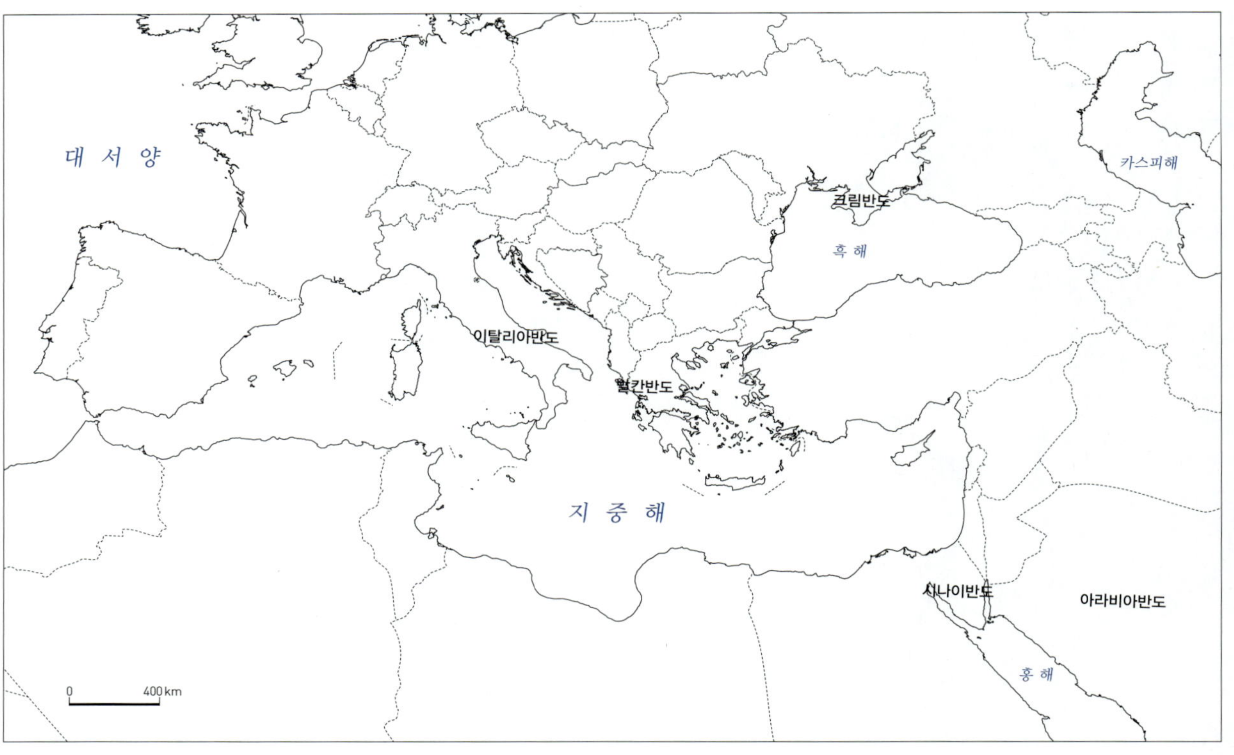

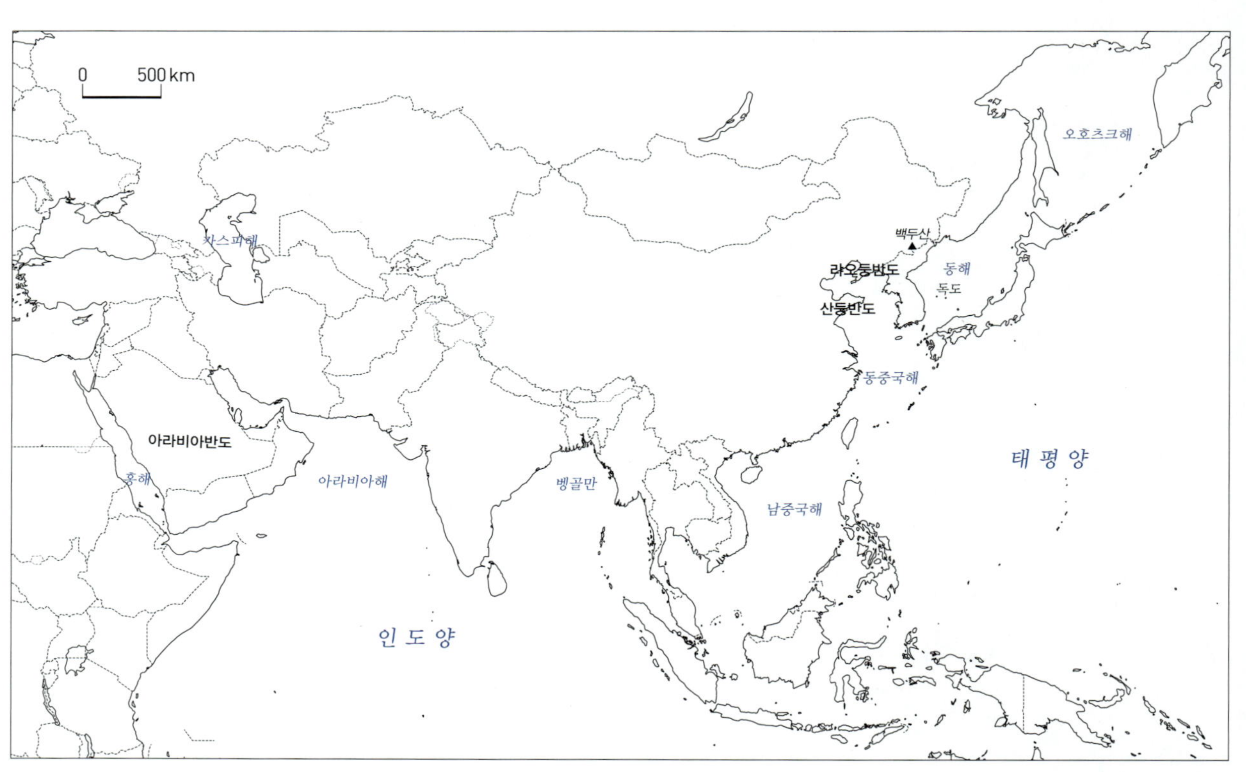

메모

메모

메모

메모

중학 **역사** ① -2

정답 및 해설